孝感叶家庙

湖北省文物考古研究所
孝感市博物馆 编著
孝感市孝南区博物馆

刘 辉 主编

科学出版社
北 京

内 容 简 介

叶家庙遗址位于湖北省孝感市孝南区，地处江汉平原北部，是长江中游一处中等规模的新石器时代城址聚落。遗址由叶家庙城址、家山遗址（墓地）、附属杨家嘴遗址、附属何家埠遗址四部分组成。

居住区位于城址内东南部，主要遗迹类型有房基、灰坑、瓮棺葬、水井。家山遗址（墓地）位于城西，遗迹数量较多，主要遗迹类型有瓮棺葬、土坑墓、房基、灰坑、灰沟、烧土堆积等，以瓮棺葬数量最多，大致可分为三期，第一期属屈家岭文化早期，第二期属屈家岭文化晚期，第三期属石家河文化早期。

叶家庙城址聚落结构演变脉络清晰，最早在屈家岭文化早期开始有人类居住，遗存仅见于家山遗址（墓地）。屈家岭文化晚期，叶家庙遗址范围大大扩展，聚落结构也更加复杂，不仅家山遗址（墓地）继续使用，而且出现了城垣和环壕。石家河文化早期，城址结构延续前期，但壕沟已开始出现淤塞，整个遗址最终趋于废弃。

本书可供考古学、历史学研究者，以及大专院校相关专业的师生和考古爱好者阅读、参考。

图书在版编目(CIP)数据

孝感叶家庙 / 湖北省文物考古研究所，孝感市博物馆，孝感市孝南区博物馆编著；刘辉主编. —北京：科学出版社，2016.3
　　ISBN 978-7-03-047468-1

Ⅰ.①孝⋯　Ⅱ.①湖⋯②孝⋯③孝⋯④刘⋯　Ⅲ.①居住遗址–研究–孝感市　Ⅳ.①K878.34

中国版本图书馆CIP数据核字（2016）第043828号

责任编辑：王光明　肖丽娟 / 责任校对：邹慧卿
责任印制：肖　兴 / 封面设计：美光设计

科 学 出 版 社 出版
北京东黄城根北街16号
邮政编码：100717
http://www.sciencep.com
中国科学院印刷厂 印刷
科学出版社发行　各地新华书店经销
*
2016年3月第 一 版　　开本：889×1194　1/16
2016年3月第一次印刷　　印张：22 3/4　插页：62
字数：880 000
定价：358.00元
（如有印装质量问题，我社负责调换）

目　录

插图目录

插表目录

彩版目录

图版目录

第一章 概 述

第一节 孝感自然环境与沿革

一、地理位置及建制沿革

叶家庙遗址位于湖北省孝感市孝南区朋兴乡叶庙村和七份村，东南距孝感市城区约6千米，孝感至白沙公路从遗址东面通过，西面和西北角为澴水故道。遗址北部和南部均为地势低平的冲积平原。遗址海拔最高点位于西南角台地，约31.5米，最低点位于遗址西北，海拔28~30米。中心地理坐标为东经113°54′、北纬34°30′。兰郑长输油管道自西南向东北从遗址西部和北部穿过。

孝感市位于湖北省中东部，因董永孝行感天得名，是全国唯一一个以"孝"命名的城市。孝感的前身名孝昌，以"孝道昌盛"而得名。下辖孝南区、孝昌县、大悟县、云梦县、应城市、安陆市、汉川市，地跨东经113°48′~114°15′、北纬30°47′~31°36′（图一）。

孝南区地处江汉平原北部，地处东经113°50′~114°11′、北纬30°47′~31°9′，与武汉市东西湖区唇齿相依，是孝感市唯一的建制区，也是孝感市政治、经济、文化和科技中心所在地。全区国土面积1020平方千米，辖13个乡镇场、1个开发区、4个街道办事处，人口85万。孝南的区位交通优势得天独厚，离武汉市中心50余千米，距武汉天河国际机场32千米，北京至深圳的107国道、福州至兰州的316国道及北京至珠海、武汉至十堰的高速公路在境内交汇，京广电气化铁路纵贯全境，内河航运直通长江。自古以来即为中原文化区与长江中游文化区之间的重要交通要道，向西经随枣走廊可通达西北关中文化区。

孝感古为安陆县地。自夏商始设建置，属古荆州地。春秋战国时为楚地，秦时属南郡。三国时孝感在魏境，属江夏郡。南北朝时期，公元454年（宋孝建元年），析安陆县东境置孝昌县（以汉孝子董永行孝故），属江夏郡。南齐时属南义阳郡。公元504年（梁天监三年），为孝昌县，寻改平阳县，隶义州，属汝南郡、安陆郡。公元550年（西魏大统十六年），为京池县，寻改孝昌县，后又改孝昌为岳山郡，置岳州。公元559年（北周武成元年）省岳州及岳山郡，隶安州总管安陆郡。公元583年（隋开皇三年），废岳州及岳山等郡，复置孝昌县，属荆州；公元605年（隋大业元年），省孝昌入安州，隶安州总管，属安陆郡。公元621年至625年（唐武德四年至八年）以县置澴州并置澴阳县。公元808年（唐元和三年）复归淮南道，省

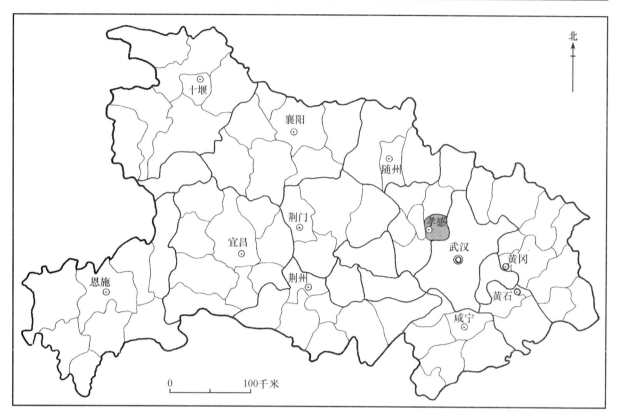

图一 孝感市位置示意图

孝昌入云梦县。公元860年至874年（唐咸通年间）复孝昌县，隶淮南道安州安陆郡。公元924年（后唐同光二年）为避皇祖国昌之讳，改"昌"为"感"，故为孝感，隶安远军，属安州。1119年（北宋宣和元年），以安州为神宗潜邸，升为德安府，孝感直隶德安府。1130年（南宋建炎四年），隶安陆镇抚使，属德安府。1133年（南宋绍兴三年），孝感复隶荆湖北路，属德安府。1222年（南宋嘉定十五年），以随州之三关置黄岘关使，孝感隶黄岘关使，属德安府。1279年（元至元十六年），孝感隶荆湖北道宣慰司，仍属德安府。明代洪武初年，孝感隶湖广行省，属德安府。

1729年（清雍正七年），湖广总督迈柱题请改孝感县隶汉阳府。1912年（民国元年），废府存县，孝感隶湖北省江汉道。1913年，孝感属鄂东道。1927年，孝感隶湖北省，属第五行政督察区。1936年，孝感改属第三行政督察区。1939年，成立鄂东行署，孝感改隶鄂东行署。同年10月至1942年8月，孝感各地建立抗日根据地，中共鄂豫皖边区政府将县辖区分别划归四个边区县管辖，即礼南县（孝感北部地区）、安应县（京广铁路以西、襄花公路以北地区）、云孝县（京广铁路以西、襄花公路以南地区）、汉孝陂县（南部湖泊地区）。1947年12月，建孝感县人民民主政府。1949年中华人民共和国成立，隶湖北省，属孝感专署。1959年2月14日，国务院决定撤销孝感专区，所属县改属武汉市管辖。1961年6月，恢复孝感专区，孝感仍属孝感专区。1966年9月，孝感县改名东风县，隶湖北省，属孝感专区。1969年2月2日，经省"革委会"同意，将东风县革委会改为孝感县革委会，隶湖北省，属孝感专区。1983年，根据国务院（83）164号文件批复，撤销孝感县，设立县级孝感市，以孝感县的行政区域为孝感市的行政区域，隶湖北省，属孝感行署。从1984年1月1日始，启用孝感市印章，隶湖北省，属孝感行署。1993年4月，撤销孝感地区，设立地级孝感市，将原县级孝感市一分为二，其北部设立孝昌县，南部设立孝南区，隶湖北省，属孝感市。

二、自然环境

孝南区全境以平原湖区为主，境内河流密布。地形东北高，西南低，地貌主要分平原、丘岗两种类型。平原面积696平方千米，占全区面积的67.3%，海拔20～50米，相对高度0～30米，坡度在6°以下。丘陵岗地主要分布在东部及东北杨店镇、西河镇一带，海拔50～100米，相对高度10～30米，坡度为10°左右。

境内水系发达，有澴河、府河、界河三条干流和40多条小河港，统分为澴河和涢水（府河）两区，以府河、澴河为主干，汇集于市区南部，流经汉口谌家矶注入长江。全区绝大多数新石器时代的遗址均沿这两大河流及其支流分布。

澴河又名澴水，发源于河南省灵山黑沟，自北向南流。据清顺治《孝感县志》载："澴河一作环，源出信阳州，至天磨河中河有石高数丈，如磨，入邑境经九里关，黄茅岭南流绕三里城……距治六十里洒而为二，其东流者乃名环。或曰自信阳至此拖绕山谷如环也；为绕龙潭、丘址港，下流合于西河。"根据地形特征，可分上、中、下游三段。孝昌县花园镇以上为上游，分为三支流，即东支澴河干流，又称大悟河，至花园北与西支应山河汇合；中支广水河，至广水市王家店镇北与应山河汇合；西支应山河，一称西澴河，至花园北与澴河汇合。花园镇至孝感城区西段为中游。孝感城区西段至孝南区卧龙潭为下游。全长150.8千米，总流域面积3618平方千米。孝南境内起点堰口，在卧龙潭注入府河，流域面积1355平方千米，河长80.1千米。有大小16条河流汇入。

南部平原湖区，以湖泊沼泽为主，为江汉平原的一部分，新中国成立之初有大小湖泊30多个，由于河流长期淤积，加之人工围垦扩大耕地，湖泊个数和面积迅速减少。目前保留下来的较大湖泊有野猪湖、王母湖和白水湖。

孝南区属亚热带季风区大陆性气候。年平均气温为16.2℃，平均气温年较差为25.3℃，极端气温年较差为52.2℃；年平均日照时数2147小时左右；具有光、热、水同季反映的优点。气温日变化的一般特征是：最高值出现在午后2点左右，最低值出现在清晨日出前后，气温日夜差为7～10℃。全年无霜日数平均245天，占全年总日数的67.1%。无霜期最短日数为193天，最长为286天。历年初霜日最早出现在10月26日，最晚出现在12月3日，平均出现在11月16日前后。终霜日最早出现在2月19日，最晚出现在4月15日，平均出现在3月12日前后。

全区年降水比较丰富，平均降水1146毫米，降水量月分布为7月最高，12月最低，呈单峰型。主要自然灾害区内春季有低温阴雨；初夏有"梅雨"，盛夏出现高温干旱，常有暴雨引起洪涝渍害；初秋有"寒露风"，干旱或连阴雨；冬季有冰凌害等。此外，还有局部性冰雹、大风、龙卷风、雷暴等灾害。

全区人口分布较为稠密，平均人口密度为每平方千米586人，是湖北省人口最稠密的地区之一。植物种类多种多样，地带性植被为北亚热带落叶阔叶林和常绿阔叶混交林，属温带和亚热带之间的过渡性植被类型。北部丘陵地带主要树种有马尾松、杉、樟、栎、泡桐、苦楝、杨柳等，其中马尾松分布最广泛。珍稀树种有银杏、水杉、香果树。主要经济林木以鲜桃产量最大，其次为李树，品质优良，其中"鄂孝玉皇李一号"，名列全省第一，是特有的名贵果品。

孝南区是湖北省有名的"鱼米之乡"，国家"一优两高"农业示范区，国家商品粮生产基地，湖北省重点蔬菜生产基地，也是武汉市、孝感市农副产品的重要供应基地。种植土壤主要有三大类：黄棕壤是地带性土壤，主要分布于北部岗丘陵。多年种植形成的水稻土遍布全区，单位土地生产力很高，是最重要的耕作土壤。潮土主要位于南部河流泛滥区，属旱地土壤，宜种棉花。粮食作物水稻种植比例最高， 水稻播种面积和产量都居粮食作物首位；其次为小麦。经济作物以棉花、油菜、花生为主，其中油菜是种植面积最广、产量最大的油料作物。

第二节　新石器时代遗址与文化

一、新石器时代考古与研究概述

孝感新石器时代文化比较发达，但考古和研究工作起步较晚。对其境内新石器遗址分布和文化发展序列的认识主要源于第一次和第二次全国文物普查，并有一个成果汇编，主要的遗址均收集于此册[1]。调查表明，该区域新石器时代文化遗址分布较为密集，仅在孝南区境内就发现22处新石器时代遗址，分别为吴家坟、王家坟、大岗坡、矮子湾、肖家湾、古井岗、碧公台、徐家坟、大台子、寨庙、高家祠堂、龙头岗、梨树湾、回龙寺、冷家墩、自古墩、吴家湾、叶家庙、郑家大庙、霸王墩、池家院、金神庙。另外，孝昌县的港边程湾、周家寨，武汉市黄陂区肖家湾、矮子墩等4处遗址靠近孝南区。因此，在孝南区及其周边实际分布有26处新石器时代遗址（表一）。

表一　孝南区及周边新石器时代遗址一览表

编号	名称	位置	面积 （万平方米）	时代	资料来源
1	叶家庙	孝南区朋兴乡叶庙村叶家湾北50米	6500	新石器时代	《中国文物地图集·湖北分册》
2	龙头岗	孝南区新铺镇朱家湾村西300米	5	仰韶文化、屈家岭文化	《江汉考古》1987年第3期，《考古》1990年第11期

续表

编号	名称	位置	面积（万平方米）	时代	资料来源
3	吴家坟	孝南区广场街道办事处长征路东	6	屈家岭文化、石家河文化	《考古学报》1998年第3期
4	徐家坟	孝南区广场街道办事处北京路西	2.38	石家河文化	《江汉考古》1995年第3期
5	高家祠堂	孝南区城西开发区桂口村东500米	1.3	新石器时代	《中国文物地图集·湖北分册》
6	大岗坡	孝南区朋兴乡北保村晏家湾西60米	3.75	石家河文化	《江汉考古》1995年第3期
7	肖家湾	孝南区新铺镇刘堰村肖家湾	0.6	新石器时代	《中国文物地图集·湖北分册》
8	王家坟	孝南区朋兴乡胜光村杀猪湾东北200米	1.5	石家河文化	《考古》1994年第9期
9	梨树湾	孝南区新铺镇徐山村梨树湾南100米	0.2	新石器时代	《中国文物地图集·湖北分册》
10	池家院	孝南区陆岗镇新河村曹坊湾北200米	0.25	新石器时代	《中国文物地图集·湖北分册》
11	大台子	孝南区新铺镇远光村王家湾北	6	屈家岭文化	《江汉考古》1990年第2期
12	寨庙	孝南区新铺镇红卫村喻家小湾东北90米	2	新石器时代	《江汉考古》1987年第3期
13	郑家大庙	孝南区朋兴乡建光村郑家岗	1.62	新石器时代	《中国文物地图集·湖北分册》
14	矮子湾	孝南区杨店镇高寨村矮子湾	0.5	新石器时代	《中国文物地图集·湖北分册》
15	冷家墩	孝南区杨店镇新民村高寨东50米	0.3	新石器时代	《考古》1994年第9期
16	港边程湾	孝昌县丰山镇港边程村东50米	0.98	新石器时代	《考古》1994年第9期
17	周家寨	孝昌县丰山镇长春村周家寨湾	0.84	新石器时代	《考古》1994年第9期
18	自古墩	孝南区杨店镇东方一村蔡陈湾北100米	1.5	新石器时代	《考古》1994年第9期
19	吴家湾	孝南区杨店镇先锋村吴家湾南100米	4.25	新石器时代	《中国文物地图集·湖北分册》
20	回龙寺	孝南区祝站镇回龙街北40米	8	屈家岭文化、龙山文化	《考古》1994年第9期
21	古井岗	孝南区毛陈镇启安村胡家湾北100米	0.06	新石器时代	《中国文物地图集·湖北分册》
22	碧公台	孝南区毛陈镇启安村胡家湾南80米	2.5	屈家岭文化、石家河文化	《文物》1982年第7期，《江汉考古》1987年第3期

续表

编号	名称	位置	面积（万平方米）	时代	资料来源
23	霸王墩	孝南区陡岗镇六二舒湾西200米	0.1	新石器时代	《中国文物地图集·湖北分册》
24	金神庙	孝南区肖港镇金神村和汪梁村	不详	石家河文化	2008年调查新发现有石家河文化时期的遗存
25	矮子墩	黄陂区泡桐店镇素刘湾	0.64	新石器时代	《中国文物地图集·湖北分册》
26	肖家湾	黄陂区泡桐店镇肖家湾北	1	屈家岭文化、石家河文化	《中国文物地图集·湖北分册》

经过正式发掘或试掘的遗址有吴家坟、徐家坟。其中吴家坟遗址发掘于1989年和1991年，位于孝感市城区东，面积约6万平方米，临近滚子河。发掘表明有屈家岭文化早期和后石家河文化两个时期的文化遗存[2]。徐家坟遗址南距吴家坟遗址约500米，遗址文化以石家河文化早期为主，兼有少量屈家岭文化晚期的因素[3]。两处遗址构成从屈家岭文化早期至后石家河文化的一个比较完整的发展序列。

经过调查，采集有标本，资料已正式发表且文化内涵相对明确的遗址有龙头岗、碧公台、寨庙[4]。在对叶家庙遗址的发掘过程中，我们对叶家庙遗址周边同属澴水流域的霸王墩、王家坟、大岗坡、大台子遗址进行了再次调查和确认，并采集有标本。其余遗址仅见于《中国文物地图集·湖北分册》[5]，文化性质比较模糊。从其时代看，以龙头岗遗址时代最早，其夹砂红陶敛口盆、圆锥形鼎足属于仰韶文化后冈类型。包含屈家岭文化因素的遗址除了吴家坟、徐家坟外，还有王家坟、大台子、肖家湾、矮子墩。其余遗址可能仅有石家河文化或后石家河文化遗存。

二、遗址分布规律

从流域看，该区域均属于郧水流域（郧水从野猪湖南至长江口又称为府河），澴水和界河均为郧水支流。西部遗址均位于澴水及其支流两岸，东部遗址主要位于孝南和黄陂两地分界线界河两岸，界河注入王目湖与府河连通。根据遗址的分布及现存面积，可大致看出遗址具有明显的分布规律，一是基本沿澴水及其支流、界河及其支流两大水系分布；二是成群集中分布的规律较为明显，形成两个规模较大的聚落群。西部是以叶家庙遗址为核心的聚落群，聚落群南北长约10千米，东西宽约6.6千米，面积约65平方千米，以叶家庙城址为中心，包含龙头岗、王家坟、肖家湾、郑家大庙、梨树湾、大台子、吴家坟、徐家坟、高家祠堂、池家院、大岗坡、寨庙等12个遗址（图二）。东部聚落群位于孝南、孝昌、黄陂三地毗连地带，从孝昌丰山

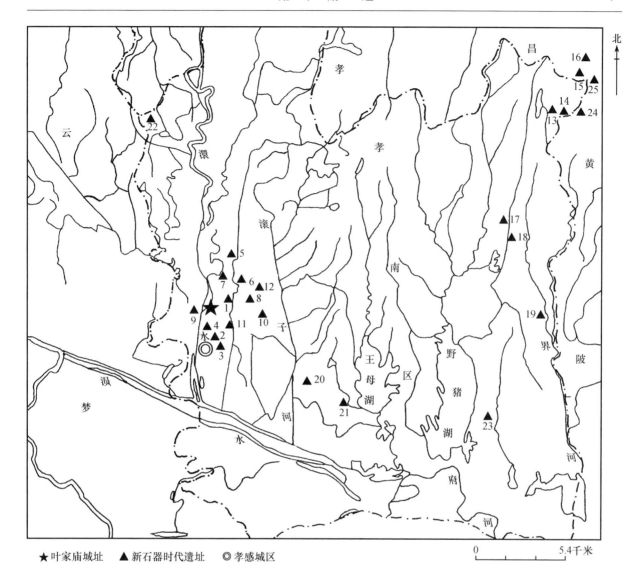

图二　孝南区及周边新石器时代遗址分布图

1. 龙头岗　2. 吴家坟　3. 徐家坟　4. 高家祠堂　5. 大岗坡　6. 肖家湾　7. 王家坟　8. 梨树湾　9. 池家院　10. 大台子　11. 寨庙
12. 郑家大庙　13. 矮子湾　14. 冷家墩　15. 港边程湾　16. 周家寨　17. 自古墩　18. 吴家湾　19. 回龙寺　20. 古井岗　21. 碧公台
22. 霸王墩　23. 金神庙　24. 矮子墩　25. 肖家湾

镇到孝南祝站镇的南北长约12千米、东西宽约5千米的范围内，聚集了6个同时期遗址，包括孝南冷家墩、矮子湾、孝昌周家寨、港边程湾、黄陂肖家湾、矮子墩。面积均不大，不超过1万平方米，中心聚落不明。

第三节 遗址概况

一、分布范围与组成

叶家庙遗址西临古澴河，位于孝感市孝南区城区西北6千米左右（图三）。周边的10个遗址呈扇形位于叶家庙遗址周边，整个聚落群分布范围南北长约10千米，东西宽约6.5千米，总面积65平方千米，遗址分布非常密集。

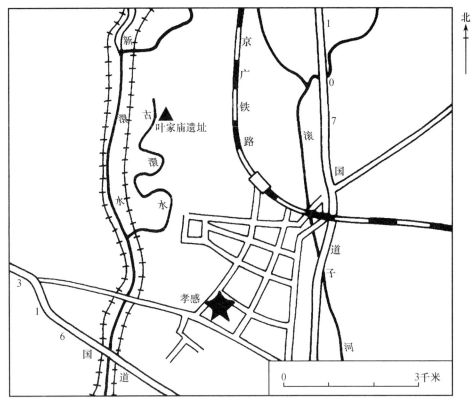

图三 叶家庙遗址位置示意图

根据文化层分布及地面采集遗物分布，叶家庙遗址东西长870米，南北宽约650米，总面积超过56万平方米，是长江中游一处中等规模的新石器时代城址聚落，由叶家庙城址、附属的杨家嘴遗址、何家埠遗址、家山遗址（墓地）四部分组成（彩版一）。叶家庙城址位于东部，形状呈长方形，城垣内南北长420米，东西宽350米，面积约15万平方米。城址内有陈家塘、上叶湾、下叶湾三个自然村。一条现代水渠从城址中部东西穿过，水渠两侧堤岸暴露有新石器时代至西周时期的文化遗物（彩版二）。杨家嘴遗址和何家埠遗址位于西部。杨家嘴遗址形状为椭圆形，四周地势低洼，古澴水从遗址北部和西部经过，现代水渠从遗址中部南北穿过，水渠西部密集分布现代民居。水渠东部，村民新挖堰塘内翻出大量淤泥，淤泥内发现大量新石器时代陶片。遗址南部还曾发现汉代墓葬，并采集有铜镜、铜盘、五铢钱、陶罐等遗物。何家埠遗址形状狭长，紧临溳水分布。遗址南部为现代民居所覆盖，在遗址北部的田埂剖面上采集有新石器时代陶片。家山遗址位于叶家庙城址和杨家嘴遗址之间，由南北两个台地组成。地表暴露较多新石器时代陶片，偶见唐宋时期瓷片。北台地地势要低于南台地，形状略呈不规则长方形，面积约3000平方米。现为密集的现代坟茔所覆盖，地表暴露较多新石器时代陶片。

二、遗址地形地貌特征

遗址属于比较典型的平原台地型地貌，遗址内地势平坦，起伏较小。地势最低处为西北古溳水，海拔仅24.7米。东部叶家庙城址地势略高。东南台地顶部30.1米。平均海拔29～30米。地势最高处为叶家庙城址西南角的一个孤立于地表的椭圆形台地，高约31.7米。遗址范围及周边水塘、沟汊密布，沟汊亦以南北向为主，地表径流与古溳水流向一致，均为由北向南。遗址内有一条废弃的现代水渠，起自杨家嘴遗址北部，并从古溳水抽水。水渠高出古溳水10米左右，自南向北穿过杨家嘴遗址，并在北部形成很高的抬渠，高出遗址东部低洼地5～6米。向南至何家埠遗址北部再转向东，东西向横穿叶家庙城址。遗址发掘期间，将该水渠填平后改造为砂石公路。遗址东部地势平坦，水流不畅，水患严重，10年一遇的洪水即可对遗址造成严重威胁。据村民介绍，1998年洪水从古溳水漫溢，曾将整个遗址大部淹没，仅留台地顶部少数地点位于水面以上。2008年8月考古发掘后期的一场洪水，将遗址海拔30米以下的区域全部淹没，叶家庙城垣周边、城内西部一片汪洋。东部的公路交通完全中断，鱼塘漫溢，水稻减产严重，给当地村民造成严重损失。

遗址范围内生土有三种类型。分布范围最广的是更新世网纹黄土，夹杂较多铁锰结核和铁锰班，黄土之间多灰白色网纹，以叶家庙城址北部和东南部埋藏最浅，距地表1米左右。埋藏最深处在叶家庙城址南部、杨家嘴遗址与叶家庙城址之间、杨家嘴遗址与家山遗址之间的低洼地带，估计黄土埋深超过5米。其次为全新世黄土，土质较黏，土色较网纹黄土略浅，主要分布于遗址低洼地带，以及遗址缓坡地带。从层位上看，位于水稻土或淤泥之下、网纹黄土之上。第三种类型生土为灰白色粉砂质黏土，仅见于叶家庙城址南城垣之下，从层位上看，位于网纹黄土之下。城垣堆积中夹杂的灰白色块状物就是这种土质。除此之外，遗址土壤还有水稻土、淤泥、文化层，均属于人类长期活动形成的。

由于地处平原，农作物与植被品种较为单一，绝大多数为水稻田，是水稻和油菜主要产地。局部台地顶部有少量旱作物如芝麻、棉花等。冬季越冬作物以油菜和小麦、大豆为主。近年来，土地抛荒现象较为严重。

三、遗址发现与认识过程

遗址最早于20世纪80年代末第二次文物普查时发现，调查人员李端阳等人在现代水渠的两侧发现大量陶片，时代为新石器时代和周代。据《中国文物地图集·湖北分册》，叶家庙遗址位于叶家湾北约50米，面积约6000平方米，文化层厚1.5米左右。采集有新石器时代陶片，以夹砂橙黄陶为主，另有少量泥质黑、灰陶，纹饰有篮纹，器形有鼎、罐、器座等；周代陶片以泥质灰陶为主，另有少量夹砂红陶，纹饰有绳纹、指甲纹，器形有鬲、甗等。2007年，由于兰郑长成品油输送管道从遗址附近经过，湖北省文物考古研究所张成明、孝感市博物馆李端阳、汪艳明等人再次对该遗址进行了复查，发现在输油管线所挖沟槽内，从杨家嘴南部直到陈家塘约600米范围内，均发现有文化层和新石器时代陶片，尤其在现代水渠的北部，文化层堆积较厚，且经过的两道土岗，一条为南北向，一条为东西向，不像自然形成，于是推测可能存在城垣。经过对原叶家庙遗址周边仔细踏勘，发现西部、南部和北部的土岗呈半围合状态，唯东部地表不见痕迹，但东部沿孝感至白沙公路东侧有一连串的水塘，特别像是由壕沟改造而成。因此，调查人员推测叶家庙遗址很可能是一处规模较大的史前城址，而原叶家庙遗址位于城址中部，只是其中很小的一部分。

注　　释

[1]　孝感市文物普查资料。

[2]　孝感市博物馆：《湖北孝感吴家坟遗址发掘》，《考古学报》1998年第3期。

[3]　孝感市博物馆：《湖北孝感市徐家坟遗址试掘》，《考古》2001年第3期。

[4]　湖北省孝感地区博物馆：《孝感市几处古遗址调查简报》，《江汉考古》1987年第3期。

[5]　国家文物局主编：《中国文物地图集·湖北分册》，西安地图出版社，2002年。

第二章 工作经过

第一节 背景、目的与方法

一、工 作 背 景

2007年12月，国家重点工程项目兰郑长成品油输送管道选址遗址西北部，为做好工程沿线的文物保护工作，湖北省文物考古研究所、孝感市博物馆、孝南区博物馆对该管道经过区域开展了详细的调查，湖北省文物考古研究所与孝感市博物馆、孝南区博物馆组成考古队，于2008年3~8月，对该遗址进行了抢救性发掘。

二、目 的 与 方 法

（一）目的

本次发掘尽管是配合国家大型工程的文物保护工作，但在发掘之初就拟定了明确的目标。

（1）通过对该遗址的发掘，了解遗址文化发展序列和内涵，丰富对江汉平原东北尤其是澴水流域新石器时代文化的认识，完善该区域新石器时代文化的发展序列，并与周边地区，尤其是随枣走廊、鄂东北新石器时代文化做对比分析，进一步认识江汉平原东北新石器时代文化兴衰及其与周边地区新石器时代文化的异同。

（2）通过该遗址了解该区域不同时期的聚落结构、特征与布局，进一步认识江汉平原史前城址的特征、分布与兴衰，为研究该地区聚落形态的演变及由此反映的社会复杂化程度，也为研究长江中游史前文明化进程提供新的资料。

（3）结合遗址孢粉、植硅石、稻作遗存采样的分析，了解该区域史前自然环境以及人类的生产力发展水平和经济生产方式，并借此对史前人地关系做初步的探讨。

（二）工作方法

按照调查、勘探、发掘、资料整理的步骤开展工作，最后将发掘成果结集出版。

1. 调查

调查按照区域系统调查的基本理论和方法。一是开展网格式的系统调查，以遗址为核心，对周边5千米区域进行网格式的详细调查，采集文物标本，观察自然断面与人工剖面，在此基础上确定遗址人群的最大活动范围，并为进一步的勘探和发掘提供依据。二是以河流为轴的流域调查，结合以往文物普查资料，复查已发现的文物点，了解澴水流域的史前遗址分布情况。通过对比分析，确定叶家庙遗址在该流域聚落体系中的地位。

2. 勘探

分为普探和重点勘探。第一步为普探，我们对遗址以20米为孔距进行了网格式勘探，共钻孔22排（南北向），共计439个孔。勘探面积超过100万平方米，基本覆盖了遗址本体及周边50米范围。第二步为重点勘探，对疑似为城垣、环壕、墓地、居住区的区域进行了加密勘探。通过勘探，获得对遗址分布范围、组成部分、文化层堆积、聚落结构等内容的初步认识，并为发掘地点的选定提供了最直接的依据。

3. 发掘

发掘布方采用象限布方法，将遗址分为东北、东南、西南、西北四个象限，中心坐标位于城址北部北城垣养鸡场东北角，并埋置有基点桩。四个象限的探方前分别用字母加以区别：第一象限位于东北，简称EN；第二象限位于西北，简称WN；第三象限位于西南，简称WS；第四象限位于东南，简称ES。探方编号采用象限编号+探方编号，如WNTXXXX。其中，探方前两位数字表示东西方向的探方数，后两位数字表示南北方向的探方数，如WNT0906表示第二象限向西方向的第9个探方，向北方向上的第6个探方，其余探方编号依此类推。

发掘过程严格按照《田野考古工作规程》进行科学的发掘。各探方文化层堆积单独编号；根据文化堆积的关联性，尽可能揭露并记录不同时期的活动界面，并整体揭露跨探方的连续界面和大型遗迹；单独记录性质不明的堆积；发掘过程中，我们对城垣、壕沟以及部分遗迹单位的土样进行了浮选和水洗，已明确发现有驯化水稻等农耕文明证据。我们拟对所有遗迹单位的土样进行水洗，以了解当时人类的食物结构和环境特征。选出的样本已经送交中国社会科学院考古研究所赵志军教授作鉴定分析。选取TG1西壁及EST2185做了柱状采样，主要用于孢粉、植硅石和土壤沉积的分析，土样采集是在北京大学环境学院教授、中国环境考古学会理事长莫多闻先生现场指导下完成的。

4. 资料整理

资料整理主要对发掘资料中的文字记录、图纸、照相资料进行反复对比校核。纠正发掘过程中的错误。按照类型学的基本方法，对遗迹、出土文物进行分类统计，分型分式，并与现有文献资料和出土文物进行对比分析，确定遗址时代和文化类型，进一步做好遗址分期与演变。

第二节　调查、发掘的主要收获

叶家庙遗址的田野调查与发掘工作从2008年3月起，历时5个月，至2008年8月结束。考古发掘领队为湖北省文物考古研究所刘辉。配合工程建设参与遗址调查的工作人员有湖北省文物考古研究所张成明，孝感市博物馆汪艳明、刘志升，孝南区博物馆胡嘉驹。参与遗址发掘工作的有湖北省文物考古研究所陶洋、郭长江、张君，孝南区博物馆胡嘉驹、陈明芳，随县博物馆陈秋红、魏保国、陈凯，麻城市博物馆王龙明，湖北省文物考古研究所技工艾周明、程通。整个田野考古工作分为调查、勘探、发掘与资料整理四部分。2009年3月开始转入室内整理，至2011年8月室内整理工作基本完成。

一、调查与勘探

调查主要通过地面调查，分析现有自然地形地貌，了解遗址及周边的地形地貌特征、水系组成及其变迁。采集各个时期的遗物标本，在此基础上认识遗址的聚落结构特征，并大致分析遗址的分布范围。根据地面调查结果，进一步对遗址进行详细的钻探，了解遗址文化层堆积和文化层的分布范围。对地形地貌疑似为遗迹的地方进行重点勘探，确认其性质（图版一，2）。

（一）遗址地形地貌

调查发现，遗址主要为平原台地地形，遗址北部为丘陵岗地，南部为平原湖区，宏观地形特征多为南北走向的条状岗垄，且由北向南地势逐渐降低，受此影响，所有的河流及水系都是南北走向。由西向东，南北向的水系依次为现代澴河、古澴水、滚子河及其支流。从地面调查采集遗物的分布情况看，遗址主要分布在西至古澴水、东至孝肖公路、北至陈家塘岗地、南至下叶湾台地的范围之内。在这个范围之内，有上叶湾、下叶湾、陈家塘、何家埠等4个自然村，并由河流和低洼地分割成多个自然台地。

除了自然台地，遗址范围内还发现有与自然地形走向相悖或堆积较突兀的垄岗或台地。有的洼地则与台地平行，并形成近似90°的拐角，显然并非自然形成。这些台地和洼地经过勘探，具有明显的人工堆积或开挖的特征。具体来说，遗址北部为陈家塘至养鸡场的东西向岗地，东宽西窄，东部被密集的民居覆盖，西端呈土垄状，断头处较为突兀，这明显与当地的自然岗地相悖，判断很可能是人工堆积或对自然岗地加工而成。岗地中部养鸡场的西侧有一缺口，成品油输送管道也从这个缺口经过，从管道所挖沟槽两侧的断面发现，该岗地高出地面部分均非生土，而应是人工堆积而成，地面以下有一层较厚的青灰色淤泥。岗顶海拔为30米左右，高出北部东西向带状低洼地近3米。

遗址北部，陈家塘至养鸡场，有一道东西走向的岗地，东部现为密集的现代民居所压，西段为现代坟地，带状土垄的特征非常明显，且在西北形成一个近90°的拐角，显非自然形成。遗址西部，在陈家塘、上叶湾与杨家嘴、何家埠之间，从遗址西北角向南，在地面也有一道南北向的岗地，中间宽，两端窄，南端明显要高于岗地其他位置，形成一个椭圆形的孤立台地，海拔最高点为31.74米，也是整个遗址海拔最高处，高出南部的低洼地3.5米，岗顶密布现代坟茔。这种南高北低的堆积特征明显与该地的自然地貌相悖，勘探显示，这一垄岗属于人工堆积而成。岗地的西侧，有一南北向的带状洼地，部分洼地积水成为水塘。在下叶湾与上叶湾之间，也有一道宽约15米、长约30米的东西向岗地，台地与其北部落差不大，仅0.6～0.8米，但与台地南部落差较大，台地顶部比南部低洼地高3米左右。台地东段为密集的民居所覆盖，勘探显示这一东西向台地也是人工堆积而成。遗址东部沿孝感至白沙公路有一南北向的洼地，为不连续分布的水塘，北部的水塘已干涸。洼地西部地势略高，地势平坦，落差不明显。以上岗地和台地形成一个半封闭的空间。通过进一步勘探，在孝肖公路的西侧发现一条南北向的断续分布的水塘。这一水塘在北段干涸，并沿陈家塘岗地形成向西的90°拐角。水塘的西侧经过勘探，在现地面下，也存在一条南北向的土埂，这一土埂南与下叶湾的东西向岗地相连，北与陈家塘的东西向岗地相连。

这些岗地与土埂形成一个长方形的近似封闭的空间，结合勘探结果与地面调查采集遗物，大致可以判断，在北至陈家塘、南至下叶湾、西至家山、东至孝肖公路的范围内，存在一个形状呈长方形的城址，属于新石器时代。我们将这一城址命名为叶家庙城。

（二）叶家庙城址及周边聚落组成

叶家庙聚落遗址由四部分组成，即叶家庙城、西城垣外的家山遗址（墓地），以及杨家嘴、何家埠两个附属聚落遗址，构成一个规模较大的城址聚落。聚落范围东西长约870米，南北宽约650米，总面积约56万平方米（图四）。

叶家庙城南北长420米，东西宽350米，城内面积大约为15万平方米，形状为较规整的长方形。北城垣、西城垣、南城垣西段保存较好，地面迹象明显。北部的东西向岗地为北城垣，东段为密集的现代民居所覆盖，西段保存较好，地面形态明显，其上有较多的现代坟茔（彩版三）。北城垣北部的洼地为环壕北段。城西部的南北向岗地为西城垣，其中南段的高台地为

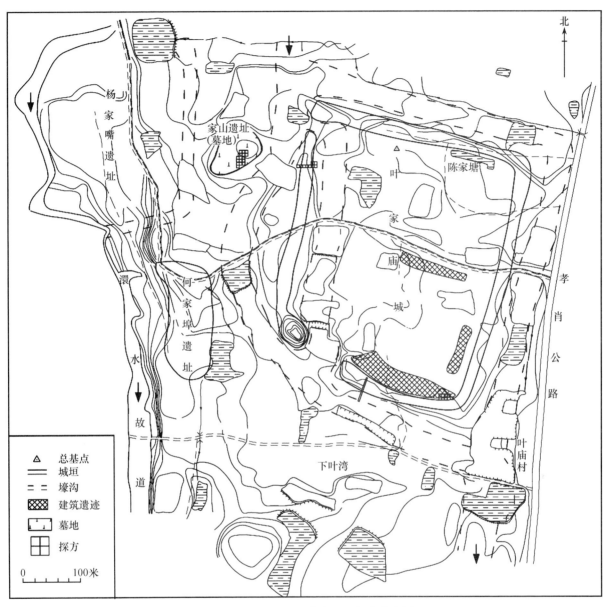

图四　叶家庙城址聚落布局及探方分布图

整个遗址中城垣保存最好的一段（彩版四，2）。遗址南部的东西向岗地则为南城垣，西段地面形态明显，外侧高于地面2～3米（彩版四，1）。北城垣地面迹象不明显，但城东部沿公路分布的南北向水塘实为环壕东段（彩版五，1）。城垣东北部的拐角呈直角拐弯，地面遗迹明显，其外侧有一个水塘，应为环壕的一部分（彩版五，2）。城内东部地势平坦，为水稻种植区，经勘探发现有大片的红烧土分布，应为居住区（彩版六，1），而城址西北部向西北的低洼地与东南角向南的低洼地分别为环壕的进水口与排水口。另外，城内沿西城垣分布的南北向洼地为内壕，在西城垣北段和南城垣西段各有一个缺口，内壕通过这两个缺口与城外环壕连通（图版一，1）。

　　家山遗址（墓地）紧邻城址西环壕，为一南北狭长的台地，南北长约265米，东西宽约75米，由南北两部分组成，中间有一个水塘间隔（彩版六，2），总面积约20000平方米。家山遗址地面采集标本较多，勘探发现在距地表0.6～0.8米发现有白色的粉末状骨骼印痕，据此推测应为墓地。

　　杨家嘴遗址位于家山遗址西约200米，位于一椭圆形台地上，西部紧邻澴水故道，南北长320米，东西宽约240米，总面积约75000平方米，现为密集的现代民居所覆盖。西部和北部为古澴水所环绕，东部为断续分布的水塘。钻探表明，水塘连接的洼地有一条南北向的人工壕沟，北端与南段与古澴水连通。因此，推测杨家嘴遗址为新石器时代的环壕聚落。

　　何家埠遗址位于杨家嘴遗址南部，东距叶家庙城址西壕沟约200米，沿澴水故道呈长条状分布，南部被现代村落所压，面积不详。地表采集遗物较多，均为新石器时代的陶片。钻探发现文化层堆积较厚，最深处超过2米，并发现局部有成片的红烧土堆积。

二、发　　掘

　　本次发掘共开挖探沟1条，5米×5米探方34个，共计发掘面积979平方米。

　　探沟1条，编号TG1，位于城址南城垣，利用当地村民挖的一个堰塘的西剖面向两端延伸，长43米，宽3米，实际发掘面积129平方米（彩版八；图版二，3）。TG1与城垣垂直，对TG1的发掘，主要目的在于解剖南城垣和环壕南段，证实城垣的存在，搞清楚南城垣的地层堆积特征和兴建与废弃的年代。

　　WST3506、WST3406、WST3306、WST3206、WST3106、WST3006、WST3005、WST2906、WST2905九个探方位于城址西城垣，探方总体东西向与城垣垂直，实际发掘面积225平方米（图五；彩版九；图版三）。主要目的在于解剖西城垣，证实西城垣，搞清楚西城垣的地层堆积特征和兴建与废弃的年代。

　　EST1885、EST1985、EST2085、EST2185、EST1886、EST1986、EST2086、EST2186、EST2286共9个探方主要位于城址内东南角，发掘面积225平方米（图六；彩版七，1）。主要

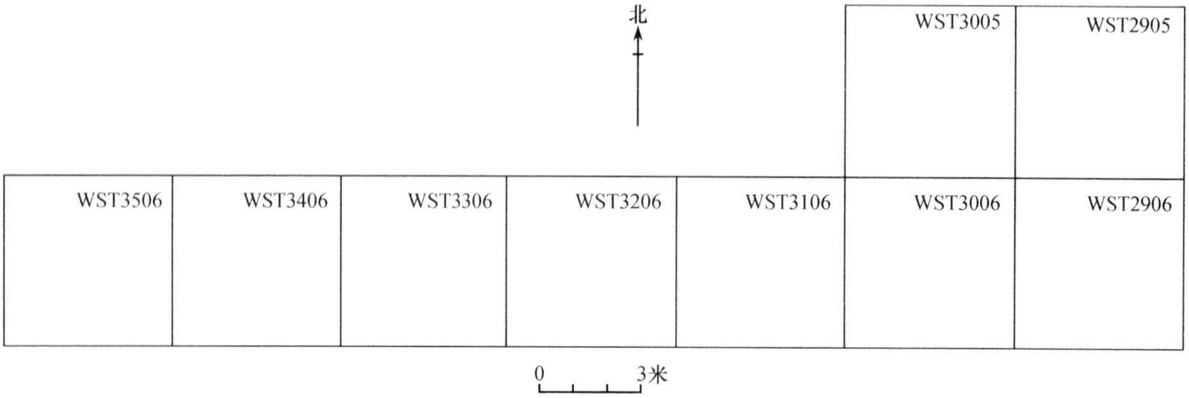

图五　西城垣发掘探方分布图

目的在于了解城内居住区的地层堆积，通过揭露遗迹证实居住区的存在。通过出土遗物了解叶家庙城的文化内涵及发展序列，了解居住区与城垣的关系。

WST5401、WST5402、WST5501等16个探方位于家山遗址（墓地），发掘面积400平方米（图七；彩版七，2）。主要目的是了解家山遗址在整个聚落体系中的作用，通过揭露遗迹确认其是否为墓葬区及与叶家庙城的关系，根据出土遗物了解墓地的文化内涵和使用年代。

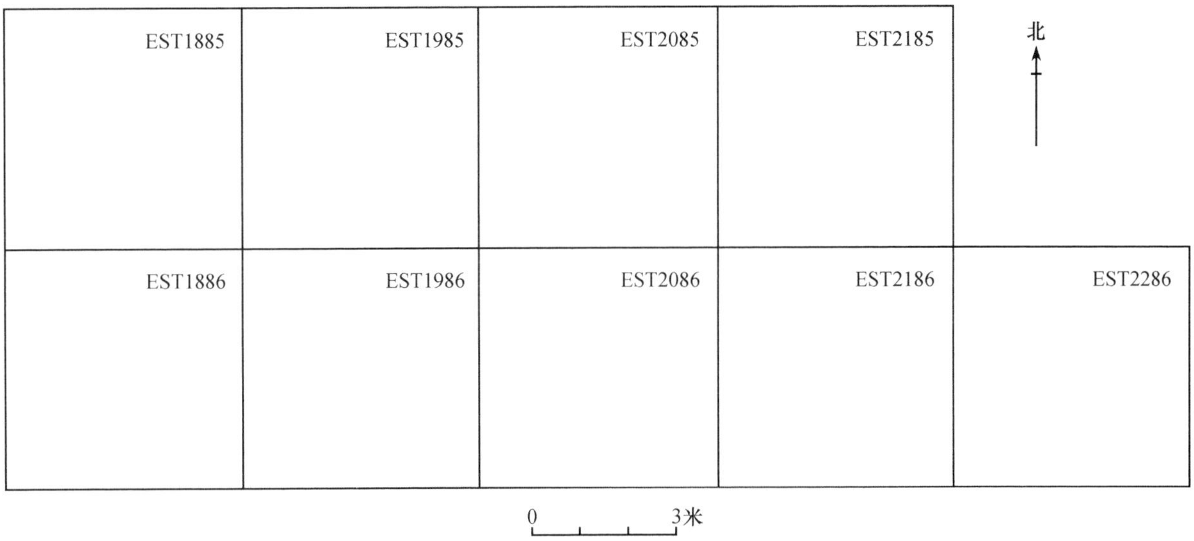

| EST1885 | EST1985 | EST2085 | EST2185 | 北 |
| EST1886 | EST1986 | EST2086 | EST2186 | EST2286 |

0　　　　3米

图六　居住区发掘探方分布图

三、资料整理

2009年3月至2011年8月，叶家庙城址考古队及时组织专业力量在孝感市博物馆对田野发掘资料进行系统的基础整理。整理工作由刘辉领队具体负责。参与遗物分类、拼对、修复、统计的工作人员有湖北省文物考古研究所郭长江、张君，孝感市博物馆李端阳，随州市曾都区考古队魏保国，湖北省文物考古研究所技工田志明。器物修复由湖北省文物考古研究所技工谭娇娥、杨红完成。遗物绘图由随县博物馆陈秋红、孝南区博物馆陈明芳完成。器物照相由湖北省文物考古研究所余乐完成。

需要说明的是，本报告文物标本的编号均省略单位号前的发掘时间与地点编号；房址、土坑墓、瓮棺葬、灰坑、灰沟、柱洞等遗迹分别以F、M、W、H、G、D等大写字母表示；烧土层、灰土层、黄土层等性质尚不清楚的遗迹编号直接在其后用阿拉伯数字进行区别，如烧土遗迹1表示1号烧土层、灰土层2表示2号灰土层，余类推；探方以大写字母T表示，探沟以大写字母TG表示；文物标本编号以最小的考古单位为基础依次编序号，如WST5401④：1表示WST5401号探方第4层的第1号标本，H13②：3表示13号灰坑第2层的第3号标本，M1：2表示1号墓葬的第2号标本，余类推。

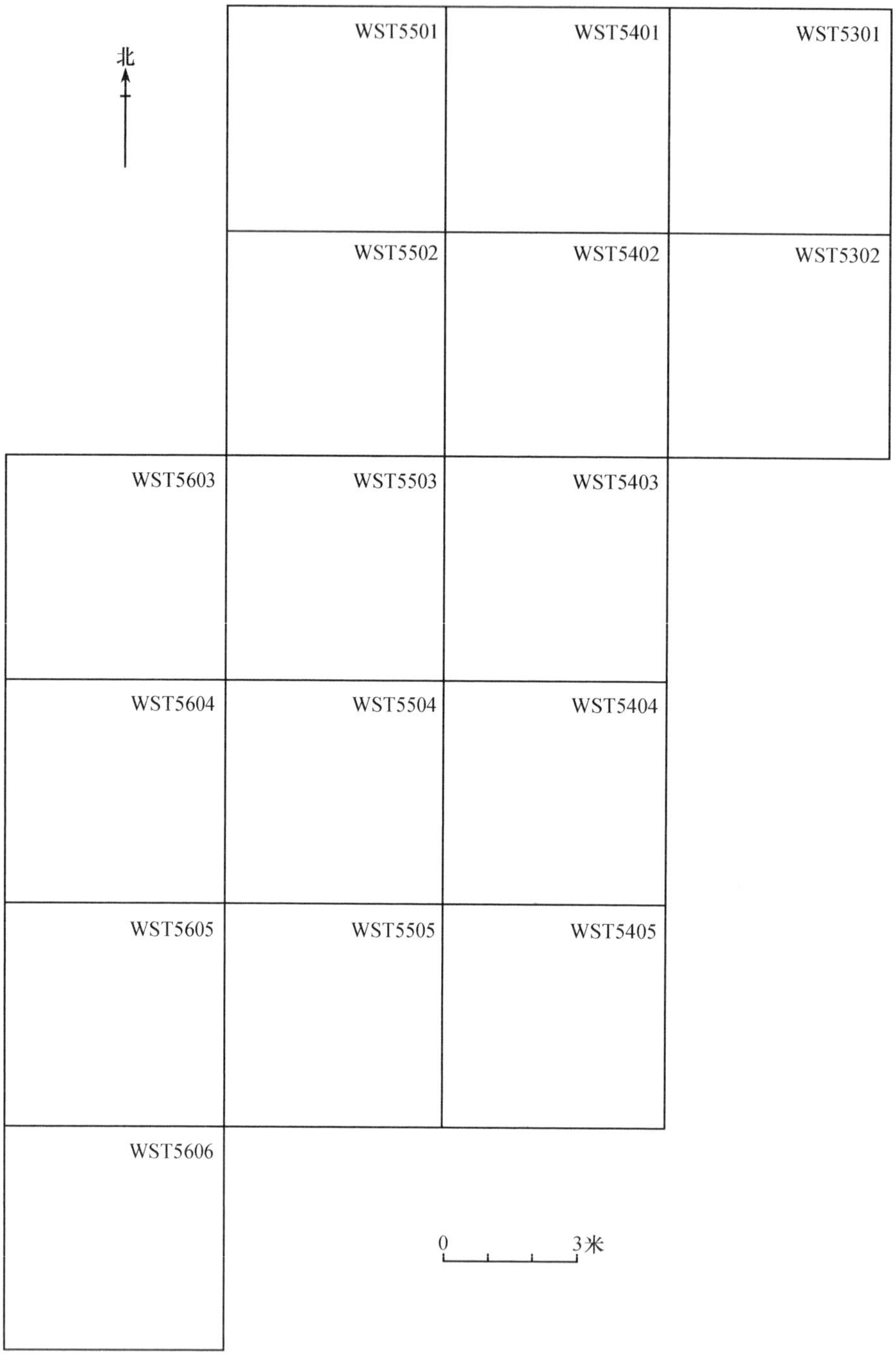

北

WST5501	WST5401	WST5301
WST5502	WST5402	WST5302
WST5603	WST5503	WST5403
WST5604	WST5504	WST5404
WST5605	WST5505	WST5405
WST5606		

0　　　　　3米

图七　家山遗址（墓地）发掘探方分布图

第三章 地层堆积

第一节 地层分布及保存状况

为了解遗址地层堆积和保存状况，对遗址及周边进行了全面的勘探。发现叶家庙城环壕范围以内文化层堆积呈连续分布，无间断。叶家庙城与家山遗址（墓地）之间也为连续分布。

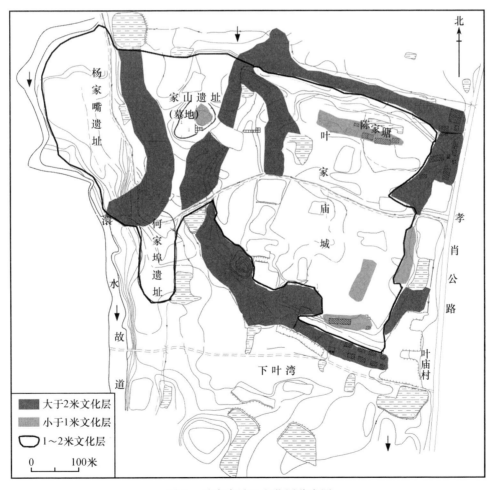

图八 叶家庙城址文化层分布图

叶家庙城与杨家嘴东环壕之间有局部间断。何家埠与叶家庙城西环壕之间有宽50～80米的文化间断。钻探显示了文化层堆积厚度，将遗址文化层厚度分为2米以上、1～2米、1米以下三个级别。2米以上区域主要位于叶家庙城周围，呈明显的环状分布。另外，在叶家庙城中部偏西也发现一条南北向区域，约占叶家庙城总面积的35%。家山遗址（墓地）与杨家嘴遗址之间也有一片区域文化层厚度为2米以上，呈南北向分布。1～2米级别主要分布在叶家庙城北部、东部，呈带状分布，叶家庙城西南部也有一片属于这一级别，约占叶家庙城的45%。另外，杨家嘴遗址大部（75%）、何家埠遗址（85%）、家山遗址（30%）周围文化层堆积也属于这一级别。1米以下级别主要分布于叶家庙城东南部区域，约占叶家庙城的20%。另外，家山遗址大部（70%）、杨家嘴遗址局部、何家埠遗址局部也属于这一级别（图八）。

第二节　城垣地层堆积

一、南城垣TG1

（一）地层堆积

南城垣开挖探沟一条，编号TG1，位于南城垣中段，从上到下共分9层（图九；图版二，1、2），地层叠压关系如下。

各层详述如下。

第1层：厚0.05～0.35米。耕土，浅黄褐色，土质较松软。探沟北部含沙略多，北高南低，在陡坎处分布较薄。出土较多现代杂物及农作物根茎。该层下探沟北部有多座现代墓。

第2层：又可分为两小层。

第2A层：深0.1～0.35、厚0～0.4米。灰褐色黏土，土质松散，含较多现代瓦片、瓷片等。该层在陡坎处缺失，其余部分均有分布。该层为现代扰乱层，该层下南部有G1。

第2B层：深0.15～0.45、厚0～0.45米。灰白色黏土层，含沙，质较松软，含现代青灰砖块。仅分布在探沟北部地势最高处，向北分布厚。该层为现代扰乱层。

第3层：又可分为两小层。

第3A层：深0.4～0.6、厚0～0.45米。红褐色黏土，土质较板结，略松软，含较多铁锈斑。分布在TG1中北部。出土少量陶片和青花瓷片等，另出土1件石凿。该层为近代扰乱层。

第3B层：深0.5、厚0～0.35米。灰褐色黏土，质较致密板结，含较多红烧土块和少量灰烬。仅分布在TG1北部，由南向北倾斜分布。出土少量碎陶片和青花瓷片、釉陶片等。该层为近代扰乱层。

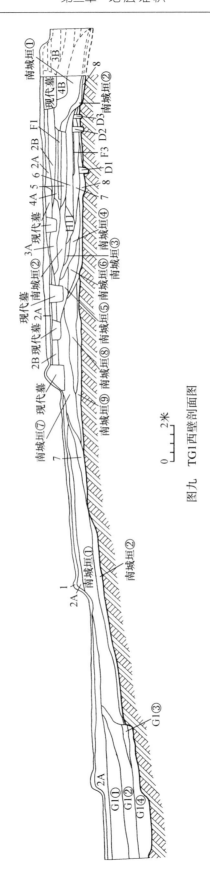

图九 TG1西壁剖面图

第4层：仅分布在TG1北部，可分两小层。

第4A层：深0.75~0.95、厚0~0.2米。灰白色黏土，土质纯净细腻。分布在探方中部偏北。出土少量陶片，有夹砂灰陶、夹砂黑陶、泥质灰陶等，陶器多为素面，主要器形有盆、缸、豆、钵等。该层为新石器时代文化层，下有遗迹F1。

第4B层：深0.95、厚0~0.6米。灰褐色黏土，土质极板结，呈块状，含零星灰烬。分布在探沟北部，由南向北呈倾斜堆积。出土少量碎陶片，有夹砂黑陶、泥质灰陶、泥质黑陶等，可辨器形有罐、盆、钵等。该层为新石器时代文化层。

第5层：深1.55~1.85、厚0~0.4米。灰黑色黏土，含较多草木灰。出土较多陶片，多泥质灰、黑陶片，有极少量彩绘陶片，主要器形有纺轮、鼎（足）、折沿罐、高领罐、杯、器盖、碗等。该层为新石器时代文化层，下有南城垣①和②。

第6层：深1.65~1.75、厚0.18~0.25米。深灰色黏土，土质较黏而松软，夹较多草木灰和少量烧土颗粒。仅分布于探沟中部。出土较多陶片，以夹砂灰陶和夹砂黑陶居多，另有少量泥质黑陶和夹砂红陶，主要器形有罐、盆、豆、瓮、高领罐、壶、杯、纺轮等。该层为新石器时代文化层，南段被H11打破，北部被南城垣②打破，其下有遗迹F3。

第7层：分南、北两部分，探沟北部深1.75~1.95、厚0~0.4米，探沟南部深0.3~0.95、厚0~0.35米，由北向南呈倾斜堆积。灰褐色黏土，夹黄斑、草木灰、少量红烧土。出土较多陶片，以泥质灰黑陶为主，少量泥质磨光黑陶片，器形有纺轮、折沿罐、高领罐、盆、杯等，另出土1件石箭镞。该层为新石器时代文化层，下有南城垣③、④、⑤、⑥。

南城垣③：厚约0.2米。褐黄色黏土，较疏松，含锈斑，内无包含物。分布在探沟中部。该层为二期城垣堆积，被H11打破。

南城垣④：厚约0.4米。黄褐土，土质板结纯净。分布在探沟中部，由南向北呈坡状堆积。无出土物。该层为二期城垣堆积。

南城垣⑤：厚约0.5米。褐色花斑土，夹灰斑和黄斑，土质非常板结。分布在探沟中部，呈水平分布。出土少量陶片，以黑陶和灰陶为主，少量红陶，可辨器形有折沿罐、高领罐、盆、碗、豆等。该层为二期城垣堆积。

南城垣⑥：厚约0.55米。灰褐色黏土，土质非常板结，夹较多灰斑土。分布在探沟中部，由南向北呈坡状堆积。无出土物。该层为二期城垣堆积。

第8层：深1.2~2.1、厚0~0.3米。灰黑色黏土，含炭粒、草木灰，土质较松软。分布在探沟中部和北部，中间并不相连，由南向北呈倾斜堆积。出土较多陶片，陶片多泥质黑皮陶及磨光黑陶，器形有折沿罐、高领罐、碗、豆、缸、甑等。该层为新石器时代文化层，被南城垣②所叠压，下有南城垣⑦和⑧。

第9层：深2.2~2.25、厚0~0.2米。灰褐色粉砂质黏土，土质纯净疏松。分布在探沟北部。出土少量碎陶片，不辨器形。该层为新石器时代文化层，下为棕褐色生土层。

（二）出土遗物

1. 第3、4、5层

陶器主要器形有折沿罐、盆、圈足盘、缸、瓮、高领罐、豆、器盖、圈足杯、鼎足等。

折沿罐　6件。TG1④B：1，夹粗砂红陶，内壁黑色。宽仰折沿，厚方唇，沿面凹。素面。口径32、残高6厘米（图一〇，1）。TG1④B：2，夹粗砂黑陶。宽仰折沿，尖圆唇，沿面凹。素面。口径28、残高4厘米（图一〇，2）。TG1⑤：32，夹细砂灰陶。宽仰折沿，沿面凹，圆唇，鼓腹。素面。残高5.2、口径24厘米（图一〇，3）。TG1④A：4，泥质红陶。宽仰折沿，尖唇外折，溜肩。素面。口径9.6、残高4厘米（图一〇，15）。

盆　2件。TG1③A：6，泥质黄陶。折沿外翻，圆唇，口微敛。素面。口径30.4、残高3.2厘米（图一〇，4）。TG1④A：7，泥质灰陶。敞口，尖唇，沟沿下垂，浅斜腹。口径24、残高2.4厘米（图一〇，9）。

圈足盘　TG1③A：4，夹细砂红陶。平沿微外斜，敛口，尖唇，斜腹。素面。口径34.4、残高2.8厘米（图一〇，5）。

缸　TG1⑤：2，夹粗砂红陶。平沿，沿内折棱凸出。沿面饰凹弦纹，腹饰宽而深的篮纹。残高8.4、口径37.6厘米（图一〇，6）。

瓮　TG1④B：5，夹粗砂黑陶。宽平沿微内敛，尖唇，沿内折棱凸出。沿面饰多道凹弦纹，腹饰宽篮纹。口径28、残高3.6厘米（图一〇，7）。

高领罐　TG1⑤：29，夹细砂黑皮陶，器表磨光。敞口，尖唇，窄沟沿，直高领。素面。残高6、口径13.6厘米（图一〇，8）。

豆　TG1⑤：38，泥质黄陶，内壁黑色。内折沿，圆唇，敛口。素面。残高2.8、口径20厘米（图一〇，10）。TG1③B：4，泥质黑陶。轮制。双折腹。残高4厘米（图一〇，11）。TG1③A：8，仅存圈足部分。泥质灰黄陶。高圈足，底部加厚。素面。残高3.4厘米（图一〇，12）。

器盖　TG1⑤：13，夹细砂黑陶。花边口圈钮，钮顶外撇。素面。残高2.8、钮径4.8厘米（图一〇，13）。TG1③B：5，夹细砂黑陶。轮制。敞口，平沿微上翘，尖唇。素面。残高2.4厘米（图一〇，14）。

圈足杯　TG1⑤：9，泥质红陶。敞口，方唇，束颈，微鼓腹。腹饰网格状细刻划纹。残高3.2、口径8厘米（图一〇，16）。

鼎足　TG1④A：2，夹粗砂红陶。侧装足，足面中部起脊。素面。残高6.2厘米（图一〇，17）。TG1⑤：7，夹细砂黄陶。手制，拼接。倒梯形扁足，足面略弧，足跟较平，边缘加厚。足面饰斜向刻划纹。残高11.6厘米（图一〇，18）。

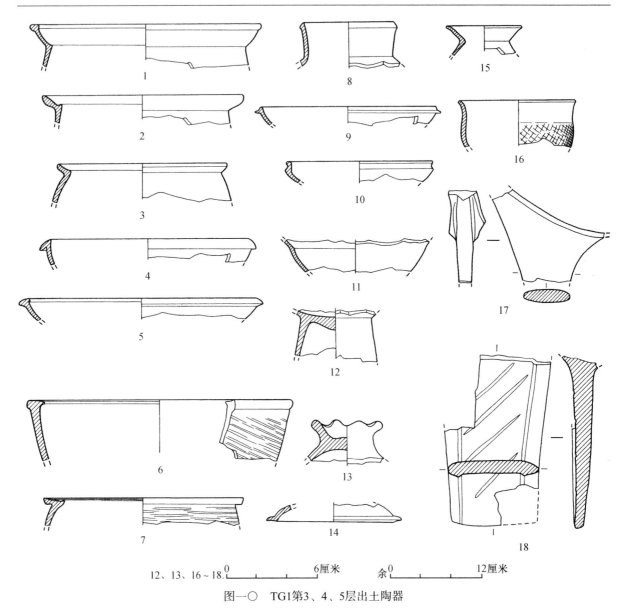

图一○　TG1第3、4、5层出土陶器

1～3、15. 折沿罐（TG1④B：1、TG1④B：2、TG1⑤：32、TG1④A：4）　4、9. 盆（TG1③A：6、TG1④A：7）
5. 圈足盘（TG1③A：4）　6. 缸（TG1⑤：2）　7. 瓮（TG1④B：5）　8. 高领罐（TG1⑤：29）　10～12. 豆（TG1⑤：38、
TG1③B：4、TG1③A：8）　13、14. 器盖（TG1⑤：13、TG1③B：5）　16. 杯（TG1⑤：9）　17、18. 鼎足（TG1④A：2、
TG1⑤：7）

2. 第6层

陶器可辨器形有折沿罐、高领罐、盆、豆、圈足杯、壶、纺轮等。

折沿罐　3件。TG1⑥：35，夹粗砂灰陶。宽仰折沿，宽凹唇，沿内起折棱。素面。残高
4.4、口径32厘米（图一一，1）。TG1⑥：30，泥质薄胎黑陶。折沿，圆唇，鼓腹。素面。残
高2、口径10.4厘米（图一一，2）。

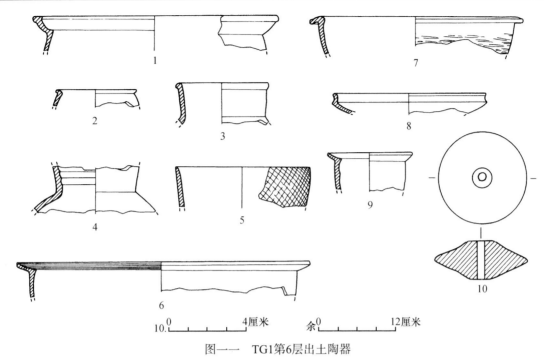

图一一 TG1第6层出土陶器

1、2.折沿罐（TG1⑥：35、TG1⑥：30） 3、4.高领罐（TG1⑥：22、TG1⑥：21） 5.壶（TG1⑥：41）
6、7.盆（TG1⑥：18、TG1⑥：15） 8.豆（TG1⑥：24） 9.圈足杯（TG1⑥：40）10.纺轮（TG1⑥：1）

高领罐 2件。TG1⑥：22，夹细砂红陶，内壁黑陶。直口，圆唇，直高领。素面。残高5.2、口径12厘米（图一一，3）。TG1⑥：21，泥质黑陶。轮制。斜高领，溜肩。残高5.6厘米（图一一，4）。

盆 3件。TG1⑥：18，泥质灰陶。平沿微外斜，尖唇，口微敛，斜弧腹。素面。残高4.8、口径28厘米（图一一，6）。TG1⑥：15，夹粗砂黑陶。宽仰折沿，圆唇，沿内折棱凸起较高。沿面饰凹弦纹。残高4.4、口径38.4厘米（图一一，7）。

豆 1件。TG1⑥：24，泥质黑陶。竖折沿，直口，尖唇，浅斜腹。素面。残高2.2、口径20厘米（图一一，8）。

圈足杯 1件。TG1⑥：40，泥质橙黄陶。宽仰折沿，尖唇，敞口，深斜腹。素面。残高4、口径11.2厘米（图一一，9）。

壶 1件。TG1⑥：41，口沿残片。泥质橙黄陶，薄胎。敞口，尖唇。饰方格纹黑衣彩绘。残高7厘米（图一一，5）。

纺轮 1件。TG1⑥：1，泥质红陶，局部黑色。手制。两面平，宽折棱边。素面。厚2、直径4.8、孔径0.4厘米（图一一，10）。

3. 第7层

陶器可辨器形有折沿罐、高领罐、盆、盘圈足、斜腹杯、鬶、纺轮等。另有1件石箭镞。

折沿罐　3件。TG1⑦：31，夹粗砂黑陶。轮制。宽仰折沿，沿面凹，圆唇微内折，沿内折棱凸出，鼓腹。素面。口径24、残高7.6厘米（图一二，1）。TG1⑦：45，泥质灰黄陶。轮制。宽仰折沿，尖唇。素面。口径13.6、残高4厘米（图一二，3）。

高领罐　2件。TG1⑦：24，夹粗砂黄陶。轮制。仰折沿，尖唇，斜高领。素面。口径13.6、残高5.2厘米（图一二，4）。

盆　3件。TG1⑦：4，夹粗砂黑陶。轮制。仰折沿，尖唇，口微敛，斜弧腹。素面。口径48、残高7.2厘米（图一二，2）。TG1⑦：5，夹细砂黑陶。轮制。宽平沿，沿面凹，厚方唇，口微敛，斜弧腹。腹饰宽篮纹。口径37.6、残高7.6厘米（图一二，7）。

盘圈足　1件。TG1⑦：61，泥质黑陶。轮制。圈足较高，跟部外翻。圈足内有多道轮制凹弦纹。残高5.4、足径12厘米（图一二，6）。

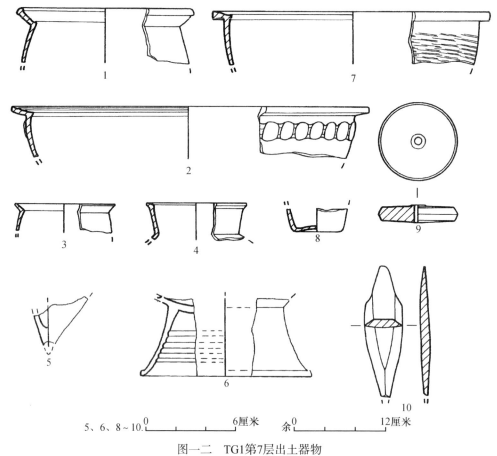

图一二　TG1第7层出土器物

1、3.陶折沿罐（TG1⑦：31、TG1⑦：45）　2、7.陶盆（TG1⑦：4、TG1⑦：5）　4.陶高领罐（TG1⑦：24）
5.陶鬶足（TG1⑦：98）　6.陶盘圈足（TG1⑦：61）　8.陶斜腹杯（TG1⑦：84）　9.陶纺轮（TG1⑦：1）
10.石箭镞（TG1⑦：3）

斜腹杯　1件。TG1⑦：84，泥质红陶。斜腹，底内凹。素面。底径3.2、残高1.6厘米（图一二，8）。

鬶足　1件。TG1⑦：98，截面呈三角形。泥质磨光黑陶。残高3.4厘米（图一二，5）。

纺轮　1件。TG1⑦：1，泥质黑陶。手制。一面平，孔周凸出，一面微隆起，厚折棱边。素面。通厚1、直径4.4、孔径0.4厘米（图一二，9）。

石箭镞　1件。TG1⑦：3，灰色泥质岩。通体磨制。扁锥形铤，柳叶形镞，两面平，侧刃薄而锋利，刃尖较长。残长7.2、厚0.5厘米（图一二，10）。

4. 第8层

陶器可辨器形有折沿罐、高领罐、缸、盆、圈足杯、碗、甑等。

折沿罐　5件。TG1⑧：11，泥质灰陶。轮制。宽仰折沿，加厚圆唇。素面。口径31.2、残高3.6厘米（图一三，1）。TG1⑧：16，夹炭黑陶。轮制。宽仰折沿，圆唇，沿面凹。素面。残高3.6、口径23.2厘米（图一三，2）。TG1⑧：7，残存圈足。泥质灰陶。斜腹，平底，矮圈足外撇。素面。残高1.8、足径10厘米（图一三，4）。

高领罐　4件。TG1⑧：9，夹砂黑陶。轮制。直口，尖唇，矮直领。领部饰多道凹弦纹。口径20、残高4.4厘米（图一三，3）。

缸　1件。TG1⑧：28，夹粗砂红陶。敞口，尖唇，附宽贴沿，斜直腹。素面。口径38.4、残高8.8厘米（图一三，5）。

盆　2件。TG1⑧：24，夹细砂黑陶。平沿，方唇，口微敛，斜弧腹。素面。口径24、残高4厘米（图一三，6）。

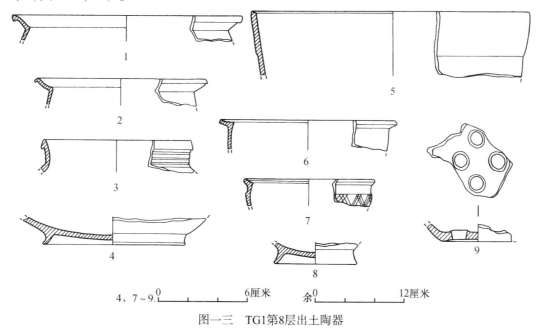

4、7～9 0 ____ 6厘米　　　余 0 ____ 12厘米

图一三　TG1第8层出土陶器

1、2.折沿罐（TG1⑧：11、TG1⑧：16）　3.高领罐（TG1⑧：9）　4.罐底（TG1⑧：7）　5.缸（TG1⑧：28）

6.盆（TG1⑧：24）　7.圈足杯（TG1⑧：34）　8.碗（TG1⑧：33）　9.甑底（TG1⑧：26）

圈足杯　1件。TG1⑧：34，泥质磨光黑陶。轮制。仰折沿，尖唇，上腹外弧。腹饰成组的折线刻划纹。残高1.8、口径8.8厘米（图一三，7）。

碗　1件。TG1⑧：33，残存圈足部分。泥质红陶。轮制。矮圈足外撇。素面。残高1.4、足径5.6厘米（图一三，8）。

甑　1件。TG1⑧：26，残存底部。夹细砂黑陶。斜腹，平底。底部饰圆形镂孔。残高1.2厘米（图一三，9）。

二、西　城　垣

（一）地层堆积

西城垣共布探方9个，编号WST2905、WST2906、WST3005、WST3006、WST3106、WST3206、WST3306、WST3406、WST3506，统一地层后共分8层。第8层下为城垣堆积（图一四）。

各层详述如下。

第1层：耕土层。厚0～0.21米。灰褐土。仅分布在探方东部，其余都缺失。土质较为疏松，夹较多植物根茎。出土有近现代砖瓦块。

第2层：扰乱层。又可分为两小层。

第2A层：深0.25～0.35、厚0～0.3米。灰黄土，质松散，局部板结，含少量植物根茎、瓦片、青花瓷片。此层分布于探方东南角。该层为近代扰乱层。

第2B层：深0.05～0.55、厚0～0.27米。灰白土，质松散，含黑色颗粒状物质。此层分布于探方东南部。出土少量现代瓦片、青花瓷片、青瓷片、硬陶片及早期陶片。

第3层：深0.14～0.22、厚0～0.12米。黄灰色黏土层，夹少量炭屑与烧土粒，土质较疏松。主要分布在WST3006，由西向东呈倾斜状堆积。出土有硬陶片、青花瓷片、碎砖块等物。该层为近代扰乱层，下有H1。

第4层：深0～0.65、厚0～0.65米。灰黄土，土质疏松杂有细沙，含零星烧土与少许草木灰。主要分布在WST3506全部、WST3406大部、WST3306西部，由西向东倾斜分布，WST3006也有少量分布。出土有罐口沿及残片、豆残片、鼎足、近现代砖瓦片等。该层为近代扰乱层。

第5层：深0.1～0.35、厚0～0.25米。红褐色沙性土，夹较多褐色铁锰颗粒，土质松散。仅分布于WST3106东部。出土少量陶片，不辨器形。该层为新石器时代文化层。

第6层：深0.1～1.05、厚0～0.4米。灰土，杂有大量白斑，土质致密，杂有烧土颗粒。主要分布在WST3406和WST3506，由东向西倾斜堆积，且越往西越厚。出土少量陶片，可辨器形有鼎足、折沿罐、鼎、豆圈足、圈足杯等。该层为新石器时代文化层。

图一四　西城垣地层剖面图

第7层：深0.18～1.95、厚0～1.1米。黄土，土质致密，杂有大量烧土颗粒、草木灰。分布很广，除WST3106、WST3206缺失外，其余各方均有分布，由中间向东、西两端呈倾斜分布，以WST3406堆积最厚。出土陶片较多，以黑陶和灰陶数量偏多，夹砂陶占多数，磨光黑陶数量较多，可辨器形有鼎足、圈足器、折沿罐、圈足杯等。该层为新石器时代文化层。

第8层：深0.2～2.1、厚0～0.55米。灰白色土，土质疏松，夹杂较多铁锈斑、烧土颗粒及草木灰。除中间的WST3106、WST3206缺失，其余各方均有分布，从中间向两端呈倾斜分布，最东端被H1打破。出土陶片以泥质磨光黑陶为主，另有少量夹砂灰陶、泥质灰陶等，主要器形有鼎、豆、柄、罐、釜、杯、器盖等。该层为新石器时代文化层，其下为西城垣堆积。

（二）出土遗物

1. 第4层

陶器可辨器形有折沿罐、高领罐、豆、盆、纺轮、球等。

折沿罐　3件。WST3406④：6，夹细砂黄陶。轮制。宽仰折沿，方唇，沿内折棱凸出。素面。口径26、残高4厘米（图一五，1）。WST3406④：12，夹细砂灰陶。宽仰折沿，方唇，颈部内束。素面。口径13.4、残高4.8厘米（图一五，3）。WST3506④：6，夹细砂灰陶。轮制。宽仰折沿，斜方唇，沿中部及沿内起两道折棱。腹饰横篮纹。口径30.4、残高8.8厘米（图一五，6）。

另有一件为罐底部残片，WST3406④：14，夹细砂黄陶。轮制。坦底，极矮圈足，足跟内凸。素面。残高3.5、底径9.2厘米（图一五，10）。

高领罐　1件。WST3406④：16，夹细砂黑陶。轮制。斜高领，溜肩。肩部饰一周附加堆纹。残高4.8厘米（图一五，4）。

豆　2件。WST3406④：18，泥质黑陶，器表磨光。轮制。敞口，尖唇，双折腹。素面。口径24、残高4厘米（图一五，2）。WST3406④：19，夹细砂黑陶。轮制。敞口，尖唇，宽仰折沿，沿面凹，斜弧腹。素面。口径18、残高4.4厘米（图一五，5）。

盆　3件。WST3506④：19，夹细砂黑陶。轮制。宽平沿，方唇，敞口，斜弧腹。素面。口径28、残高5.6厘米（图一五，7）。WST3506④：7，夹粗砂黄陶。轮制。宽仰折沿，圆唇，沿面饰多道凹弦纹。素面。口径32.8、残高6厘米（图一五，8）。WST3506④：15，夹粗砂黑陶。轮制。平沿微仰，方唇，口微敛，外弧腹。素面。口径22.4、残高4.4厘米（图一五，9）。

纺轮　2件。WST2905④：1，泥质灰陶。两面平，直边。素面。厚0.6、直径5.2、孔径0.4厘米（图一五，11）。WST3406④：1，泥质红褐陶。手制。腰鼓形，较厚，两面平，弧边。最大径处饰三周凹弦纹，加饰戳印纹及纵向的刻划纹。厚2、直径3.8、孔径0.3厘米（图一五，12）。

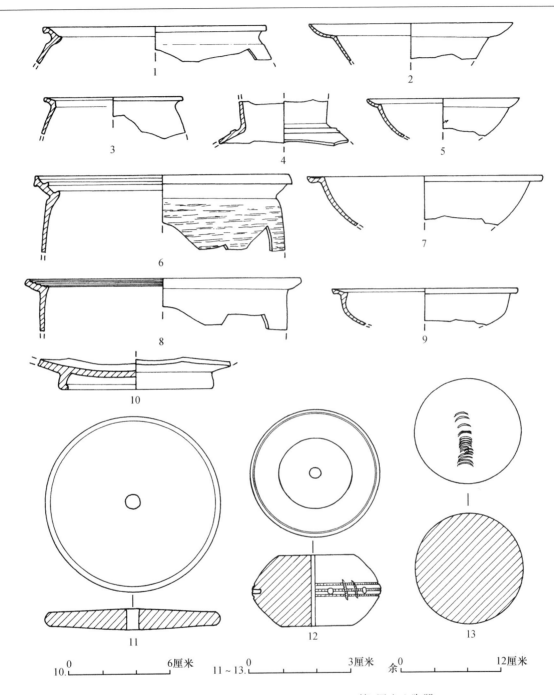

图一五　WST2905、WST3406、WST3506第4层出土陶器

1、3、6.折沿罐（WST3406④：6、WST3406④：12、WST3506④：6）　2、5.豆（WST3406④：18、WST3406④：19）

4.高领罐（WST3406④：16）　7~9.盆（WST3506④：19、WST3506④：7、WST3506④：15）　10.罐底（WST3406④：14）

11、12.纺轮（WST2905④：1、WST3406④：1）　13.球（WST3406④：2）

球　1件。WST3406④：2，夹细砂，黄陶黑陶夹杂。手制。实心，器表打磨，局部饰多道指甲状戳印纹。直径3.2厘米（图一五，13）。

2. 第5层

陶器可辨器形有折沿罐、壶、盆、缸、瓮、豆、斜腹杯、器盖、纺轮等。

折沿罐　2件。WST3506⑤：9，夹细砂黑陶。轮制。宽仰折沿，沿面凹，尖唇，鼓腹。腹饰横篮纹。口径24、残高7.2厘米（图一六，1）。WST3506⑤：13，夹粗砂黄陶。轮制。宽仰折沿，尖唇，鼓腹。素面。口径32、残高7.2厘米（图一六，3）。

盆　1件。WST3506⑤：5，夹粗砂黑陶。轮制。平沿，厚圆唇，直腹。素面。口径28.8、残高6厘米（图一六，9）。

瓮　1件。WST3506⑤：11，泥质黑皮陶。轮制。敛口，厚沿，特厚圆唇，溜肩。素面。口径22.4、残高4厘米（图一六，2）。

缸　1件。WST3506⑤：6，夹细砂黑陶。轮制。敛口，沟沿，厚方唇。素面。口径32、残高7.2厘米（图一六，4）。

壶　1件。WST3506⑤：26，泥质灰黄陶。轮制。敞口，尖唇，斜高领，溜肩。素面。口径10.2、残高10.4厘米（图一六，5）。

器盖　1件。WST3506⑤：22，夹细砂灰黄陶。轮制。花边形矮圈钮，钮顶外撇。素面。钮径9.2、残高3.2厘米（图一六，7）。

豆　1件。WST3506⑤：16，泥质灰陶。轮制。圜底，高圈足，下部外撇。素面。残高6.2、足径9.6厘米（图一六，6）。

斜腹杯　1件。WST3506⑤：24，泥质灰陶，胎较厚。口沿残，斜弧腹，底部内凹。残高7.6、足径4.2厘米（图一六，8）。

纺轮　3件。WST2905⑤：1，泥质灰陶。一面平，一面中部微隆起，直边。素面。厚0.8、直径4.8、孔径0.4厘米（图一六，10）。WST2905⑤：2，泥质灰陶。器形扁薄，一面平，一面隆起，尖边。素面。厚0.6、直径3.6、孔径0.2厘米（图一六，11）。WST2905⑤：3，泥质红陶。器形较薄，一面平，一面隆起，尖边。素面。厚0.6、直径3.4、孔径0.3厘米（图一六，12）。

3. 第6层

陶器可辨器形有折沿罐、瓮、盆、豆、器盖、矮圈足杯等。

折沿罐　3件。WST3406⑥：7，夹粗砂黑陶。轮制。宽仰折沿，尖唇，沿面起折棱。素面。口径28、残高4.4厘米（图一七，1）。WST3406⑥：16，夹粗砂灰黑陶。轮制。宽仰折沿，尖唇，沿内折棱凸出。素面。口径32.8、残高5.6厘米（图一七，2）。

瓮　WST3406⑥：1，泥质灰陶。轮制。折沿，尖唇，广肩。素面。口径14、残高2厘米（图一七，3）。

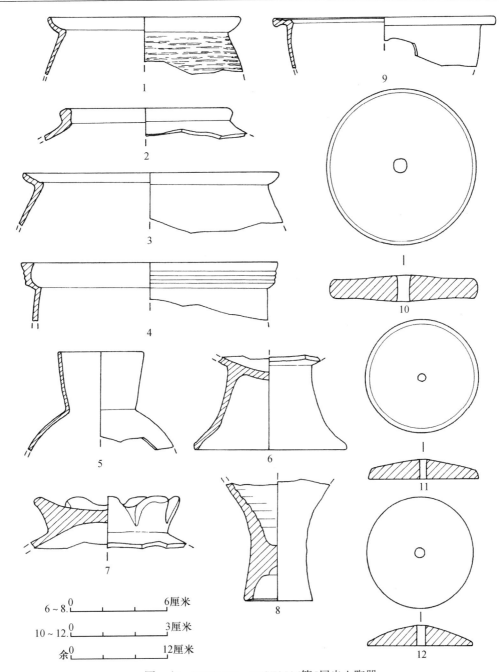

图一六　WST2905、WST3506第5层出土陶器

1、3.折沿罐（WST3506⑤：9、WST3506⑤：13）　2.瓮（WST3506⑤：11）　4.缸（WST3506⑤：6）

5.壶（WST3506⑤：26）　6.豆圈足（WST3506⑤：16）　7.器盖（WST3506⑤：22）　8.杯（WST3506⑤：24）

9.盆（WST3506⑤：5）　10～12.纺轮（WST2905⑤：1、WST2905⑤：2、WST2905⑤：3）

豆　　2件。WST3406⑥：4，泥质灰陶。轮制。内折沿，尖唇，敛口，斜腹，素面。口径16、残高3.2厘米（图一七，4）。WST3406⑥：43，泥质灰陶。轮制。敛口，内折沿，尖唇，浅斜腹。素面。口径20、残高3.6厘米（图一七，7）。

盆　　2件。WST3406⑥：36，夹细砂黑陶。轮制。平沿微外斜，丁字口。沿面饰多道凹弦纹，腹饰宽篮纹。口径42.4、残高12厘米（图一七，5）。WST3406⑥：33，泥质灰黄陶。轮制。平沿，尖唇，沿面微凹，敛口。素面。口径40、残高4.4厘米（图一七，6）。

器盖　　1件。WST3406⑥：25，泥质灰黄陶。手制。锥形细长钮。残高5.4厘米（图一七，8）。

矮圈足杯　　1件。WST3206⑥：1，夹细砂黑陶。轮制。敞口，尖唇，斜腹外弧，平底，矮圈足。通高4.8、口径9.2、足径4、足高0.9厘米（图一七，9）。

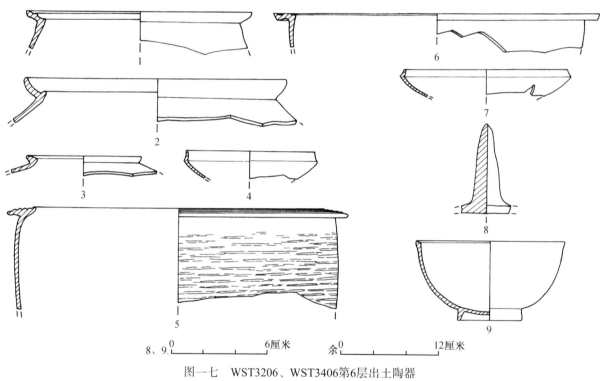

图一七　WST3206、WST3406第6层出土陶器
1～3.折沿罐（WST3406⑥：7、WST3406⑥：16、WST3406⑥：1）　　4、7.豆（WST3406⑥：4、WST3406⑥：43）
5、6.盆（WST3406⑥：36、WST3406⑥：33）　　8.器盖（WST3406⑥：25）　　9.碗（WST3206⑥：1）

4. 第7层

陶器可辨器形有折沿罐、高领罐、盆、缸、矮圈足杯、器盖等。

折沿罐　　4件。WST3406⑦：99，夹细砂灰黄陶。轮制。宽仰折沿，厚圆唇，沿内折棱凸出，束颈，鼓腹。素面。口径18.4、残高7.6厘米（图一八，1）。WST3406⑦：98，夹粗砂黑陶。宽仰折沿，厚圆唇，沿内折棱凸出，鼓腹。口径26.4、残高7.2厘米（图一八，2）。WST3406⑦：93，夹细砂黄陶。轮制。宽仰折沿，沿面饰多道凹弦纹，方唇，鼓腹。素面。口

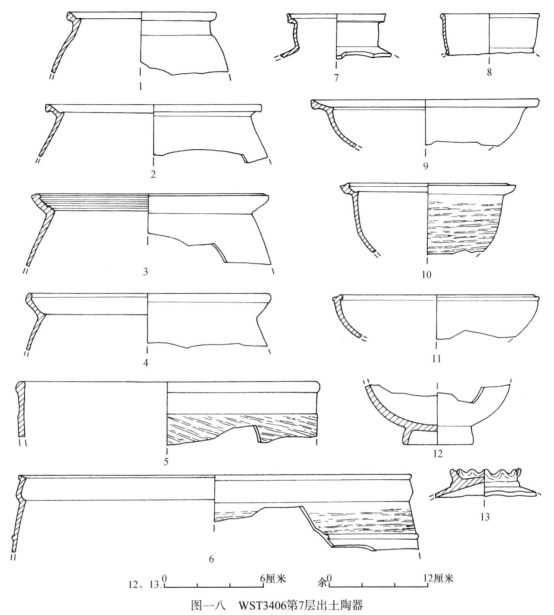

图一八　WST3406第7层出土陶器

1~4. 折沿罐（WST3406⑦：99、WST3406⑦：98、WST3406⑦：93、WST3406⑦：97）　5、6. 缸（WST3406⑦：133、
WST3406⑦：134）　7、8. 高领罐（WST3406⑦：78、WST3406⑦：11）　9~11. 盆（WST3406⑦：71、WST3406⑦：62、
WST3406⑦：15）　12. 矮圈足杯（WST3406⑦：5）　13. 器盖（WST3406⑦：138）

径29.2、残高8.8厘米（图一八，3）。WST3406⑦：97，泥质黄陶。轮制。宽仰折沿，尖圆唇
内折。素面。口径30.4、残高6.8厘米（图一八，4）。

　　高领罐　2件。WST3406⑦：78，夹细砂黑陶。轮制。仰折沿，尖唇，高领微外弧，广
肩。素面。口径12，残高5.2厘米（图一八，7）。WST3406⑦：11，夹细砂黄陶。轮制。直高
领，圆唇，附贴沿。素面。口径12.8、残高4.8厘米（图一八，8）。

　　缸　2件。WST3406⑦：133，夹细砂黄陶。轮制。直口，圆唇，束颈，直腹。腹饰稀疏的

横篮纹。口径37.6、残高7.6厘米（图一八，5）。WST3406⑦：134，夹粗砂黑陶。尖唇，内折沿，曲颈。腹饰横篮纹。口径48.8、残高9.6厘米（图一八，6）。

盆　3件。WST3406⑦：71，夹细砂黄陶。轮制。宽仰折沿，厚方唇，沿内转折处起折棱，浅斜腹。素面。口径28、残高5.6厘米（图一八，9）。WST3406⑦：62，夹细砂黑陶。轮制。宽仰折沿，厚方唇，沿面凹，斜弧腹。腹饰模糊的宽篮纹。口径22.4、残高8.4厘米（图一八，10）。WST3406⑦：15，夹细砂黑陶。轮制。敛口，内折沿，沿面外斜，尖唇，斜弧腹。素面。口径25.6、残高5.2厘米（图一八，11）。

矮圈足杯　1件。WST3406⑦：5，残存圈足部分。夹细砂灰黄陶。轮制。斜弧腹，平底，矮圈足，足跟外撇。素面。残高3.8、底径4.4厘米（图一八，12）。

器盖　1件。WST3406⑦：138，夹细砂黑陶。轮制。花边形矮圈钮。素面。钮径4.4、残高1.8厘米（图一八，13）。

5. 第8层

陶器可辨器形有折沿罐、缸、锅、豆、碗、纺轮等。

折沿罐　5件。WST3406⑧：24，夹细砂灰黄陶。轮制。宽仰折沿，宽方唇，沿面凹，鼓腹。口径22.4、残高8.4厘米（图一九，1）。WST3406⑧：2，夹炭，外红内黑。宽仰折沿，尖唇，沿面凹。素面。口径35、残高6厘米（图一九，2）。WST3406⑧：10，夹粗砂黑陶。轮制。宽仰折沿，尖唇微上翘，鼓腹。素面。口径28.8、残高6.8厘米（图一五，3）。WST3406⑧：21，夹细砂黑陶。轮制。宽仰折沿，特厚方唇，沿面凹，鼓腹。口径25.6、残高7.2厘米（图一九，4）。WST3406⑧：1，夹炭红陶。轮制。宽仰折沿，方唇。素面。口径32.8、残高6.4厘米（图一九，7）。

缸　1件。WST3406⑧：20，夹粗砂褐陶。轮制。宽仰折沿，沿面凹，斜方唇，沿内折棱凸出。素面。口径36、残高5.2厘米（图一九，6）。

锅　1件。夹粗砂红陶。轮制。敞口，尖唇。口径56、残高5.2厘米（图一九，5）

豆　1件。WST3406⑧：25，泥质陶，外灰黄，内黑。轮制。喇叭形高圈足，足跟外撇成台座，足跟微内弧。素面。残高9.2、足径16厘米（图一九，8）。

碗　1件。WST3406⑧：35，泥质灰黑陶。轮制。敛口，内折沿，尖唇，斜腹。素面。口径20、残高5.6厘米（图一九，9）。

纺轮　1件。WST3106⑧：1，泥质陶，黑皮红胎。手制。腰鼓形，较厚，两面中间略凹，厚弧边。最大径处饰三周凹弦纹，中间一周加饰戳印小孔，并饰多道垂直的刻划纹。通厚2.6、直径4.2、孔径0.43厘米（图一九，10）。

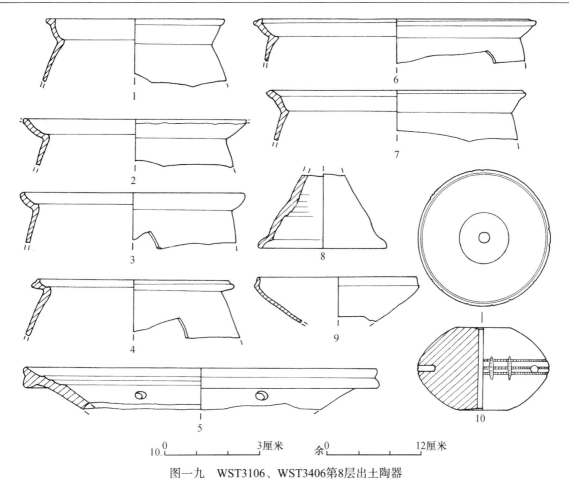

图一九　WST3106、WST3406第8层出土陶器

1~4、7.罐（WST3406⑧：24、WST3406⑧：2、WST3406⑧：10、WST3406⑧：21、WST3406⑧：1）

5.锅（WST3406⑧：26）　6.缸（WST3406⑧：20）　8.豆（WST3406⑧：25）　9.碗（WST3406⑧：35）

10.纺轮（WST3106⑧：1）

第三节　城内居住区地层堆积

居住区主要位于城址东南部，地层堆积平均厚度1.2~1.5米，最厚处约1.7米。共分7层，另外EST2286还发现有第8层。

现以EST1986、EST2086、EST2186、EST2286四个探方北壁为例加以说明（图二〇）。

第1层为耕土层，第2~7层为新石器时代文化层，其中第5、6层又各可分两小层。除第6层仅分布于少量探方外，其余地层均广泛分布。第2层为灰白色黏土，第3层为褐灰色土夹红烧土颗粒，第4层为褐黄色黏土夹红烧土块，第5A层为灰黑色土含草木灰，第5B层为褐黄色土夹红烧土块，第6A层为红烧土层，第6B层为褐灰色土，第7层为灰色土夹少量草木灰。

第1层：厚0.1~0.15米。土质较疏松，包含植物根茎及近现代陶瓷砖瓦碎片。分布全方。

第2层：深0.1~0.15、厚0.1~0.2米。灰白色土，质较细腻，颗粒较细。包含有近现代垃圾

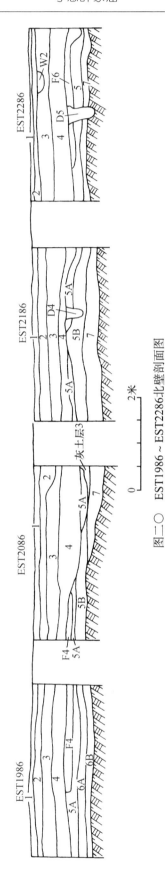

图二〇　EST1986～EST2286北壁剖面图

碎砖瓦片，少许新石器灰陶、红陶碎片。分布全方。该层为现代扰乱层。

第3层：深0.2～0.35、厚0.05～0.4米。褐灰色土夹红烧土颗粒，土质紧密板结。出土遗物较多，可辨器形有钵、盘、豆、器座、纺轮、盖钮、圈足器等，以灰陶为主，红陶次之，多为素面，少许弦纹、划纹。分布于全方。

第4层：深0.3～0.65、厚0.2～0.6米。褐黄色土，夹红烧土块，土质紧密板结。出土遗物有豆、盆、罐、杯、鼎足、纺轮等残器片。F4、D3开口于此层下。该层为新石器时代文化层。

第5层：分5A、5B两小层。

第5A层：深0.55～1.2、厚0～0.3米。灰黑色土，土质较松软，含草木灰。出土遗物以灰陶为主，红陶次之，多为素面，少许篮纹、弦纹、划纹等，可辨器形有缸、折沿罐、盆、鼎足、圈足盘、纺轮等。本层除东南角未见分布外，均有分布。该层为新石器时代文化层。

第5B层：深0.55～0.85、厚0.2～0.35米。褐黄色土，夹红烧土块，土质紧密坚硬，红烧土块较多。出土遗物可辨器形有壶、豆、甑、鼎、鼎足等。主要分布于探方东南部。该层为新石器时代文化层。

第6层：分6A、6B两小层。

第6A层：厚0.1～0.3、深0.85～1.4米。红烧土层，土质紧密板结，南薄北厚，高低不平。出土遗物有罐、盆、鼎及鼎足等陶片，多为素面。分布全方。该层为新石器时代文化层。

第6B层：厚0.1～0.2、深1.1～1.5米。褐灰色土，土质略软。出土少量泥质黑陶、灰陶片，碎小无法辨别器形。分布全方。该层为新石器时代文化层。

第7层：厚0～0.38米，深1.17～1.7米。灰黑色土，黏性强，除EST1986外，其余探方均有分布。出土陶片数量不多，夹砂陶偏多，纹饰以素面，只见极少数弦纹。

第7层下为黄褐色生土层。

第四节　家山遗址（墓地）地层堆积

该区域地层堆积埋藏较浅，耕土层下即为文化层，从上往下共分为7层，遗迹与地层之间的叠压打破关系非常复杂。地表及生土面均由北向南略有倾斜。第7层下为更新世网纹黄土。第2B～7层均为新石器时代文化层。

现以WST5501、WST5502、WST5503、WST5504、WST5505西壁为例加以说明（图二一）。

第1层：厚0.15～0.2米。灰褐色黏土，耕土层，夹杂有植物根茎、现代杂物及烧土粒等。所有探方均有分布。出土少量新石器时代陶片和唐宋瓷片。

第2层：又可分为两小层。

第2A层：深0.18～0.66、厚0.07～0.2米。灰白色黏土，夹红色水锈斑和小石子，土质松散。主要分布于发掘区南部各探方。出土少量夹砂黑、红陶、泥质黑陶片及极少数釉陶片和青

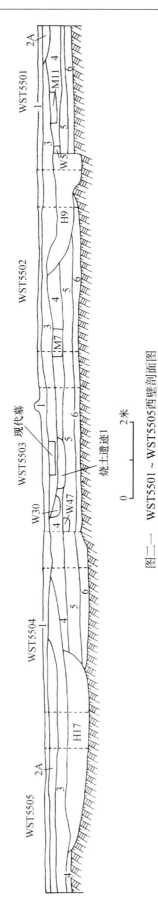

图二一 WST5501～WST5505西壁剖面图

瓷片等。该层下有H19、H20、M5等。

第2B层：深0.1~0.3、厚0~0.25米。灰色土，夹杂少量烧土，土质较为疏松。局部地层，仅分布于WST5401、WST5501、WST5603三个探方内。出土遗物以夹砂灰、黑陶、泥质灰陶为主，另有少量夹砂红陶，器形有折沿罐、高领罐、盆、圈足杯、器盖、纺轮等。该层下WST5501出土1件石斧，WST5603出土3件石斧。该层下有H23、烧土遗迹1、W14、W30、M19等。该层为新石器时代文化层。

第3层：深0.2~0.3、厚0~0.3米。黑灰色土，夹较多灰烬、零星烧土和白沙，土质较为疏松。部分探方缺失。出土陶片数量较多，以厚胎夹砂红陶为主，另有泥质、夹砂灰陶，纹饰多附加堆纹，器形有罐、盆、杯、器盖、臼等。该层下遗迹数量较多，主要有F8、H8、H9、H13、H14、H17、W5、W6、W8、M5、M6、M7、M11、W33、W41、W43、W44、W45、M2、M3、M4、M8、M10、M12。

第4层：深0.13~0.35、厚0.35~0.65米。灰黄土，夹烧土粒及烧土块，土质板结致密。所有探方均有分布，南部被H17打破，地层由北向南略有倾斜。出土陶片有夹砂灰、黑、红陶、泥质灰陶等，器形有鼎、罐、缸、盆、瓮、豆、圈足盘、器盖等。该层下遗迹数量较多，主要有烧土遗迹3、烧土遗迹4、H15、H24、H26、F9、W13、W15~W32、W34~W40、W42、M16~M20、M22、M23、M27、M28。该层为新石器时代文化层。

第5层：深0.5~0.65、厚0.1~0.4米。黄土，质地板结，夹有烧土粒。所有探方均有分布，地层由北向南倾斜，南部被H17打破。出土遗物以陶片为主，数量较多，有夹砂红、灰陶、泥质褐陶及磨光黑陶，多为素面，纹饰有弦纹，器形有鼎、罐、盆、瓮、豆、器盖、臼等。该层下有H25、W46、W47、W48、W49、M13、M14、M21、M25、M26等。该层为新石器时代文化层。

第6层：深0.7~0.9、厚0~0.3米。灰褐土，夹少量黑色炭屑，土质疏松。除东北几个探方，多数探方均有分布。出土物以夹砂黑、灰陶为主，另有少量夹砂红陶、泥质灰陶、磨光黑陶等，多为素面，主要器形有罐、鼎、盆、缸、臼等。另出土1件石锛。该层下有G2、M24。该层为新石器时代文化层。

第7层：深0.9~1、最厚0.15米。黄褐土，夹大量褐色锈斑和零星烧土粒，土质略显疏松。局部地层，仅分布少数几个探方。出土遗物极少，以夹砂灰陶为多，多为素面，器形有罐、盆、缸、瓮、豆等。该层下未发现遗迹。该层为新石器时代文化层。

第四章 遗 迹

第一节 主要遗迹分布及概述

一、调查与勘探的遗迹分布

根据勘探，对城址内的遗迹分布及保存状况有了初步的了解。勘探发现的主要遗迹有花色土堆积、淤泥堆积、红烧土堆积。

花色土基本特征为以黄土为主，夹杂呈团块状的灰白色土和褐色土，局部含有少量烧土块和灰烬层，发现陶片很少。该类花色土呈明显的带状和环状分布规律，宽度一般在25～40米，厚度以遗址西南部、西北部堆积最厚，最厚处堆积厚度超过3米，东部堆积较薄，一般不超过1米。据此判断环状五花土堆积应为人工堆砌物，根据其分布规律，结合TG1及WST3006、WST3106、WST3206、WST3306等探方内的城垣堆积特征，可大致确定为城垣。西城垣中部偏南发现有花色土中断现象，耕土下发现城垣堆积，1.2米以下即为生土，宽约20米，东城垣中部也有这样一个缺口，宽度约15米，推测两个缺口应为遗址的西城门和东城门。

淤泥堆积大致沿花色土外围分布。除北部略浅，现存厚度约2米外，大部分地方都超过2.5米，西南部最厚处超过3米，3米以下因地下水丰富而无法钻探到底。另外，在遗址中部偏西也发现有一条南北向的带状淤泥堆积。根据淤泥堆积与花斑土的关系，可以确定淤泥堆积应为城垣外的环壕。遗址内南北向的淤泥堆积应为贯穿城内的壕沟。在西城垣北段、南城垣西段，有两个明显的缺口，经钻探，发现缺口处无城垣堆积，南部缺口为较厚的淤泥堆积，两个缺口均与城内的南北向壕沟相连，推测应为水门。在遗址西北角和东南角还发现淤泥堆积呈带状向外延伸，则可能为与遗址外河流连通的人工水系。

红烧土堆积主要分布于叶家庙城中部和东南部，分布范围不超过城垣堆积。集中连片分布区域主要有三片。南片分布面积最大，位于城内南部，大致沿南城垣东西向分布，长约150米，宽30～40米，距离地表深约0.5米。北片为叶家庙城中部，大致呈东西向，沿现代水渠分布，长约120米，宽约12米，距地表较深，深1.2～1.5米。东片面积较小，位于城内东部偏南，沿东城垣呈南北向分布，长约85米，宽约10米。三片红烧土堆积呈半围合状态，除了叶家庙城址内，在家山遗址还发现零星的红烧土堆积，分布无规律可循。何家埠遗址中部发现一条南北向的烧土堆积，中间有间断，大致沿古湮水分布，长约20米，宽4～10米，距地表深0.8～1

米。结合发掘揭露的红烧土房屋特征，可确定为红烧土房屋建筑。

钻探发现家山遗址少量探孔均发现有骨骼碎末，且均位于生土面上，初步断定家山遗址为墓葬区（图二二）。

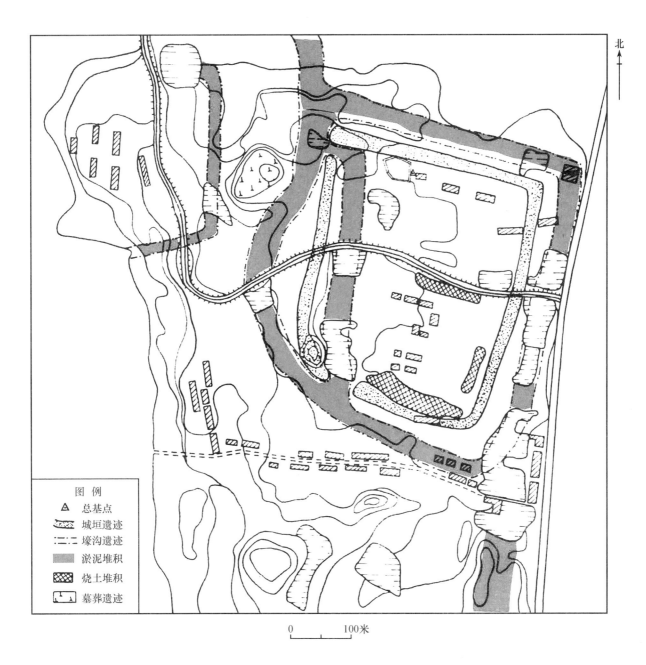

图二二 叶家庙城主要遗迹类型分布图

二、居住区遗迹概述

　　居住区位于城址内东南部，西以城内壕沟为界，北以现代沟渠为界，东至东城垣，南至南城垣。对居住区南部的发掘表明，主要遗迹类型有房基、灰坑、瓮棺葬、水井（图二三）。房基均为红烧土地面建筑，根据形状可分为圆形和方形两种：圆形房基3座，编号F4、F6、F7；方形房基1座，编号F5。房基均保存较差，除F4能搞清楚其形状和结构外，其余均只能大致判断其形状和居住面特征。除了房基，还发现零星的柱洞。另外，在TG1还发现1座房基，编号F1，打破城垣堆积，应为城垣废弃后的产物。灰坑2个，编号H5、H16。瓮棺葬4座，编号W1、W2、W7、W9。水井1个，编号J1。另外，还有不明性质的红烧土遗迹和灰烬层遗迹，推测可能是建筑废弃后形成。

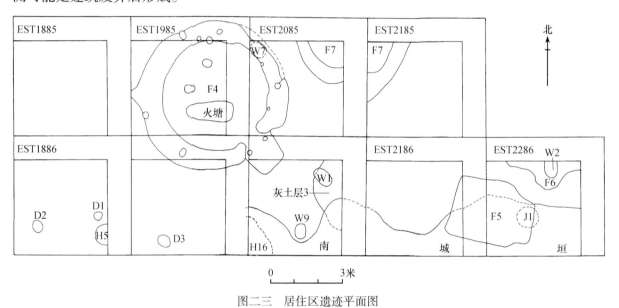

图二三　居住区遗迹平面图

三、家山遗址（墓地）遗迹概述

　　家山墓地遗迹数量较多，遗迹之间的叠压打破关系比较复杂，形成和使用的时间比较长，早期应为专用公共墓地，晚期则可能成为居住址。主要遗迹类型有瓮棺葬、土坑墓、房基、灰坑、灰沟、烧土遗迹等（图二四）。以瓮棺葬数量最多，属于新石器时代的瓮棺葬共44座，土坑墓27座（M8改号为W50），主要分布在发掘区的北部，排列有明显的规律，均为东北至西南向，头向东北。灰坑22个，主要分布在发掘区的中部和南部。房基2座，编号F8、F9。F8为圆形地面建筑，F9则为方形红烧土建筑。灰沟1条，编号G2。还发现有烧土遗迹3个，编号烧土遗迹1、烧土遗迹3、烧土遗迹4，其用途比较特殊，可能与墓园设施有关。

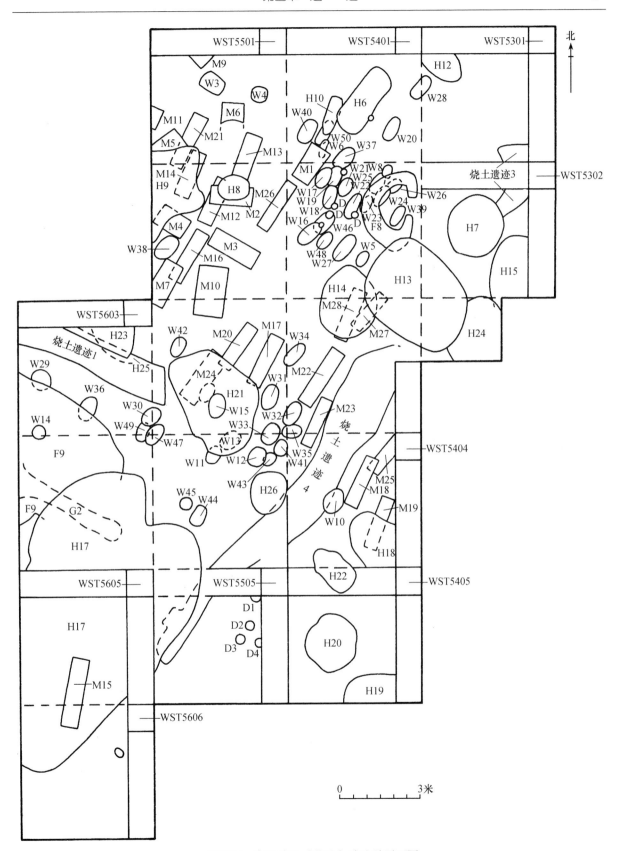

图二四 家山遗址（墓地）遗迹总平面图

（说明：M15为唐代墓，W3、W4为汉代瓮棺葬）

第二节　城垣与壕沟

一、概　　述

　　叶家庙城址具有复杂的城垣和环壕系统，其中北城垣、西城垣、南城垣地面形态明显，城址平面呈比较规整的长方形，城垣周长约1553米。南北向中轴线北偏东约17°。北城垣地面形态保存最好，现长近400米。成品油输送管道从中部的缺口处经过，将北城垣分为东、西两段。东段城垣底部宽约35米，顶宽25米，内、外坡均比较平缓。顶部高出北部低洼地1～1.5米，中部缺口因成品油管道基槽破坏，原东壁位置不明，但西壁为原生形态，宽度不详。西段为陈姓家族墓地，有现代坟10余座，顶宽约25米，底部宽度约30米，外坡较为陡峻，顶部高出北部低洼地1.5～2米。

　　西城垣保存较好，地面形态明显，现长345米，被现代水渠分为南、北两段。北段底部宽约30米，顶部宽度22～25米，顶部高出西部低洼地1～2米。北端与北城垣之间有一宽约20米的缺口，勘探显示此处并无城垣堆积，与城内壕沟及城外环壕相连，推测应为水门之一，其主要功能应是引水进城。南段较其他城垣要宽，底部宽约35米，顶宽30～32米，顶部高出西部低洼地1～2米。南段中部勘探发现一个缺口，宽约25米，未发现城垣堆积，文化层下即为生土堆积，应为西城门。

　　南城垣以缺口、乡村路为界分为西、中、东三段，现长约353米。西段和中段地面形态明显，以西段保存最好，几乎为城垣的原始高度，与西城垣呈弧形转角。其上现为叶姓家族墓地，使用时间可上溯至明代。顶部高出西南部低洼地4～5米，高出西城垣约3米，高出东部缺口处水塘约6米。底部宽38～40米，顶部宽约30米，外坡陡峻，最大坡度可达80°。中段保存较好，底部宽35～40米，顶部宽27～30米，内外坡均较为陡峻，顶部高出南部低洼地4～5米，高出城内现地面约0.8米，高出地下的红烧土居住面约1.8米。东段破坏较为严重，地面形态不明显，现为下叶湾密集的现代民居所覆盖。

　　东城垣地面未见迹象，现长455米。勘探显示城垣底部尚存，底宽约30米。中部有一缺口未发现城垣堆积，疑为东城门。

　　城垣外围有几乎为封闭状态的环壕遗迹，地面形态除东段外均不明显。北段环壕地面可见低于北部地面约0.5米的东西向带状低洼地，局部现为水塘，应为原环壕的一段。北环壕长约420米，勘探显示西部略宽，东部稍窄，宽36～40米，沟底距现地面深1.8～2米。

　　西环壕形态较其他三段特殊，根据地面迹象大致能判断走向，整体与西城垣走向不完全一致，中部向外弯曲成弧形。壕沟范围内的三个水塘应为原壕沟的一部分。全长约580米，宽40～45米，沟底距地表深度最浅约2米，最深处超过3米，勘探无法钻到底部。

　　南段壕沟与城垣之间有一宽约10米的二层台。南壕沟与西段壕沟无明显转折，全长约380

米，宽40~45米，壕沟底部距地表深度超过3米，均无法钻探到底。

东段现为下叶湾民居所覆盖，当地村民建房挖地基翻出壕沟内灰黑色的淤泥堆积，并夹杂有较多的新石器时代陶片。东环壕地面形态明显，全长约380米。北段为明显的南北向带状低洼地，宽约40米，沟岸明显，沟内地表低于两岸地面0.3~0.5米。中段和南段为一连串水塘，应为环壕改造而成，水塘宽40~50米，由南向北逐渐变宽，并越过东环壕向南延伸。

根据勘探，城内靠近西城垣还有一条壕沟，北与西城垣北段缺口相连，南与南城垣西部缺口相连，呈南北向。中部和南部大部分为水塘。从北部壕沟通过成品油管道所挖沟槽中可清楚看出其地层堆积。沟底距地表深1.5~1.8米，沟内堆积可分为两层，上层为黑色淤泥，下层为黄色黏土。南段壕沟要明显比北段深，两水塘之间的一个探孔深度超过3米仍未到底。

二、南 城 垣

（一）层位堆积

根据TG1发掘，南城垣可分为9层。

南城垣①：位于TG1第5层下，厚0~1.3米。纯黄土，板结，黏性强。主要分布在探沟南、北端，并由中间向两端倾斜，城外坡度约15°，城内坡度35°~40°。出土少量陶片，黑陶、灰陶、红陶均有发现，器形有折沿罐、高领罐、壶、盆、豆、碗、鼎足等。

南城垣②：厚0.1~0.5米。黄褐土夹黄斑土，土质略板结。分三段，分别位于探沟南部和北部，厚薄不均。出土少量陶片，黑陶居多，另有灰陶和红陶，可辨器形有折沿罐、盆、缸、器座、器盖、鼎足、纺轮等。

南城垣③：位于TG1第7层下，被H11打破。厚约0.2米。褐黄色黏土，较疏松，含锈斑。内无包含物。分布在探沟中部。

南城垣④：厚约0.4米。黄褐土，土质板结纯净。分布在探沟中部，由南向北呈坡状堆积。无出土物。

南城垣⑤：厚约0.5米。褐色花斑土，夹灰斑和黄斑，土质非常板结。分布在探沟中部，呈水平分布。出土少量陶片，以黑陶和灰陶为主，少量红陶，可辨器形有折沿罐、高领罐、盆、碗、豆等。

南城垣⑥：厚约0.55米。灰褐色黏土，土质非常板结，夹较多灰斑土。分布在探沟中部，由南向北呈坡状堆积。无出土物。该层为一期城垣堆积。

南城垣⑦：位于TG1第8层下，厚0~0.65米。黄褐土，土质板结，夹大量灰白斑土。位于探沟中部，中间厚，两端薄。无出土物。该层为一期城垣堆积主体。

南城垣⑧：厚0~0.75米。灰褐色花斑土，夹大量灰斑和黄斑土，土质坚硬板结。分布在探沟中部，南薄北厚。无出土物。该层为一期城垣堆积主体。

南城垣⑨：厚0.35～0.45米。褐黄色黏土，土质致密，夹大量灰白色花斑土。分布在探沟北部，水平分布，厚薄均匀。无出土物。该层为一期城垣堆积主体。其下为生土。

综述，城垣以堆筑为主，土质致密，土壤风干后局部呈片状剥落，推测可能经过夯打。根据城垣之间夹杂的文化层及城垣堆积特征，可分为两期。第一期城垣为南城垣⑨、⑧、⑦、⑥、⑤、④、③，主要位于探沟的北部，残宽14米，现存高度为1.5米。第二期城垣位于第一期城垣的两侧，为南城垣②、①，是在一期城垣的基础上加宽加高形成，底部现存宽度约38米。二期城垣与一期城垣之间在内侧形成很厚的文化层堆积，且发现房基、灰坑等遗迹，表明两者之间间隔了一定时间（图二五）。

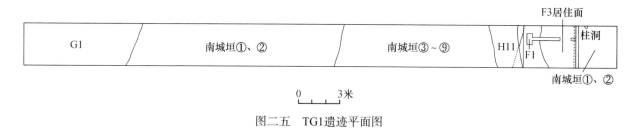

图二五　TG1遗迹平面图

（二）出土遗物

1. 南城垣①

南城垣①出土陶器，可辨器形有折沿罐、高领罐、壶、盆、豆、碗、器座、鼎足等。

折沿罐　4件。南城垣①：18，夹粗砂黄陶。轮制。宽仰折沿，沿面凹，圆唇。素面。口径28、残高4.4厘米（图二六，1）。南城垣①：16，夹细砂黑陶。轮制。宽仰折沿，沿面凹，厚方唇。素面。口径24.8、残高5.2厘米（图二六，2）。

高领罐　3件。南城垣①：23（图二六，3），夹细砂灰陶。轮制。仰折沿，尖唇，斜高领。素面。口径11.2、残高5.2厘米。南城垣①：22，泥质黑陶。轮制。敞口，圆唇，斜高领，广肩。素面。口径12、残高4.8厘米（图二六，4）。

壶　2件。南城垣①：24，泥质黄陶，薄胎。轮制。直高领，广肩，扁鼓腹。饰方格纹红衣彩绘。残高4.4厘米（图二六，5）。南城垣①：25，泥质黄陶。轮制。直领，溜肩。饰红衣彩绘。残高3.6厘米（图二六，6）。

盆　4件。南城垣①：4，夹粗砂黑陶。平沿，厚方唇，口微敛，斜弧腹。素面。口径27.6、残高5.2厘米（图二六，7）。南城垣①：5，夹粗砂灰陶。轮制。敞口，宽折沿，厚方唇。素面。口径44、残高5.6厘米（图二六，8）。南城垣①：6，夹粗砂红褐陶。轮制。卷沿，敛口，厚圆唇。沿面饰凹弦纹。口径40、残高2.4厘米（图二六，9）。

豆　4件。南城垣①：12，泥质黑陶。轮制。敛口，尖唇，内折沿。素面。口径21.6、残高2.4厘米（图二六，10）。南城垣①：13，泥质黑陶。轮制。敞口，尖唇，仰折沿。素面。

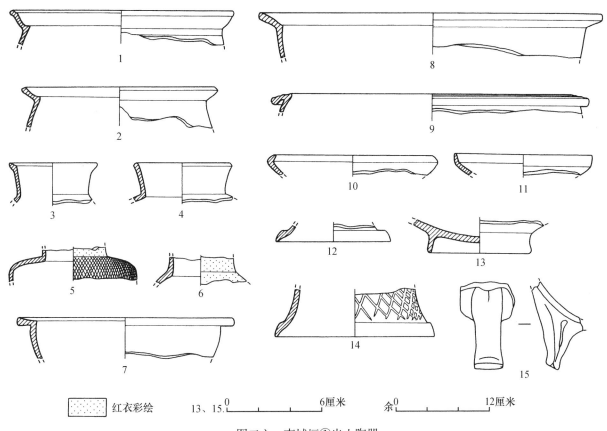

图二六 南城垣①出土陶器

1、2.折沿罐（南城垣①：18、南城垣①：16） 3、4.高领罐（南城垣①：23、南城垣①：22） 5、6.壶（南城垣①：24、南城垣①：25） 7～9.盆（南城垣①：4、南城垣①：5、南城垣①：6） 10～12.豆（南城垣①：12、南城垣①：13、南城垣①：15） 13.碗（南城垣①：11） 14.器座（南城垣①：10） 15.鼎足（南城垣①：2）

口径18.4、残高2.8厘米（图二六，11）。南城垣①：15，残存圈足。泥质黑陶。轮制。敞口，尖唇，沿下折棱凸出。素面。底径14.4、残高2.4厘米（图二六，12）。

碗 1件。南城垣①：11，残存圈足。泥质灰陶。轮制。圜底，矮圈足。素面。底径6.8、残高2.2厘米（图二六，13）。

器座 1件。南城垣①：10，夹细砂灰陶。轮制。喇叭形圈足，足跟外折。外壁饰菱形刻划纹。底径20、残高6厘米（图二六，14）。

鼎足 2件。南城垣①：2，夹细砂红陶。手制，拼接。侧装三角形足，足跟较平。素面。残高5.6厘米（图二六，15）。

2.南城垣②

南城垣②出土陶器可辨器形有折沿罐、高领罐、瓮、盆、缸、圈足杯、斜腹杯、圈足盘、碗、器座、鼎足等。

折沿罐　5件。南城垣②：22，夹细砂灰陶。轮制。仰折沿，沿面凹，厚圆唇，鼓腹。素面。口径12、高3.2厘米（图二七，1）。南城垣②：16，夹细砂黑陶。轮制。宽仰折沿，尖唇，沿面凹。素面。口径24、残高3.6厘米（图二七，2）。

高领罐　4件。南城垣②：10，泥质黑陶。轮制。尖唇，敞口，斜高领，广肩。素面。口径12、残高6厘米（图二七，3）。南城垣②：26，泥质黑皮陶。轮制。仰折凹沿，尖唇，斜高领。素面。口径12、残高4.8厘米（图二七，4）。南城垣②：25，夹粗砂黄陶。轮制。敞口，尖唇，高弧领。领外壁饰凹弦纹。口径12、残高6.4厘米（图二七，5）。

瓮　1件。南城垣②：11，泥质黑皮陶。轮制。敛口，尖唇，矮直领，附贴沿。素面。口径11.2、残高3.2厘米（图二七，6）。

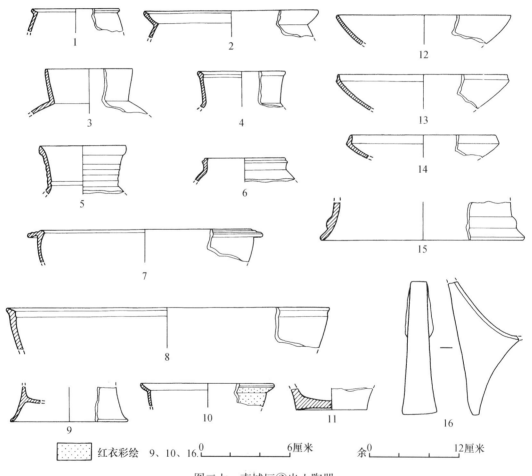

图二七　南城垣②出土陶器

1、2.折沿罐（南城垣②：22、南城垣②：16）　3~5.高领罐（南城垣②：10、南城垣②：26、南城垣②：25）

6.瓮（南城垣②：11）　7.盆（南城垣②：9）　8.缸（南城垣②：4）　9、10.圈足杯（南城垣②：30、南城垣②：23）

11.斜腹杯（南城垣②：24）　12.圈足盘（南城垣②：32）　13、14.碗（南城垣②：31、南城垣②：29）

15.器座（南城垣②：3）　16.鼎足（南城垣②：20）

盆 2件。南城垣②：9，夹粗砂黑陶。轮制。平沿略外斜，圆唇，敛口，斜弧腹。沿面饰凹弦纹。口径32、残高4.4厘米（图二七，7）。

缸 1件。南城垣②：4，夹粗砂红陶。轮制。尖唇，沿内斜，敞口。腹饰凹弦纹。口径44、残高5.6厘米（图二七，8）。

圈足杯 2件。南城垣②：30，泥质磨光黑陶，薄胎。轮制。喇叭状矮圈足，足跟外撇。素面。足径8、残高2.4厘米（图二七，9）。南城垣②：23，泥质黄陶。轮制。仰折沿，沿面凹，圆唇。红衣彩绘。口径8.9、残高1.6厘米（图二七，10）。

斜腹杯 1件。南城垣②：24，泥质黑陶。轮制。斜腹，厚平底。素面。底径9.5、残高1.4厘米（图二七，11）。

圈足盘 1件。南城垣②：32，泥质黑陶。敞口，尖唇，浅斜腹。素面。口径24、残高4厘米（图二七，12）。

碗 4件。南城垣②：31，泥质黑陶。轮制。内折沿，敛口，尖唇，斜直腹。素面。口径23.2、残高4.6厘米（图二七，13）。南城垣②：29，泥质黑陶。轮制。内折沿，斜腹。素面。口径19.6、残高2.8厘米（图二七，14）。

器座 1件。南城垣②：3，夹细砂灰陶。喇叭形底座，跟部外撇。外壁饰一道附加堆纹。座径28、残高4.8厘米（图二七，15）。

鼎足 1件。南城垣②：20，夹砂红陶。手制。鸭嘴形足，足跟略弧。残高9厘米（图二七，16）。

3. 南城垣⑤

南城垣⑤出土陶器可辨器形有折沿罐、高领罐、盆、缸、器盖、碗等。

折沿罐 4件。南城垣⑤：8，泥质灰陶。轮制。宽仰折沿，尖唇，沿外加厚。素面。口径35.2、残高4.4厘米（图二八，1）。南城垣⑤：9，夹炭黑陶。轮制。宽仰折沿，尖唇。素面。口径24、残高4厘米（图二八，2）。

高领罐 3件。南城垣⑤：6（图二八，3），泥质黑陶。轮制。直高领，尖唇，敞口。素面。口径17.6、残高7.2厘米。南城垣⑤：5，泥质灰陶。轮制。敞口，尖唇，直高领。素面。口径13.6、残高6.4厘米（图二八，4）。

盆 1件。南城垣⑤：3，泥质黑陶。轮制。卷沿，方唇，敛口，弧腹。素面。口径31.2、残高6厘米（图二八，6）。

缸 2件。南城垣⑤：1，夹粗砂红陶。宽仰折沿，厚沿，厚圆唇，口微敛。沿面饰多道凹弦纹，颈部饰附加堆纹，加饰按窝纹。口径48、残高6厘米（图二八，5）。

器盖 2件。南城垣⑤：11，夹细砂黑陶。敞口，尖唇，仰折沿，浅斜腹。素面。口径28、残高3.6厘米（图二八，7）。南城垣⑤：10，泥质磨光黑陶。轮制。敞口，尖唇，浅斜腹。素面。口径20、残高2.8厘米（图二八，8）。

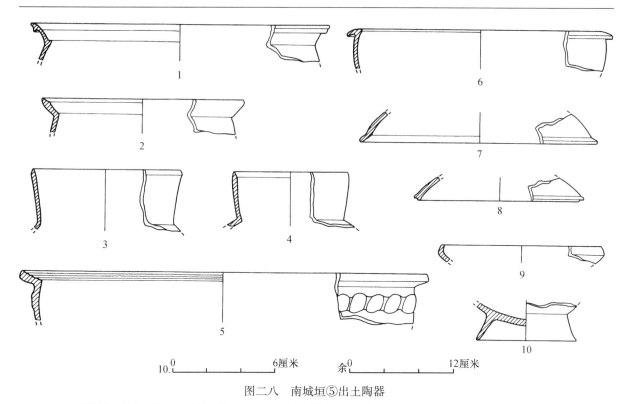

图二八　南城垣⑤出土陶器

1、2.折沿罐（南城垣⑤：8、南城垣⑤：9）　3、4.高领罐（南城垣⑤：6、南城垣⑤：5）　5.缸（南城垣⑤：1）

6.盆（南城垣⑤：3）　7、8.器盖（南城垣⑤：11、南城垣⑤：10）　9、10.碗（南城垣⑤：13、南城垣⑤：14）

碗　4件。南城垣⑤：13，泥质磨光黑陶。轮制。敛口，尖唇，沿内弧。素面。口径19.2、残高2厘米（图二八，9）。南城垣⑤：4，残存圈足。泥质黑陶。矮圈足外撇。素面。足径6、残高2.2厘米（图二八，10）。

三、西　城　垣

层位堆积根据土质土色可分为7层。

西城垣①：深0.15～1.6、厚0～0.5米。黄灰土，土质黏而板结致密。分布在WST3206、WST3306大部及WST3406西部。东端顶面较平，西端向西倾斜分布。未见出土物。

西城垣②：深0.15～0.7、厚0～0.55米。褐黄色黏土。仅分布在WST3206全部和WST3306东部。由东向西倾斜分布。

西城垣③：深0.15～1.5、厚0～0.75米。灰褐色黏土，土质黏而纯净，较为板结致密。分布范围最广，除WST3006和WST3506外，其余各方均有分布，是城垣堆积的主体。未见出土物。

西城垣④：深1.1～1.55、厚0.05～0.08米。纯黄土，土质较为板结。分布在WST3206、WST3306全部及WST3406东南部。未发现出土物。

西城垣⑤：深0.43～0.87、厚0～0.5米。褐色黏土层，土质板结坚硬，偶见烧土颗粒。仅分布在WST3106大部和WST3206东部。未见出土物。

西城垣⑥：深0.1～1.03、厚0～0.6米。灰黑土夹黄土块，土质较板结。此层仅分布在WST3406和WST3306北部，其余各方未见。出土少量碎陶片，有夹砂及泥质灰陶、黑陶，夹砂陶多于泥质陶，陶片素面，未见纹饰，陶片均较碎小，不辨器形。

西城垣⑦：深0.85～1.34、厚0～0.55米。灰色黏土，质松散。分布于WST3006、WST3106大部及WST3206局部。出土少量碎陶片，有夹砂红、灰、黑陶，泥质灰陶，仅个别陶片饰宽篮纹、凹弦纹，多不辨器形。该层下为黄色生土。

四、环壕南段

环壕南段编号为G1。G1距城墙有8～10米的距离，宽25～35米。

（一）层位堆积

根据土质土色，共可分为4层。

G1①：淤积土。厚0～0.9米。灰白淤土，略含锈斑，地层中夹有零星烧土粒。未见包含物。此层由北向南倾斜。

G1②：淤积土。厚0～0.85米。灰黑淤土。包含有新石器时代陶罐、鼎片、石斧，其遗物主要分布在城垣边，向南较少。

G1③：厚0～0.3米。灰白淤土。主要分布在城垣边，含较多新石器时代陶片，器形有罐、鼎、碗等。

G1④：厚0.3～0.8米。灰黑土，含红烧土块。城垣边含较多陶片，以泥质灰、黑皮陶为主，少量磨光黑陶，器形有鼎、罐、缸、碗、豆等。

（二）出土遗物

以第2、3层出土陶器最多，其次为第4层，第1层出土陶器很少，多不辨器形。

第2层陶片泥质陶数量略多于夹砂陶，泥质陶以橙黄陶数量最多，其次为黑陶，另有少量灰陶和红陶。夹砂陶以红陶数量最多，其次为黄陶和褐陶。纹饰以素面为主，仅见少量的篮纹、弦纹、镂孔等。

第3层泥质陶数量略多于夹砂陶，泥质陶以黑陶数量较多，其次为灰陶和橙黄陶；夹砂陶以黑陶和褐陶的数量最多，其次为橙黄陶，另有少量灰陶。纹饰以素面为主，有少量弦纹和篮纹、镂孔、方格纹等。

第4层陶片较少，泥质陶占绝大多数，以泥质橙黄陶和黑陶为主，另有少量灰陶和红陶。纹饰极少，仅见几片篮纹和弦纹。

1. G1②

G1②出土陶器可辨器形有折沿罐、缸、盆、器座、钵、瓮、鬶、豆、斜腹杯、高圈足杯、纺轮等。另出土1件石斧。

折沿罐　1件。G1②：52，夹细砂黑陶。特宽仰折沿，沿面凹，宽凹唇。素面。口径47.2、残高14厘米（图二九，1）。

缸　3件。G1②：23，夹粗砂黄陶。轮制。仰折沿，尖唇上翘，敞口，束颈，斜腹。饰附加堆纹。口径39.2、残高8.4厘米（图二九，2）。G1②：54，夹粗砂红褐陶。轮制。宽仰折沿，宽凹唇，深腹。沿外饰多道凹弦纹，腹饰宽篮纹。口径44、残高10.4厘米（图二九，3）。

鼎　1件。G1②：63，夹粗砂黑陶。宽仰折沿，沿面凹，厚方唇，浅斜腹，底腹转折明显。素面。口径27.2、残高6厘米（图二九，4）。

器座　1件。G1②：67，残存下部。夹粗砂灰陶。根部外部起凸棱，外撇。外壁饰斜向刻划纹和圆形穿透镂孔。底径28、残高6.8厘米（图二九，5）。

钵　1件。G1②：60，泥质灰陶。敛口，斜方唇，斜弧腹。口径24、残高5.6厘米（图二九，7）。

瓮　1件。G1②：14，泥质黄陶。敛口，圆唇，沿下附鸟喙形耳。口径13.6、残高3.2厘米（图二九，8）。

鬶　1件。G1②：48，残存鬶鋬。泥质红陶。宽2厘米（图二九，9）。

豆　1件。G1②：65，残存圈足。泥质黑陶。圜底，喇叭形高圈足。圈足中段饰圆形镂孔。足径8、残高4.6厘米（图二九，10）。

斜腹杯　1件。G1②：37，泥质红陶。斜腹，底部内凹较深。素面。底径3.2、残高5厘米（图二九，11）。

高圈足杯　1件。G1②：36，泥质灰黄陶。直腹，平底，高圈足。素面。残高3.2厘米（图二九，12）。

纺轮　1件。G1②：3，泥质黄陶。手制。器形扁薄，一面平，一面微隆起，斜边。外有零星的红衣彩绘。厚0.6、直径3.6、孔径0.3厘米（图二九，6）。

石斧　1件。G1②：3，绿色花岗岩。琢制，磨制。长方形，两面中间微隆起，侧面较平，顶端圆弧，双面弧刃。通长12.2、刃宽6.8、最厚3.5厘米（图二九，13）。

2. G1③

G1③出土陶器可辨器形有折沿罐、盆、豆、碗圈足、圈足杯、斜腹杯、鼎足等。

折沿罐　G1③：11，夹细砂红褐陶。宽仰折沿，尖圆唇，鼓腹。沿面饰多道弦纹。口径

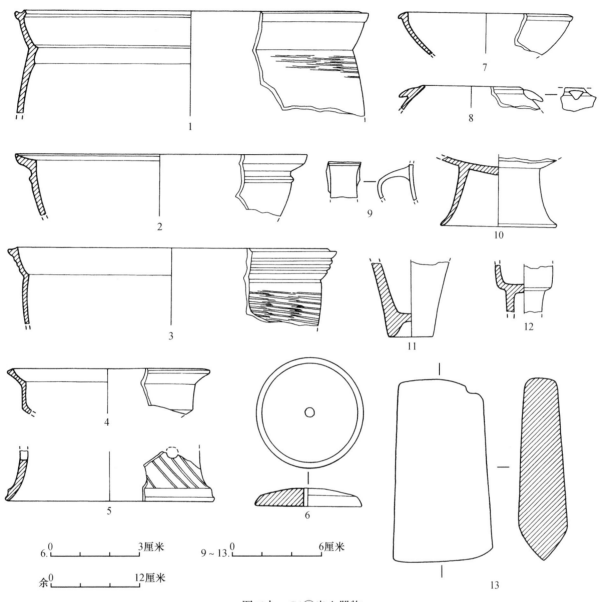

图二九 G1②出土器物

1. 陶折沿罐（G1②：52） 2、3. 陶缸（G1②：23、G1②：54） 4. 陶鼎（G1②：63） 5. 陶器座（G1②：67）
6. 陶纺轮（G1②：3） 7. 陶钵（G1②：60） 8. 陶瓮（G1②：14） 9. 陶鬶（G1②：48） 10. 陶豆圈足（G1②：65）
11. 陶斜腹杯（G1②：37） 12. 陶高圈足杯（G1②：36） 13. 石斧（G1②：3）

29.6、残高6厘米（图三〇，1）。

 盆 G1③：31，泥质，外黑内黄。轮制。敞口，卷沿，尖唇，斜弧腹。素面。口径28、残高2.8厘米（图三〇，2）。G1③：29，夹粗砂灰陶。轮制。平沿，尖圆唇，斜弧腹。沿面饰两道弦纹。口径18.4、残高4厘米（图三〇，3）。

 豆 G1③：41，泥质磨光黑陶。轮制。敞口，尖唇，双折腹。下腹饰一道贴弦纹。口径

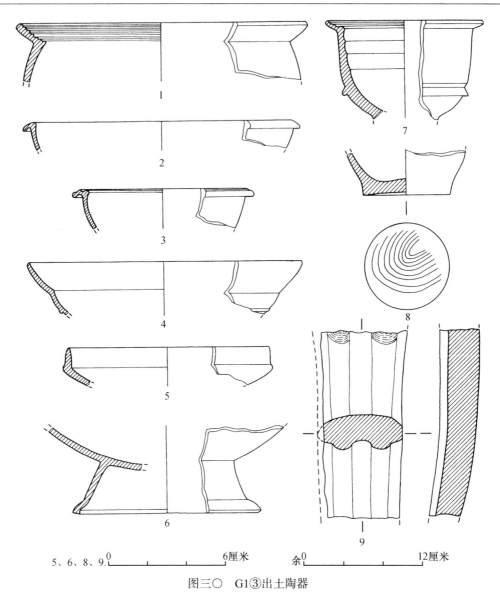

5、6、8、9. ⎣0　　　　　　6厘米　　　余 0　　　　　　12厘米

图三〇　G1③出土陶器

1.折沿罐（G1③：11）　2、3.盆（G1③：31、G1③：29）　4、5.豆（G1③：41、G1③：39）　6.碗圈足（G1③：15）

7.圈足杯（G1③：20）　8.斜腹杯（G1③：23）　9.鼎足（G1③：3）

28、残高5.2厘米（图三〇，4）。G1③：39，泥质磨光黑陶。轮制。内折沿，直口，尖唇，斜腹。素面。口径10.4、残高2厘米（图三〇，5）。

　　碗圈足　G1③：15，泥质黑陶。轮制。圜底，底穿孔，喇叭形圈足，足跟外撇。素面。残高4.4、足径9.6厘米（图三〇，6）。

　　圈足杯　1件。G1③：20，泥质灰陶。轮制。仰折沿，尖唇，斜弧腹。沿面饰多道凹弦纹，下腹饰一道贴弦纹。残高10、口径16厘米（图三〇，7）。

　　斜腹杯　1件。G1③：23，泥质薄胎红陶。轮制。平底，内底微向上凸起，斜腹。底部有指模印纹。残高2.2、底径4.4厘米（图三〇，8）。

鼎足 G1③：3，夹粗砂红陶。手制。三角形侧装足，足跟凸起，足面起两道脊棱。残高7.6厘米（图三〇，9）

3. G1④

G1④出土陶器可辨器形有折沿罐、缸、盆、豆圈足、鬶、器盖等。

折沿罐 2件。G1④：7，夹砂黑陶。轮制。宽仰折沿，尖唇，沿面凹。素面。口径28、残高6.8厘米（图三一，1）。

缸 3件。G1④：26，夹粗砂红陶。轮制。宽仰折沿，方唇，沿面凹，敞口。口径37.6、残高5.2厘米（图三一，2）。G1④：25，夹粗砂灰陶。轮制。仰折沿，尖唇，敞口。颈部饰凸弦纹，腹饰宽篮纹。口径36、残高8.4厘米（图三一，3）。

盆 4件。G1④：17，泥质黑陶。卷沿，敛口，尖唇。素面，口径32、残高4.8厘米（图三一，4）。G1④：44，泥质黑陶。轮制。平沿，尖唇，口微敛，斜弧腹。素面。口径24、残高4厘米（图三一，5）。G1④：15，泥质黑皮陶，红胎。轮制。卷沿，尖唇，敛口，沿内折棱凸起较高，斜弧腹。素面。口径27.2、残高3.2厘米（图三一，6）。

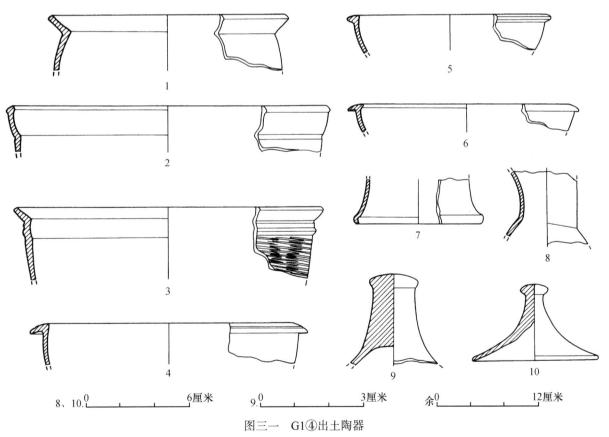

8、10. $\begin{matrix} 0 \underline{\qquad} 6厘米 \end{matrix}$ 9. $\begin{matrix} 0 \underline{\qquad} 3厘米 \end{matrix}$ 余 $\begin{matrix} 0 \underline{\qquad} 12厘米 \end{matrix}$

图三一 G1④出土陶器

1. 折沿罐（G1④：7） 2、3. 缸（G1④：26、G1④：25） 4~6. 盆（G1④：17、G1④：44、G1④：15）
7. 豆圈足（G1④：32） 8. 鬶（G1④：39） 9、10. 器盖（G1④：34、G1④：19）

豆圈足　2件。G1④：32，残存圈足。泥质灰陶，薄胎。轮制。圈足下部外撇，跟部内折。素面。座径15.2、残高5.2厘米（图三一，7）。

鬶　1件。G1④：39，泥质橙黄陶。敞口，内弧高领。素面。残高4.2厘米（图三一，8）。

器盖　2件。G1④：34，泥质灰陶。塔形钮，钮顶隆起成球面。素面。残高2.6厘米（图三一，9）。G1④：19，泥质黑陶。蒜头形钮，钮顶隆起，浅腹盘式盖身，敞口，尖唇。口径8.1、高4.8厘米（图三一，10）。

第三节　生活居住类遗迹

一、房　　基

（一）长方形

发现3个，编号F1、F2、F5。

F1　位于TG1北部。开口于第4A层下，打破第5层，并打破南城垣①、南城垣④。仅存一段T字形墙基的基槽。北端基槽南北长3.56、宽0.2、深0.24米。南端基槽东西长0.8、宽0.4、深0.2～0.28米。南端东西向基槽略深，基槽沟壁规整，陡直，沟底较平。基槽内填土中间为灰黑土，灰黑土两侧为灰色土，墙基北部有一缺口，宽约0.7米，应为门道。居住面位于基槽的西部，并向探沟外延伸，铺有一层白灰土，土质板结致密，似经夯打，厚0.15～0.2米（图三二；图版四，1、2）。基槽内发现1件纺轮。

F2　位于WST2905北部。开口于第4层下，打破生土层。仅存一段南北向的墙基。开口距地面深0.8米。方内部分长2.1米，基槽宽0.18、深0.36米。基槽沟壁较为陡直，其内整齐排列一列柱洞，在探方内者共12个。柱洞除D8、D9为椭圆形外，多数均为圆形，直径一般为0.08～0.1米，与基槽等深。基槽内填土为灰褐色黏土，夹灰白色土块，土质与西城垣堆积较为接近，较为致密。柱洞内填土为黄黏土，土质较为纯净。根据基槽内柱洞推测，墙基应为木骨泥墙的基槽部分，可能与城垣设施有关（图三三；图版四，3、4）。

F5　位于EST2286西部和EST2186东部及东隔梁。开口于第4层下，打破第5A层，距地表深0.6米。形状为长方形，东西长约3.6、南北残宽2.66米。仅存居住面和柱洞，居住面以红烧土铺砌，烧土坚硬致密，似为原地堆筑烧成。烧土堆积厚0.22米，上部为红色颗粒，下部为近褐色。居住面北高南低，发现10个柱洞，排列有规律，均沿烧土周边分布。柱洞形状为圆形和不规则圆形，直径一般0.26～0.4、深0.36～0.6米。未发现出土物（图三四；彩版一〇，2）。

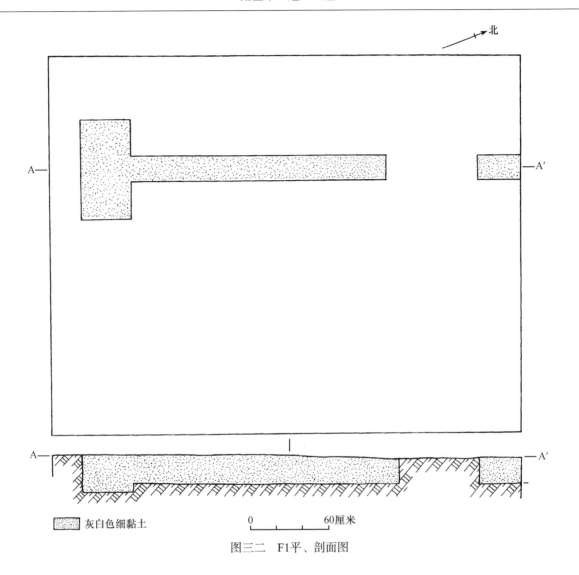

图三二 F1平、剖面图

灰白色细黏土　　0　60厘米

（二）圆形

发现4个，编号F4、F6、F7、F8。

F4　位于EST1985大部、EST2085西部、EST1986东北、EST2086西北。开口于第4层下，打破第5层。浅基槽地面建筑，南北长6.32、东西宽6.18米。基槽略高出周围地面0.06～0.1、宽0.4～1、深0.22～0.29米，由内向外略倾斜。基槽内以纯净烧土填筑，土质非常板结。房屋室内居住面直径4.36～4.58米，分两层，上层为纯净黄土，经过夯打，地面平坦紧密，分布较均匀，厚0.09～0.11米；下层为褐红色烧土，厚0.16～0.19米。柱洞共发现13个，2个分布在室内，编号D1、D2，D1直径0.4、深0.15米，D2直径0.38、深0.15米。其余分布在基槽内，共11

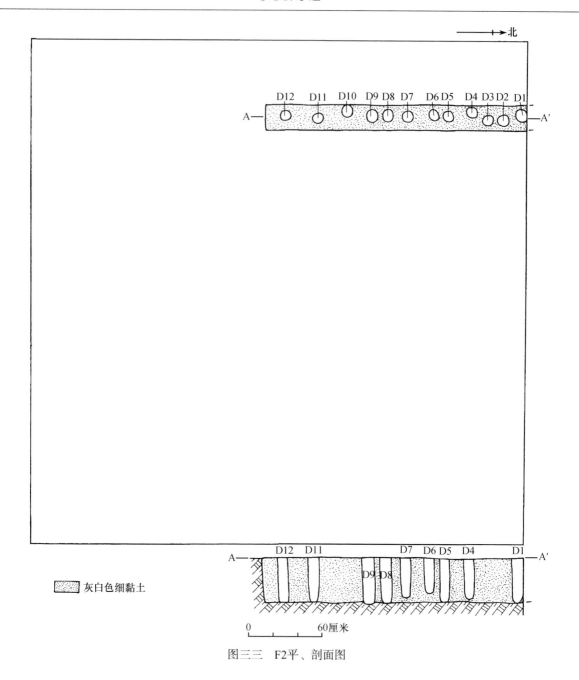

图三三 F2平、剖面图

图例：灰白色细黏土

0　　60厘米

个，编号D3～D13，D3直径0.25、深0.15米，D4直径0.2、深0.1米，D5直径0.27、深0.1米，D6直径0.2、深0.07米，D7直径0.15、深0.1米，D8直径0.28、深0.07米，D9直径0.1、深0.1米，D10直径0.17、深0.1米，D11直径0.2、深0.12米，D12直径0.36、深0.12米，D13直径0.25、深0.1米。均未发现柱础。室内中间有一梯形火塘，南北长1.93、东西宽0.44～0.91、深0.18米，坑底局部有厚0.01米的褐红色烧结面。基槽东南有一缺口，宽0.8米，可能为门道，以黄土填筑，厚0.1米，下部无烧土，两边各有1个柱洞（图三五；彩版一〇，1；图版五，1）。

F6　位于EST2286北部，大部分在探方外未发掘。开口于第4层下，打破第5A层，距地面

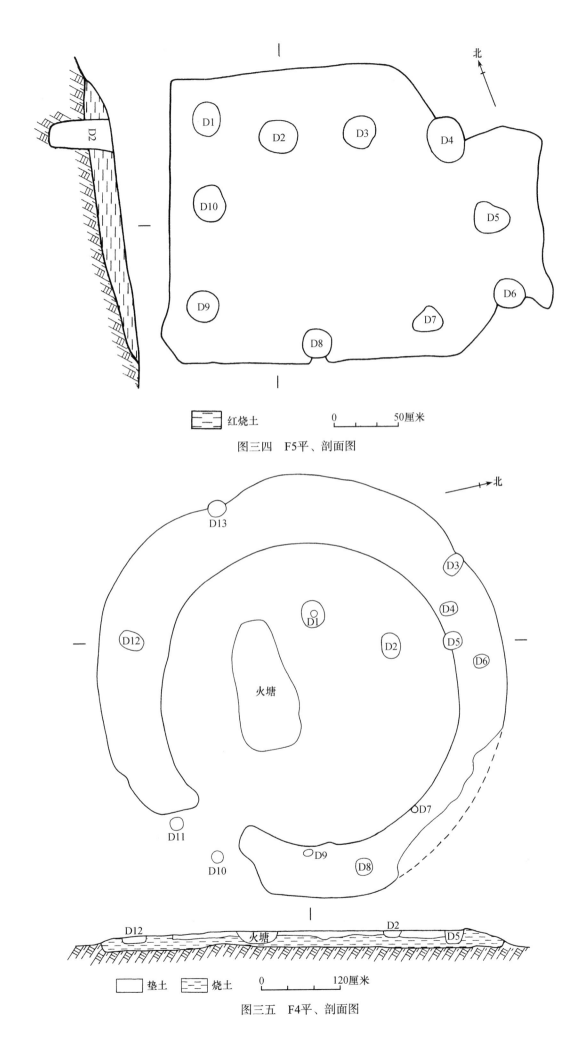

北

D2

D1 D2 D3 D4

D10 D5

D6

D9 D7

D8

▭ 红烧土   0   50厘米

图三四 F5平、剖面图

北

D13

D3

D12 D4

D1 D5

D2 D6

火塘

D7

D11

D10 D9 D8

D12 火塘 D2 D5

▭ 垫土   ▦ 烧土   0   120厘米

图三五 F4平、剖面图

深0.9米。方内部分呈三角形，整体形状推测应为圆形。东西残长3.2、南北最宽约1.2米。厚薄不均匀，0.1～0.34米。由大小不一的红烧土块铺砌并经夯打，土质较为致密。烧土面上发现2个柱洞，D1开口形状为不规则椭圆形，口大底小，斜壁，尖底，长0.42、宽0.28、深0.58米。D2方内部分呈半圆形，最大径0.46、深0.65米。斜壁，尖底，洞口向外侧倾斜（图三六；彩版一一，1）。

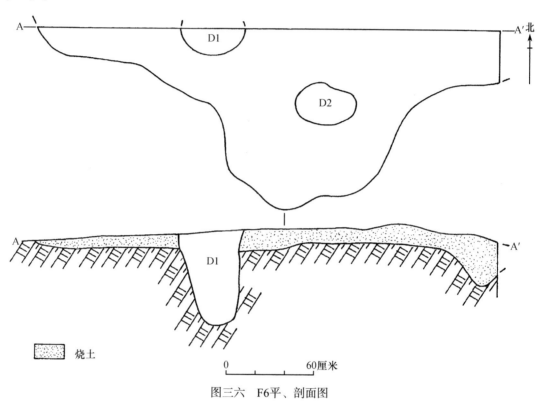

图三六　F6平、剖面图

F7　位于EST2085和EST2185北部。开口在灰土层2下，打破第5A层，距地表深120～155厘米。从已揭露的部分看，平面形状不甚规整，大体呈半圆形，东西最宽7.9、南北最长约7.85米。居住面仅存一层灰烬层，整个堆积波状起伏，厚度在0.1～0.55米。在灰黄土中富集黑色炭屑的土层。F7出土陶片数量较多，泥质陶和夹砂陶数量相当，可辨器形有折沿罐、壶、豆、盘、缸、器盖圈足杯、鼎足等（图三七）。

折沿罐　1件。F7：21，泥质黑陶。轮制。宽仰折沿，尖唇，沿面凹，鼓腹略下垂。口径13.6、残高7.2厘米（图三八，1）。

圈足杯　2件。F7：8，泥质薄胎红陶。轮制。斜弧腹，平底，极矮圈足外撇。素面。残高2.6、底径3.2厘米（图三八，2）。F7：34，泥质薄胎黄陶。双线菱形网格红衣彩绘。口径10.8、残高4.4厘米（图三八，6）。

壶　1件。F7：13，泥质薄胎黄陶。菱形网格状红衣彩绘。口径10、残高6厘米（图三八，3）。

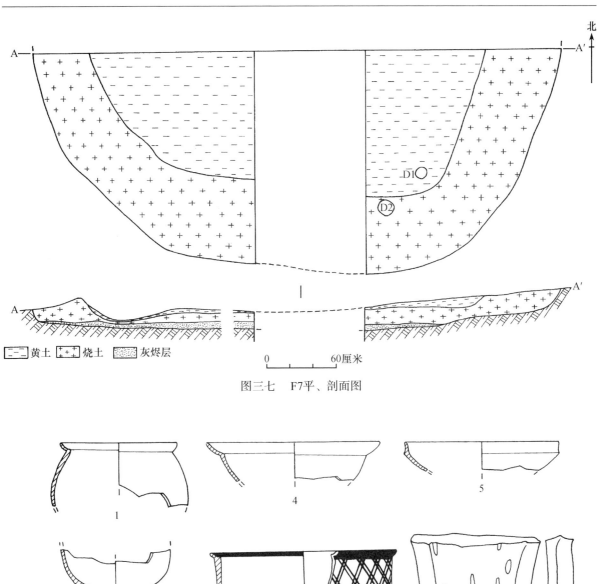

北

▭ 黄土　＋ 烧土　▨ 灰烬层

0 ⎯⎯⎯⎯ 60厘米

图三七　F7平、剖面图

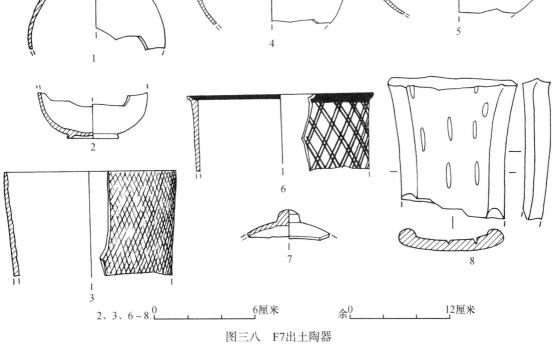

2、3、6~8. 0 ⎯⎯⎯⎯ 6厘米　　　余 0 ⎯⎯⎯⎯ 12厘米

图三八　F7出土陶器

1.折沿罐（F7∶21）　　2、6.圈足杯（F7∶8、F7∶34）　　3.壶（F7∶13）　　4、5.豆（F7∶4、F7∶1）

7.器盖（F7∶10）　　8.鼎足（F7∶9）

豆　2件。F7：4，泥质薄胎黑陶。轮制。敞口，宽仰折沿，尖唇，斜弧腹。素面。口径20、残高4.4厘米（图三八，4）。F7：1，泥质黑陶。轮制。敞口，尖唇，浅斜腹。素面。口径17.6、残高3.2厘米（图三八，5）。

器盖　1件。F7：10，泥质薄胎黑陶。轮制。乳头状钮，浅盘式盖身。素面。残高1.6厘米（图三八，7）。

鼎足　1件。F7：9，夹砂黑陶。倒梯形扁鼎足，足面凹。饰多道竖向柳叶形戳印纹。残高8厘米。边缘略外卷（图三八，8）。

F8　位于WST5402东部，开口于第3层下，打破第4层。南部基槽被H13打破。因要保护被房基基槽打破的大量瓮棺葬，对房基未做整体揭露，但大致可复原其形状。整体形状为半圆形，基槽南宽北窄，最宽处为0.7、最窄处仅0.34、深0.4～0.56米。基槽东部有一个缺口，应为门道。室内居住面为烧土铺砌。基槽内出土少量陶片，器形有壶、罐、瓮等（图三九）。

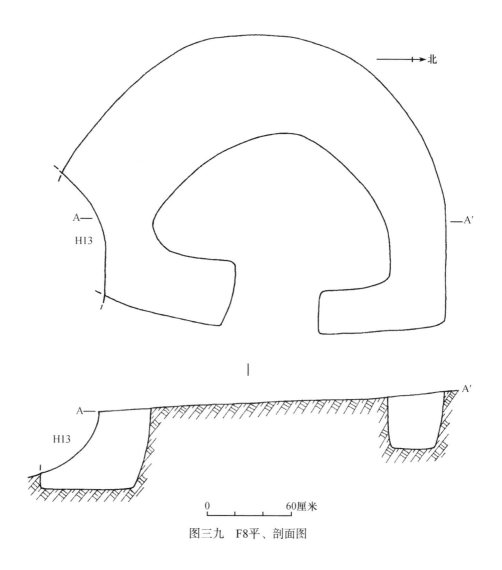

图三九　F8平、剖面图

（三）不明形状

仅1个，编号F9。

F9 位于WST5603和WST5604西部。开口于第4层下，叠压第5层，东南部被H17打破。仅存居住面烧土堆积，烧土堆积厚0.04～0.05米，由烧土块均匀铺砌夯打而成。破坏较为严重。因未完全揭露，整体结构与形状不明，根据残存的基槽推测应为方形红烧土建筑。北部基槽宽约0.28、南部基槽宽约0.17米。基槽内填土为黄褐土。居住面出土少量陶片，器形有缸、瓮、器盖等（图四〇；彩版一一，2）。

缸 1件。F9：1，夹粗砂黄陶，砂多于土。轮制。敞口，尖唇，深直腹，圜底。素面。高48、口径53.6、腹径52厘米（图四一，1）。

瓮 2件。F9：5，夹粗砂灰陶。敛口，加厚圆唇。素面。口径20.8、残高5.6厘米（图四一，2）。F8：6，夹细砂黑皮陶。轮制。平沿，敞口，尖唇，斜高领。素面。口径10、残高

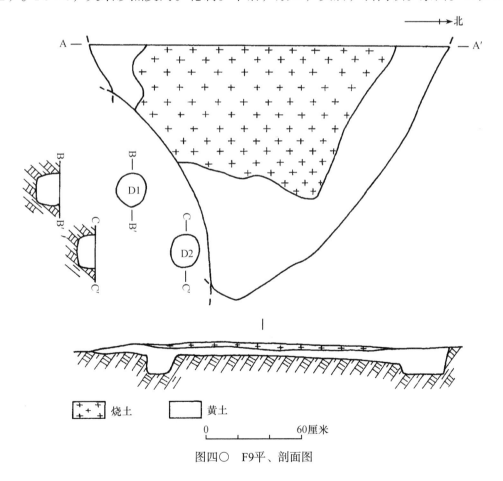

图四〇 F9平、剖面图

4.2厘米（图四一，6）。

　　壶　　1件。F8：1，泥质黄陶。轮制。敞口，仰折凹沿，尖唇，直高领。颈部饰一道凹弦纹。口径12、残高10.8厘米（图四一，3）。

　　罐底　　1件。F8：8，夹粗砂黑陶。轮制。斜腹，坦底，极矮圈足。素面。残高3.6、底径8.8厘米（图四一，5）。

　　器盖钮　　1件。F9：13，泥质灰陶。手制。细长柱形钮，钮顶加宽隆起。素面。钮径1.9厘米（图四一，4）。

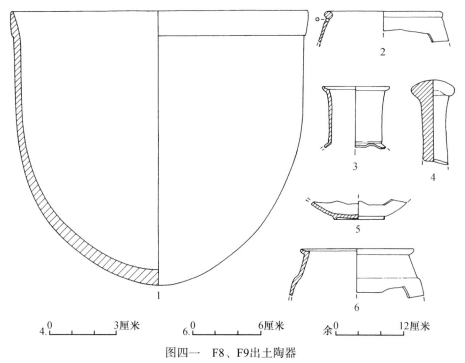

图四一　F8、F9出土陶器
1.缸（F9：1）　2、6.瓮（F9：5、F8：6）　3.壶（F8：1）　4.器盖钮（F9：13）　5.罐底（F8：8）

二、灰　　坑

（一）圆形（含椭圆形）

　　共5个，编号H5、H7、H14、H20、H26。

　　H5　　位于EST1886东部，部分在隔梁内，未发掘。开口于第3B层下，打破第4层。开口形状探方内部分为半圆形，斜壁，锅状底。直径0.9、深0.16～0.2米。坑内堆积为灰褐色土夹红烧土颗粒。出土少量陶片，可辨器形有折沿罐、盆、器盖等（图四二；图版五，2）。

　　H7　　位于WST5302西部。开口于第1层下，打破第4层。开口形状平面近圆形，直径2.2、深约0.4米。坑壁较陡直，似为人工加工而成，坑底平坦。坑内填土为灰黑色土，夹杂有大量红烧土块及草木灰，出土少量陶片，可辨器形有折沿罐、臼、高领罐、盆、缸、甑、器座等（图四三；图版五，3）。

臼 1件。H7：6，夹砂黄陶。轮制。敞口，圆唇，斜直腹。腹饰弦纹和宽篮纹。残高12、口径36厘米（图四四，1）。

折沿罐 1件。H7：14，夹砂黑陶。轮制。宽仰折沿，尖唇。沿面饰弦纹。残高5.2、口径26.4厘米（图四四，4）。

盆 3件。H7：17，泥质黑陶。轮制。宽折沿微仰，尖唇，沿内折棱凸出较宽，斜腹。沿面饰多道凹弦纹。残高5.6、口径40厘米（图四四，2）。H7：20，夹砂黑皮红胎陶。轮制。宽平沿，尖唇，敛口，直腹。腹饰宽篮纹。口径38.4、残高6.8厘米（图四四，3）。

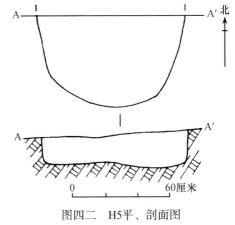

图四二 H5平、剖面图

缸 2件。H7：9，夹砂黑皮陶。特厚方唇，中部隆起。外壁颈部起凸弦纹，加饰按窝纹。口径36.8、残高5.6厘米（图四四，5）。H7：17，仅存缸底。夹粗砂红陶。特厚胎，圜底。残高7.2厘米（图四四，8）。

甑 1件。H7：22，夹细砂灰陶，厚胎。轮制，慢轮修整。仰折沿，尖唇，斜直腹。素面。高6、口径20、底径15.2厘米（图四四，6）。

高领罐 1件。H7：11，泥质黑陶。轮制。敞口，方唇，斜高领，溜肩。素面。残高6、口径12.8厘米（图四四，7）。

器座 1件。H7：33，夹砂黄陶。轮制。腰内弧，跟部外折成宽台座，中部饰圆形镂孔。残高12.4、底径20.8厘米（图四四，9）。

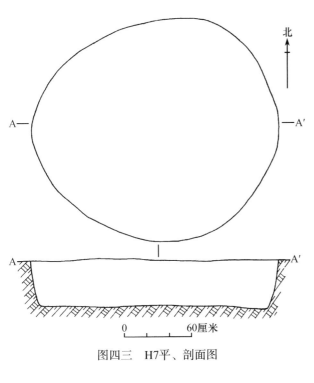

图四三 H7平、剖面图

H14 位于WST5402南壁中部及WST5403北壁中部及北隔梁内。开口于第3层下，打破第4、5层，且被H13打破。开口形状为椭圆形，坑口长2.7、宽2、坑内深0.6米。地势西高东低，袋状坑，坑底较平。坑内填土为黑色土，土质松软，夹大量灰烬及零星烧土粒（图四五；彩版一二，1；图版五，4）。

出土陶片以夹砂陶数量偏多。泥质陶数量略少。陶色以黑陶数量较多，其次为黄陶和红陶。纹饰，素面占绝大多数，仅见少量的篮纹、弦纹、附加堆纹、镂孔、戳印纹等，另有极少

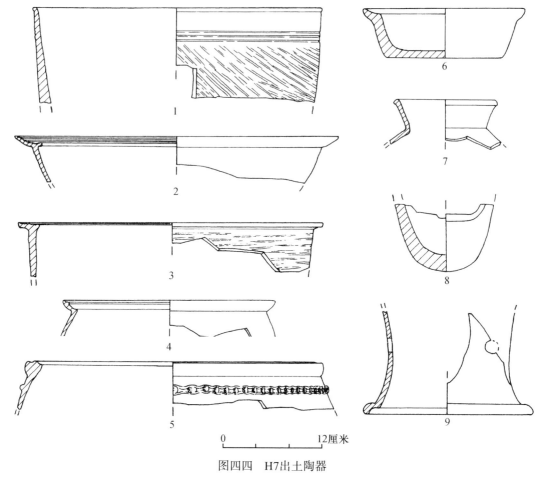

0　　　　　　　　12厘米

图四四　H7出土陶器

1.臼（H7：6）　2、3.盆（H7：17、H7：20）　4.折沿罐（H7：14）　5.缸（H7：9）　6.甑（H7：22）

7.高领罐（H7：11）　8.缸底（H7：17）　9.器座（H7：33）

量的红衣彩绘。典型器形有罐形鼎、折沿罐、甑、高领罐、盆、缸、豆、钵、高圈足杯、器盖等。坑内出土的陶臼碎片较多，但多较碎小，推测为有意填埋。

罐形鼎　3件。H14：19，夹粗砂黑陶。特宽仰折沿，沿面凹，宽凹唇。腹饰宽篮纹，足面饰按窝。口径29.6、腹径29.6、复原高31.2厘米（图四六，1）。H14：7，夹细砂黑陶。轮制。特宽仰折沿，方唇，沿面凹，深鼓腹，圜底，侧装鸭嘴形足。足面上部饰按窝纹，腹饰模糊宽篮纹。口径24、腹径21.6、残高21.2厘米（图四六，3）。H14：46，夹砂和石英砂颗粒黑陶。轮制。宽仰折沿，沿面凹，厚方唇，鼓腹略下垂。素面。残高6.8、口径12.4厘米（图四六，8）。

折沿罐　3件。H14：10，泥质黑皮陶，胎呈红色。轮制。宽仰折沿，尖唇，球形鼓腹，平底。素面。高17.6、口、腹径均21.6、底径9.6厘米（图四六，5；彩版三七，4）。H14：12，夹粗砂灰陶。轮制。宽仰折沿，宽凹唇，深鼓腹，小平底。饰浅而疏的宽篮纹。通高24、口径22、腹径24、底径12厘米（图四六，4）。H14：69，夹粗砂黑衣陶，胎呈红色。轮制。宽仰折沿，宽凹唇，鼓腹。腹饰宽篮纹。残高12、口径30.4厘米（图四六，2）。

　　甑　1件。H14：18，夹粗砂黑陶。轮制。宽仰折沿，尖唇，斜弧腹，圜底，矮圈足，足跟微内弧。底部中间一个圆孔，环绕4个椭圆形孔。高21.8、口径34.4、底径18.4厘米（图四六，6）。

　　高领罐　3件。H14：60，泥质灰陶。轮制。仰折凹沿，尖唇，斜高领，广肩。素面。残高7.2、口径12.8厘米（图四六，7）。H14：61，泥质红陶。轮制。敛口，圆唇，沿外起一道凸棱，高直领，广肩。器表饰红衣彩绘。残高8.4、口径15.6厘米（图四六，9）。

　　盆　7件。H14：9，夹粗砂黑陶。轮制。宽仰折沿，厚圆唇，深斜弧腹。腹饰宽篮纹。口径24、残高13.2厘米（图四六，10）。H14：13，泥质黑陶，灰胎。轮制。垂折沿，沿面隆起，尖唇，敛口，斜弧腹，平底。素面。口径20、高7.2、底径8.8厘米（图四六，11）。H14：4，泥质黑陶。轮制。宽仰折沿，尖唇，沿内折棱凸出，斜弧腹，平底。高8.2、口径22.4、底径7.6厘米（图四七，

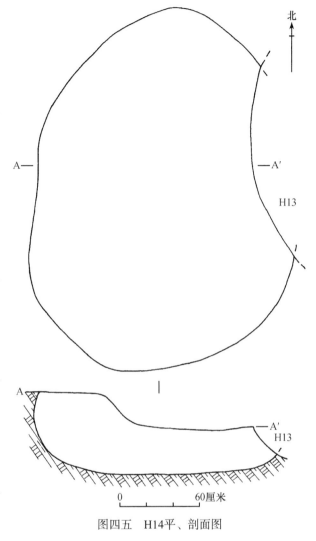

图四五　H14平、剖面图

2）。H14：17，泥质陶，外黑内灰黄。轮制。宽仰折沿，尖唇，敞口，沿内起折棱，上腹微外弧。素面。口径22.4、残高7.2厘米（图四七，3）。H14：52，泥质灰白陶。轮制。折沿，圆唇，深弧腹。素面。残高11.2、口径18.4厘米（图四七，4）。

　　豆　4件。H14：15，夹细砂黑陶。轮制。敞口，圆唇，双折腹，小圈足。下腹饰两道贴弦纹。口径25.5、残高8.4厘米（图四七，5）。H14：6，泥质红褐陶。轮制。内折沿，方唇，斜弧腹。素面。残高8.2、口径18.4厘米（图四七，6）。H14：62，泥质黑陶。轮制。敞口，尖圆唇，双折腹。下腹饰一道贴弦纹。素面。残高6、口径22.4厘米（图四七，8）。

　　缸　1件。H14：8，夹粗砂灰陶。轮制。宽仰折沿，沿面凹，圆唇，斜弧腹，厚平底。上部三组6道贴弦纹，下部饰篮纹。高34、口径32.2、底径10.4厘米（图四七，1）。

　　钵　1件。H14：16，泥质黑陶。手制。慢轮修整。敞口，圆唇，斜腹微外弧，平底。素面。口径13.6、高6.8、底径4厘米（图四七，9）。

　　高圈足杯　2件。H14：40，泥质红陶。宽翻折沿，尖唇，敞口，鼓腹略下垂。素面。残高

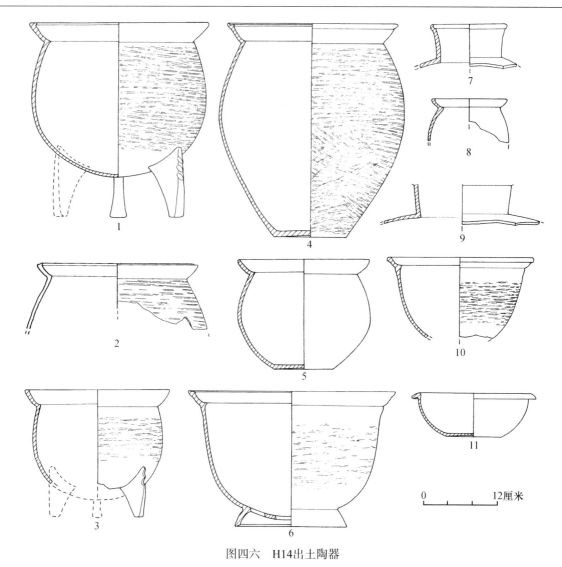

图四六　H14出土陶器

1、3、8. 鼎（H14：19、H14：7、H14：46）　　2、4、5. 折沿罐（H14：69、H14：12、H14：10）　　6. 甑（H14：18）

7、9. 高领罐（H14：60、H14：61）　　10、11. 盆（H14：9、H14：13）

5.2、口径5.6厘米（图四七，7）。H14：41，泥质黑陶，器表磨光。轮制。直腹，细高圈足，下部外撇。圈足饰弦纹和镂孔，镂孔有圆形和三角形。高10厘米（图四七，10）。

　　器盖　1件。H14：14，夹粗砂灰陶，局部红。柱形钮，残，盖身向下隆起，边缘上翘，尖唇上翘。高2、口径20.8厘米（图四七，11）。

　　H20　位于WST5405中部偏西。开口于第2A层下，打破第3层。平面呈不规则圆形，南北长2.13、东西宽1.9、坑深0.58米。底较平坦，斜壁，无明显加工痕迹。坑内堆积灰色土，夹大量烧土颗粒和少许草木灰，湿度大，质松散，出土物多，以夹砂陶占多数，纹饰主要为素面，仅见少量篮纹、弦纹、堆纹和镂孔，可见器形有缸、折沿罐、盆、豆、圈足盘、器盖等（图四八；图版六，3）。

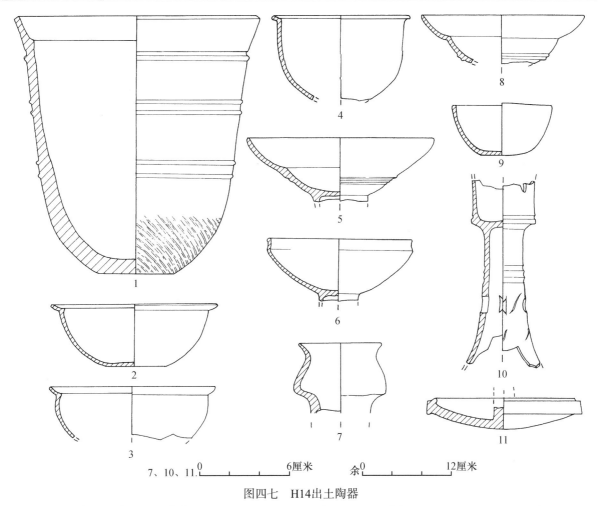

7、10、11.0⊢⎯⎯⎯⎯⎯6厘米 余0⊢⎯⎯⎯⎯⎯12厘米

图四七 H14出土陶器

1.缸（H14∶8） 2~4.盆（H14∶4、H14∶17、H14∶52） 5、6、8.豆（H14∶15、H14∶6、H14∶62）

7、10.杯（H14∶40、H14∶41） 9.钵（H14∶16） 11.器盖（H14∶14）

折沿罐 2件。H20∶36，夹细砂黑陶。轮制。仰折沿，沿面凹，尖唇外折。唇饰绞索纹，腹饰宽篮纹。口径30.4、残高8.4厘米（图四九，2）。

缸 1件。H20∶38，夹粗砂灰陶。宽仰折沿，沿面凹，方唇，直腹。腹饰宽篮纹。口径24、残高10.5厘米（图四九，1）。

豆 2件。H20∶3，泥质黑陶，红胎。轮制。敞口，圆唇，附贴沿，斜弧腹，底及圈足残。素面。口径10.8、高4.4厘米（图四九，3）。H20∶1，泥质黄陶。轮制。丁字形口，宽凹唇，斜弧腹，平底，高圈足，足跟外撇成台座。圈足中部饰四个圆形镂孔。高13.6、口径16、座径11.2厘米（图四九，5）。

圈足盘 1件。H20∶10，泥质黑陶。轮制。平沿，口微敛，尖唇，浅斜弧腹，坦底，矮圈足，足跟残。素面。口径26.4、残高8厘米（图四九，4）。

器盖 1件。H20∶14，泥质红陶，钮顶灰色。轮制。细长柱形钮，钮顶加粗，顶面弧

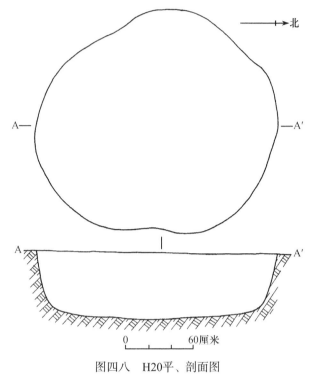

图四八　H20平、剖面图

形，喇叭形浅腹盖身，敞口，尖唇。高7.2、盖径6.6厘米（图四九，6）。

盆　1件。H20：7，夹砂黑陶，厚胎。直口，凹唇，上腹较直。外壁上部饰稀疏的篮纹，下部饰四周附加堆纹，堆纹上加饰按窝纹。口径36、残高10.8厘米（图四九，7）。

H26　位于WST5504东壁北端及东隔梁，开口在第4层下，打破第5层，被烧土遗迹4打破，开口距地表深45厘米。平面形状近似圆形，长1.5、宽1.3、深0.45米。除南部坑壁被烧土层打破不清外，其余坑壁较陡直，底较平。坑内堆积为灰褐土，夹红烧土、草木灰，草木灰含量较红烧土多，质地松散。

出土遗物均为陶片，以夹砂陶为主，有少量泥质陶。夹砂陶以黑陶数量最多，其次

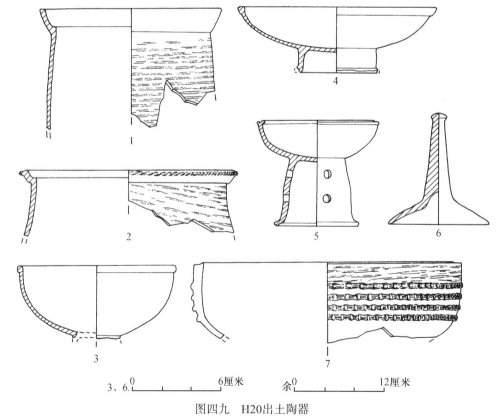

图四九　H20出土陶器

1、2.折沿罐（H20：38、H20：36）　3、5.豆（H20：3、H20：1）　4.圈足盘（H20：10）　6.器盖（H20：14）

7.盆（H20：7）

为橙黄陶和褐陶，另有一定数量的灰陶。泥质陶以黑陶的数量偏多，其次为橙黄陶和红陶，另有极少量的灰陶。纹饰以素面为主，仅见极少量的篮纹、弦纹、红衣彩绘、绳纹等。主要器形有罐形鼎、甑、罐、壶、盆、杯、豆、钵、器盖、碗、缸等（图五〇；图版六，5、6）。

罐形鼎 2件。H26：6，夹粗砂黄陶。轮制。宽仰折沿，圆唇，深鼓腹略下垂，圜底，鸭嘴形足。口径24、高27.2、腹径24厘米（图五一，1）。H26：11，夹粗砂黄陶，器表见石英颗粒。轮制。宽仰折沿，圆唇，鼓腹略下垂，圜底。素面。口径10.8、腹径11.6、残高8.2厘米（图五一，2）。

甑 1件。H26：9，夹粗砂灰陶，含石英颗粒。轮制。宽仰折沿，沿面凹，方唇，斜弧腹，平底。底部有大小不一的圆形孔。口径22.4、残高12.4、底径10.4厘米（图五一，11）。

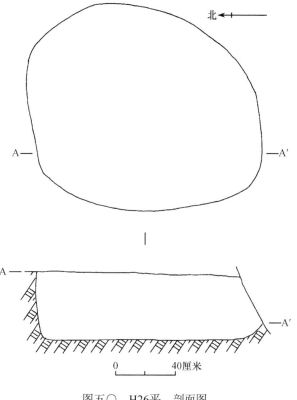

图五〇 H26平、剖面图

折沿罐 2件。H26：14，夹粗砂黑陶。轮制。宽仰折沿，厚方唇，鼓腹，平底。宽篮纹。高31.6、口径27.2、腹径32、底径15.2厘米（图五一，4）。H26：20，夹粗砂黄陶。轮制。宽仰折沿，圆唇，深鼓腹。腹饰宽篮纹。口径24.8、残高12.4厘米（图五一，3）。

壶 3件。H26：13，泥质灰陶。轮制。直高领，溜肩，鼓腹，平底。素面。底径6、残高15.2、腹径12.8厘米（图五一，12）。H26：36，泥质黄陶。轮制。高领，溜肩，鼓腹，小内凹底。素面。残高13.2、腹径13.6、底径7.2厘米（图五一，7）。H26：4，泥质灰陶。轮制。直高领，溜肩，鼓腹，下腹斜收，小平底略内凹。肩腹连接处饰一道宽贴弦纹。残高20、腹径18.4、底径8厘米（图五一，6）。

钵 2件。H26：1，泥质薄胎灰陶。手制，慢轮修整。敞口，尖唇，斜弧腹，平底略厚。素面。口径10.8、高3.8、底径4厘米（图五一，10）。H26：23，夹粗砂红陶，外壁部分黑色。轮制。尖唇，敛口，沿外折棱凸起较高。折棱上加饰绳索纹。口径20、残高4.4厘米（图五一，8）。

高领罐 2件。H26：37，夹粗砂厚胎灰陶。轮制。折凹沿，厚圆唇，斜高领，广肩。肩部以下饰交错篮纹。口径12.4、残高9.6厘米（图五一，5）。

盆 1件。H26：22，泥质黑陶，器表磨光。轮制。卷沿，尖唇下垂，敞口，斜弧腹，平底。素面。口径20、高8、底径5.6厘米（图五一，9）。

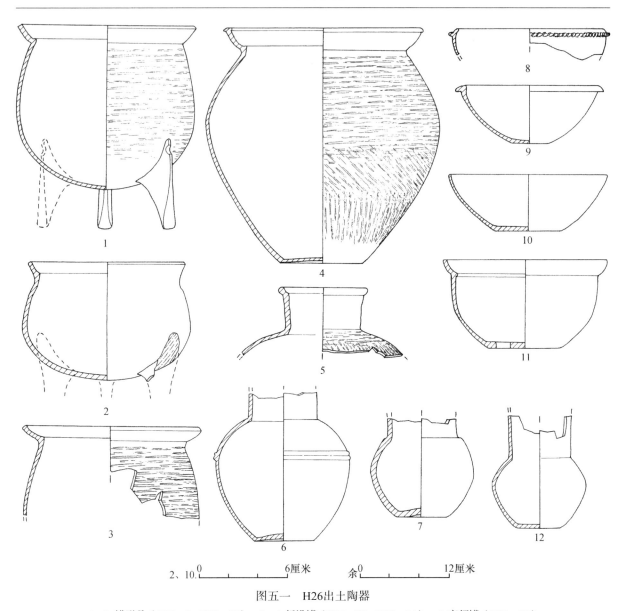

图五一　H26出土陶器

1、2. 罐形鼎（H26：6、H26：11）　3、4. 折沿罐（H26：20、H26：14）　5. 高领罐（H26：37）

6、7、12. 壶（H26：4、H26：36、H26：13）　8、10. 钵（H26：23、H26：1）　9. 盆（H26：22）　11. 甑（H26：9）

　　圈足杯　1件。H26：27，泥质橙黄陶。轮制。深直腹，圜底，细高圈足。素面。残高14.8厘米（图五二，10）。

　　圜底杯　1件。H26：5，夹粗砂陶，厚胎，上红下灰。手制。杯口径椭圆形，直口，圆唇，直腹，圜底。底部有两个小圆孔。高7、口径9.6厘米（图五二，1）。

　　豆　3件。H26：8，夹细砂黑陶。轮制。内折沿，尖唇，敛口，浅斜弧腹，弧高圈足，足跟外折成宽台座。圈足中部饰圆形镂孔。口径19.2、通高13.6、足径10.4、足高8.4厘米（图五二，2）。H26：15，泥质灰陶，圈足下部黑色。轮制。内折沿，敛口，尖唇，斜直腹，高圈足，圈足下部外折成宽台座，足跟微翘起。圈足中部饰圆形镂孔。口径22.8、高13、足径14.4

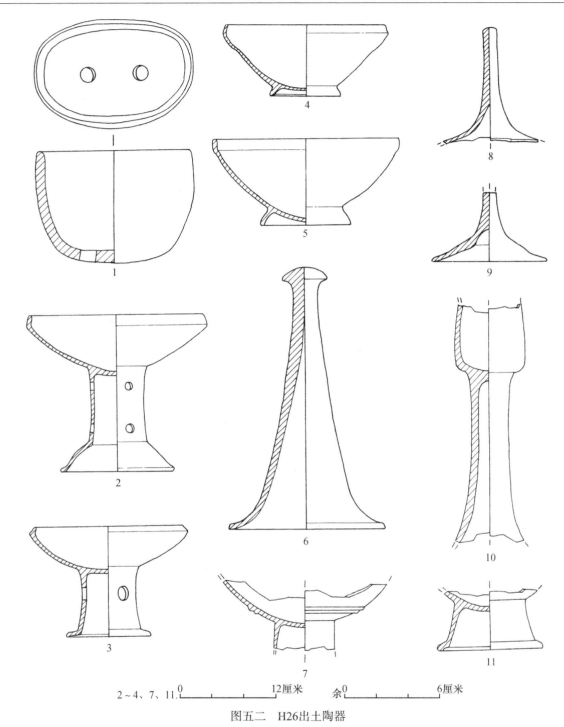

图五二 H26出土陶器

1. 圜底杯（H26：5） 2、3、7. 豆（H26：8、H26：15、H26：16） 4、5. 碗（H26：10、H26：18）

6、8、9. 器盖（H26：7、H26：25、H26：12） 10. 高圈足杯（H26：27） 11. 豆圈足（H26：17）

厘米（图五二，3）。H26：16，泥质黑陶。轮制。斜弧腹，圜底，高圈足。下腹饰两道贴弦纹。残高8.4厘米（图五二，7）。

　　碗　2件。H26：10，泥质黄陶。轮制。内折沿，尖唇，斜直腹，圜底，矮圈足，外撇。高8.8、口径20.8、底径8.8厘米（图五二，4）。H26：18，泥质黄陶。轮制。敛口，圆唇，内折沿，斜弧腹，圜底，喇叭形矮圈足。素面。口径11.6、高5.4、足径5.6厘米（图五二，5）。

　　器盖　3件。H26：7，泥质黑陶。手制。细长柱形钮，钮顶隆起呈蒜头形，喇叭形盖身，敞口，方唇。高16.2、钮径2.8、盖径10厘米（图五二，6）。H26：25，泥质黄灰陶。手制。细长柱形钮，喇叭形盖身。素面。残高7厘米（图五二，8）。H26：12，泥质灰陶。轮制。细长柱形钮，喇叭形盖身，敞口，尖唇。素面。盖径7.2、高4.2厘米（图五二，9）。

　　豆圈足　1件。H26：17，泥质灰黄陶。轮制。圜底，喇叭状圈足，足跟外折成台座。素面。残高7.2、足径13.6厘米（图五二，11）。

（二）长方形

　　共6个，编号H6、H10、H12、H13、H15、H22。

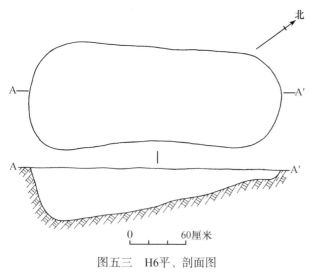

图五三　H6平、剖面图

　　H6　位于WST5401方内靠近东壁处，其东南部被一柱洞打破，开口于第1层下，打破第3层及H10。开口形状近长方形，开口长3、宽1.1米，缓坡壁，最深处为0.55米。坑内填土南厚北薄，无明显人工加工痕迹。坑内堆积灰黑土，松软，夹大量灰烬及烧土颗粒。出土少量陶片，以泥质灰陶为主，另有泥质褐陶，夹砂红、黄陶，磨光黑陶，无纹饰，器形有折沿罐、盆、瓮、豆、器盖、碗等。

　　折沿罐　3件。H6：10，夹砂黑陶。轮制。宽仰折沿，方唇，沿内折棱，凸起较高。素面。口径22.4、残高8.8厘米（图五四，1）。H6：3，夹细砂黑陶。轮制。平沿微内敛，尖唇，敛口，鼓腹。素面。口径26.4、残高7.6厘米（图五四，2）。

　　盆　1件。H6：5，夹细砂灰陶。轮制。仰折沿，尖唇，斜弧腹，敛口。沿面饰凹弦纹。口径22.4、残高6厘米（图五四，3）。

　　瓮　1件。H6：12，夹砂灰陶。轮制。敛口，厚圆唇，溜肩。素面。口径12.2、残高3.2厘米（图五四，4）。

　　豆　1件。H6：24，残存中部。泥质黑陶。喇叭状圈足。深斜腹下腹外壁饰一周凸弦纹。

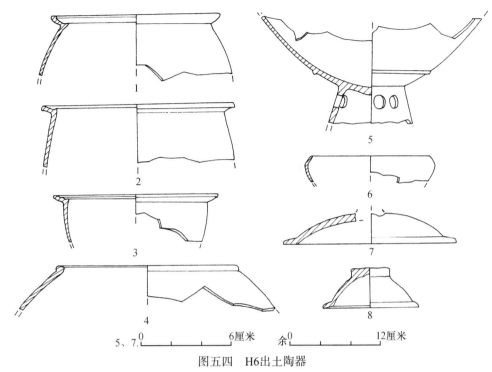

图五四　H6出土陶器

1、2.折沿罐（H6：10、H6：3）　3.盆（H6：5）　4.瓮（H6：12）　5.豆（H6：24）　6.碗（H6：26）
7、8.器盖（H6：13、H6：22）

圈足饰小圆形镂孔。残高7厘米（图五四，5）。

碗　1件。H6：26，泥质薄胎黑陶。轮制。内折沿，尖唇，敛口，斜直腹。素面。口径16、残高3.6厘米（图五四，6）。

器盖　2件。H6：13，泥质磨光黑陶，厚胎。轮制。浅斜腹盖身，宽平沿，圆唇。素面。盖径11.6、残高2厘米（图五四，7）。H6：22，夹细砂灰陶。手制，慢轮修整。饼形钮，钮顶略显不平，斜弧腹，宽仰折沿，方唇，敞口。素面。残高5.2、盖径12.8厘米（图五四，8）。

H13　位于WST5402东南角及东隔梁，WST5302西南角，WST5403东北角及东北隔梁。开口于第1层下，打破第3层及H14、H24、F8。开口形状为不规则长方形，坑口长4.2、宽3.2米，坑内填土厚约0.4米，距地表深0.2米，缓坡壁，坑底较平，开口地势西高东低，呈坡状。坑内填土及包含物可分为两层。第1层为灰黄土，土质板结，夹草木灰、烧土。第2层灰色土，松软，夹大量草木灰烬和零星烧土（图五五）。

第1层出土陶片较多，泥质陶略多于夹砂陶。以夹砂黑陶的数量最多，其次为泥质黑陶。另有一定数量的泥质红陶、灰陶、橙陶、夹砂红陶、灰陶、橙陶。纹饰以素面为主，有少量的篮纹、附加堆纹、弦纹、按窝、镂孔等。另有少量的红衣彩绘和磨光黑陶。

第2层泥质陶和夹砂陶数量相当，以夹砂黑陶和泥质黑陶的数量偏多，其次为红陶，另有少量的灰陶、橙陶和褐陶。纹饰以素面为主，有少量篮纹、弦纹、附加堆纹、镂孔、按窝、刻划纹等。另有少量红衣彩陶。典型器形两层差别不大，主要有罐形鼎、折沿罐、高领罐、甑、

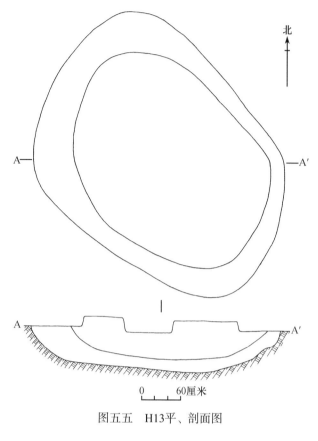

北

A————A′

A————A′

0　　60厘米

图五五　H13平、剖面图

壶、盆、钵、簋、碗、瓮、器盖、豆、高圈足杯、筒形杯、纺轮等。

罐形鼎　2件。H13②：11，夹砂黑皮陶，红胎。折沿，深鼓腹，圜底，侧装三角形足，足跟平。足面饰两按窝，腹饰宽篮纹。残高12.8厘米（图五六，1）。H13②：12，夹细砂黑皮红胎。轮制。折沿，垂鼓腹，圜底。宽篮纹。残高15.6、腹径17.6厘米（图五六，2）。

折沿罐　1件。H13①：32，夹砂灰陶。轮制。宽仰折沿，尖唇，鼓腹略下垂。腹饰宽篮纹。残高11.2、口径15.2厘米（图五六，3）。

甑　1件。H13②：4，夹细砂黑陶。轮制。敞口，宽仰折沿，圆唇，斜弧腹，平底。底部有孔。高10.8、口径24、底径10.4厘米（图五六，4）。

高领罐　3件。H13②：50，夹砂黑陶。轮制。仰折沿，尖唇，敞口，直高领，溜肩，鼓腹，平底。肩部附加堆纹。口径13.6、高22.8、腹径18.4、底径8厘米（图五六，5）。H13②：26，泥质黑陶。轮制。敞口，圆唇，折沿，弧高领，折肩，弧腹，平底。肩部一道附加堆纹。口径11.2、高20、腹径14.4、底径7.2厘米（图五六，6）。H13②：51，泥质黑皮陶，红胎。轮制。敞口，圆唇，直高领，溜肩，鼓腹，底内凹。肩部饰一组凹弦纹。口径10.4、高17.6、腹径12.8、底径7.2厘米（图五六，7）。

瓮　1件。H13①：44，夹粗砂黑皮陶，红胎。轮制。敞口，口沿较厚，沟沿，加厚圆唇，矮斜领，广肩。肩部满饰宽而深的横篮纹。口径23.2、残高13.2厘米（图五六，9）。

壶　2件。H13②：49，泥质黑陶。局部灰陶。轮制。敞口，折沿，圆唇，弧高领，溜肩，鼓腹。肩部一道附加堆纹。口径14.2、腹径17.6、残高23.2厘米（图五六，10）。H13②：20，细泥质灰陶。轮制。口外撇，尖唇，直高领，尖折腹，高圈足，足下部外撇。素面。残高21.6、口径8.8、腹径13.2厘米（图五七，1）。

盆　3件。H13①：54，夹砂黑陶。轮制。敛口，尖唇，内弧沿。沿外一圈附加堆纹，加饰按窝纹，上腹一对鸡冠形身，腹饰宽篮纹。残高5.2、口径18.4厘米（图五六，8）。H13②：6，泥质灰陶。轮制。宽折沿微隆起，方唇，敛口，直腹，厚平底。素面。通高11.4、口径20.8、底径8厘米（图五六，11）。H13①：29，夹砂黑皮陶，红胎。轮制，卷沿，圆唇，敛口，鼓腹。宽篮纹。残高7.6、口径25.6厘米（图五六，13）。

钵　2件。H13①：53，泥质灰陶。轮制。敛口，尖唇，翻沿，鼓腹。素面。残高8.4、口

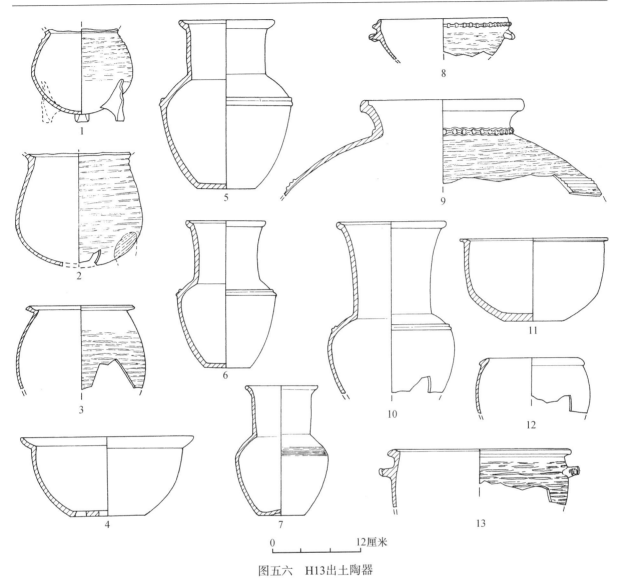

图五六 H13出土陶器

1、2.罐形鼎（H13②：11、H13②：12） 3.折沿罐（H13①：32） 4.甑（H13②：4） 5～7.高领罐（H13②：50、
H13②：26、H13②：51） 8、11、13.盆（H13①：54、H13②：6、H13①：29） 9.瓮（H13①：44） 10.壶（H13②：49）
12.钵（H13①：53）

径14.8厘米（图五六，12）。

簋 2件，均可复原。H13①：27，泥质灰陶。轮制。宽仰折沿，沿面凹，厚方唇，斜弧腹，喇叭形，圈足，足跟外折成台座。腹中部饰一道附加堆纹。口径26.4、高17.2、足径12.8厘米（图五七，3）。H13①：8，泥质磨光黑陶，薄胎。轮制。敛口，外垂折沿，较宽尖唇，斜弧腹，平底，矮圈足外撇。口径18.4、足径7.2、复原高8厘米（图五七，5）。

碗 2件。H13①：52，夹砂黑陶。轮制。敛口，圆唇，内折沿，斜直腹，圜底，矮圈足。素面。口径19.2、高7.2、足径8厘米（图五七，6）。

豆 2件。H13②：32，泥质灰陶。轮制。内折沿，尖唇，斜弧腹，圜底。素面。口径

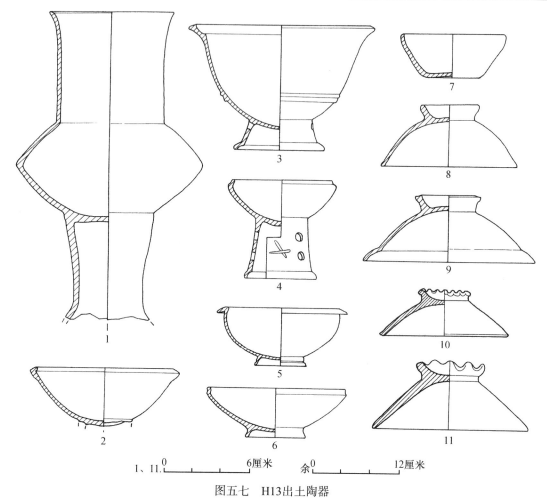

图五七　H13出土陶器

1. 壶（H13②：20）　　2、4. 豆（H13②：32、H13②：22）　　3、5. 簋（H13①：27、H13①：8）　　6. 碗（H13①：52）
7. 钵（H13①：55）　　8～11. 器盖（H13①：51、H13①：50、H13②：34、H13②：33）

21.6、残高8厘米（图五七，2）。H13②：22，泥质黑皮陶，红胎。轮制。敛口，尖唇，内折沿，沿外略凹，斜腹，圜底，高圈足喇叭形，足跟外折成台座。足中部饰圆形镂孔和十字刻划纹。口径15.2、高13.6、足径10.4厘米（图五七，4）。

　　钵　1件。H13①：55，夹砂黑陶。轮制。慢轮修整。敞口，尖唇，斜直腹，平底。素面。口径14.4、残高6厘米（图五七，7）。

　　器盖　12件。H13①：51，夹砂黑皮陶，红胎。轮制。敞口，尖唇，斜弧腹，圜底，矮圈足外撇。素面。盖径19.2、高8.4、足径8厘米（图五七，8）。H13①：50，夹砂灰陶。轮制。敞口，圆唇，宽仰折沿，斜弧腹，矮圈足，圜底。素面。高9.2、钮径9.2、盖径24厘米（图五七，9）。H13②：34，夹粗砂黑陶。轮制。花边形小圈钮，钮顶外撇，浅斜腹，敞口，方唇。素面。通高6.4、钮径7.2、盖径17.6厘米（图五七，10）。H13②：33，夹粗砂黑陶。手制，慢轮修整。花边形钮，斜直腹，盖身，尖唇。素面。高4.8、盖径11.2厘米（图五七，

11）。H13②：28，泥质橙黄陶。轮制。细长圆柱钮，浅盘状盖身。钮饰四周宽带红衣彩绘。残高7.8厘米（图五八，1）。H13②：27，泥质黑衣褐灰陶。手制。塔形钮，浅盘式盖身，子母口，外唇为圆唇，内唇为尖唇，素面。通高5.6、盖径7.6厘米（图五八，2）。H13②：21，泥质灰陶。轮制。塔形钮，锥形钮尖，喇叭状盖身，子母口，内沿内折。通高8.4、盖径7.2厘米（图五八，3）。H13②：5，泥质，黑皮红胎。轮制。塔形钮，顶部锥形，浅盘式盖身。素面。通高4、盖径4.2厘米（图五八，4）。H13①：4，泥质黑陶。轮制。蒜头形钮，浅盘式盖身，双唇子母口。素面。通高5.6、直径8.4厘米（图五八，5）。

高圈足杯 6件。H13②：3，泥质黑衣陶，红胎。轮制。敞口，尖唇，宽仰折沿，鼓腹下垂，特高圈足。素面。口径5.6、腹径5.6、残高15.2厘米（图五八，6）。H13②：13，泥质橙黄陶，胎呈黑色。轮制。宽卷沿，尖唇，直腹，特厚底，细高圈足。素面。残高14.4、口径7.2

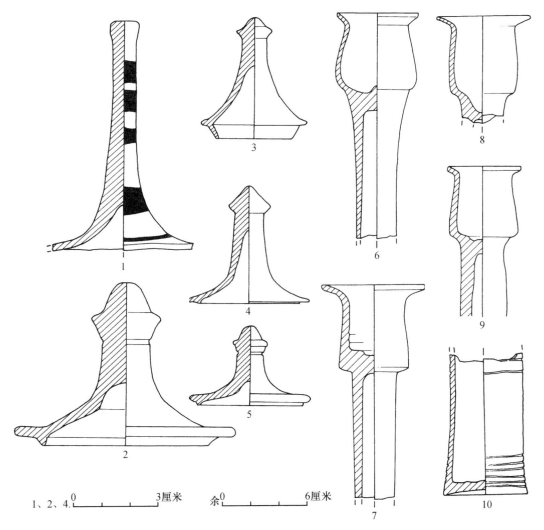

图五八 H13出土陶器

1~5. 器盖（H13②：28、H13②：27、H13②：21、H13②：5、H13①：4） 6~9. 高圈足杯（H13②：3、H13②：13、
H13①：6、H13②：18） 10. 筒形杯（H13①：22）

厘米（图五八，7）。H13①：6，泥质橙黄陶，灰胎。轮制。宽沿微仰，圆唇，深腹，较直，细圈足。素面。口径6、腹径4.6、残高6.8厘米（图五八，8）。H13②：18，泥质橙黄陶，最厚处胎黑色。轮制。敞口，折沿，垂腹，细高圈足，足跟外撇成宽台座。通高17.6、口径5.2、底径6厘米（图五八，9）。

筒形杯　1件。H13①：22，泥质灰陶。轮制。深直腹，底部内凹。上部及下部饰多道凹弦纹。残高9.6、足径6厘米（图五八，10）。

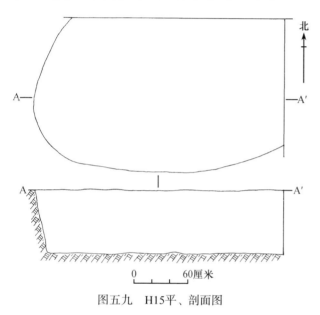

图五九　H15平、剖面图

H15　位于WST5302东南角。开口于第4层下，打破第5层。开口形状近长方形，长2.8、宽1.6、约深0.7米。坑壁较缓，坑底较为平坦。坑内填土为黄褐色，土质疏松。出土陶片较多，以夹砂黑陶数量偏多，另有泥质黑陶、灰陶等。主要器形有折沿罐、盆、高领罐、瓮、碗、钵、器盖等（图五九；图版六，1）。

盆　3件。H15：84，夹粗砂，黑衣红胎。轮制。宽平沿，尖唇，沿内折棱凸出，斜直腹。下腹饰一对鸡冠形鋬。高20.8、口径40、底径12厘米（图六〇，1）。H15：28，夹砂黑陶。轮制。卷沿，尖唇，敛口，斜弧腹。沿面饰凹弦纹。口径26.4、残高7.2厘米（图六〇，8）。H15：24，泥质黑陶。轮制。特宽仰折沿，尖唇，折腹，上腹较直，下腹斜。素面。口径28、残高10厘米（图六〇，7）。

折沿罐　1件。H15：43，夹砂黑陶。轮制。宽仰折沿，尖唇，鼓腹。素面。口径11.2、残高7.6厘米（图六〇，2）。

高领罐　3件。H15：55，夹砂黑陶。轮制。宽仰折沿，尖唇，敞口，斜高领，溜肩。颈部一道附加堆纹加饰按窝纹。口径20、残高7.6厘米（图六〇，3）。H15：52，泥质灰陶。轮制。仰折沿，沿面凹，敞口，尖唇，溜肩。口径13.6、残高9.2厘米（图六〇，4）。H15：54，夹砂红陶。轮制。圆唇，附贴沿，直领，溜肩。肩饰宽篮纹。口径20、残高8厘米（图六〇，5）。

瓮　1件。H15：18，夹砂黑陶。轮制。特厚圆唇，敛口。颈部一道附加堆纹，腹饰特宽篮纹。口径38.4、残高8.8厘米（图六〇，6）。

碗　1件。H15：86，泥质黑皮陶，红胎。轮制。内折沿，厚圆唇，敛口，斜直腹，矮圈足外撇。素面。口径17.6、高9.6、底径8.8厘米（图六〇，9）。

钵　2件。H15：23，泥质黑陶。轮制。敛口，尖唇，附贴沿，鼓腹。素面。口径14.4、残高5.6厘米（图六〇，10）。

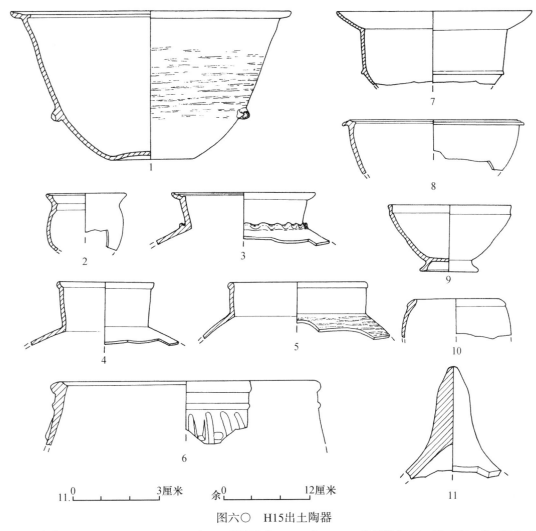

图六〇　H15出土陶器

1、7、8. 盆（H15：84、H15：24、H15：28）　　2. 折沿罐（H15：43）　　3～5. 高领罐（H15：55、H15：52、H15：54）

6. 瓮（H15：18）　9. 碗（H15：86）　10. 钵（H15：23）　11. 器盖（H15：11）

　　器盖　2件。H15：11，泥质橙黄陶。轮制。细长柱形钮，钮顶弧形。素面。残高5.6厘米（图六〇，11）。

　　H22　位于WST5404南壁中部及WST5405北隔梁内。开口于第2A层下，打破第3层。开口形状为不规则长方形。坑口长1.8、宽1.2、坑内深0.5米。一壁为缓坡，一壁近垂直，底部较平。坑内填土为灰黑色土，夹少许草木灰。上部被一晚期墙基打破。坑内出土少量陶片，以夹砂灰陶为主，少量夹砂红陶，泥质陶则以灰陶居多，个别红、黄陶，主要器形有盆、壶、豆等（图六一）。

　　盆　1件。H22：1，夹粗砂黑皮陶，胎呈红色。轮制。宽平沿，尖唇，斜腹略外弧，平底。素面。高11、口径25.6、底径10.4厘米（图六二，2）。

　　壶　1件。H22：3，泥质灰陶。敞口，方唇，直高领。素面。口径10.4、残高12.4厘米（图六二，1）。

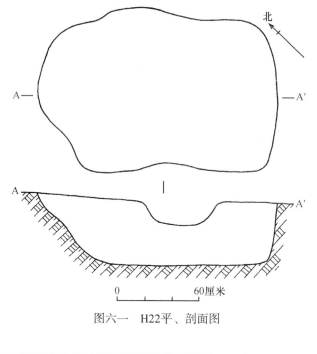

图六一　H22平、剖面图

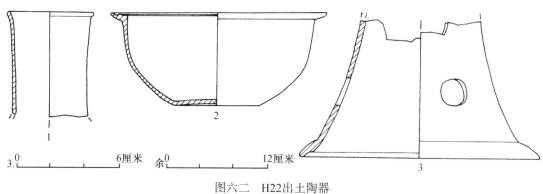

图六二　H22出土陶器

1. 壶（H22：3）　2. 盆（H22：1）　3. 豆圈足（H22：9）

豆圈足　1件。H22：9，残存圈足。泥质黑皮陶，胎呈红色。轮制。喇叭口高圈足，跟部外撇成台座。饰圆形镂孔。残高8、底径14.4厘米（图六二，3）。

（三）不规则形

共6个，编号H9、H16、H17、H21、H23、H25。

H17　位于WST5604、WST5605、WST5606、WST5504、WST5505，开口于第3层下，打破F9和第4层、生土层，开口距地表深0.35～0.7米，北高南低，呈倾斜状。形状呈不规则状，南北长，东西宽，北部较宽，南部较窄。最长处约11.5米，最宽处约6.5米，深0.75米，坑壁北端陡直，南部斜缓，坑底大多较平坦，局部略凹（图六三；彩版一二，2）。坑内堆积可分为三层。第1层厚0.3米，褐灰土，夹少量烧土、草木灰，质地松散，此层除灰坑西北部、东北部未见外，其余均有分布，第2层深0.3米，灰黑土，夹较多草木灰和烧土粒，质地松散，此层分布在灰坑东部，第3层厚0.4米，褐灰土，质地松散，但较第2层略板结，夹少量烧土粒和草木灰，仅分布于灰坑西部。出土物特征和上层的相似。

第1层出土陶片数量最多，但多较碎小。夹砂陶和泥质陶的数量相当，其中泥质黑陶和夹砂黑陶的数量最多，其次为夹砂红陶和泥质红陶。另有少量的橙黄陶和灰陶。纹饰不多，绝大多数为素面，仅见少量的宽

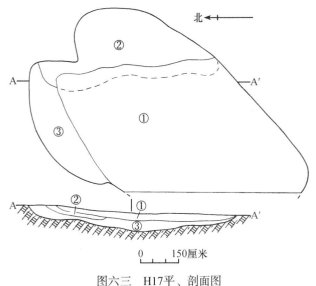

图六三 H17平、剖面图

篮纹、细篮纹、方格纹、凸弦纹、镂孔、按窝纹及戳印纹等。在高圈足杯和纺轮上多见红衣彩绘。

第2层出土陶片略少，泥质陶数量略多于夹砂陶。以泥质黑陶数量最多，其次为泥质橙黄陶、夹砂橙黄陶、泥质红陶，另有少量的夹砂灰陶、泥质灰陶等。纹饰以素面为主，有少量的细篮纹、粗篮纹、凸弦纹，另有极少数的方格纹、附加堆纹、镂孔、刻划纹等。

第3层陶片比第1层少，但比第2层多，夹砂陶略少于泥质陶，其次为夹砂黑陶、泥质橙黄陶、夹砂红陶，另有一定数量的灰陶。

出土的陶器器形相当丰富，但三层差别不大，几乎该遗址所有的器形都见于该灰坑。其中以罐形鼎、高领罐、壶、甑、盆、缸、瓮、钵、圈足盘、碗、高圈足杯、斜腹杯、器盖最具有代表性。

罐形鼎 1件。H17③：48，夹砂灰陶。轮制。宽仰折沿，厚方唇，鼓腹略下垂，圜底，侧装足。腹饰宽篮纹，足面上部饰一按窝纹。口径15.6、高14.4、腹径17.6厘米（图六四，1）。

高领罐 1件。H17③：22，泥质灰陶。轮制。仰折沿，圆唇，直高领，广肩，鼓腹。肩部一道附加堆纹加饰按窝纹，满饰斜篮纹。残高36、口径14.4、腹径33.6厘米（图六四，2）。

壶 3件。H17③：122，泥质黄陶。轮制。仰折凹沿，尖唇，直高领，鼓肩，鼓腹。肩部饰一道贴弦纹。口径12、残高27.2、腹径16.8厘米（图六四，4）。H17③：19，泥质灰陶。轮制。敞口，方唇，口沿处微外撇，直高领，溜肩，鼓肩，厚平底。领中部一道凹弦纹。通高20.8、口径10.4、领高10.8、最大腹径12.8、底径6.8厘米（图六四，5）。H17③：59，泥质灰陶。轮制。直高领，溜肩，鼓腹，平底。肩腹转折处饰一道附加堆纹。残高14、腹径13.6、底径6.8厘米（图六四，10）。

甑 2件。H17③：94，夹砂黑皮陶，红胎。轮制。宽仰折沿，厚方唇，沿内起凸棱，斜弧腹，平底。底部有镂孔。高14.8、口径27.2、底径12厘米（图六四，3）。H17①：28，夹细砂

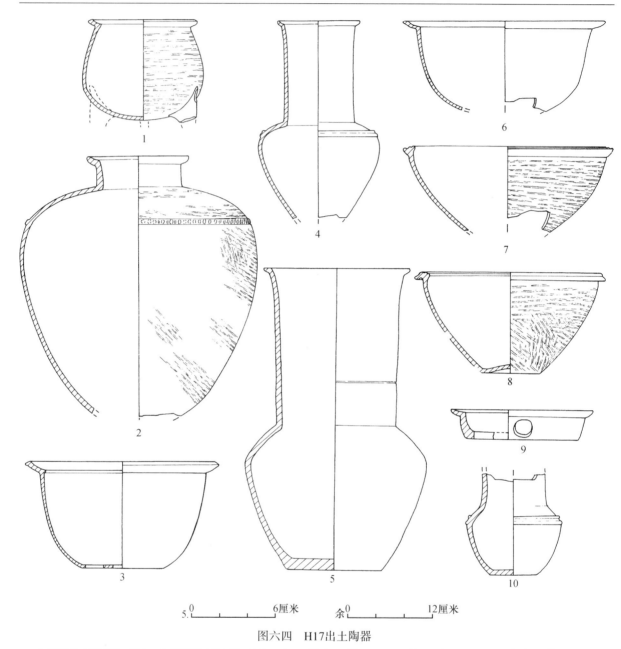

图六四　H17出土陶器

1. 罐形鼎（H17③：48）　2. 高领罐（H17③：22）　3、9. 甑（H17③：94、H17①：28）　4、5、10. 壶（H17③：122、
H17③：19、H17③：59）　6～8. 盆（H17①：71、H17①：23、H17③：124）

黑陶。轮制。敞口，宽仰折沿，方唇，浅直腹，平底。底部有长方形镂孔。口径19.2、高3.6、
底径14.4厘米（图六四，9）。

　　盆　2件。H17①：71，夹砂黑皮陶，红胎。轮制。宽折沿近平，尖唇，敞口，斜弧腹。口
径26.4、残高11.2厘米（图六四，6）。H17①：23，夹粗砂黄陶，胎呈红色。轮制。垂折沿，
敛口，斜弧腹，底残。腹饰宽篮纹。残高12、口径29.6厘米（图六四，7）。H17③：124，可
复原。夹细砂黑皮陶，胎呈红色。卷沿，尖唇，敛口，深斜弧腹，底内凹。沿面凸起并饰两周

凹弦纹。口径24、高13.6厘米（图六四，8）。

盆 1件。H17①：114，夹粗砂黑陶。轮制。敛口，外垂折沿，尖唇，深斜腹。素面。口径22、残高8.8厘米（图六五，1）。H17③：44，泥质灰陶。轮制。敞口，圆唇，宽仰折沿，屈腹，转折明显，下腹较深。腹饰多道凹弦纹。口径26.4、高19.2、底径10.8厘米（图六五，5）。H17①：47，夹砂、石英颗粒灰陶。轮制。内折沿，尖唇，沟沿，外唇凸出，敛口，斜弧腹。素面。口径23.2、残高4.4厘米（图六五，6）。

缸 3件。H17②：54，夹粗砂红陶。轮制。敞口，尖唇，附厚贴沿，斜直腹。素面。残高25.2、口径36厘米（图六五，3）。H17①：112，夹粗砂陶，外黑内红。特宽仰折沿，方唇，斜腹。外壁颈部和腹中部饰附加堆纹和按窝纹，上腹饰稀疏的宽篮纹，口沿内转折处加饰附加堆纹和按窝纹。沿内口径60、残高18.4厘米（图六五，7）。

瓮 1件。H17①：55，夹砂黑皮陶，红胎。轮制。敛口，方唇。沿内有一道鸡冠形身，腹饰宽篮纹。残高6.8、口径18.4厘米（图六五，2）。

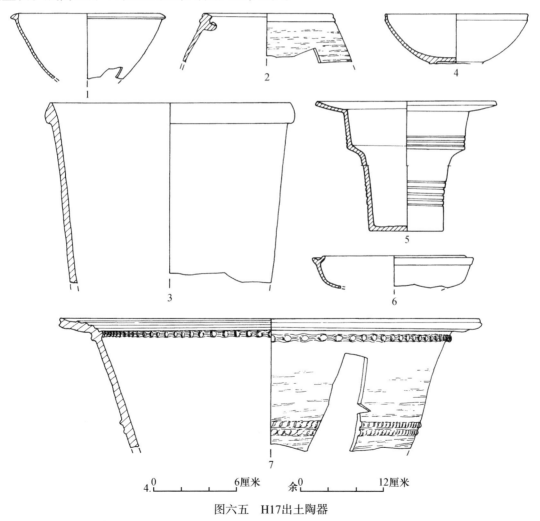

图六五 H17出土陶器

1、5、6.盆（H17②：114、H17③：44、H17①：47） 2.瓮（H17①：55） 3、7.缸（H17②：54、H17①：112）

4.钵（H17③：31）

钵　1件。H17③：31，泥质陶，外黑内黄。轮制。敞口，圆唇，口沿处明显变薄，斜弧腹，厚平底。素面。高7、口径20.8、底径7.6厘米（图六五，4）。

圈足盘　5件。H17③：23，泥质，外灰内红。轮制。垂折沿，尖圆唇，敞口，斜弧腹，坦底，矮圈足，足跟外折成台座。圈足中部饰圆形镂孔。通高13.4、口径29.2、足径12.4、圈足高5.4厘米（图六六，1）。H17①：84，泥质黑陶。轮制。平沿，沿内折棱凸出，浅斜弧腹，坦底，矮圈足，足跟外撇成宽台座。圈足饰镂孔。口径29.6、高9.2、足径14.4厘米（图六六，2）。H17③：21，泥质灰陶。轮制。特厚内折沿，尖圆唇，敛口，斜弧腹，坦底，矮圈足，足跟外折成台座。圈足中部饰圆形镂孔。通高12、口径26、底径12、圈足高5.6厘米（图六六，3）。H17③：65，泥质黑陶。轮制。内折沿，尖唇，敛口，斜直腹，坦底，矮圈足，足跟外折成台座。口径30.4、高8.8、足径12厘米（图六六，4）。H17③：24，泥质黑陶。轮制。敛口，内折沿，沿向外倾斜，尖唇，斜弧腹，坦底，矮圈足，底部外折成台座。圈足中部饰圆形镂孔。高8.4、口径28、圈足径11.2厘米（图六六，5）。

碗　1件。H17③：18，泥质黑陶。轮制。敛口，圆唇，沿微内弧，斜弧腹，坦底，喇叭形矮圈足外撇。高5.8、口径15.6、圈足径6.4厘米（图六六，6）。

高圈足杯　10件。H17③：10，泥质红陶。轮制。宽仰折沿，尖唇，敞口，深腹略垂，直高圈足。口径5.4、残高12.2厘米（图六六，7）。H17②：6，泥质黄陶。轮制。仰折沿，方唇，敞口，深腹微鼓，细高圈足。素面。残高7.4、口径4.4、腹径4.8厘米（图六六，8）。H17①：61，泥质黄陶。轮制。折沿，垂腹，特厚底，高圈足。素面。残高8.4厘米（图六六，9）。H17②：8，泥质橙黄陶。仰折沿，尖唇，深直腹，细高圈足，足跟残。素面。残高13.6、口径6.4厘米（图六六，10）。H17③：15，泥质灰褐陶。轮制。宽平折沿，尖唇略上翘，沿面略凹，鼓腹，特厚底。素面。口径6.4、残高7厘米（图六六，11）。H17①：59，夹粗砂红陶。轮制。内弧腹，平底，高圈足。素面。残高7厘米（图六六，12）。H17③：82，泥质黑陶。轮制。直腹，平底，高圈足，下部外撇成台座。圈足中部饰圆形镂孔。残高6.6、足径6厘米（图六六，13）。

斜腹杯　6件。H17②：9，泥质灰陶。手制。斜直腹，底部微内凹。腹饰弧线刻划纹，下部饰密集的凹弦纹。残高3.8、底径6.5厘米（图六六，14）。H17③：127，泥质黄陶，薄胎。口沿残，斜弧腹，底内凹，地边缘微外凸。器表满饰红衣彩绘，大部分脱落。底径2.8、残高6.2厘米（图六六，15）。H17①：60，泥质黄陶。轮制。斜弧腹，小底内凹。素面。底径2.8、残高7.2厘米（图六六，16）。

器盖　16件。H17③：26，夹砂黑皮陶。轮制。矮圈钮，钮顶外撇，斜弧腹，敞口，翘沿，尖唇。素面。通高8、盖径21.2、钮径7.2厘米（图六七，1；图版五〇，3）。H17①：36，夹砂黑陶。轮制。花边钮，斜弧腹，宽折沿，尖唇。素面。盖径16、钮径6.4、高4.4厘米（图六七，2；图版四九，3）。H17②：34，夹粗砂黑陶。轮制。花边形小圈钮，钮顶外撇，浅斜腹，敞口，方唇。素面。通高6.4、钮径7.2、盖径17.6厘米（图六七，3）。H17①：15，泥质黄陶。轮制。细长柱形钮，钮顶呈乳突状，喇叭形，浅腹盖身，敞口，尖唇。高7.2、盖径

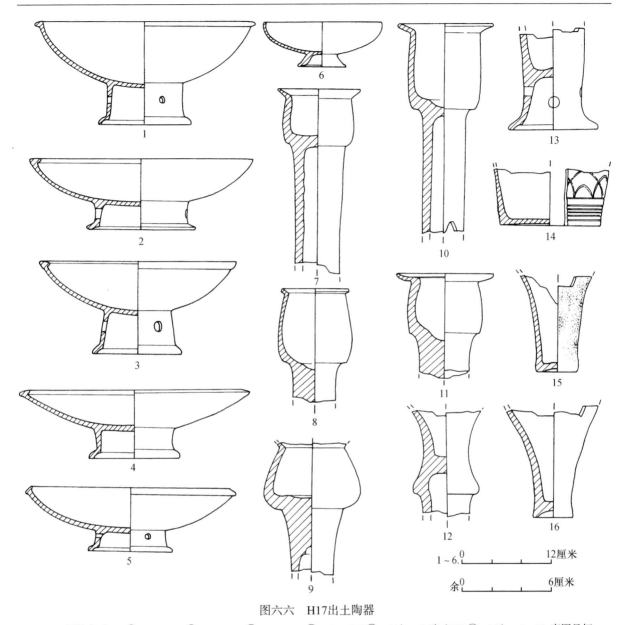

图六六　H17出土陶器

1~5.圈足盘（H17③：23、H17①：84、H17③：21、H17③：65、H17③：24）　6.碗（H17③：18）　7~13.高圈足杯
（H17③：10、H17②：6、H17①：61、H17②：8、H17③：15、H17①：59、H17③：82）　14~16.斜腹杯（H17②：9、
H17③：127、H17①：60）

5.6厘米（图六七，4）。H17①：31，泥质橙黄陶，钮黑色。轮制。细长椎形钮，钮顶尖，浅盘式盖身。素面。盖径5.6、高6.6厘米（图六七，5）。H17①：117。泥质黄陶。细长柱形钮，钮顶呈乳突状，喇叭式浅盘盖身，口沿极薄，外撇。高6.8、口径5.2厘米（图六七，6）。H17③：32，泥质灰陶。手制。慢轮修整，细长柱形钮，钮顶圆弧，歪向一边，钮表面凸凹不平，浅腹盖身，敞口，圆唇。素面。高6.8、盖径5.6厘米（图六七，7）。H17①：21，泥质褐红陶。细长柱形钮，钮顶略粗，喇叭状浅盘。素面。高5、盖径4.4厘米（图六七，8）。

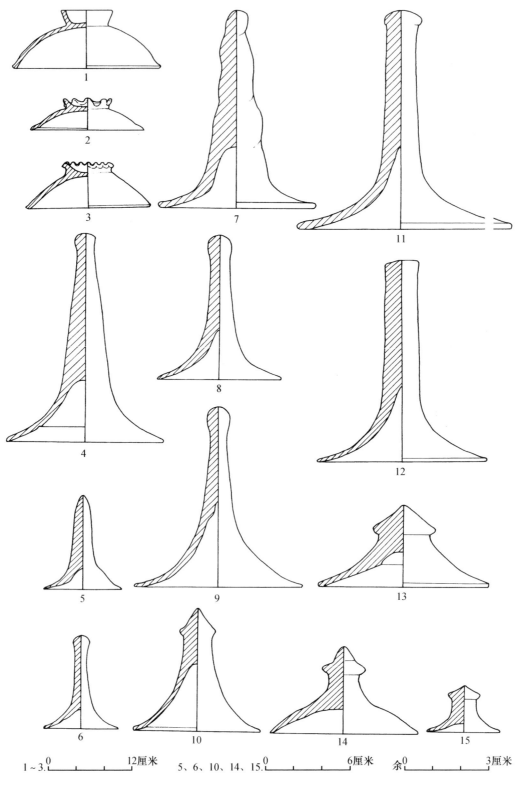

图六七　H17出土器盖

1. H17③：26　2. H17①：36　3. H17②：34　4. H17①：15　5. H17①：31　6. H17①：117　7. H17③：32　8. H17①：21
9. H17②：19　10. H17③：34　11. H17①：22　12. H17①：1　13. H17②：20　14. H17③：7　15. H17②：4

H17②：19，泥质橙黄陶。轮制。细长柱形钮，钮顶端略粗，呈乳突状，喇叭形深腹，盖身，敞口，尖唇。高6.2、盖径6厘米（图六七，9）。H17③：34，夹细砂黑陶。轮制。塔尖形钮，顶部较尖，边缘向外凸出，喇叭形深弧腹盖身，敞口，圆唇。素面。通高8.4、盖径9.2、钮径5.2厘米（图六七，10）。H17①：22，泥质橙黄陶。轮制。细高柱形钮，钮顶略粗，浅盘式盖身。素面。高7.6、盖径7.2厘米（图六七，11）。H17①：1，泥质红陶。轮制。细长柱形钮，钮顶略粗，喇叭浅盘式盖身。素面。高7.1、盖径6厘米（图六七，12）。H17②：20，泥质橙黄陶，胎略厚。手制。塔尖状钮，浅腹盖身。素面。高2.8、盖径6、钮径2.2厘米（图六七，13）。H17③：7，泥质黑陶。轮制。钮尖形钮，碟形浅盖身。素面。高6.2、钮径3.2、盖径10.4厘米（图六七，14）。H17②：4，泥质黑陶。手制。塔尖状钮，钮顶较尖，浅盘式盖身。素面。高3.2、口径5.2、钮径2.4厘米（图六七，15）。

H21 位于WST5503东南部，南部延伸至WST5504北隔梁下。开口于第1层下，打破第3、4层，被四座现代墓打破。开口距地表深0.15米。开口形状不规则。南北为长，东西为宽。南北最长约3.6、东西最宽处2.6、深0.46米。坑壁斜缓，局部较斜陡，坑底较平坦，局部略凹（图六八；图版六，4）。坑内堆积为灰黑土，夹较多烧土、草木灰，质地松散。出土陶片较多，以夹砂为主，少量泥质，陶色有红、灰、黑、黄、褐五种，以灰、黑居多，陶片多素面，少量凹、凸弦纹、附加堆纹、篮纹、镂孔、按窝纹。可辨器形有折沿罐、豆、盆、缸、器盖等。

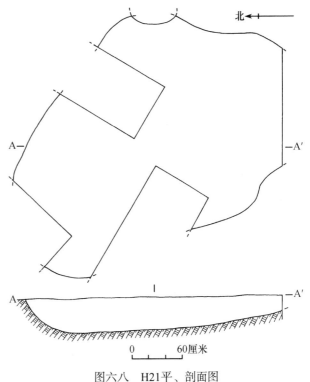

图六八 H21平、剖面图

折沿罐 2件。H21：29，夹砂陶，外红内黑。轮制。宽仰折沿，尖唇，敛口，鼓腹略下垂。素面。口径22.4、残高9.6厘米（图六九，1）。H21：16，夹粗砂陶，外黑内黄。轮制。宽仰折沿，沿面凹成沟沿，尖唇，沿内折棱凸起。素面。口径31.2、残高5.2厘米（图六九，2）。

豆 2件。H21：49，泥质薄胎黑陶。轮制。双折腹，敞口，尖唇，上腹斜直，下腹外弧，细高圈足。口径22.4、高11.6厘米（图六九，3）。H21：51，泥质灰陶。轮制。敛口，内折沿，沿面凹，圆唇，斜弧腹。素面。口径20、残高5.2厘米（图六九，7）。

盆 2件。H21：8，泥质灰陶。轮制。宽仰折沿，尖唇，浅斜腹，大平底。素面。高3.8、口径16、底径12厘米（图六九，6）。H21：40，泥质黑陶。轮制。垂折沿，尖唇，敞口，斜直腹。素面。口径22.4、残高6厘米（图六九，8）。

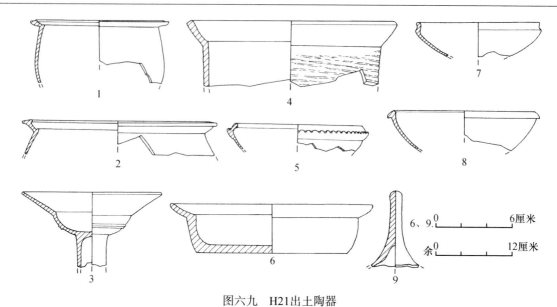

图六九　H21出土陶器

1、2.折沿罐（H21：29、H21：16）　3、7.豆（H21：49、H21：51）　4.缸（H21：32）　5.钵（H21：38）
6、8.盆（H21：8、H21：40）　9.器盖（H21：55）

缸　1件。H21：32，夹砂红陶。轮制。特宽仰折沿，厚圆唇，斜直腹。腹饰宽篮纹。口径32.8、残高10厘米（图六九，4）。

钵　1件。H21：38，夹砂黑陶。轮制。内折沿，尖唇，敛口，沿外侧起凸棱，加饰花边状纹饰。素面。口径20、残高4厘米（图六九，5）。

器盖　1件。H21：56，夹细砂黑陶。手制。柱形钮，钮顶呈乳突状。素面。残高4.8、钮径2.8厘米（图六九，9）。

（四）不明形状

共7个，编号H1、H2、H11、H18、H19、H24、H25。

H11　位于TG1北段。开口于南城垣②下，打破第6层，距地表深1.1米。探沟内部分呈沟状堆积，宽1.6～2米，整体形状不明。坑内堆积为灰黑土，夹杂大量草木灰和炭粒。出土有少量陶片，以泥质灰陶偏多，器形有折沿罐、高领罐、盆、豆圈足、纺轮等。

折沿罐　2件。H11：20，夹粗砂黑陶。轮制。仰折沿，沿面凹，宽凹唇。素面。口径17.6、残高4.4厘米（图七一，1）。H11：23，夹细砂黑陶。轮制。宽仰折沿，尖唇。腹饰宽篮纹。口径16.8、残高4.8厘米（图七一，2）。

高领罐　1件。H11：15，泥质灰陶。轮制。敞口，尖唇，喇叭形弧高领。口径9.6、残高4厘米（图七一，3）。

盆　2件。H11：7，泥质磨光黑陶。尖圆唇，敛口，弧腹。素面。口径30.4、残高4厘米

（图七一，5）。H11：17，泥质黑陶，薄
胎。轮制。平沿，尖唇，沿内折棱凸出，
斜弧腹。素面。口径30.4、残高4厘米（图
七一，6）。

　　豆圈足　1件。H11：10，泥质磨光黑
陶。轮制。下部外撇成台座，足跟微内收。
内壁有瓦楞形弦纹。残高3.8、足径9.2厘米
（图七一，4）。

　　纺轮　1件。H11：1，泥质黑皮陶，红褐
胎。手制。一面平，一面微隆起，折棱边。
素面。厚0.7、直径5、孔径0.4厘米（图七一，
7）。

　　H18　位于WST5404东南角，向东延伸
至东隔梁内，向南延伸至WST5505北隔梁
内。开口于第1层下，打破第3、4层。开口形

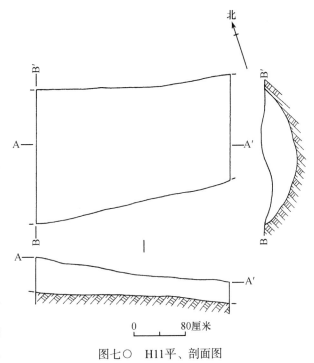

图七〇　H11平、剖面图

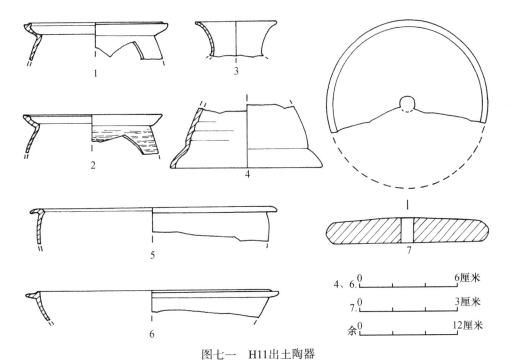

图七一　H11出土陶器

1、2.折沿罐（H11：20、H11：23）　3.高领罐（H11：15）　4.豆圈足（H11：10）
5、6.盆（H11：7、H11：17）　7.纺轮（H11：1）

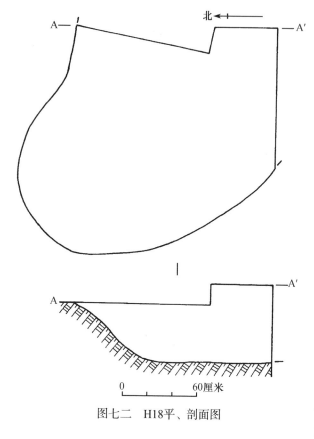

图七二　H18平、剖面图

状不明。坑长2.4、宽1.5、坑内深0.6米。坑壁较斜，底部较平。坑内填土为灰色土，上部夹灰烬较多，并夹有烧土粒。出土陶片以夹砂红、黄陶居多，还有泥质灰、黑陶，纹饰仅见弦纹、附加堆纹，主要器形有罐形鼎、折沿罐、高领罐、豆、盆、器盖、矮圈足杯、器盖、鼎等。（图七二；图版六，2）

罐形鼎　2件。H18：7，夹细砂灰陶。轮制。宽仰折沿，尖唇内弧，鼓腹，圜底，侧装足。素面。通高22.8、口径25.2、腹径28厘米（图七一三，1）。H18：47，夹细砂灰陶。轮制。足拼接，仰折凹沿，尖唇，球形鼓腹，圜底。素面。残高9.6、口径10.4、腹径11.2厘米（图七三，2）。

折沿罐　2件。H18：18，泥质灰陶。宽仰折沿，尖唇，沿面略凹，鼓腹。素面。口径20、残高9.6厘米（图七三，3）。H18：24，夹粗砂灰黄陶。轮制。宽仰折沿，沿面起折棱，厚方唇，鼓腹。素面。口径24.8、残高8.4厘米（图七三，4）。

高领罐　1件。H18：28，泥质黄褐陶，薄胎。轮制。敞口，方唇，矮弧领，溜肩。素面。口径12、残高5.2厘米（图七三，7）。

盆　1件。H18：8，夹粗砂黄陶。轮制。宽仰折沿，沿面饰弦纹，沿内折棱凸出，斜弧腹，平底。中腹附一对鸡冠形耳，腹饰模糊的宽篮纹。复原高22.4、口径36、腹径33.6、底径14.4厘米（图七三，5）

豆　2件。H18：3，泥质黑陶，薄胎。轮制。内折沿，尖唇，斜直腹，高圈足，足跟外撇。圈足饰穿透的戳印纹。高21.2、口径17.6、圈径16厘米（图七三，6）。H18：34，泥质磨光黑陶，薄胎。轮制。内折沿，尖唇，敛口，斜弧腹。中部一道贴弦纹。口径16.8、残高6.4厘米（图七三，9）。

矮圈足杯　1件。H18：44，泥质黑陶，器表磨光。轮制。极矮圈足，足跟微外撇，直腹，平底。素面。残高2.2、足径5.6厘米（图七三，8）。

器盖　2件。H18：4，泥质黑陶。轮制。矮圈钮，钮顶外撇，盖身斜弧腹，翘折沿，尖唇，敞口。素面。盖径13.6、高5厘米（图七三，10）。H18：42，泥质黑陶，薄胎。轮制。矮圈钮外撇，斜直腹，平折沿，尖唇。弦纹。高4.8、钮径4、口径12厘米（图七三，11）。

H24　位于WST5302南部扩方区。开口于第4层下，打破第5层，被H13打破。整体形状不明。最长约2.1、最宽约1.9、坑深0.4～0.5米。坑壁较直，坑底呈坡状，北浅南深，呈倾斜堆

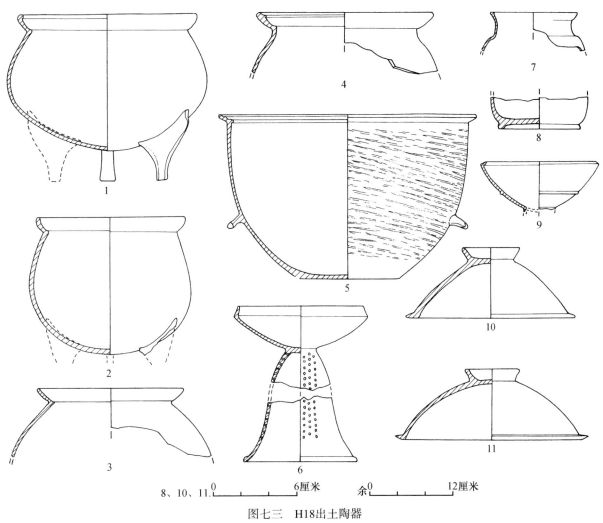

8、10、11. [0 ———— 6厘米] 余[0 ———— 12厘米]

图七三 H18出土陶器

1、2.鼎（H18∶7、H18∶47） 3、4.折沿罐（H18∶18、H18∶24） 5.盆（H18∶8） 6、9.豆（H18∶3、H18∶34）

7.高领罐（H18∶28） 8.矮圈足杯（H18∶44） 10、11.器盖（H18∶4、H18∶42）

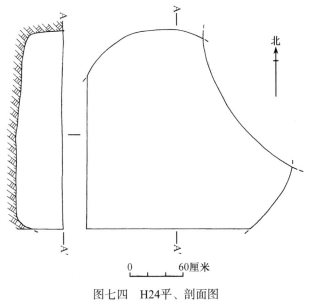

北

0 ———— 60厘米

图七四 H24平、剖面图

积。坑内填土为灰黑色，杂有红烧土和草木灰。出土陶片以夹砂陶为主，其中以夹砂黑陶的数量最多。另有少量的夹砂红陶、夹砂橙黄陶、夹砂褐陶。泥质陶以黑陶数量偏多，其次为灰陶和红陶。纹饰以素面为主，有少量篮纹、红衣彩绘、弦纹、附加堆纹，磨光黑陶的数量明显多于其他遗迹。主要器形有盆形鼎、盆、缸、瓮、豆、高领罐、高圈足杯、器盖等。

　　盆形鼎　2件。H24：7，夹细砂黑陶。轮制。敛口，平凹沿，尖唇。斜弧腹，圜底，侧装足。口沿外侧一周锯齿状纹，残高10.4、口径20.8、腹径19.6厘米（图七五，1）。H24：8，夹粗砂灰陶。轮制。斜弧腹，坦底，侧装足，足面较窄。足面上部饰两个按窝。残高7.2厘米（图七五，2）。

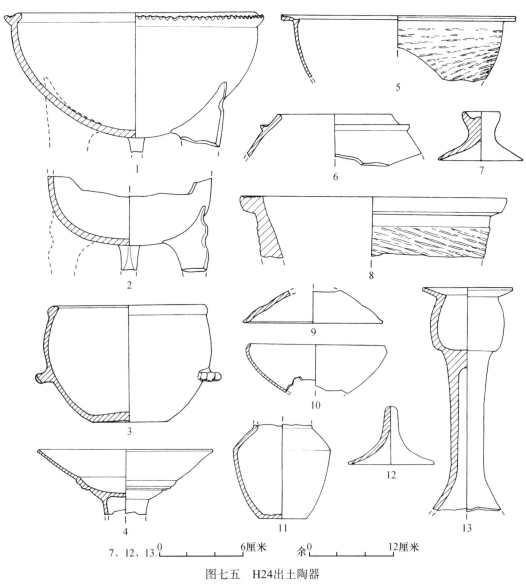

图七五　H24出土陶器

1、2.盆形鼎（H24：7、H24：8）　3、5.盆（H24：4、H24：54）　4、10.豆（H24：69、H24：9）　6.瓮（H24：27）

7、9、12.器盖（H24：24、H24：13、H24：17）　8.缸（H24：60）　11.高领罐（H24：2）　13.高圈足杯（H24：1）

盆 2件。H24：4，夹粗砂黑陶。轮制。敛口，厚圆唇，鼓腹，平底微内凹。腹中部饰一对鸡冠形耳，稀疏的宽篮纹。高16.4、口径23.2、腹径24.4、底径11.2厘米（图七五，3）。H24：54，夹粗砂黑陶。轮制。宽平沿，尖唇略上翘，口微敛，斜弧腹。腹饰宽篮纹。口径33.6、残高9.2厘米（图七五，5）。

豆 2件。H24：69，泥质灰陶，胎较薄。轮制。敞口，方唇，双腹，上腹较斜直，下腹略弧，坦底，细高圈足。下腹饰多道贴弦纹。口径25.6、高9.2厘米（图七五，4）。H24：9，泥质灰陶。轮制。内折沿，尖唇，敛口，斜弧腹。素面。口径20、残高6.8厘米（图七五，10）。

瓮 1件。H24：27，泥质黑陶。轮制。敛口，圆唇，双唇子母口，外唇凸起较高。素面。口径16、残高7.2厘米（图七五，6）。

缸 1件。H24：60，夹粗砂红陶，含砂量多于含土量。轮制。特厚胎，平沿，厚方唇，敞口，束颈，斜直腹。腹饰宽而深的篮纹。口径38.4、残高8.8厘米（图七五，8）。

器盖 3件。H24：24，泥质灰陶。轮制。矮圈钮，中间较细，浅腹盖身，敞口，尖唇。素面。盖径6、钮径2.8、残高3.4厘米（图七五，7）。H24：13，夹粗砂红褐陶。轮制。双腹，较浅，敞口，尖唇，仰折沿。素面。盖径20、残高4.8厘米（图七五，9）；H24：17，泥质红陶。轮制。细长柱形钮，喇叭形浅腹盖身，敞口，尖唇。素面。盖径6、残高4厘米（图七五，12）。

高领罐 1件。H24：2，口沿及领残。泥质灰陶。轮制。溜肩，肩腹转折明显，平底。残高13.4、最大腹径13.6、底径7.2厘米（图七五，11）。

高圈足杯 1件。H24：1，泥质灰陶。轮制。宽仰折沿，尖唇，微鼓腹，平底，细高圈足。残高15.6、口径6.4、腹径5.2厘米（图七五，13）。

三、灰 沟

共2条，编号G1、G2。

G2 位于WST5604，西北至东南走向，西北端在探方外延伸，故未发掘。开口于第6层下，打破第7层及生土层。其东南部被H17打破，中部被F9打破。距地表深0.9～1.09米。平面呈不规则长条形，已揭露部分长4.2、宽0.55～1.1、深0.02～0.36米。东南高，西北低（图七六；图版七，1）。沟内堆积分两层，第1层为灰褐土，夹烧土粒，出土较多陶片，以夹砂陶为主，出土陶器有瓮、罐形鼎、高领罐、盆、缸、臼、纺轮、球等。第2层仅分布于G2西段，红褐土，土质显纯净，夹少量烧土粒。出土陶片较少，多不辨器形。

瓮 1件。G2①：24，泥质黄陶。轮制。折沿，尖唇，敞口，溜肩，鼓肩。素面。口径20、残高17.6、腹径32厘米（图七七，1）。

罐形鼎 1件。G2①：9，夹粗砂黑陶。轮制。仰折沿，尖圆唇，束颈溜肩。沿面及颈部均

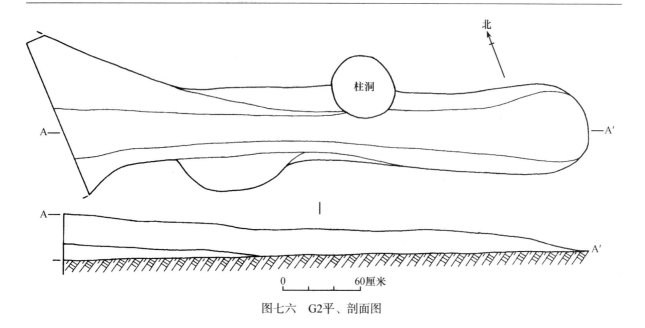

图七六　G2平、剖面图

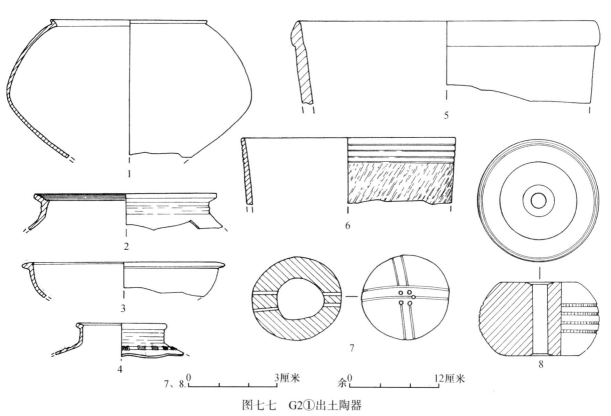

图七七　G2①出土陶器

1.瓮（G2①：24）　2.罐形鼎（G2①：9）　3.盆（G2①：16）　4.高领罐（G2①：28）　5.缸（G2①：26）
6.臼（G2①：17）　7.球（G2①：5）　8.纺轮（G2①：6）

饰凹弦纹。口径24、残高4.8厘米（图七七，2）。

高领罐 1件。G2①：28，夹细砂灰陶。轮制。折沿，厚方唇，沿内起折棱，矮直领，广肩。颈部饰凹弦纹，肩部饰一周绹索按压纹。口径12、残高4厘米（图七七，4）。

盆 1件。G2①：16，夹细砂黑陶。素面。敞口，卷沿，尖唇略下垂，浅斜腹。口径25、残高4厘米（图七七，3）。

缸 1件。G2①：26，夹细砂红陶。轮制。敞口，尖唇，附宽贴沿，斜直腹。素面。口径44、残高10.4厘米（图七七，5）。

臼 1件。G2①：17，夹粗砂红陶。轮制。圆唇，直口，直腹。上腹饰弦纹，下腹饰斜篮纹。口径32、残高8.8厘米（图七七，6）。

球 1件。G2①：5，泥质黄褐陶，局部黑色。手制。空心球体。饰五个一组共四组相对的小镂孔，镂孔穿透，每组之间以刻划纹相连。直径2.8～3厘米（图七七，7）。

纺轮 1件。G2①：6，泥质黑衣灰陶。直径4、孔径0.5、厚2.4厘米（图七七，8）。

四、井

仅发现1个，编号J1。

J1 位于EST2286西南。开口于第6层下，打破第7层。开口形状为圆形，口大底小，坑壁较斜，开口直径0.9、底部直径0.6、井口至井底深1.04米（图七八；图版七，2）。井内堆积与第6层接近，为褐黄色黏土，夹少量灰烬层和烧土粒。出土少量陶片，有泥质灰陶、黑陶等，多较碎小，不辨器形。

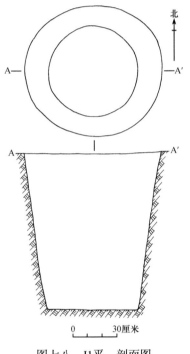

图七八 J1平、剖面图

五、灰土层遗迹

共发现3个，其中灰土层2后来被确认为房址，改编号为F7。

灰土层3 位于EST2086、EST2186、EST2286内。开口在第5B层下，叠压在第6层上。距地表深1.2～1.55米。从已揭露的部分看，平面形状不甚规整，大体呈半岛形（三角形），东西最长7.9、南北最宽约7.85米。整个堆积表面呈波状起伏，厚度在0.1～0.55米（图七九）。土色灰黑，土质较疏松，富含灰烬、炭屑，局部含少量灰黄土。出土遗物较丰富，泥质陶和夹砂陶数量相当，可辨器形有罐形鼎、折沿罐、高领罐、盆、壶、缸、器座、豆座、纺轮等，大多为素面。推测应是房基遭遇火灾后的废弃堆积。

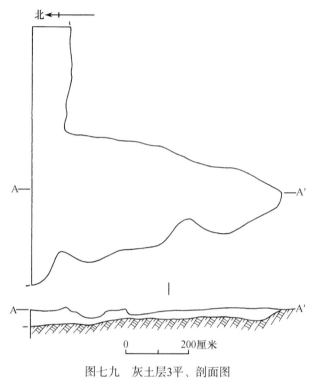

图七九　灰土层3平、剖面图

罐形鼎　1件。灰土层3：2，夹细砂黑陶，足红色。轮制。鼎足拼接，宽仰折沿，尖唇，鼓腹，圜底，倒梯形扁鼎足，足跟平。腹饰两周贴弦纹。通高13.2、口径18.4、腹径17.6厘米（图八〇，1）。

折沿罐　1件。灰土层3：14，夹细砂黑陶。轮制。宽仰折沿，尖唇，沿中部及口沿内起二圈凸棱，鼓腹。素面。口径22.4、残高13.2厘米（图八〇，2）。

高领罐　2件。灰土层3：3，泥质灰陶。轮制。直高领，溜肩，鼓腹，小平底略内凹。肩腹各饰一道贴弦纹。残高24.4、腹径23.2、底径7.2厘米（图八〇，3）。灰土层3：8，泥质灰陶。轮制。敞口，方唇，附贴沿，斜高领，溜肩，鼓腹。肩部饰一道贴弦纹。口径12.8、残高14厘米（图八〇，7）。

壶　1件。灰土层3：10，泥质黄陶，薄胎。轮制。敞口，尖唇，斜高领，广肩。器表满饰黑色方格纹彩绘。残高7、口径9.2厘米（图八〇，6）。

盆　1件。灰土层3：26，泥质灰陶，薄胎。轮制。平沿，厚圆唇略上翘，敛口，鼓腹。素面。残高6.4、口径20厘米（图八〇，5）。

缸　1件。灰土层3：16，夹粗砂红陶。轮制。敞口，方唇，附贴沿，斜直腹。素面。残高9.6、口径41.6厘米（图八〇，4）。

器座　1件。灰土层3：11，残存下部。夹细砂黑陶。底座外撇，外壁起一周凸棱。腰部满饰网格状刻划纹，中部饰一周附加堆纹，并加饰按窝纹。残高11.2、足径24.8厘米（图八〇，9）。

豆座　1件。灰土层3：24，仅存圈足。泥质灰陶。轮制。圜底，喇叭形圈足内弧，足跟外撇成台座，素面。残高6、足径10.4厘米（图八〇，8）。

纺轮　1件。灰土层3：7，泥质灰陶。手制。器形较大，两面平，一面孔周凸出，弧边。素面。厚0.9、直径6.2、孔径0.5厘米（图八〇，10）。

六、烧土层遗迹

共3个，编号烧土遗迹1、烧土遗迹3、烧土遗迹4。

烧土遗迹1　位于WST5603北部、WST5503西部。开口于第3层下，被H23打破，打破第4

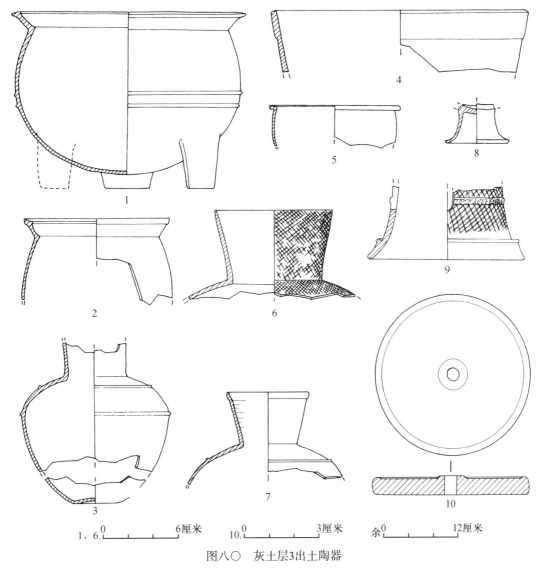

图八〇 灰土层3出土陶器

1. 罐形鼎（灰土层3：2）　2. 折沿罐（灰土层3：14）　3、7. 高领罐（灰土层3：3、灰土层3：8）　4. 缸（灰土层3：16）
5. 盆（灰土层3：26）　6. 壶（灰土层3：10）　8. 豆座（灰土层3：24）　9. 器座（灰土层3：11）　10. 纺轮（灰土层3：7）

层。开口距地表深0.2～0.45米。略呈西北至东南向，平面呈长条形。已揭露部分最长约6.1、最宽1.4、厚0.3～0.5米。堆积以致密的烧土块为主，夹有灰黄色土，较为坚硬。出土少量陶片，夹砂陶占绝大部分，有红陶、灰陶。可辨器形有罐形鼎、瓮、盆、矮圈足杯等，均为素面。

罐形鼎　1件。烧土遗迹1：19，夹粗砂灰陶。轮制。折沿，沿面隆起，圆唇，束

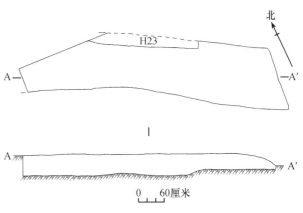

图八一 烧土遗迹1平、剖面图

颈。沿面饰多道凹弦纹。口径22.4、残高5.6厘米（图八二，3）。

　　瓮　2件。烧土遗迹1：1，泥质灰陶。轮制。敛口，厚圆唇，溜肩，鼓腹，平底。素面。高15.2、口径14.4、腹径23.2、底径8.8厘米（图八二，1）。烧土遗迹1：24，夹细砂灰陶。轮制。仰折沿，尖唇，溜肩内弧。素面。口径12、残高6厘米（图八二，2）。

　　盆　烧土遗迹1：22，夹粗砂黄陶。轮制。平沿，尖唇，口微敛，直腹。素面。口径16.4、残高4.8厘米（图二，4）。

　　矮圈足杯　3件。烧土遗迹1：6，夹细砂灰陶。轮制。平沿，尖唇，敞口，斜弧腹，坦底，极矮圈足。下腹饰一道附加堆纹。高5.2、口径10.4、圈足径4.6、足高0.6厘米（图八二，5）。烧土遗迹1：5，泥质薄胎灰陶。轮制。平沿，尖唇，敞口，斜弧腹，坦底，矮圈足外撇。素面。高4、口径8.8、圈足径4.6、足高0.7厘米（图八二，6）。烧土遗迹1：4，夹细砂，薄胎，灰陶。轮制。平沿，尖唇，敞口，斜弧腹，圜底，矮圈足外撇。素面。高6、口径10、足径5.2、足高1.1厘米（图八二，7）。

　　罐底　1件。烧土遗迹1：30，夹细砂灰陶。轮制。浅斜腹，坦底，矮圈足，足跟微内收。素面。残高2.8、底径10厘米（图八二，8）。

　　烧土遗迹3　位于WST5301东南和WST5302西北，呈曲尺形分布，部分在隔梁下，故未发

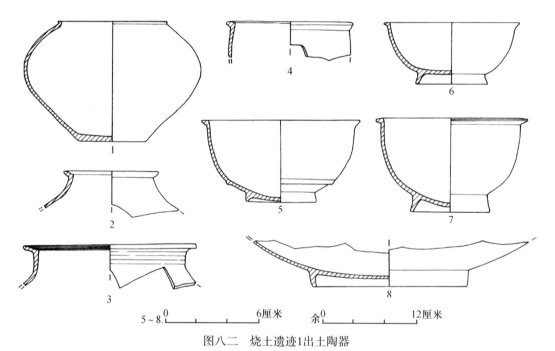

图八二　烧土遗迹1出土陶器

1、2. 瓮（烧土遗迹1：1、烧土遗迹1：24）　3. 罐形鼎（烧土遗迹1：19）　4. 盆（烧土遗迹1：22）

5~7. 矮圈足杯（烧土遗迹1：6、烧土遗迹1：5、烧土遗迹1：4）　8. 罐底（烧土遗迹1：30）

掘。被第4层叠压，打破第5层，南段被H7打破。烧土块大小不一，夹有灰黄色土，较为坚硬致密。厚0.1～0.15米（图八三）。出土少量陶片，可辨器形有鼎、折沿罐、鼎足等。

烧土遗迹4 位于WST5403、WST5404、WST5504、WST5505。被第4层所叠压，打破第5层。西南端被H17打破，东北端被H13打破，中段被H26打破。总体呈西南至东北走向的长条状分布，北宽南窄，中间略有弯折。仅存烧土堆积底部，局部完全缺失。烧土堆积为大小不一的烧土块，较为致密板结，夹少量黄土。残长8、宽0.4～1.2米（图八四）。出土少量陶片，以泥质灰陶、黑陶偏多，另有少量夹砂黑陶、红陶，可辨器形有折沿罐、器座、球等。

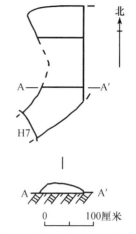

图八三 烧土遗迹3平、剖面图

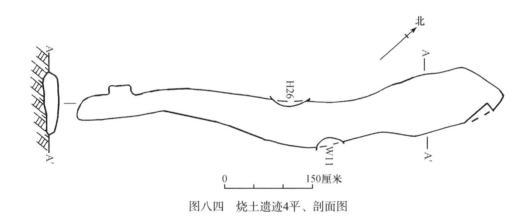

图八四 烧土遗迹4平、剖面图

折沿罐 4件。烧土遗迹4：3，夹粗砂灰陶。轮制。宽仰折沿，方唇，鼓腹。素面。残高12.4、口径20、腹径21.6厘米（图八五，1）。烧土遗迹4：6，夹粗砂黑陶。轮制。宽仰折沿，尖唇微外折，鼓腹。腹饰模糊的宽篮纹。口径21.6、残高6.8厘米（图八五，2）。烧土遗迹4：13，夹粗砂灰陶。轮制。宽仰折沿，尖唇，沿内折棱凸出，溜肩。素面。口径20、残高7.2厘米（图八五，3）。烧土遗迹4：4，夹粗砂灰陶。轮制。宽仰折沿，厚方唇，垂腹。腹饰横篮纹。口径21.6、残高12厘米（图八五，4）。

器座 1件。烧土遗迹4：7，夹粗砂红陶。轮制。深腹内弧，跟部外折再内弧成台座。两圈圆形镂孔，一圈附加堆纹，堆纹加饰链条状按窝纹。残高12.4、底径23.2厘米（图八五，5）。

球 1件。烧土遗迹4：2，泥质灰陶。手制。较规整的球形。器表戳印，略有不平，四个一组排列的圆形小孔和较多道放射状弦纹。直径3.6厘米（图八五，6）。

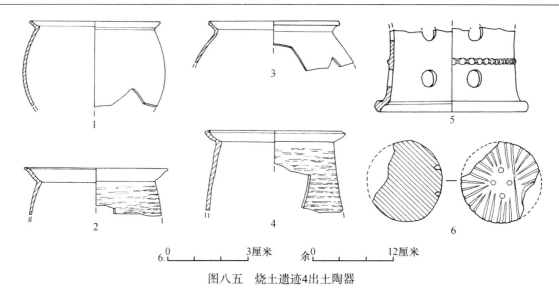

图八五　烧土遗迹4出土陶器

1～4.折沿罐（烧土遗迹4：3、烧土遗迹4：6、烧土遗迹4：13、烧土遗迹4：4）　5.器座（烧土遗迹4：7）　6.球（烧土遗迹4：2）

第四节　墓葬类遗迹

可分为两大类，即土坑墓和瓮棺葬。

一、土　坑　墓

均为长方形竖穴式，只发现于家山遗址（墓地）。共发现26座（图版八）。根据随葬品的有无，可分为有随葬品和无随葬品两大类。

（一）有随葬品

共9座，编号M1、M2、M3、M4、M5、M6、M9、M11、M22。以M1、M3随葬器物最多，其余仅随葬1～3件器物。仅M22可见部分骨架，其余均骨架无存。

M1　位于WST5401南壁靠西部、WST5402北隔梁内。开口于第1层下，打破第3层，并打破瓮棺葬W6。长方形土坑竖穴墓，方向37°。近直壁，缓坡底。墓口距地表深0.1、长1.4、宽0.8米。墓口距墓底深0.2米。墓坑内填土为灰褐色黏土，夹杂少量烧土块。未发现人骨及葬具。出土7件随葬品，其中罐形鼎1件、折沿罐4件、高领罐2件（图八六；彩版一三，1）。

罐形鼎　M1：7，夹细砂薄胎黑陶。轮制。鼓腹，圜底，侧装三角形鼎足。腹饰宽篮纹，下腹饰三道贴弦纹。残高12厘米。出土于M1填土内（图八七，2；彩版二〇，3）。

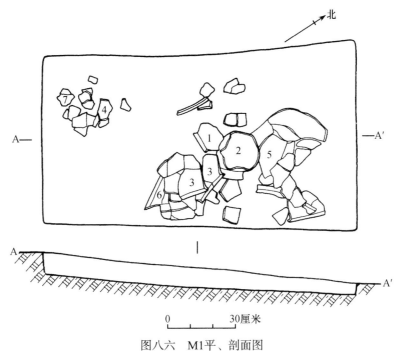

图八六 M1平、剖面图

1、2.陶高领罐 3~6.陶折沿罐 7.陶罐形鼎

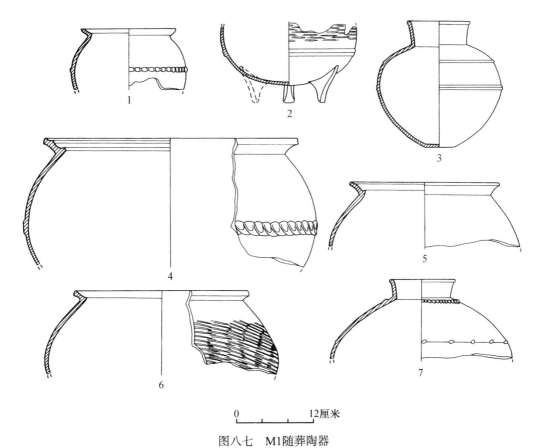

图八七 M1随葬陶器

1、4~6.折沿罐（M1：4、M1：3、MI：5、M1：6） 2.罐形鼎（M1：7） 3、7.高领罐（M1：2、M1：1）

折沿罐 M1:4，夹细砂薄胎黑陶。轮制。宽仰折沿，沿面凹，尖唇，鼓腹。腹中部饰一道附加堆纹，堆纹加饰按窝纹。口径14.8、残高9.6厘米（图八七，1；彩版二〇，2）。M1:3，夹细砂灰陶。轮制。宽仰折沿，沿加厚，沿内折棱凸出，厚圆唇，鼓腹。上腹饰一道附加堆纹，加饰按窝纹。口径39.2、腹径44.8、残高19.6厘米（图八七，4）。M1:5，夹粗砂灰陶。轮制。宽仰折沿，圆唇，沿内折棱凸出，鼓腹，溜肩。口径24、残高10厘米（图八七，5）。M1:6，夹细砂黑陶，口沿灰色。轮制。宽仰折沿，圆唇，沿内侧起折棱，溜肩。饰稀疏的篮纹。口径27.2、腹径36、残高13.2厘米（图八七，6）。

高领罐 M1:2，夹细砂黑陶。轮制。圆唇，敞口，附贴沿，直高领，溜肩，鼓腹，小平底。肩部及腹部饰两周贴弦纹。高19.6、口径10.4、腹径20、底径5.2厘米（图八七，3；彩版二〇，1）。M1:1，泥质薄胎灰陶。轮制。平沿微内斜，方唇，敞口，矮直领，广肩，鼓腹。肩部饰一道附加堆纹，加饰绚索纹，上腹饰一道弦纹，加饰按窝纹。口径10.4、腹径29.6、残高12.4厘米（图八七，7）。

M2 位于WST5502东北部及北隔梁下。开口在第3层下，打破第4层。长方形土坑竖穴墓，方向92°。直壁，平底，北部被H8打破。墓口距地面深0.4、长1.55、宽0.75米。墓底距地面深0.6、长1.55、宽0.75米。墓口至墓底深0.25～0.3米。墓坑内填土为灰褐色黏土。随葬陶器2件，其中1件豆、1件盆形鼎（图八八；图版九，1）。

盆形鼎 M2:2，夹细砂黑皮红陶。轮制。宽仰折沿，沿面凹，厚方唇，口微敛，斜弧

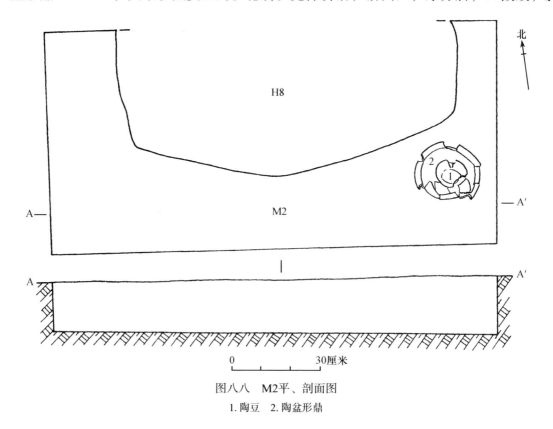

图八八 M2平、剖面图
1. 陶豆 2. 陶盆形鼎

腹，圜底，三角形侧装小矮足。满饰模糊的横篮纹。口径21.6、高11.2厘米（图八九，1）。

豆 M2：1，泥质薄胎黑陶。轮制。内折沿，敛口，尖唇，斜弧腹，圜底，喇叭形高圈足，足跟微外折成台座。圈足满饰圆形镂孔。口径16、通高13.2、足径9.6、足高7.2厘米（图八九，2；彩版二〇，4）。

M3 位于WST5502东部。开口在第3层下，打破第4层。长方形土坑竖穴墓，方向139°。直壁，平底。墓口距地面深0.45、长1.9、宽0.7米。墓口至墓底深0.65米。墓坑内填土为灰褐色黏土。随葬陶器7件，其中1件罐形鼎、2件盆形鼎、3件豆、1件臼（图九〇；图版九，2）。

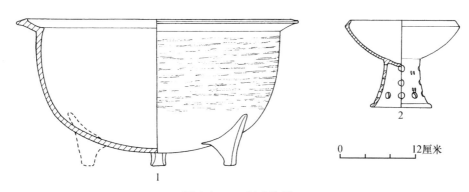

图八九 M2随葬陶器

1. 罐形鼎（M2：1） 2. 豆（M2：2）

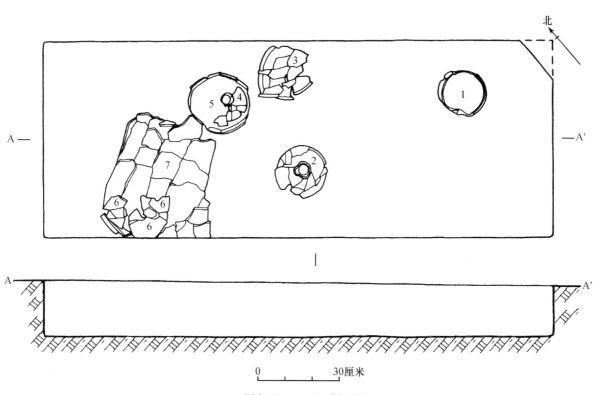

图九〇 M3平、剖面图

1. 陶罐形鼎 2、4、6. 陶豆 3、5. 陶盆形鼎 7. 陶臼

　　罐形鼎　M3：1，夹细砂薄胎灰陶。轮制。宽仰折沿，尖唇，微鼓腹，略下垂，圜底，侧装三角形小矮足，足跟外凸。素面。通高14、口径16.8、最大腹径15.2厘米（图九一，1；彩版二一，1）。

　　盆形鼎　M3：5，夹粗砂外灰内黄陶。宽仰折沿，沿面凹，方唇，口微敛，斜弧腹，坦底，极矮圈足，三角形侧装小矮足。腹饰一道贴弦纹。通高12.4、口径21.6、腹径18.4、底部圈足径4.4厘米（图九一，2；彩版二一，3、4）。M3：3，夹细砂黑皮红胎陶。轮制。宽仰折沿，沿面凹，尖唇，口微敛，近直腹，坦底，侧装三角形小矮足。素面。通高10.6、口径21.2、最大腹径18.8厘米（图九一，3；彩版二一，2）。

　　豆　3件。M3：2，泥质黑陶，薄胎，磨光。轮制。斜弧腹，坦底，高圈足。圈足饰较

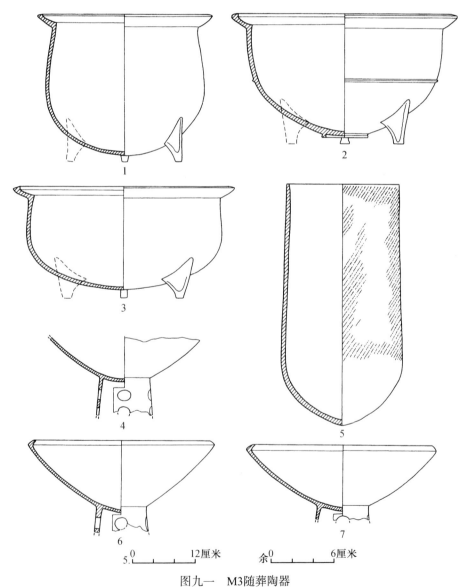

图九一　M3随葬陶器

1. 罐形鼎（M3：1）　　2、3. 盆形鼎（M3：5、M3：3）　　4、6、7. 豆（M3：2、M3：6、M3：4）　　5. 臼（M3：7）

大的圆形镂孔。残高7.4、圈足径4.8～5.4厘米（图九一，4）。M3:6，泥质黑陶。轮制。内折沿，尖唇，敛口，斜弧腹，高圈足，圜底。圈足饰圆形镂孔。残高8.6、口径17.2厘米（图九一，6）。M3:4，泥质薄胎黑陶。轮制。内折沿，尖唇，敛口，斜弧腹，高圈足。圈足饰圆形镂孔。残高7.2、口径17.2厘米（图九一，7）。

臼 M3:7，夹粗砂黄灰陶。轮制。直口，尖唇，深直腹，圜底。腹饰较模糊的细绳纹。通高46、口径21.6厘米（图九一，5；彩版二一，5）。

M4 位于WST5502西北部。开口在第3层下，打破第4层，被H9打破。长方形土坑竖穴墓，方向124°。直壁，平底。墓口距地面深0.5、残长1.2、宽0.8、墓口距墓底深0.75米。墓坑内填土为灰褐土。随葬陶器4件，包括1件瓮、1件罐形鼎、2件臼（图九二；图版九，3）。

罐形鼎 M4:3，夹细砂薄胎黑陶。轮制。圜底，侧装足。素面。腹径16、残高8.4厘米（图九三，1）。

瓮 M4:1，夹细砂红陶，局部黑色。

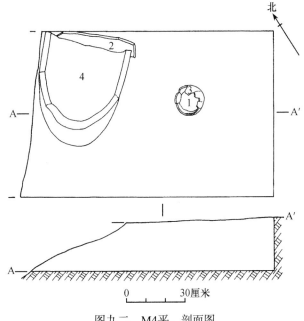

图九二 M4平、剖面图
1.陶瓮 2、4.陶臼 3.陶罐形鼎

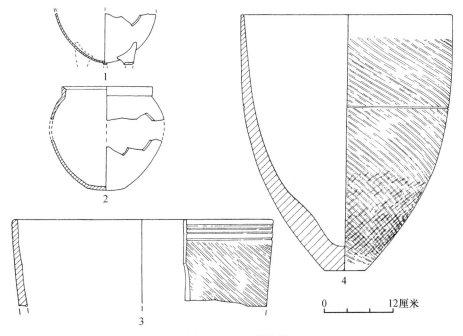

图九三 M4随葬陶器
1.罐形鼎（M4:3） 2.瓮（M4:1） 3、4.臼（M4:2、M4:4）

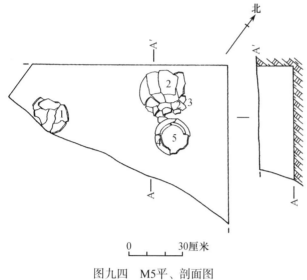

图九四 M5平、剖面图

1、2.陶罐底 3.陶纺轮 4.陶罐形鼎 5.陶豆

轮制。折沿，鼓腹，小平底。颈部饰一道凹弦纹。口径15.2、复原高17.2厘米（图九三，2）。

臼 M4：2，夹粗砂黄陶。轮制。平沿，敞口，深直腹。沿面及上腹均饰凹弦纹。残高14.4、口径44厘米（图九三，3）。M4：4，夹粗砂红陶。轮制。直口，尖唇，直腹，下腹斜收，小平底较厚。满饰宽而深的篮纹。高42.4、口径36、底径7.2厘米（图九三，4）。

M5 位于WST5501西南部。开口于第3层下，打破第4层，被H9打破。长方形土坑竖穴墓，方向56°。直壁，平底。墓口距地面深0.45、残长1.5、残宽0.85米。墓口距墓底深0.2米。墓坑内填土为灰褐土。葬具不清。随葬陶器5件，包括1件罐形鼎、2件罐（仅存底部）、1件豆、1件纺轮（图九四；图版九，4）。

罐形鼎 M5：4，夹粗砂黑陶。轮制。宽仰折沿，方唇，口微敛，鼓腹下垂，圜底，三角形侧装小矮足。口径17.6、高16、腹径18.4厘米（图九五，1；彩版二二，1）。

豆 M5：5，泥质薄胎黑陶。轮制。敛口，尖唇，内弧沿，斜直腹，圜底，高圈足。腹饰贴弦纹，圈足饰圆形镂孔。口径16、残高8厘米（图九五，2；彩版二二，2）。

纺轮 M5：3，泥质红陶，一面黑色。手制。算珠形，两面平，弧边，孔径两端略大。素

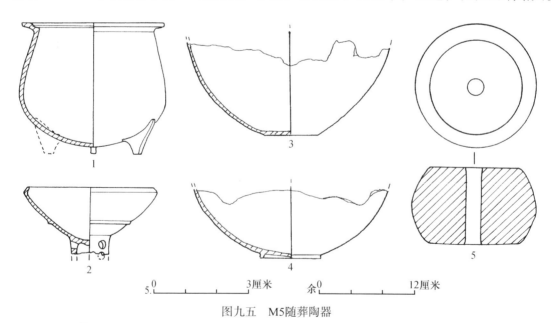

图九五 M5随葬陶器

1.罐形鼎（M5：4） 2.豆（M5：5） 3、4.罐底（M5：2、M5：1） 5.纺轮（M5：3）

面。厚2.3、直径3.8、孔径0.5厘米（被M5：2罐底所压）（图九五，5）。

罐底　M5：1，夹细砂薄胎黑陶。轮制。坦底，极矮圈足。素面。底径8、残高9.2厘米（图九五，3）。M5：2，夹细砂薄胎黑陶。轮制。下腹斜收，小平底。腹饰较模糊的篮纹。残高13.2、底径7.2厘米（图九五，4）。

M6　位于WST5501东部。开口在第3层下，打破第4层，被打扰坑打破。长方形土坑竖穴墓，方向7°。直壁，平底。墓口距地面深0.5、已发掘部分长0.65、宽0.85米。墓底距地面深0.75、长0.7、宽0.85米。墓口距墓底深0.25米。墓坑内填土为灰褐土。葬具不清。随葬陶器2件，包括1件盆形鼎和1件折沿罐（图九六；图版一○，1）。

盆形鼎　M6：1，夹粗砂黑陶。轮制。平沿，沿面凹，尖圆唇，敞口，斜弧腹，平底，极矮圈足，侧装足。素面。口径18.4、残高9.6厘米（图一○○，1；彩版二二，3）。

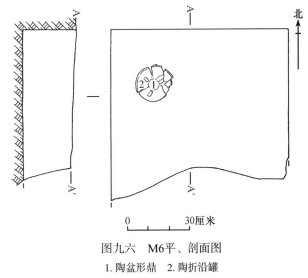

图九六　M6平、剖面图
1. 陶盆形鼎　2. 陶折沿罐

折沿罐　M6：2，夹粗砂红褐陶。轮制。沟沿，敛口，尖唇，深鼓腹下垂，平底，极矮小圈足。素面。口径9.6、高14.4、腹径16.8、底径5.6厘米（图一○○，3；彩版二二，4）。

M9　位于WST5501北部及方外。开口于第2A层下，打破第4层。长方形土坑竖穴墓，方向135°。直壁，平底。墓口距地面深0.33、残长0.7、宽0.7米。墓底距地面深0.53、长0.7、宽0.7米。墓口距墓底深0.2米墓坑内填土为灰褐土。葬具不清。随葬陶器仅1件罐形鼎（图九七；图版一○，3）。

罐形鼎　M9：1，夹粗砂黑陶。轮制。宽仰折沿，沿面中部起折棱尖唇，鼓腹下垂，圜底，侧装足。素面。口径17.6、残高16、腹径20厘米（图一○○，5）。

M11　位于WST5501西壁及方外。开口于第3层下，打破第4层。长方形土坑竖穴墓，方向114°。直壁，平底。墓口距地面深0.3、已发掘部分长0.56、宽0.75米。墓底距地面深0.45~0.5、长0.16~0.56、宽0.75米。墓口距墓底深0.15米。墓坑内填土为灰褐土。葬具不清。随葬陶器为2件豆（图九八；图版一○，4）。

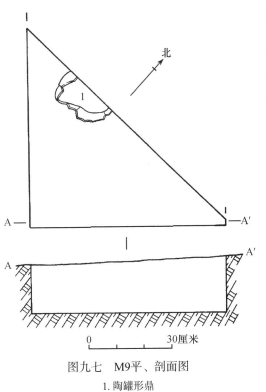

图九七　M9平、剖面图
1. 陶罐形鼎

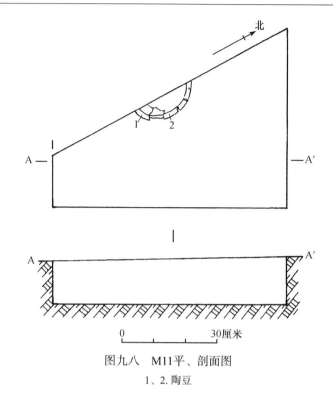

图九八　M11平、剖面图

1、2.陶豆

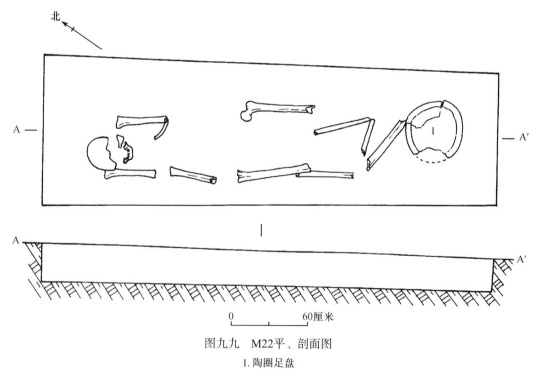

图九九　M22平、剖面图

1.陶圈足盘

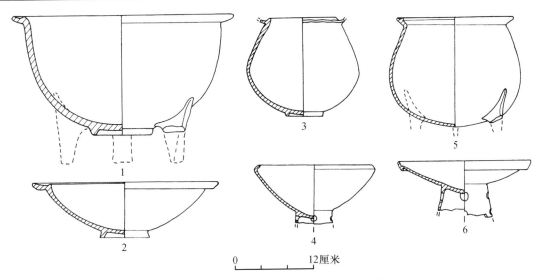

图一〇〇　M6、M9、M11、M22随葬陶器

1. 盆形鼎（M6∶1）　2. 圈足盘（M22∶1）　3. 折沿罐（M6∶2）　4、6. 豆（M11∶1、M11∶2）　5. 罐形鼎（M9∶1）

豆　M11∶1，泥质黑陶。轮制。内折沿，尖唇，敛口，斜直腹，圜底，高圈足较细。圈足饰圆形镂孔。口径18.4、残高8.4厘米（图一〇〇，4；彩版二二，5）。M11∶2，泥质黑陶，磨光。轮制。仰折沿，尖唇，沿外向下起凸棱，浅斜腹，圜底，高圈足。圈足饰圆形镂孔。口径20、残高8.4厘米（图一〇〇，6；彩版二二，6）。

M22　位于WST5403中部。开口于第4层下，打破第5层。开口形状为长方形，直壁，平底。墓口距地表深0.35、长3.2、宽0.64～0.74米。墓口距墓底深0.35米。人骨保存较差，头向东北，方向46°。仰身直肢葬。经鉴定骨骼为男性，年龄约30岁。随葬陶器1件，为圈足盘，位于脚端，正立放置（图九九；彩版一三，2）。

圈足盘　M22∶1，夹细砂灰陶。轮制。矮圈钮，浅斜弧腹，特宽厚折沿，厚圆唇。素面。通高8、口径27.6、足径7.2、足高1厘米（图一〇〇，2）。

（二）无随葬品

共17座，编号M7、M10、M12、M13、M14、M16、M17、M18、M19、M20、M21、M23、M24、M25、M26、M27、M28。大多分布在瓮棺葬区的两侧，墓坑大多数为东北至西南向，头向一般朝向东北。仅部分骨架保存较好，其余均残缺。

M7　位于WST5502西南部。开口在第3层下，打破第4层。长方形土坑竖穴墓，方向32°。直壁，平底。墓口距地面深0.4、长1.7、宽0.75米。墓底距地面深0.7、长1.7、宽0.75米。墓口至墓底深0.3米。墓坑内填土为灰褐土，葬具不清，未见随葬品（图一〇一；图版一〇，2）。

M10　位于WST5502南部及方外。开口在第3层下，打破第4、5层。长方形土坑竖穴墓，方向10°。直壁，平底。墓口距地面深0.45、长1.8、宽1.1米。墓底距地面深0.85、长1.8、宽0.65米。墓口至墓底深0.4米。墓坑内填土为灰褐土。葬具不清。未见随葬品（图一○二；图版一一，1）。

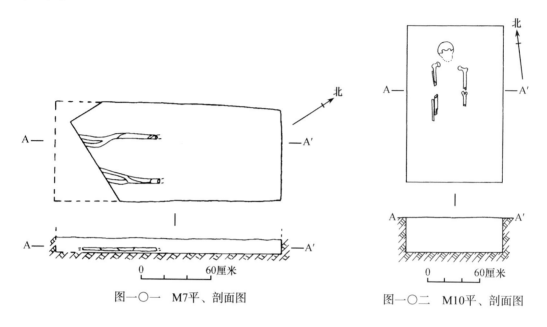

图一○一　M7平、剖面图　　　　　　　　图一○二　M10平、剖面图

M12　位于WST5502北部及隔梁下。开口于第3层下，打破第4层，被H8、M2打破。长方形土坑竖穴墓，方向28°。直壁，平底。墓口距地面深0.28、长1.8、宽0.6米。墓底距地面深0.9、长1.8、宽0.6米。墓口至墓底深0.3米。墓坑内填土为灰褐土。葬具不清。未见随葬品（图一○三）。

M13　位于WST5501东南部及方外。开口于第5层下，打破第6层。长方形土坑竖穴墓，方向21°。直壁，平底。墓口距地面深0.85、长1.6、宽0.65米。墓口至墓底深0.2米。墓底距地面深1.05、长1.6、宽0.65米。墓坑内填土为灰褐夹烧土粒。葬具不清。未见随葬品（图一○四）。

M14　位于WST5501南壁及WST5502内。开口于第5层下，打破第6层。长方形土坑竖穴墓，方向28°。平底，直壁。墓口距地面深0.9、长1.75、宽0.6米。墓底距地面深1.1、长1.8、宽0.6米。墓口至墓底深0.3米。墓坑内填土为灰褐夹烧土粒。葬具不清。未见随葬品（图一○五）。

M16　位于WST5502西南部。开口于第4层下，打破第5层。平面形状呈长条线土坑竖穴墓，方向32°。平底，直壁，北浅南略深。墓口距地面深0.7、长1.75、宽0.5～0.6米。墓底距地面深0.9、长1.75、宽0.5～0.6米。墓口至墓底深0.2米。墓坑内填土为黄褐土夹零星烧土粒。葬具不清。人骨架保存较好，轮廓较为清晰，经鉴定，为成年男性。未见随葬品（图一○六；图版一一，2）。

M17　位于WST5503东部及东隔梁下。开口于第4层下，打破第5层，被现代墓打破。平面

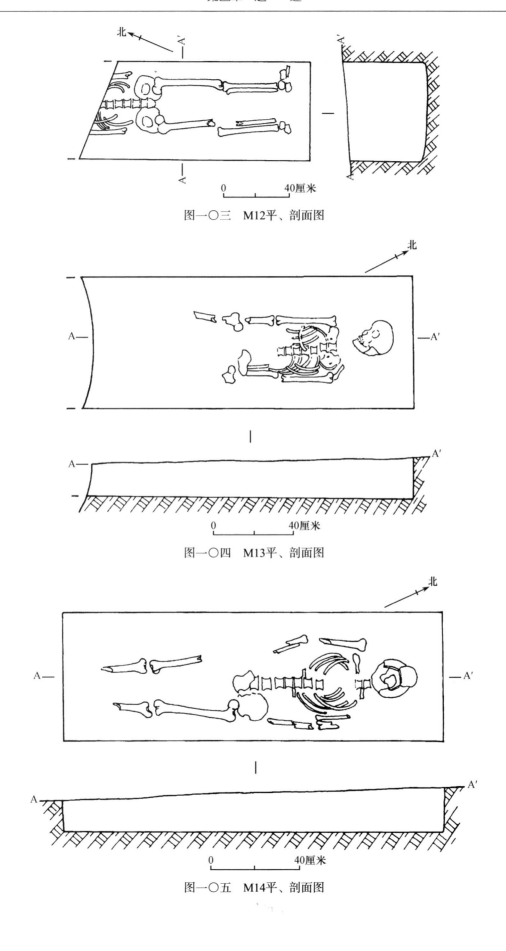

图一〇三 M12平、剖面图

图一〇四 M13平、剖面图

图一〇五 M14平、剖面图

形状呈长条形土坑竖穴墓，方向32°直壁，平底，北高南低。墓口距地面深0.4～0.5、长2、宽0.5～0.6米。墓底距地面深0.6～0.7、长2、宽0.5～0.6米。墓口至墓底深0.2米。墓坑内填土为灰褐夹零星烧土粒。葬具不清。未见随葬品（图一〇七；图版一一，3）。

　　M18　位于WST5404。开口于第4层下，打破第5层，并打破M25。长方形土坑竖穴墓。头向东北，方向29°。墓口距地面深0.8、长2.05、宽0.6米。墓口至墓底深0.15～0.25米。仰身直肢，骨架保存较差，扰动比较严重，存头骨、肢骨及部分肋骨，下颌骨与头骨分离，墓坑中部骨骼风化呈粉末状。经对头骨鉴定，为成年男性的可能性较大，年龄约30岁。未发现葬具和随葬品（图一〇八；图版一一，4）。

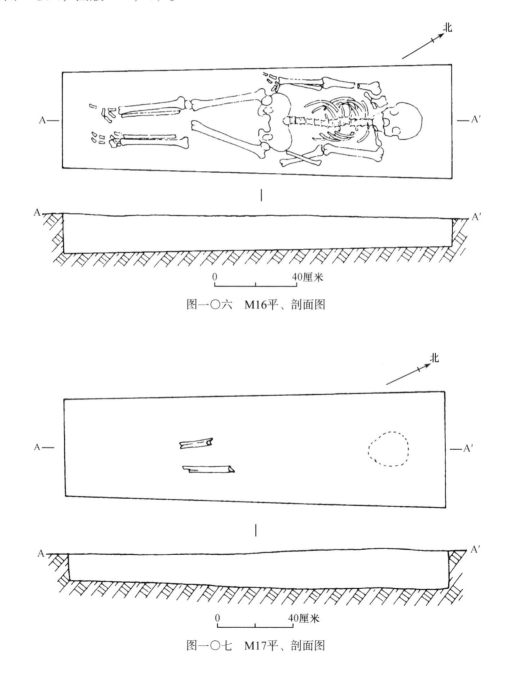

图一〇六　M16平、剖面图

图一〇七　M17平、剖面图

M19 位于WST5404东部。开口于第4层下，打破第5层。开口形状为长方形，竖穴土坑墓，近直壁，坑底较平。方向23°。墓口距地表深0.8、已发掘部分残长1.7、宽0.52米、墓口至墓底深0.15米。墓坑内填土为黄土夹烧土粒。人骨保存较差，头、脚均残，上肢骨有扰乱现象。根据下肢骨长度鉴定为成年男性的可能性较大。未发现葬具和随葬品（图一○九；图版一二，1）。

M20 位于WST5503东北部。开口于第4层下，打破第5层。土坑竖穴墓，近直壁，平底。墓口距地表深0.4~0.5、长1.95、宽0.5米。墓底长1.92、宽0.47米。墓口至墓底深0.16~0.25米。仰身直肢葬，头向东北，方向37°。人骨保存较差，头骨仅存下颌部分，下肢骨有扰动。经鉴定为成年女性的可能性较大，年龄25~30岁。未发现随葬品（图一一○；图版一二，2）。

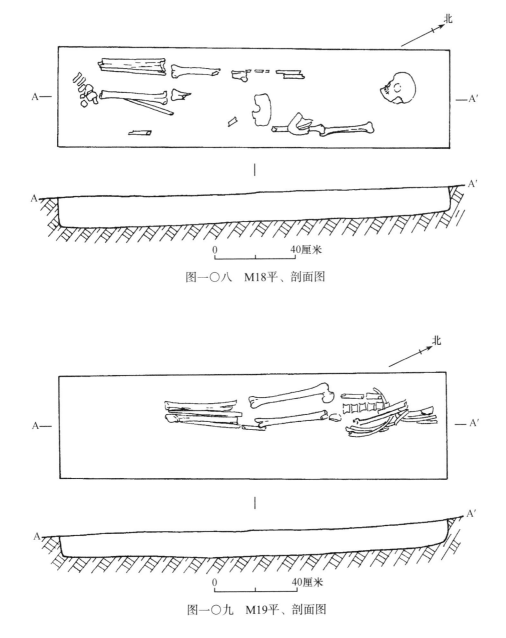

图一○八 M18平、剖面图

图一○九 M19平、剖面图

M21 位于WST5501西南部。开口于第5层下，打破第6层。长方形土坑竖穴墓，直壁平底。墓口距地面深1.05～1.15、长1.75、宽0.6米。墓口至墓底深0.15～0.25米，墓坑内填土为黄土夹烧土粒。未发现葬具和随葬品。人骨架保存较好，形态完整，仰身直肢葬，头向东北，方向37°。经鉴定为成年男性。未发现葬具和随葬品（图一一一；图版一二，3）。

M23 位于WST5403西南角。开口于第4层下，打破第5层。开口形状为长方形土坑竖穴墓，直壁平底。墓口距地表深0.7、长1.86、宽0.46米。墓口至墓底深0.2米。墓坑填土为黄土夹

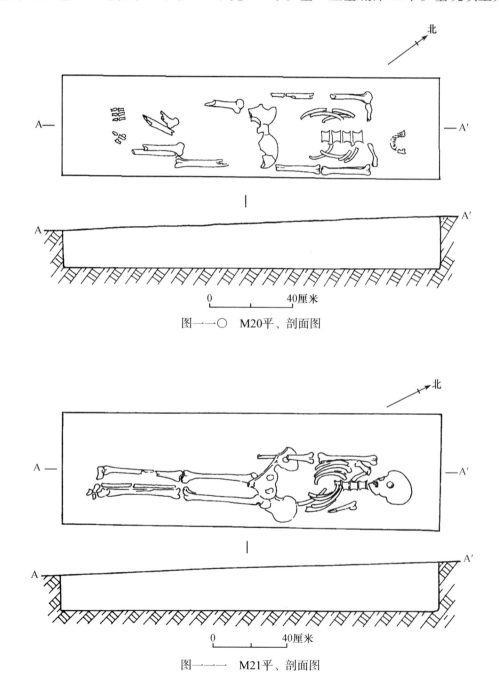

图一一〇 M20平、剖面图

图一一一 M21平、剖面图

烧土粒。骨骼保存较差，仅存部分肢骨及肋骨，仰身直肢葬，头向东北，方向37°。未发现葬具和随葬品（图一一二；图版一二，4）。

M24 位于WST5503中部。开口于第6层下，打破生土层。长方形土坑竖穴墓，斜壁，平底。墓口距地表深0.7～1、长2.02、宽0.7米。墓底长1.96、宽0.64米。墓口至墓底深0.22米。墓坑填土为灰黄土。人骨保存较差，面向朝东，方向38°。未发现葬具和随葬品（图一一三；彩版一七，2；图版一三，1）。

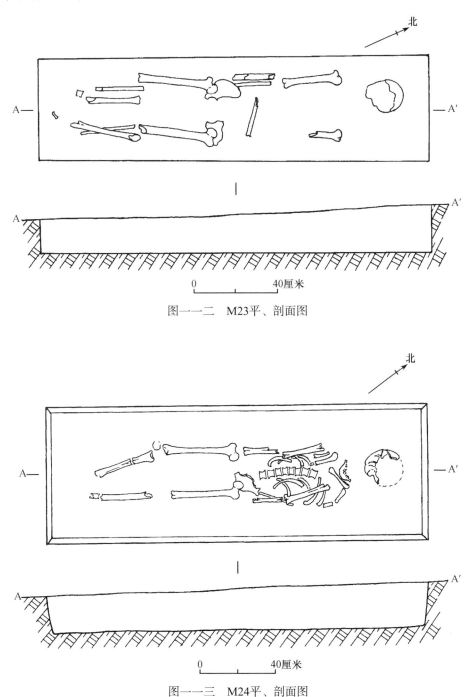

图一一二 M23平、剖面图

图一一三 M24平、剖面图

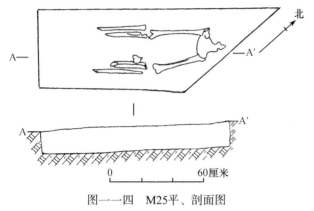

图一一四　M25平、剖面图

M25　位于WST5404北部，部分在方外未发掘。开口于第5层下，打破生土层。开口形状为长方形，竖穴土坑墓，方向42°。直壁平底。墓口距地表深1.1、长1.64、宽0.52米。墓口至墓底深0.15米。墓坑内填土为灰黄土。仰身直肢葬，骨骼保存较差，未发现葬具和随葬品（图一一四；图版一三，2）。

M26　位于WST5502东北角。开口于第5层下，打破第6层和生土层。开口形状为长方形，直壁，坡状底。墓口距地表深0.85、长1.75、宽0.5米。墓口至墓底深0.15米。仰身直肢葬，面朝上，骨骼保存较差，扰动严重，头向东北，方向38°，经鉴定为成年男性。未发现葬具和随葬品（图一一五；彩版一七，2；图版一三，3）。

M27　位于WST5403北壁中部及WST5402南壁中部。开口于第4层下，打破第5层，并打破M28。开口形状为长方形竖穴土坑墓，直壁平底。墓口距地表深1.05～1.2、长1.7、宽0.46米。墓口至墓底深0.1米。墓坑内填土为黄土。方向46°。骨骼保存较差，仅存少量肢骨及肋骨。未发现葬具和随葬品（图一一六；图版一三，4）。

M28　位于WST5403北壁中部及WST5402南壁中部。开口于第4层下，打破第5层，被M27打破。开口形状为长方形竖穴土坑墓，直壁平底。开口距地表深1.05～1.2、长1.75、宽0.54米。墓口至墓底深0.1米。墓坑内填土为黄土夹烧土粒。人骨保存较差，仅存几段肢骨，头骨仅见印痕，方向37°。未发现随葬品和葬具（图一一七；图版一三，4）。

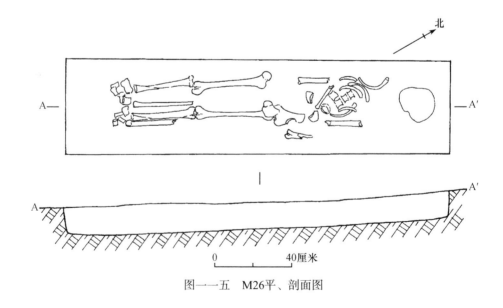

图一一五　M26平、剖面图

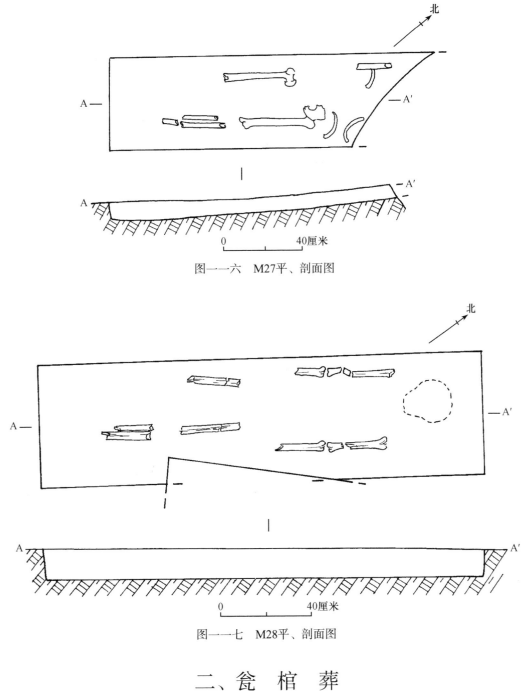

图一一六 M27平、剖面图

图一一七 M28平、剖面图

二、瓮 棺 葬

共发现新石器时代瓮棺葬48座。其中4座W1、W2、W7、W9位于城内东南部居住区，其余44座均发现于家山遗址（墓地），大致可分为两个相对集中的区域（彩版一四）。分布比较密集，整体呈东北至西南的狭长分布（彩版一五）。瓮棺葬之间存在复杂的叠压打破关系，证明延续使用的时间相当长。根据葬具之间的组合情况，可分为以下三类。

（一）A类

两臼（部分为缸）对扣。一般为两个陶臼侧放于坑内，两口相对，连接处一般覆盖有陶片，共22座。编号W10、W11、W12、W16、W24、W26、W27、W28、W30、W31、W32、W33、W35、W37、W38、W40、W43、W46、W47、W48、W49、W50（原M8）。

W10　位于WST5404中部。开口于第1层下，打破烧土遗迹4和第4层。开口平面形状为椭圆形，东北至西南向。斜壁，底部锅底形。开口距地表深0.45、长径0.96、短径0.67、深0.18米。葬具为两陶臼对扣侧置于坑内，方向10°。其中一臼为上部。两臼连接处放置一排陶折沿罐口沿。未发现随葬品和骨骼（图一一八；图版一四，1）。

W10：1，陶臼。夹粗砂，胎质特厚，红色，陶质差，火候低。手制。底部泥片分层贴筑。敞口，厚圆唇，深斜腹。满饰宽篮纹。残高27.2、口径36厘米（图一二〇，3）。W10：2，陶臼。夹粗砂红陶。手制。有慢轮修整痕迹，厚圆唇，口微敛，深腹微鼓，尖底。饰宽而深的横篮纹。通高45.2、口径37.6、腹径39.2厘米（图一二〇，2）。W10：3，陶折沿罐。夹粗砂，褐黑色。轮制。宽仰折沿，尖圆唇。素面。残高3.6、口径32厘米（图一二〇，4）。

W11　位于WST5504方内及北隔梁。开口在第1层下，打破第4层，被H21打破。平面呈椭圆形，土坑竖穴墓，弧壁，下部内收，平底。墓口距地面深0.25～0.35、长径0.84、短径0.5米。墓口至墓底深0.25、长径0.6、短径0.38米。墓坑内填土为灰褐色夹零星烧土粒。葬具为两口对扣的陶臼，横置，方向31°（图一一九；彩版一六，1）。陶臼内清理出1件随葬品陶纺轮。

W11：1，陶臼。红陶，夹粗砂器表见粗砂颗粒，陶色纯正。手制，慢轮修整。直口，尖唇，深直腹，下腹至底斜收，尖底。饰宽而深的横篮纹。通高37.6、口径34.4、腹径35.2厘米（图一二〇，5；彩版二三，1；图版五八，3）。W11：2，陶臼。夹粗砂红陶，纯正。手制，慢轮修整。直口，方唇，深腹微鼓，下腹至底斜收，尖底。残高34.8、口径31.2、腹径32.8厘米（图一二〇，1；彩版二三，2；图版五八，4）。另外还出土1件纺轮。

W12　位于WST5504东北角。开口于第1层下，打破第4层。平面呈椭圆形，土坑竖穴墓，弧壁，下端内收，底微平。墓口距地面深0.2、长径0.75、短径0.5米。墓底距地面深0.48、长径0.65、短径0.45米，坑深0.28米。坑内填土为灰褐色夹少量烧土粒。葬具为两件陶臼对扣侧置于坑内，方向42°（图一二一；彩版一六，2）。葬具内发现少量人骨架，经鉴定，年龄0～1岁。未见随葬品。

W12：1，陶臼。夹粗砂红褐色陶。手制。器形厚重，直口，尖唇，深腹，上部较直，下腹特厚，斜收，尖底。满饰宽篮纹。通高42、口径32.8、腹径33.6厘米（图一二三，3；彩版二三，3）。W12：2，陶臼。夹粗砂红陶。手制，慢轮修整。敞口，尖唇，深斜腹，小尖

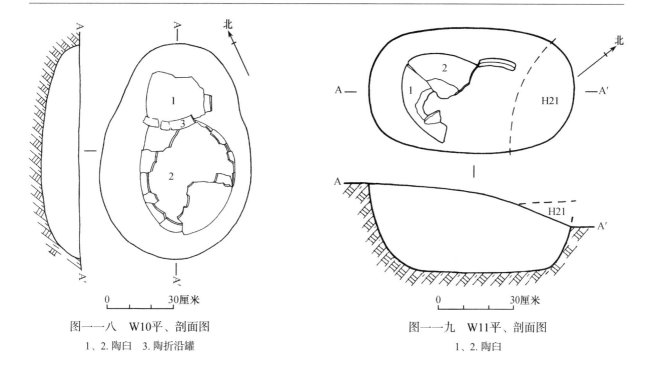

图一一八　W10平、剖面图

1、2. 陶臼　3. 陶折沿罐

图一一九　W11平、剖面图

1、2. 陶臼

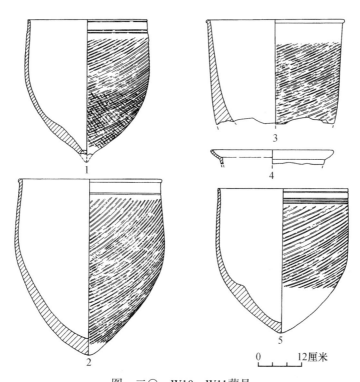

图一二〇　W10、W11葬具

1~3、5. 臼（W11:2、W10:2、W10:1、W11:1）　4. 折沿罐（W10:3）

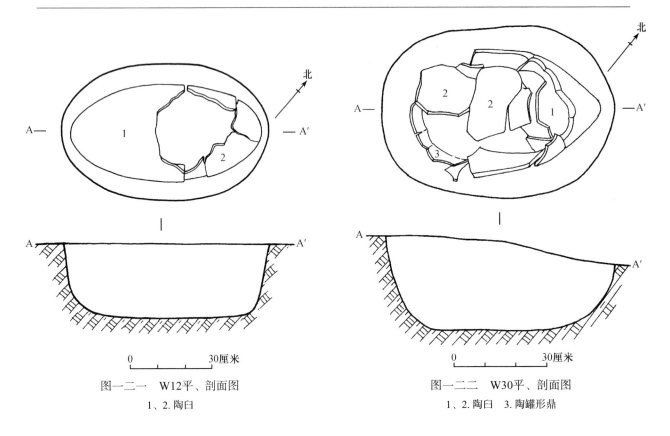

图一二一　W12平、剖面图
1、2. 陶臼

图一二二　W30平、剖面图
1、2. 陶臼　3. 陶罐形鼎

底特厚。满饰横篮纹，上腹饰多道凹弦纹。通高39.6、口径30.4厘米（图一二二，4；彩版二三，4）。

　　W30　位于WST5503东南部及WST5603。开口在第4层下，打破第5层。平面呈椭圆形，弧壁，下端内收，平底。墓口距地面深0.15～0.3、长径0.75、短径0.54米。墓底距地面深0.45～0.6、长0.55、宽0.43米。墓口至墓底深0.3米。坑内填土为灰褐土，夹少量烧土粒。葬具为两口对扣的陶臼侧置，方向53°，另有一陶罐形鼎残片（图一二二；图版一四，2）。葬具内发现少量人骨架，经鉴定，年龄0～1岁。

　　W30：1，陶臼。夹粗砂厚胎红陶。轮制。直口，方唇，斜弧腹，厚底，尖底。满饰篮纹，口沿下及上腹各一道弦纹。通高38.2、口径35.2厘米（图一二三，1；彩版二四，1）。W30：2，陶臼。夹粗砂红陶。轮制。直口，尖唇，斜弧腹，尖厚底，底特厚。满饰宽而深的篮纹。复原高47.2、口径32、腹径32.8厘米（图一二三，2；彩版二四，2）。W30：3，陶罐形鼎。夹细砂薄胎黑陶。轮制。折沿，尖唇外折，沿面饰多道凹弦纹，鼓腹下垂，侧装足。弦纹。复原残高20、口径21.6、腹径28厘米（图一二三，5）。

　　W31　位于WST5503东隔梁南端。开口在第4层下，打破第5层。平面呈椭圆形，弧壁，下端内收，底微平。墓口距地面深0.5、长径0.9、短径0.54、坑深0.3米。墓底距地面深0.8、长径0.75、短径0.43米。坑内填土为灰褐夹少量烧土粒。葬具为两件对扣的陶臼，侧置，破坏严重，仅存少量陶臼片，方向37°。两臼交接处发现覆盖于口沿的陶片，其中1件为陶罐底，1件

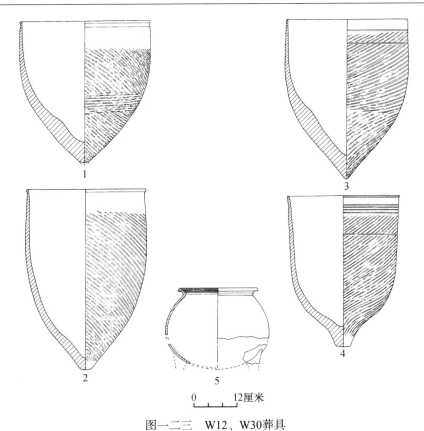

图一二三 W12、W30葬具

1~4.臼（W30：1、W30：2、W12：1、W12：2） 5.罐形鼎（W30：3）

为陶器盖（图一二四；图版一四，3）。未见随葬品。

W31：1，陶臼。夹粗砂厚胎红陶。轮制，慢轮修整。直口，尖唇，上腹较直，下腹斜收，尖底。满饰宽而深的篮纹，上部及中部有凹弦纹。高38.8、口径33.6、腹径34.8厘米（图一二六，2；彩版二四，3）。W31：2，陶臼，夹粗砂厚胎红陶。轮制。直口，方唇，上腹直，下腹为斜弧腹，尖底，穿孔。上部多道弦纹，弦纹下饰宽而深的篮纹，中部一道凹弦纹。高36、口径34.4、最大腹径36厘米（图一二六，4；彩版二四，4）。W31：3，陶罐底。夹细砂薄胎黑陶。轮制。斜弧腹，小圈足底。残高13.2、圈足径8.8厘米（图一二六，6）。W31：4，陶器盖，夹细砂薄胎黑陶。轮制。矮圈足，中部穿孔。素面。残高3、钮径6厘米（图一二六，3）。

W32 位于WST5403西壁靠南部。开口于第4层下，打破第5层。平面呈椭圆形，斜壁内敛，平底。墓口距地面深0.6、长径0.9、短径0.65米、坑深0.1米。墓底距地面深0.7、长径0.7、短径0.6米。坑内填土为灰黄土、夹烧土。葬具为两件对扣的陶臼侧置于坑内，方向40°（图一二四；彩版一六，4）。葬具内发现少量人骨等，经鉴定，年龄0~1岁。未见随葬品。

W32：1，陶臼。夹粗砂红陶。轮制。圆唇，口沿微敞，上腹直，下腹斜收。上部饰四道凹

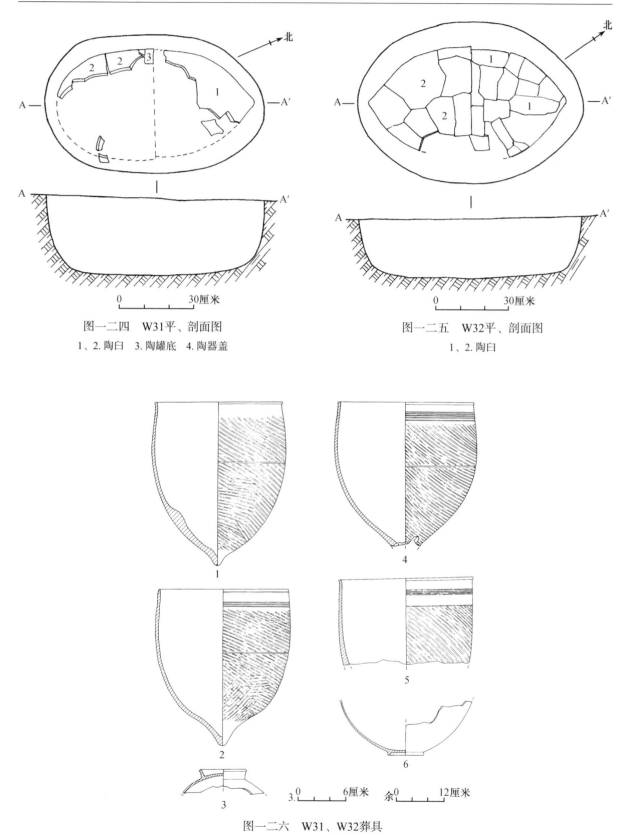

图一二四　　W31平、剖面图

1、2.陶臼　3.陶罐底　4.陶器盖

图一二五　　W32平、剖面图

1、2.陶臼

图一二六　　W31、W32葬具

1、2、4、5.臼（W32：2、W31：1、W31：2、W32：1）　3.器盖（W31：4）　6.罐底（W31：3）

弦纹，弦纹下为宽而深的篮纹。残高21.6、口径33.6厘米（图一二五，5）。W32：2，陶臼。夹粗砂黄陶，纯正，断而可见石英颗粒。手制。直口，尖唇，直腹，尖底斜收。满饰宽篮纹。残高38、口径32.8、腹径34.4厘米（图一二五，1）。

W33　位于WST5504关键柱下。开口于第3层下，打破第4层。平面呈椭圆形，土坑竖穴墓，弧壁内收，平底。墓口距地面深0.3、长径0.8、短径0.52米。坑深0.3米。墓底距地面深0.6、长径0.6、短径0.44米。坑内填土为灰褐土，夹烧土粒。葬具为两口对扣的陶臼，侧置，其上覆盖一陶折沿罐残片封口，方向40°。未发现随葬品（图一二六，图版一四，4）。

W33：1，陶臼。夹砂厚胎红陶。断面以粗砂为主，手制。直口，方唇，直腹，底斜收，

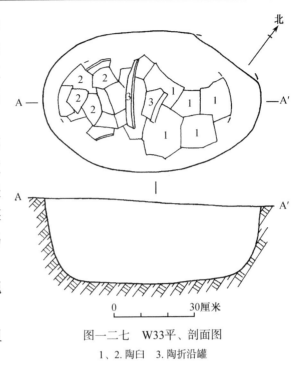

图一二七　W33平、剖面图
1、2.陶臼　3.陶折沿罐

尖底。满饰篮纹，宽而深。残高39.6、口径32.8、腹径33.6厘米（图一二九，1）。W33：2，陶臼。夹粗砂红陶，陶质较粗糙，火候低。轮制。直口，加厚圆唇，上腹直。满饰宽而深的篮纹。残高22.8、口径32厘米（图一二九，4）。W33：3，陶折沿罐。夹细砂黑陶，胎呈红色。厚薄均匀，轮制。宽仰折沿，加宽沟唇，鼓腹。贴弦纹，弦纹上饰成组按窝。残高26、口径37.6、腹径43.3厘米（图一二九，3）。

W35　位于WST5403西南角，部分位于WST5503，WST5404、WST5504内。开口于第4层下，打破第5层，北部边缘被W32打破。开口形状为椭圆形，东西向。斜壁西段较陡直，东段较斜，平底。墓口距地面深0.6、东西长0.78、南北最宽0.39、坑深约0.1米。墓底距地面深0.7米。墓坑内填土为灰黄土、夹烧土。葬具应为两个陶臼对扣侧置，扰乱较为严重，仅存一件底部少量残片，大部被破坏，方向88°。未发现骨骼和随葬品（图一二八）。

W35：1，陶臼。夹粗砂红陶，特厚胎。轮制。尖圆唇，敞口，直腹。饰宽而深的篮纹和两道凹弦纹。残高19.2、口径32厘米（图一二九，2）。

W16　位于WST5402西南角，开口于第4层下，打破第5层。平面呈椭圆形，斜壁内敛，平底。墓口距地面深0.4、长径1.07、短径0.6、坑

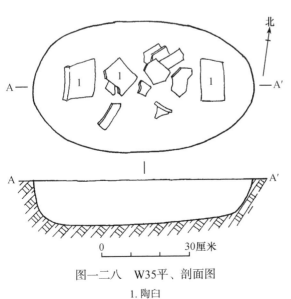

图一二八　W35平、剖面图
1.陶臼

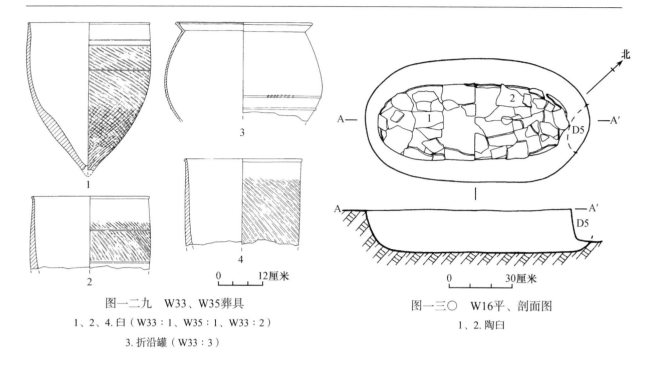

图一二九　W33、W35葬具
1、2、4.臼（W33：1、W35：1、W33：2）
3.折沿罐（W33：3）

图一三〇　W16平、剖面图
1、2.陶臼

深0.2米。墓底距地面深0.6、长径0.8、短径0.5米。坑内填土为灰黄色夹烧土。葬具为两口对扣的侧置陶臼，方向56°（图一三〇；彩版一六，3）。未见随葬品。

W16：1，陶臼。夹粗砂灰陶，偏黄。厚薄均匀。手制，慢轮修整。直口，深直腹，下腹微鼓，底残。上腹饰三道凹弦纹，稀疏绳纹被抹平。残高37.2、口径24厘米（图一三二，3；彩版二五，1）。W16：2，陶臼。夹粗砂，灰黄陶，厚薄均匀。手制，慢轮修整。直口，尖唇，深直腹，圜底。上腹饰三道凹弦纹，稀疏绳纹被抹平。通高41.6、口径24厘米（图一三二，1；彩版二五，2）。

W24　位于WST5402北壁中部。开口在第4层下，打破第5层。平面呈椭圆形，竖穴土坑墓，斜壁内敛，平底。墓口距地面深0.5～0.66、长径0.84、短径0.46米、坑深0.2米。墓底距地面深0.7、长径0.8、短径0.4米。坑内填土为灰黄土、夹烧土。葬具为两陶臼对扣侧置于坑内。方向38°。葬具内发现少量人骨架，经鉴定，年龄0～2岁。未见随葬品（图一三一；彩版一七，2）。

W24：1，陶臼，夹粗砂红陶，局部黑色，含砂量高于含土量。手制。器表抹平，直口，方唇，深直腹，尖圜底。满饰细绳纹，上部饰几道凹弦纹。通高37.6、口径22.4厘米（图一三二，

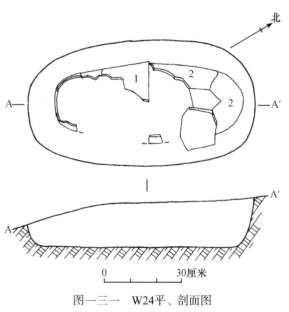

图一三一　W24平、剖面图
1、2.陶臼

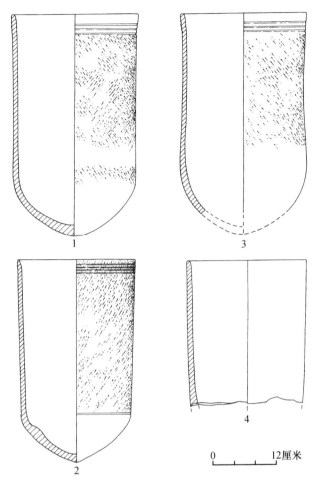

图一三二 W16、W24葬具

1～4.臼（W16：2、W24：1、W16：1、W24：2）

2；彩版二五，3）。W24：2，陶臼，夹粗砂红陶，砂多于土。手制，慢轮修整。直口，尖唇，深直腹。素面。残高26.8、口径22.8厘米（图一三二，4；彩版二五，4）。

W27 位于WST5402中部。开口在第4层下，打破第5层。平面呈椭圆形，土坑竖穴墓，斜壁内敛，平底。墓口距地面深0.5～0.55、长径1.13、短径0.53米、坑深0.15米。墓底距地面深0.6～0.68、长径1、短径0.5米。坑内填土为灰土、夹少量烧土颗粒。葬具为两口对扣侧置的陶臼，方向45°（图一三三；图版一五，1）。未见随葬品。

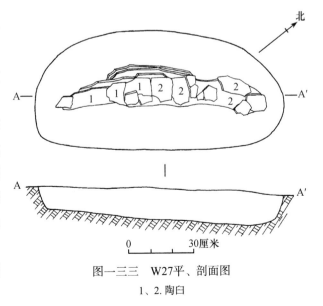

图一三三 W27平、剖面图

1、2.陶臼

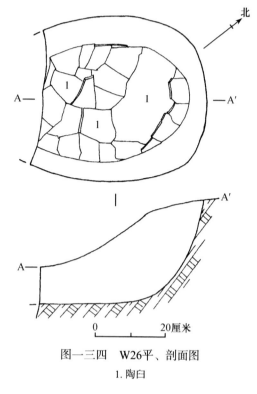

图一三四　W26平、剖面图
1. 陶臼

W27：1，陶臼，夹粗砂黄陶。手制，慢轮修整。直口，尖唇，深直腹，底残。满饰斜篮纹。残高30.4、口径23.2、最大腹径24厘米（图一三六，3；彩版二六，1）。W27：2，陶臼，夹粗砂黄陶。直口，尖唇，深直腹。满饰篮纹多被抹平，上部饰四道凹弦纹。残高24、口径24.8、下腹径26.4厘米（图一三六，4；彩版二六，2）。

W26　位于WST5402东北角。开口在第4层下，打破第5层。平面呈椭圆形，竖穴土坑墓，斜壁内敛，平底。墓口距地面深0.5～0.7、长径0.49、短径0.48、坑深0.3米。墓底距地面深0.8、长径0.4、短径0.4米。坑内填土为灰土、夹零星烧土。葬具为两口对扣的陶臼侧置于坑内，方向55°。但破坏严重，仅一件残存上部。未见随葬品（图一三四；彩版一七，2）。

W26：1，陶臼。夹粗砂厚胎黄陶，砂多于土。手制，慢轮修整。敞口，尖唇，深直腹。交错篮纹。残高15.6、口径24厘米（图一三九，3）。

W28　位于WST5401和WST5301，开口在第4层下，打破第5层。平面呈椭圆形，竖穴土坑墓，斜壁内敛，缓坡底。墓口距地面深0.4、长径0.8、短径0.45米、坑深0.15米。墓底距地面深0.5～0.55、长径0.7、短径0.4米。坑内填土为灰土、夹烧土颗粒。葬具为两陶臼对扣，破坏严重，葬式不明。方向47°（图一三五）。未见随葬品。

W28：1，陶臼。夹粗砂红陶，底部为黄陶，火候较高，含砂量高。轮制，慢轮修整。近直腹，圜底。素面。残高25.6厘米（图一三六，2）。W28：2，陶臼。夹粗砂红陶。轮制。敞口，尖唇，附厚贴沿，深斜腹。素面。残高29.6、口径36厘米（图一三六，1）。

W37　位于WST5401南部，跨WST5402北隔梁，开口于第4层下，打破第5层。南端被W19和一柱洞打破。开口形状圆角长方形，一端较陡直，一段较斜。墓口距地面深0.5、长径0.98、短径0.6、坑深0.29米。墓底距地面深0.7米。坑内填土为灰土、夹草木灰。葬具为两陶臼对扣侧置于坑内，方向48°。接缝处发现1件陶鼎和1件陶盆的残片。未发现随葬品和骨骼（图一三七；图版一六，3）。葬具内发现少量人骨架，经鉴定，年龄0～1岁。

W37：1，陶盆。夹细砂外黑内红褐陶，厚薄均匀。轮制。丁字口，宽垂折沿，圆唇，斜弧腹，小矮圈足。横篮纹。通高15.2、口径28、圈足径8.8厘米（图一三九，2）。W37：2，陶臼。夹粗砂红陶，砂多于土。轮制。敞口，尖唇，近直腹，下腹斜收，圜底。上部饰凹弦纹，加饰戳印纹，弦纹下为细篮纹。残高48、口径32厘米（图一三九，1；彩版二六，5）。W37：3，陶臼。夹粗砂红陶，砂多于土。轮制。敞口，尖唇，上腹较直。上部饰凹弦纹，弦纹下为稀疏浅的宽篮纹、附加堆纹。残高27.6、口径30.4厘米（图一三九，4）。W37：4，陶

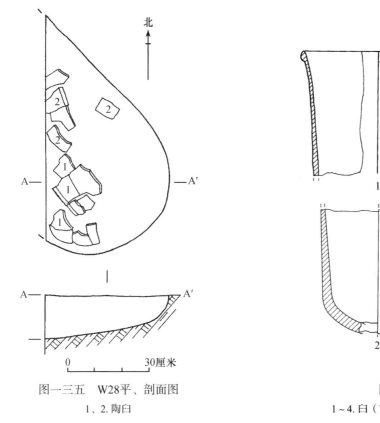

图一三五　W28平、剖面图
1、2.陶臼

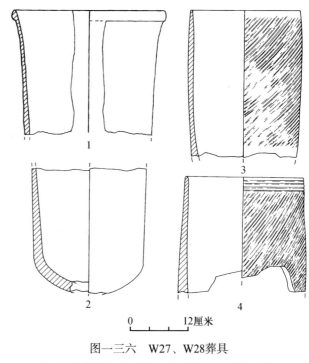

图一三六　W27、W28葬具
1～4.臼（W28：2、W28：1、W27：1、W27：2）

罐形鼎。夹细砂黑陶。轮制。斜弧腹，圜底。贴弦纹。残高16.4、腹径36.1、圈足径8厘米（图一三九，6）。

W38　位于WST5502西壁中端偏南。开口在第4层下，打破第5层。平面呈椭圆形土坑竖穴墓，直壁，平底。墓口距地面深0.65、长径1米、短径0.54、坑深0.3米。墓底距地面深0.95、长径1米、短径0.54米。坑内填土为黄褐土，夹少量烧土粒。葬具破坏严重，仅见部分陶缸残片平铺于坑底，方向50°。未见随葬品（图一三八）。

W38：1　缸。夹粗砂、石英颗粒红陶。轮制。器表磨光，尖唇，口微敛，加厚贴沿，直腹微外鼓。素面。残高21.1、口径36、腹径36厘米（图一三九，5）。

W40　位于WST5401西部，开口于第4层下，打破第5层。坑口由北向南倾斜。平面呈椭圆形，墓口距地面深0.48、长0.89、宽0.55、坑深0.24米。墓底距地面深0.7米。葬具为两臼对扣侧置于坑内，方向36°室内整理后发现为3件陶臼，推测一件应破碎后覆盖两臼接缝处。未发现随葬品和骨骼（图一四○；图版一五，2）。

W40：1，陶臼。夹粗砂黄陶。轮制。侈口，尖唇，直腹，底腹转折明显，尖底。通高35.6、口径22.4厘米（图一四二，4；彩版二七，1）。W40：2，陶臼。夹粗砂红陶，器表抹光。轮制。直口，尖唇，直腹，底腹转折明显，尖底。上部饰凹弦纹，腹饰篮纹较模糊。高36.4、腹径21.6厘米（图一四二，5；彩版二七，2）。W40：3，陶臼，夹粗砂红陶，火候低。

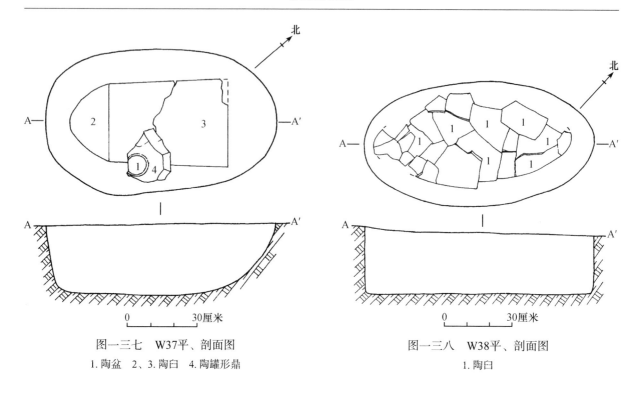

图一三七　W37平、剖面图
1.陶盆　2、3.陶臼　4.陶罐形鼎

图一三八　W38平、剖面图
1.陶臼

轮制。直口，尖唇，直腹，下腹斜收。满饰篮纹浅而模糊。残高35.6、口径32、腹径32.8厘米（图一四二，3）。

W43　位于WST5504东北，大部位于隔梁内。开口位于第3层下，打破第4层。开口形状为椭圆形，东北至西南向。坑壁较为陡直，坑底较平。坑壁西部被W12打破。墓口距地面深0.4、长径0.94、短径0.6、坑深0.3米。坑内填土为灰褐夹烧土粒。葬具为两陶臼对扣侧置于坑内，方向51°。其中一臼下半截被破坏仅存半截，坑内还发现一件陶盆残片。未发现随葬品和骨骼（图一四一；图版一五，3）。

W43：1，陶臼。夹粗砂红陶。轮制。直口，厚圆唇，直腹，下腹斜收，满饰宽而深的篮纹浅。残高36.8、口径37.6厘米（图一四二，2）。W43：2，陶臼。夹粗砂红陶。轮制。直口，尖唇，直腹。满饰宽而深的篮纹。残高34.8、口径37.6、腹径37.6厘米（图一四二，1）。W43：3，陶盆。夹细砂黄褐陶。轮制。宽平沿，厚方唇，斜弧腹，矮圈足底。素面。口径28、圈足径8、高14.8厘米（图一四二，6）。

W46　位于WST5402中部偏西，开口位于第5层下，打破第7层。北端和中部被晚期房基柱洞打破，南端被W16打破。开口形状为椭圆形，东北至西南走向，竖穴土坑墓，坑壁较斜，坑底平坦。墓口距地面深0.55、长径0.98、短径0.65、坑深0.19米。坑内填土为灰土、夹少量烧土颗粒。葬具形态较为完好，为一陶臼和一陶缸对扣侧置于坑内，方向49°。其中一陶缸外部套一陶折沿罐。葬具内可见白色粉末状的骨骼印痕。经鉴定，年龄0~1岁。未见随葬品（图一四二；彩版一八，2）。

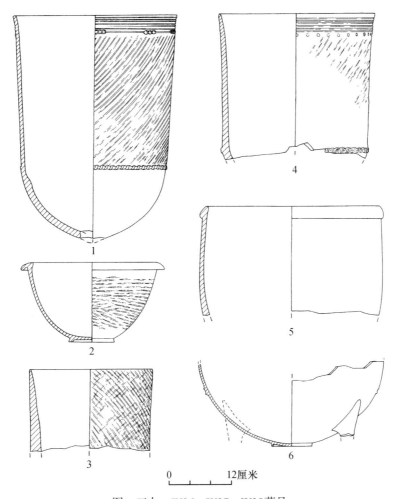

图一三九 W26、W37、W38葬具

1、3、4.臼（W37：2、W26：1、W37：3） 2.盆（W37：1） 5.缸（W38：1）

6.罐形鼎（W37：4）

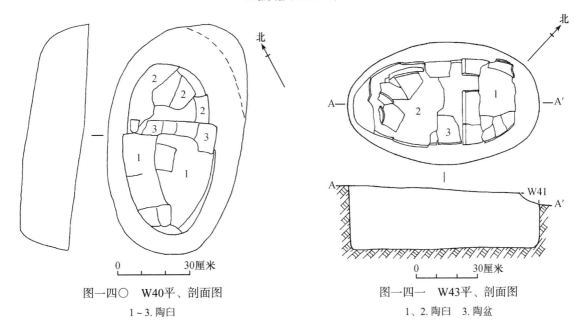

图一四〇 W40平、剖面图

1~3.陶臼

图一四一 W43平、剖面图

1、2.陶臼 3.陶盆

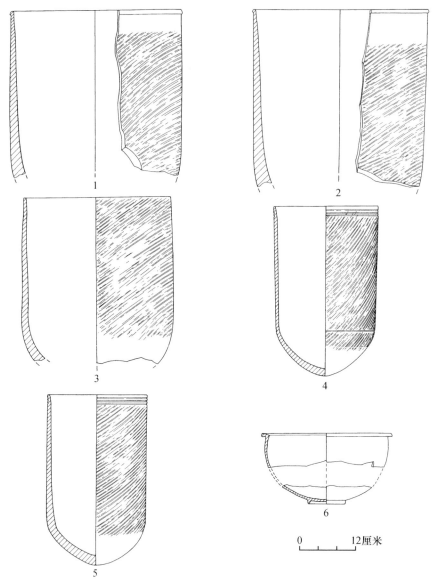

图一四二　W40、W43葬具

1～5.臼（W43：2、W43：1、W40：3、W40：1、W40：2）　6.盆（W43：3）

　　W46：2，陶臼。夹粗砂红陶。轮制。器表抹光。敞口，尖唇，附贴沿，斜直腹，圜底。口沿外饰一周绚索纹。残高42.8、复原高44.7、口径42.4厘米（图一四四，3；彩版二七，4）。W46：1，陶臼。夹粗砂红陶。轮制。直口，方唇，直腹，底腹转折明显，圜底穿孔。口沿外一周压印纹，下为多道凹弦纹，腹饰篮纹，底腹转折处附加堆纹，底部也有稀疏的篮纹。通高36.4、口径28.8厘米（图一四三，1；彩版二七，3）。W46：3，陶折沿罐。夹粗砂灰陶。轮制。宽平沿，厚方唇，敛口，深鼓腹，小平底，小矮圈足。中部饰一周附加堆纹，堆纹上饰成组压印纹。通高33.6、口径32、腹径41.6、圈足径9.2厘米（图一四四，2；彩版二七，5、6）。

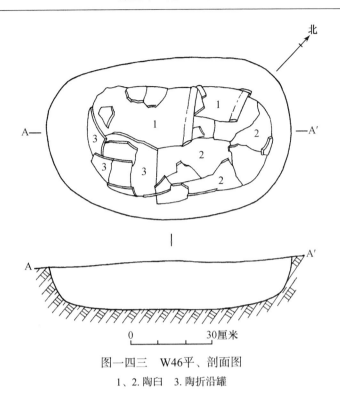

图一四三　W46平、剖面图

1、2.陶臼　3.陶折沿罐

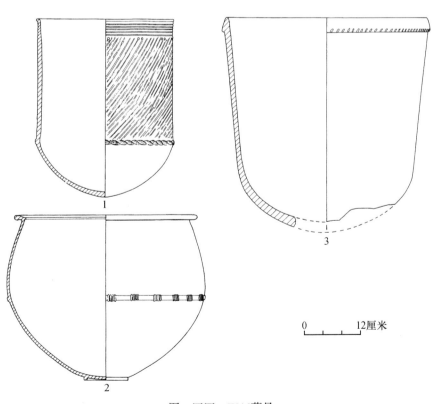

图一四四　W46葬具

1、3.臼（W46：1、W46：2）　2.折沿罐（W46：3）

　　W47　位于WST5503西南角，跨WST5504、WST5603、WST5604三个探方。开口于第4层下，打破第5层，并打破W49东部坑壁。开口形状为圆角长方形，东北至西南向，坑口略向南倾斜，坑壁略斜，坑底略有起伏。墓口距地面深0.52、长径1.05、短径0.52～0.56、坑深0.2米。坑内填土为灰褐夹少量烧土粒。葬具为两陶臼对扣侧置于坑内，形态较为完好，方向47°（图一四五；彩版一八，3）。未见骨骼和随葬品。

　　W47：1，陶臼。夹粗砂红陶。轮制。直口，尖唇，深直腹，下腹斜收，圜底穿孔。口部饰两道凹弦纹，口沿下饰篮纹。通高40、口径28.8厘米（图一四七，1；彩版二八，1）。W47：2，陶臼。夹粗砂黄陶，偏灰。轮制。直口，尖唇，深直腹，下腹斜收，圜底。口部饰四道凹弦纹，下饰浅而窄的篮纹。通高32、口径24.8厘米（图一四七，2；彩版二八，2）。

　　W48　位于WST5402中部，开口于第5层下，打破第7层。开口形状为椭圆形，东北至西南走向。竖穴土坑墓，坑壁较斜，坑底平坦。墓口距地面深0.6、长径0.78、短径0.5、坑深0.2米。坑内填土为灰土、夹少量烧土颗粒。葬具为两陶臼对扣侧置于坑内，方向44°。破坏严重，仅存贴近坑底的部分残片，坑内还发现一件散落的陶罐残片。未见骨骼和随葬品（图一四六；图版一五，4）。

　　W48：1，陶臼。夹粗砂黄陶。直口，尖唇，深直腹，下腹斜收，圜底。口部饰四道凹弦纹，腹底饰宽篮纹，转折处饰一道附加堆纹。高36.4、口径27.2厘米（图一四七，3；彩版二八，3）。W48：2，陶臼。夹粗砂黄陶。轮制。敞口，尖唇，深直腹。口部五道凹弦纹，腹饰篮纹，中饰一道附加堆纹。残高24、口径33.6厘米（图一四七，5；彩版二八，4）。W48：3，陶罐底。夹细砂薄胎黑陶。轮制。斜弧腹，极矮圈足。鼎足仅见印痕。残高16.4、足径10.4厘米（图一四七，4）。

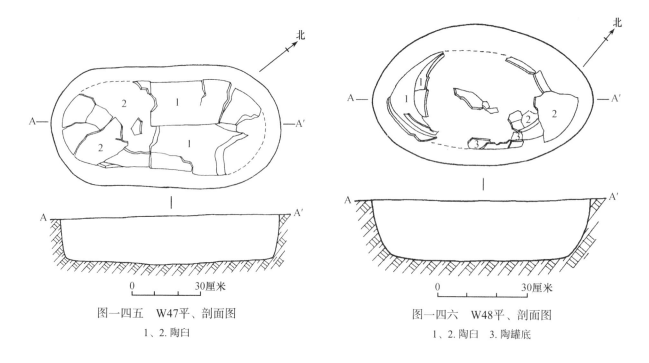

图一四五　W47平、剖面图　　　　　　　图一四六　W48平、剖面图
　　　1、2.陶臼　　　　　　　　　　　　1、2.陶臼　3.陶罐底

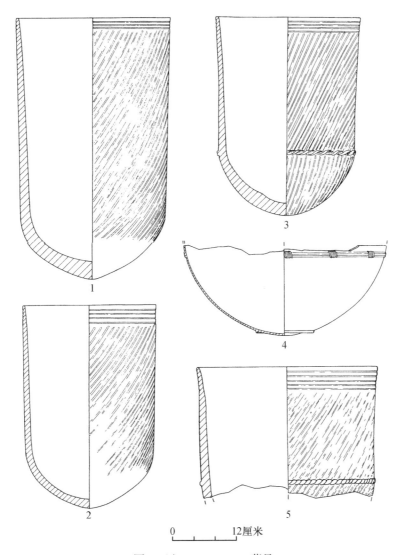

0   12厘米

图一四七 W47、W48葬具

1~3、5.臼（W47∶1、W47∶2、W48∶1、W48∶2） 4.罐底（W48∶3）

　　W49 位于WST5603东隔梁及WST5604北部，局部被W47打破。开口于第5层下，打破第7层，东部坑壁被W47打破。开口形状为圆角长方形，东北至西南向，一端较宽，一端较窄。坑壁较为陡直，坑底平坦。墓口距地面深0.55、长径0.87、短径0.43～0.5、坑深0.18～0.2米。坑内填土为灰褐土夹少量烧土粒。葬具为两陶臼对扣侧置于坑内，保存较好。方向25°。其中一臼内可见几段婴儿肢骨。未见随葬品（图一四八；彩版一八，4）。

　　W49∶1，陶臼。夹粗砂黄陶。轮制。直口，尖唇，深直腹，下腹斜收，圜底。腹饰篮纹，上下各饰一道凹弦纹。高34.8、口径24.8厘米（图一五〇，3；彩版二九，1）。W49∶2，陶臼。夹粗砂红陶。轮制。直口，尖唇，深直腹，下腹斜收，圜底，底部穿孔。上部饰凹弦纹，腹饰宽篮纹。残高36.4、口径25.6、腹径26.4厘米（图一五〇，4；彩版二九，2）。

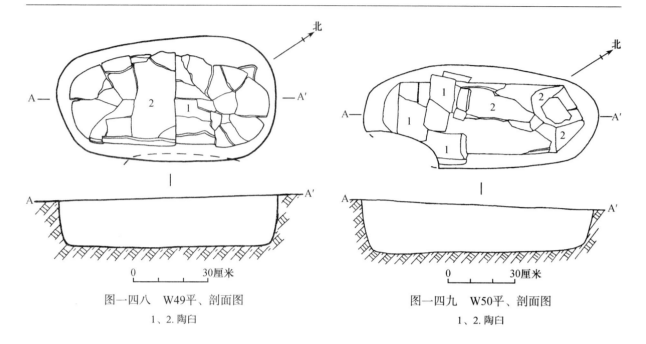

<table>
<tr><td>图一四八　W49平、剖面图</td><td>图一四九　W50平、剖面图</td></tr>
<tr><td>1、2. 陶臼</td><td>1、2. 陶臼</td></tr>
</table>

W50　位于WST5401西南部，开口于第4层下，打破第5层。北部被H10打破，南端被W6打破。坑口由北向南倾斜。墓口距地面深0.45、长1.08、最宽0.44、坑深0.18～0.23米。葬具为两陶臼对扣侧置于坑内。方向35°。未发现随葬品和骨骼（图一四九）。

W50：1，陶臼。夹粗砂灰陶，局部红色。砂多于泥。轮制。敞口，尖唇，胎由口至底逐渐变厚，深直腹。满饰浅而模糊的交错篮纹。残高27.2厘米（图一五〇，2；彩版二九，3）。W50：2，陶臼。夹粗砂红陶，含砂量多于含土量。轮制。方唇，直口，直腹，底腹转折明显，尖底。满饰交错篮纹。残高58.4、口径27.2厘米（图一五〇，1；彩版二九，4）。

（二）B类

一臼与一罐（或鼎、瓮）对扣，共13座。编号W13、W17、W18、W19、W20、W21、W22、W25、W34、W36、W39、W41、W42。

W13　位于WST5504北隔梁下及WST5503内。开口于第1层下，打破第4层，被H21打破。平面呈椭圆形，土坑竖穴墓，弧底下端内收，底平。墓口距地面深0.5、长径0.88、短径0.6米。墓底距地面深0.8、长径0.75、短径0.5、深0.3米。坑内填土为灰褐色夹少量烧土粒。葬具为一陶臼和一陶折沿罐，横置，两口对扣，方向60°。陶臼质地较差。墓坑填土内还发现2件陶盆部分残片。未见随葬品（图一五一；图版一六，1）。

W13：1，陶臼。夹粗砂特厚胎红陶。手制。底部分层贴塑，敞口，圆唇，深斜腹，圈底，残。上部饰竖篮纹。残高48、口径37.6厘米（图一五三，2）。W13：2，陶折沿罐。夹细砂薄胎灰陶，纯正。轮制。宽仰折沿，厚圆唇，深鼓腹，底部残。素面，器表抹平。残高

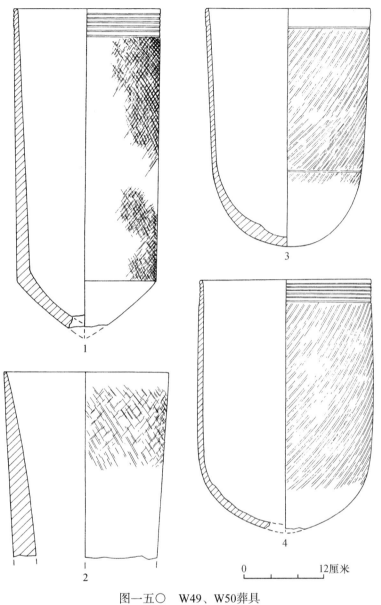

图一五〇　W49、W50葬具

1~4.臼（W50：2、W50：1、W49：1、W49：2）

20.4、口径20、腹径29.6厘米（图一五三，6）。W13：3，陶盆。夹细砂薄胎黑陶。轮制，敞口，平沿，方唇，斜弧腹，底残。素面。残高9.6、残口径37.6厘米（图一五三，5）。W13：4，陶盆。泥质红陶。微卷沿，尖唇，折腹，底残。素面。残高4.4、口径28、腹径27.2厘米（图一五三，4）。

　　W17　位于WST5402西北部。开口在第4层下，打破第5层。平面呈椭圆形，竖穴土坑墓，斜壁内敛，平底。墓口距地面深0.4~0.46、长径0.85、短径0.55、坑深0.2米。墓底距地面深0.6、长径0.8、短径0.5米。坑内填土为灰黄色夹烧土。葬具为一陶臼和一陶折沿罐对扣侧置于坑内，方向37°。葬具内发现少量骨架，经鉴定，可大约判断年龄为0~1岁。未见随葬品（图

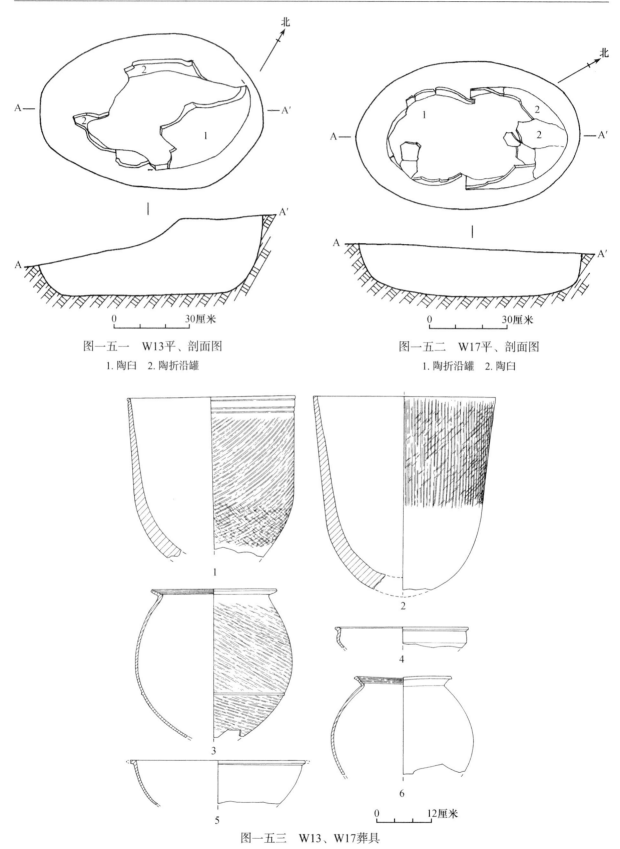

图一五一　W13平、剖面图
1. 陶臼　2. 陶折沿罐

图一五二　W17平、剖面图
1. 陶折沿罐　2. 陶臼

图一五三　W13、W17葬具
1、2. 臼（W17：2、W13：1）　3、6. 折沿罐（W17：1、W13：2）　4、5. 盆（W13：4、W13：3）

一五二；彩版一七，1）。

W17：1，陶折沿罐。夹细砂薄胎黑陶，厚薄均匀。轮制。宽仰折沿，方唇，深鼓腹，底残。腹饰折篮纹、贴弦纹。残高30.8、口径27.2、最大腹径40厘米（图一五三，3）。W17：2，陶臼，夹粗砂特厚胎红陶。手制。敞口，尖唇，斜直腹，下腹斜收，底残。腹饰特宽而深的横篮纹，上部三道凹弦纹。残高33.2、口径36厘米（图一五三，1）。

W18 位于WST5402西北部，开口在第4层下，打破第5层。平面呈椭圆形，竖穴土坑墓，斜壁内敛，平底。墓口距地面深0.4～0.43、长径0.93、短径0.48米、坑深0.18米。墓底距地面深0.58、长径0.9、短径0.45米。坑内填土为灰土、夹烧土。葬具为一陶臼和一陶盆形鼎侧置于坑内，方向20°。葬具内发现少量骨架，经鉴定，年龄为0～2岁。未见随葬品（图一五四；彩版一七，1；彩版一九，1）。

W18：1，陶盆形鼎。夹细砂黑陶。轮制。仰折沿，沿面凹弦纹，侧装三角形鼎足。素面。高12、口径24厘米（图一五七，4）。W18：2，陶臼。夹粗砂红陶。手制，慢轮修整。敞口，尖唇，深直腹，底腹转折明显，尖底。上部饰交错篮纹，底饰绳纹。通高56.8、口径23.2厘米（图一五七，1）。

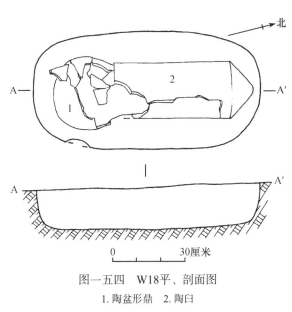

图一五四　W18平、剖面图
1.陶盆形鼎　2.陶臼

W19 位于WST5402北隔梁中部，开口于第4层下，打破第5层。平面呈椭圆形，竖穴土坑墓，斜壁内敛，平底。墓口距地面深0.49～0.51、长径0.8、短径0.5、深0.2米。墓底距地面深0.7、长径0.7、短径0.4米。坑内填土为灰土、夹草木灰。葬具为一陶臼和一陶罐形鼎对扣侧置于坑内，方向25°。未见随葬品（图一五五；彩版一七，1）。

W19：1，陶罐形鼎。夹细砂黑陶。轮制。宽平沿，沿面多道弦纹，球形鼓腹，圜底，侧装足残。下腹饰一道贴弦纹。残高28.4、口径23.2、腹径33.6厘米（图一五七，6）。W19：2，陶臼。夹细砂灰白陶，含砂量高，胎质均匀。手制，慢轮修整。敞口，尖唇，深斜腹。上部饰弦纹，下部饰方格纹。残高18.8、口径24厘米（图一五七，3）。

W20 位于WST5401东南部，开口于第4层下，打破第5层。平面呈椭圆形，竖穴土坑墓，斜壁内敛，平底。墓口距地面深0.35～0.4、长径1、短径0.45、坑深0.3米。墓底距地面深0.65～0.7、长径0.9、短径0.4米。坑内填土为灰土、夹烧土。葬具为一陶臼和一陶罐形鼎对扣侧置于坑内，方向38°。未见随葬品（图一五六；彩版一九，2）。

W20：1，陶罐形鼎。夹细砂黑陶。轮制。口残，球形鼓腹，坦底，三角形侧装足。饰宽篮纹，下腹饰一道贴弦纹。残高25.2、腹径27.2厘米（图一五七，5；彩版三〇，1）。W20：2，陶臼。夹粗砂红陶。手制，慢轮修整。直口，尖唇，深直腹，底腹转折明显，尖

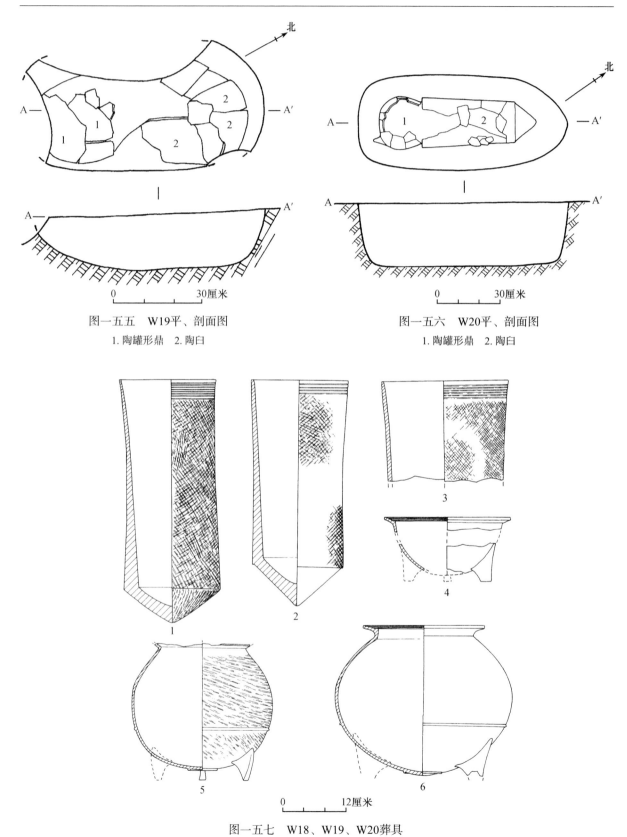

图一五五　W19平、剖面图
1.陶罐形鼎　2.陶臼

图一五六　W20平、剖面图
1.陶罐形鼎　2.陶臼

图一五七　W18、W19、W20葬具

1～3.臼（W18：2、W20：2、W19：2）　4.盆形鼎（W18：1）　5、6.罐形鼎（W20：1、W19：1）

底。交错细篮纹。通高52.8、口径23.2、腹径21.2厘米（图一五七，2；彩版三〇，2）。

W21 位于WST5402北隔梁，开口在第4层下，打破第5层。平面呈椭圆形，竖穴土坑墓，斜壁内敛，平底。墓口距地面深0.35～0.4、长径0.8、短径0.45米、坑深0.2米。墓底距地面深0.55、长径0.7、短径0.4米。坑内填土为灰土、夹烧土、草木灰。葬具扰乱严重，仅陶臼保存略好，另一件为陶罐形鼎，仅存上半部，方向33°。未见随葬品（图一五八；彩版一七，1；彩版一八，1）。

W21：1，陶臼。夹细砂红陶，含砂量高。手制，慢轮修整。直口，尖唇，深直腹，圜底穿孔。上部几道凹弦纹，腹饰细绳纹。通高44.8、口径24、上腹径25.6厘米（图一六〇，3）。

W21：2，陶罐形鼎。夹细砂黑陶。轮制。折沿近平，尖唇，矮直领，溜肩，鼓腹。腹饰宽篮纹，口沿饰弦纹。残高10.7、口径19.2厘米（图一六〇，4）。

W22 位于WST5402靠北部，开口在第4层下，打破第5层。平面呈椭圆形，竖穴土坑墓，斜壁内敛，平底。墓口距地面深0.45、长径1、短径0.48米、坑深0.15米。墓底距地面深0.6、长径0.9、短径0.4米。坑内填土为灰土、夹烧土。葬具为一陶臼和一陶折沿罐对扣侧置于坑内，方向37°。未见随葬品（图一五九；图版一六，2）。

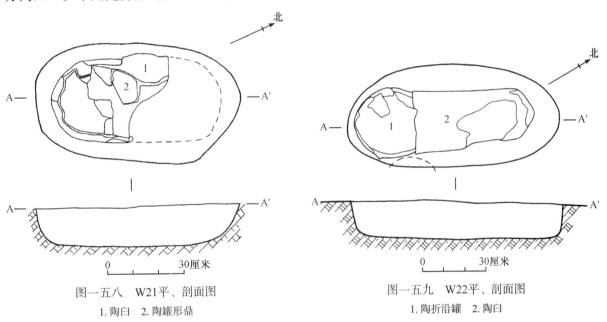

图一五八 W21平、剖面图
1. 陶臼 2. 陶罐形鼎

图一五九 W22平、剖面图
1. 陶折沿罐 2. 陶臼

W22：1，陶折沿罐。夹细砂黑陶。轮制，器表抹平。球形鼓腹，小平底，极矮圈足。腹中部一道贴弦纹。残高26.7、最大腹径29.6、圈足径8.8厘米（图一六〇，1；彩版三〇，4）。

W22：2，陶臼。夹粗砂红陶，含砂量多于含土量。手制，慢轮修整。敞口，尖唇，深直腹，特厚底。腹饰交错篮纹，口沿下四道凹弦纹。残高48.4、口径24厘米（图一五九，2；彩版三〇，3）。

W25 位于WST5402北壁中部，开口在第4层下，打破第5层。平面呈椭圆形，竖穴土坑墓，斜壁内敛，平底。墓口距地面深0.6～0.7、长径0.72、短径0.44米、坑深0.2米。墓底距地

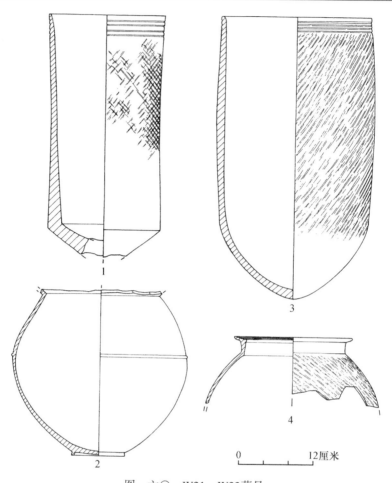

图一六〇　W21、W22葬具

1、3.臼（W22∶2、W21∶1）　2.折沿罐（W22∶1）　4.罐形鼎（W21∶2）

面深0.8、长径0.65、短径0.4米。坑内填土为灰土、夹草木灰，葬具为一陶罐形鼎和一陶臼对扣侧置于坑内，方向35°（图一六一；彩版一七，2）。葬具内发现少量骨架，经鉴定，年龄为0～2岁。未见随葬品。

W25∶1，陶罐形鼎。夹细砂，薄胎，外黑内黄。轮制，器表抹平。宽仰折沿，尖唇，深腹略鼓，最大径在下腹。浅篮纹多被抹平，下腹饰一道贴弦纹。通高26.8、口径31.2、腹径32厘米（图一六三，1；彩版三一，1）。W25∶2，陶臼。夹细砂，薄胎，外黑内黄。轮制，器表抹平。宽仰折沿，尖唇，深腹略鼓，最大径在下腹。浅篮纹多被抹平，下腹饰一道贴弦纹。通高26.8、口径31.2、腹径32厘米（图一六三，2；彩版三一，2；图版五八，1）。

W36　位于WST5603南部。开口于第4层下，打破第5层，其南部被F9打破。开口形状为椭圆形，西南至东北向。墓口距地面深0.42～0.52、长径0.9、短径0.61、坑深0.26米。墓底距地面深0.56～0.62米。坑内填土为灰黄色，葬具为一陶臼和一陶罐形鼎对扣侧置于坑内，方向33°。陶臼内发现少量婴儿骨骼，部分可识别为肢骨，扰乱严重。经鉴定，年龄为0～1岁。未发现随葬品（图一六二；彩版一九，3、4）。

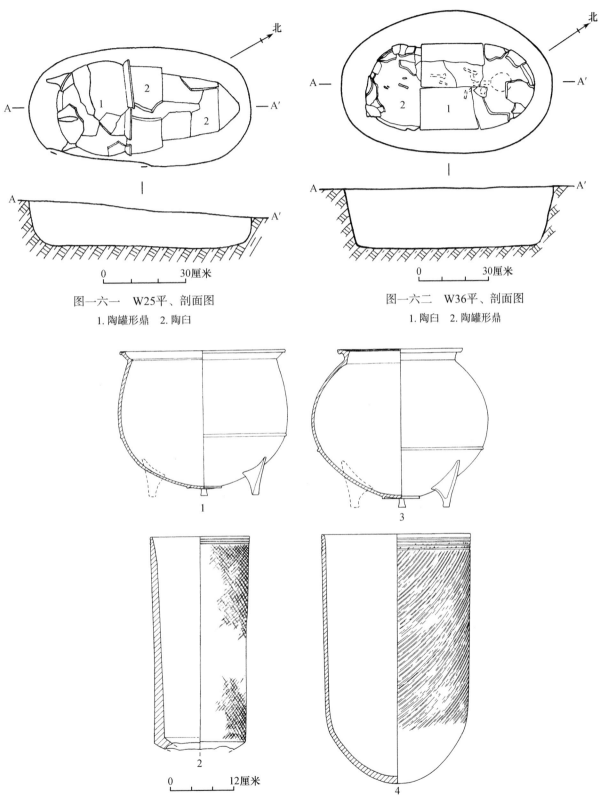

图一六一 W25平、剖面图
1.陶罐形鼎 2.陶臼

图一六二 W36平、剖面图
1.陶臼 2.陶罐形鼎

图一六三 W25、W36葬具
1、3.罐形鼎（W25∶1、W36∶2） 2、4.臼（W25∶2、W36∶1）

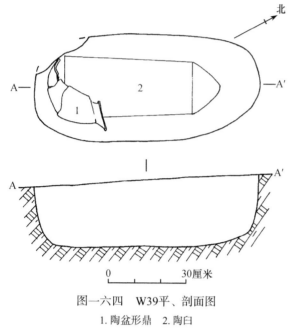

图一六四　W39平、剖面图
1.陶盆形鼎　2.陶臼

W36:1,陶臼。夹细砂黄陶,砂质胎。手制。直口,尖唇,直腹,圜底。宽篮纹。高46、口径28.4厘米(图一六三,4;彩版三一,3)。

W36:2,陶罐形鼎。夹砂黑陶。轮制。宽平沿微卷,尖唇,溜肩,鼓腹,圜底,三角形侧装鼎足。腹中部饰一道贴弦纹。通高29.2、口径23.6、腹径33.6、圈足径7.2厘米(图一六三,3;彩版三一,4)。

W39位于WST5402东北角,开口于第3层下,打破第4层。开口形状为不规则椭圆形,东北至西南向。长径0.86、短径0.42米。坑深0.26米。坑内填土为灰黄色,夹少量烧土粒。葬具为一陶臼和一陶盆形鼎对扣侧置于坑内,方向36°。未见随葬品(图一六四)。

W39:1,陶盆形鼎。夹砂黑陶。轮制。宽仰折沿,尖圆唇,口微敛,斜弧腹,圜底,足残。器身饰篮纹,中部饰一道贴弦纹。高21.2、口径34.4、腹径30.4、底圈足7.2厘米(图一六六,1)。W39:2,陶臼。夹粗砂、石英颗粒红陶。轮制。直口,方唇,直腹,底腹转折明显,尖底。满饰篮纹,口沿下饰凹弦纹。高56.8、口径24.8厘米(图一六六,2;图版五八,2)。

W41　位于WST5504东隔梁北段。开口于第3层下,打破第4层。平面形状近椭圆形,东北至西南向。坑口由北向南倾斜。坑壁较为陡直,坑底较平。墓口距地面深0.4、长径0.61、短径0.46米。坑深0.26~0.3米。坑内填土为灰褐夹烧土粒。葬具为一陶臼和一陶折沿罐对扣侧置于坑内,方向28°。扰乱严重,臼仅存半截(图一六四;图版一六,4)。葬具内发现少量骨架,经鉴定,年龄为0~2岁。未发现随葬品。

W41:1,陶臼。夹粗砂厚胎红陶。轮制。直口,方唇,直腹,下腹斜收。满饰宽而深的篮纹。复原高45.6、口径28厘米(图一六六,4)。W41:2,陶折沿罐。夹细砂薄胎黑陶。轮制。宽仰折沿,加宽方唇,球形鼓腹,底残。中部一道贴弦纹。残高29.6、口径27.2、腹径33.6厘米(图一六六,3)。

W42　位于WST5503西北角。开口在第3层

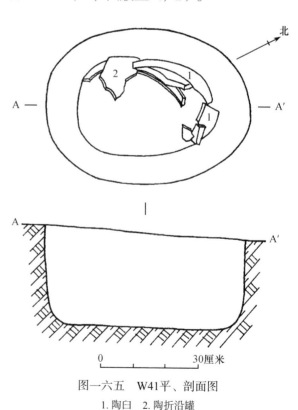

图一六五　W41平、剖面图
1.陶臼　2.陶折沿罐

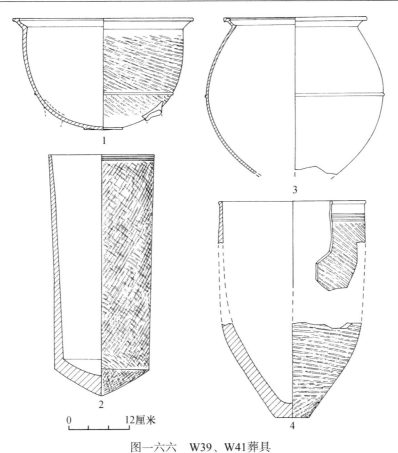

图一六六　W39、W41葬具

1. 盆形鼎（W39：1）　　2、4. 臼（W39：2、W41：1）　　3. 折沿罐（W41：2）

下，打破第4层。开口形状为椭圆形，斜壁、平底。开口距地面深0.45、长径0.8、短径0.44、坑深0.3~0.4米。坑内填土为灰黄土，含烧土粒。葬具为一陶瓮和一陶臼对扣侧置于坑内，方向42°（图一六六；图版一七，4）。未发现随葬品。葬具内发现少量骨架，经鉴定，年龄为0~2岁。

W42：1，陶瓮。夹细砂黑陶。轮制。直口，方唇，双唇，外唇为圆唇，微鼓腹，中部一道贴弦纹，底残。残高28.8、口径28、腹径32厘米（图一六八，2）。W42：2，陶臼。夹粗砂黄陶，砂多于土。轮制。直口，厚圆唇，下腹斜收，乳突状尖底。满饰篮纹，中部一道凹弦纹。高40.4、口径32.8、腹径34.4厘米（图一六八，1）。

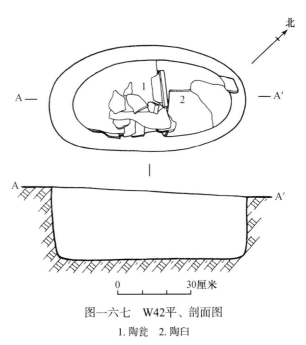

图一六七　W42平、剖面图

1. 陶瓮　2. 陶臼

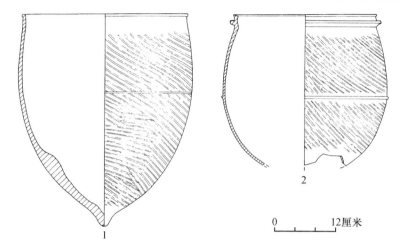

图一六八　W42葬具
1.臼（W42：2）　2.瓮（W42：1）

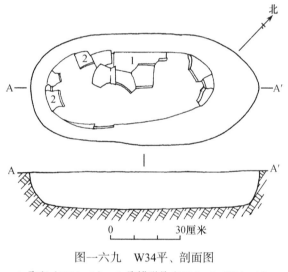

图一六九　W34平、剖面图
1.陶臼（W34：1）　2.陶罐形鼎（W34：2、W34：3）

W34　位于WST5403西壁靠北部。开口于第4层下，打破第5层。平面呈椭圆形，坑壁较斜，平底。墓口距地面深0.8～0.95、长径1、短径0.5、坑深0.2米。墓底距地面深1、长径0.8、短径0.3米。坑内填土为灰土、夹烧土。葬具为一陶臼和一陶罐形鼎对扣侧置于坑内，方向50°。未见随葬品（图一六九）。

W34：1，陶臼。夹粗砂红陶。轮制。直口，尖唇，上腹直。上部饰成组的弦纹，弦纹下为宽而深的篮纹。残高20、口径37.6厘米（图一七〇，1）。W34：2，陶罐形鼎。夹细砂薄胎黑陶。轮制。宽折沿，圆唇，沿面有数道凹弦纹，鼓腹略下垂，三角形侧装足。素面。残高15.2、腹径26.4厘米（图一七〇，2；图版二〇，5）。W34：3，陶罐形鼎。夹细砂薄胎黑陶。鼓腹，圜底，三角形侧装小矮足，足跟泛红。残高15.2、腹径26.4厘米（图一七〇，3）。

（三）C类

两陶折沿罐（或鼎）对扣。13座，编号W1、W2、W5、W6、W7、W8、W9、W14、W15、W23、W29、W44、W45。其中W1、W2、W7、W9位于城内东南部居住区。

W1　位于城内居住区EST2086的东北部。开口于第2层下，打破第3层。平面形状呈椭圆形。墓口距地表深0.25、长径0.85、短径0.55、残深0.4米。坑壁下收，底部较平。坑内填土为

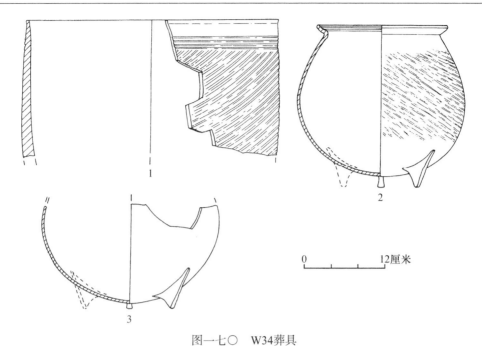

图一七〇 W34葬具

1. 臼（W34：1） 2、3. 罐形鼎（W34：2、W34：3）

灰黄色土，夹少量烧土和草木灰颗粒，仅见几块夹砂褐灰陶碎片，素面。葬具破坏严重，仅能复原一件陶折沿罐，方向136°。另一件仅发现几块残片，不辨器形。未见随葬品。瓮棺内人骨保存尚好，头骨看似完整，另有少量肢骨。经鉴定，年龄为0～2岁。头向西北（图一七一；图版一七，1）。

W1：1，夹粗砂灰陶。轮制。宽仰折沿，沿面凹，厚方唇，深鼓腹，最大径在腹中部，底部穿孔。局部可见稀疏的浅篮纹交错。高38.4、口径31.2、腹径36、底径12.8厘米（图一七〇，3）。

W2 位于城内居住区EST2286的东北部，北部部分在北隔梁内。开口于第2层下，打破第3层。平面形状呈椭圆形，坑口距地表深0.2、南北残长0.68、东西宽0.35、残深0.27米。坑内填土为灰黄色土，夹少量草木灰颗粒。葬具为两件对扣侧卧的陶折沿罐，方向4°。未见随葬品。瓮棺内人骨腐烂不成形（图一七二；图版一七，2）。

W2：1，折沿罐。夹细砂红褐陶，厚薄均匀，陶色均匀。轮制，器表有打磨痕迹。宽仰折沿，沿面凹，宽凹唇，深腹微鼓，底残。素面。残高30.4、口径28、最大腹径29.2厘米（图一七三，1；彩版三二，1）。W2：2，折沿罐。夹砂灰陶，含细砂颗粒，底部偏红。轮制，器表有打磨。宽仰折沿，方唇，深鼓腹。素面。残高24、口径24、腹径26.4厘米（图一七三，2；彩版三二，2）。

W7 位于城内居住区EST2085西北角。开口于F4下，打破第5A层。平面呈椭圆形，竖穴土坑墓，斜壁内敛，平底。墓口距地面深1.25～1.3、长径0.8、短径0.5、坑深0.35米。墓底距地面深1.55～1.6、长径0.75、短径0.38米，坑内填土为灰褐色，夹少量烧土颗粒。葬具为两件

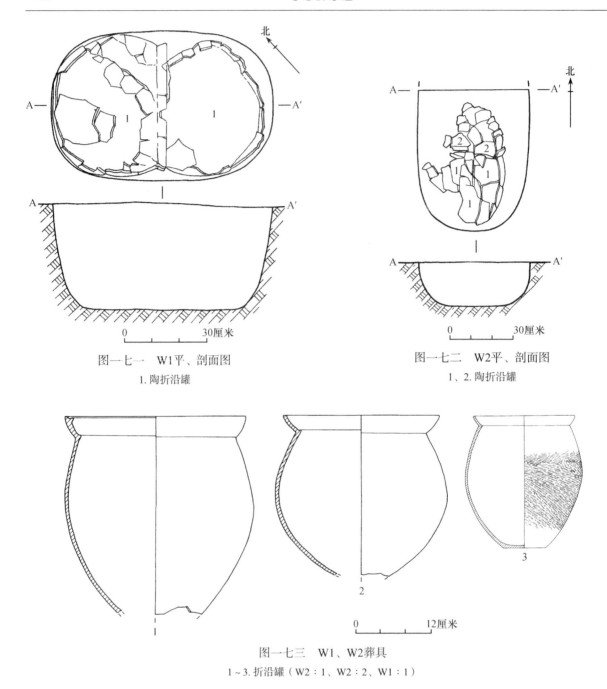

图一七一　W1平、剖面图
1. 陶折沿罐

图一七二　W2平、剖面图
1、2. 陶折沿罐

图一七三　W1、W2葬具
1～3. 折沿罐（W2：1、W2：2、W1：1）

对扣侧卧的陶折沿罐，方向121°。葬具内发现少量骨架，经鉴定，年龄为0～1岁。未见随葬品（图一七四；图版一八，1）。

W7：1，折沿罐。夹细砂陶，大部红褐色，局部黑色，厚薄均匀。轮制。宽仰折沿，厚方唇，深鼓腹，底残。饰宽篮纹。修复后高30、口径28、腹径31.2厘米（图一七六，1；彩版三二，3）。W7：2，折沿罐。夹细砂，上部黑色，底部偏红。轮制，器表抹光。宽仰折沿，加厚方唇，深鼓腹，小平底。饰稀疏的宽篮纹。高28.8、口径28.8、腹径29.6、底径8厘米（图一七六，2；彩版三二，4）。

W9 位于城内居住区EST2086南部。开口于第5A层下，打破第7层。开口形状为椭圆形，坑壁上部较直，下部微收，平底。距地面深0.95、长径0.65、短径0.42米。墓底距地面深1.4、长径0.48、短径0.35、坑深0.45。坑内填土为灰褐色土，夹少量草木灰。葬具为1件陶折沿罐和1件陶罐形鼎对扣侧置于坑内，方向3°。人骨保存较差，仅见白色印痕。未发现随葬品（图一七五；图版一八，3）。

W9:1，陶罐形鼎。夹细砂陶，上部黑色，底部红色。轮制，器表抹平。宽仰折沿，尖唇，深垂腹，坦底，侧装足。素面。高22、口径27、腹径27.2厘米（图一七六，3）。W9:2，陶折沿罐。夹细砂灰陶。轮制。宽仰折沿，沿面凹，尖唇，深鼓腹，小内凹底，底部穿孔。腹饰宽篮纹。高28、口径25.6、腹径28.8、底径8厘米（图一七六，4）。

W5 位于WST5402中部偏南。开口于第3层下，打破第4层。开口形状为椭圆形，坑壁较斜，坑底平坦。东北至西南向。墓口距地面深0.5～0.55、长径0.75、短径0.46米。残存深度为0.11米。墓底距地面深0.6～0.68米。墓口至墓底残深0.11米。坑内填土为黑灰色土夹烧土颗粒，土质致密。葬具为一陶罐形鼎和一陶折沿罐对扣放置于坑内，方向38°。葬具上部被扰乱削去，部分覆盖于底部。葬具内现少量婴儿骨骼（图一七七；图版一七，3）。

W5:2，陶罐形鼎。夹细砂黑陶，器表抹平，陶色纯正，足红色。轮制，鼎足拼接。宽卷沿，方唇，深鼓腹，圜底，三角形侧装鼎足。沿面饰多道凹弦纹。通高29.2、口径23.2、腹径30、圈足径4.8厘米（图一七九，1）。W5:1，陶折沿罐。夹细砂，胎质较薄，黑胎。轮制。宽仰折沿，尖唇，沿面凹，深腹微鼓。宽篮纹，无交错。残高11.2、口径22.4厘米（图一七九，2）。

W6 位于WST5401东南部。开口于第3层下，南部被M1打破，打破W50。开口形状为椭圆形，墓坑东侧被晚期地层破坏。坑口由北向南倾斜。墓口距地面深0.48～0.55、长径0.67、短径0.25～0.3、残存深度为0.17米。葬具为一陶罐形鼎和一陶折沿罐对扣侧置，方向23°。扰乱严重，仅存底部残片。未发现骨骼和随葬品（图一七八）。

W6:1，陶折沿罐。夹砂，细砂颗粒，黑灰相间。轮制，快轮修整。宽折沿，沿面起凸

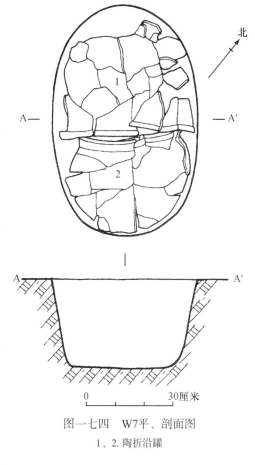

图一七四 W7平、剖面图
1、2.陶折沿罐

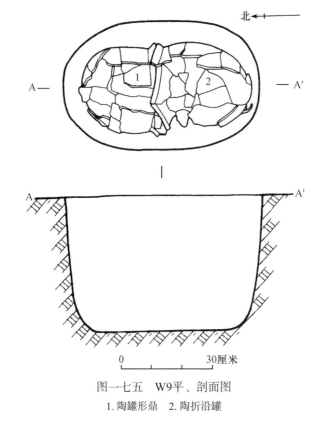

北←

A —　— A'

A　A'

0　30厘米

图一七五　W9平、剖面图

1.陶罐形鼎　2.陶折沿罐

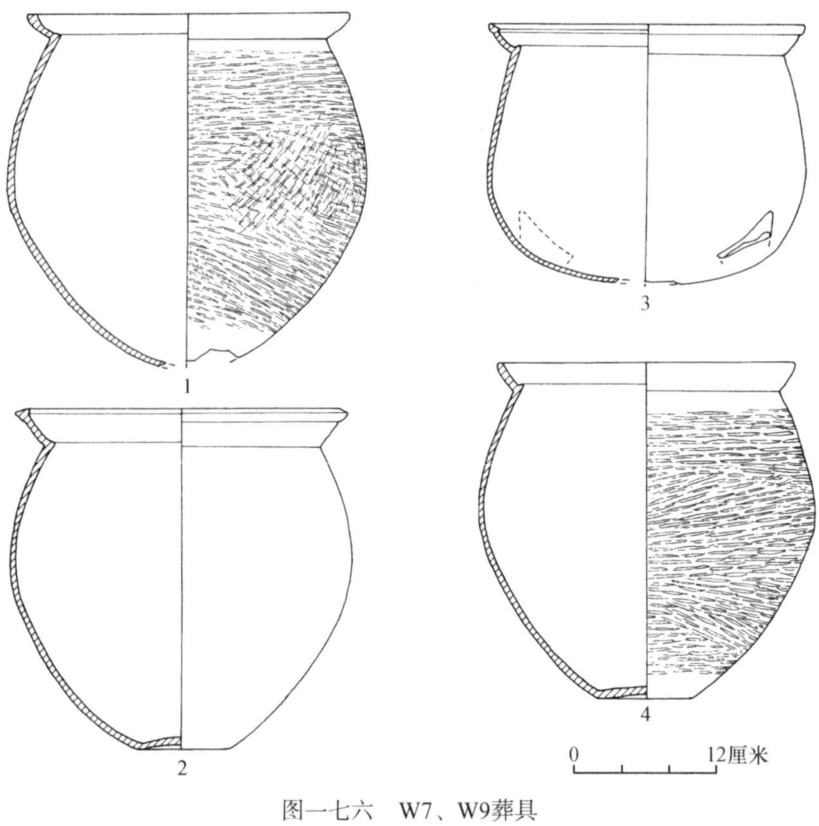

3

1

2

4

0　12厘米

图一七六　W7、W9葬具

1、2、4.折沿罐（W7：1、W7：2、W9：2）　3.罐形鼎（W9：1）

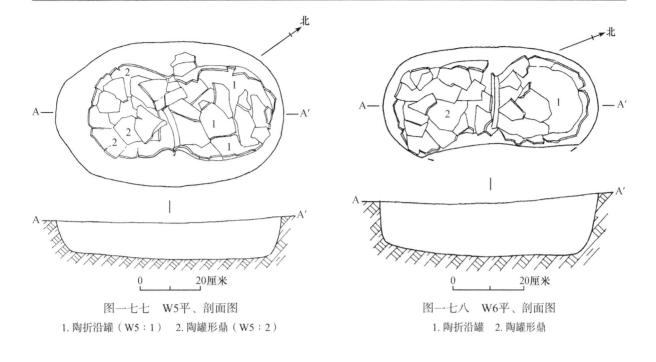

图一七七　W5平、剖面图
1.陶折沿罐（W5∶1）　2.陶罐形鼎（W5∶2）

图一七八　W6平、剖面图
1.陶折沿罐　2.陶罐形鼎

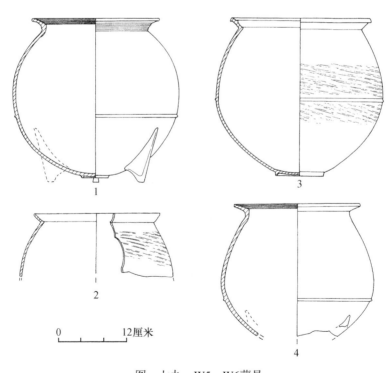

图一七九　W5、W6葬具
1、4.罐形鼎（W5∶2、W6∶2）　2、3.折沿罐（W5∶1、W6∶1）

棱，加厚方唇，深腹微鼓，极矮，圈足底。腹饰稀疏的宽篮纹。残高20.4、口径25.6、腹径32厘米（图一七九，3）。W6：2，陶罐形鼎。夹细砂，颗粒极细，黑陶，陶色纯正。轮制，器表内外抹光。宽折沿，圆唇。沿面饰多道凹弦纹，深鼓腹，下腹部饰一道贴弦纹。残高24、口径23.2、腹径28厘米（图一七九，4）。

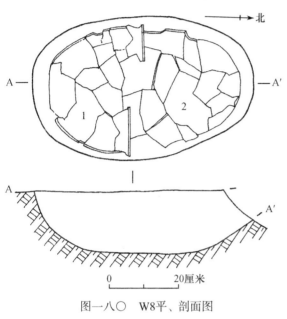

图一八〇　W8平、剖面图
1、3、4.陶折沿罐　2.陶罐形鼎　5.陶矮圈足杯

W8　位于WST5402北隔梁。开口于第3层下，打破第4层。南端被F8打破，并打破W25。开口形状近椭圆形，较一般瓮棺要短。东北至西南向。墓口距地面深0.45～0.5、长径0.8、短径0.5米。墓底距地面深0.7、长径0.65、短径0.42、坑深0.3米。坑内填土为灰土、夹草木灰，斜壁，平底。葬具为一陶折沿罐和一陶罐形鼎对扣放置。扰乱严重，上部完全被破坏，下部平铺于坑内（图一八〇；图版一八，2）。清理发现折沿罐下有2件陶折沿罐残片，方向24°，其中一件仅存底部。另发现一件陶矮圈足杯，可复原，应为随葬品。葬具内发现少量骨架，经鉴定，年龄为0～2岁。

W8：1，陶折沿罐。夹细砂黑陶，纯正。轮制。仰折沿，圆唇，深腹微鼓，小圈足底，极矮。腹饰宽篮纹，下腹一道贴弦纹。通高23.2、口径28.8、腹径28.1、圈足径8.4厘米（图一八一，2；彩版三三，1）。W8：2，陶罐形鼎。夹细砂黑陶，胎略厚，足红色。轮制，器表抹平。宽仰折沿，沿面凹，厚方唇，深鼓腹，圜底，三角形侧装足。饰横篮纹，腹中部一道贴弦纹。通高25.2、口径19.6、腹径26.4厘米（图一八一，1；彩版三三，2）。W8：3，陶折沿罐。夹细砂薄胎黑陶。轮制。斜弧腹，小平底。素面。残高11.6、底径9.6厘米（图一八一，5）。W8：4，陶折沿罐。夹细砂，细小颗粒，一面黑色，一面褐黄。轮制，器表抹平。仰折沿，小口，尖唇。腹中部饰一道贴弦纹。残高18、口径15.2、腹径20.8厘米（图一八一，3；彩版三三，3；图版二八，2）。W8：5，陶矮圈足杯。夹细砂灰陶。手制，慢轮修整。平沿，尖唇，深斜腹，平底，喇叭状小矮圈足。素面。高6.8、口径9、圈足径5.6厘米（图一八一，4）。

W14　位于WST5603西南角及WST5604北隔梁。开口在第2B层下，打破第4层。形状为圆形，坑内填土为红褐色黏土。开口距地面深0.3、直径0.45米、坑深0.32米。葬具上部为陶盆形鼎，下部为陶罐形鼎，对扣放置。未见随葬品（图一八二；图版一八，4）。

W14：1，陶盆形鼎。夹粗砂黑陶。轮制。宽折沿，方唇，浅斜弧腹，圜底，足残。残高8、口径18、腹径16厘米（图一八四，1）。W14：2，陶罐形鼎。夹细砂黑陶，局部红色，胎较薄。轮制，器表抹平。鼓腹，圜底，三角形侧装鼎足。腹饰折篮纹。残高20、最大腹径29.6

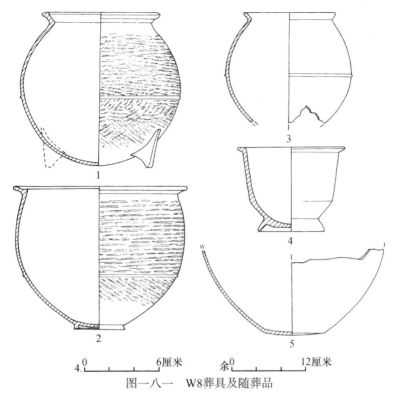

图一八一 W8葬具及随葬品

1. 罐形鼎（W8：2） 2、3、5. 折沿罐（W8：1、W8：4、W8：3） 4. 矮圈足杯（W8：5）

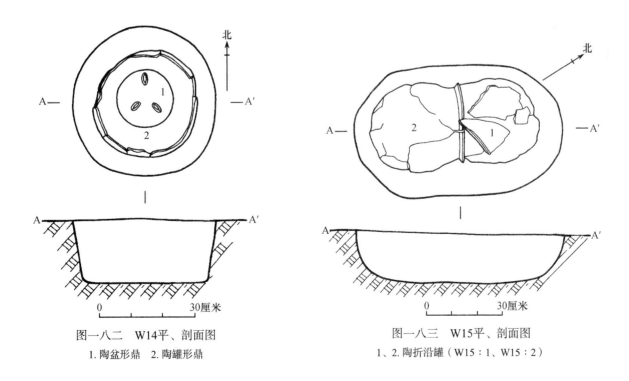

图一八二 W14平、剖面图

1. 陶盆形鼎 2. 陶罐形鼎

图一八三 W15平、剖面图

1、2. 陶折沿罐（W15：1、W15：2）

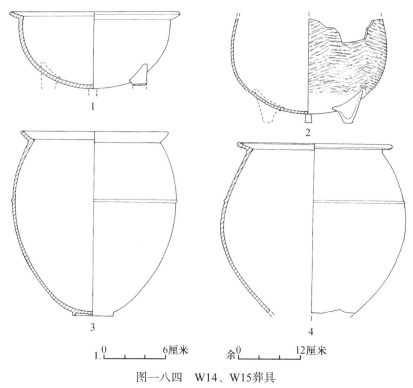

图一八四　W14、W15葬具

1. 盆形鼎（W14∶1）　2. 罐形鼎（W14∶2）　3、4. 折沿罐（W15∶1、W15∶2）

厘米（图一八四，2）。

　　W15　位于WST5503中部偏南。开口在H21坑底，打破第4、5层。距地面深0.7、长径0.8、短径0.5、深0.3米。形状为椭圆形。土坑竖穴墓，弧壁，下端内收，平底。坑内填土为黄褐色黏土夹烧土粒。葬具为两个陶折沿罐横置对扣放置，方向10°（图一八三；图版一九，1）。

　　W15∶1，陶折沿罐。夹粗砂黑陶。轮制，慢轮修整。宽仰折沿，尖唇，深腹微鼓，极矮小圈足底。中部饰一道贴弦纹，通高34.4、口径28.8、腹径31.6厘米（图一八四，3）。W15∶2，陶折沿罐。夹细砂陶，上黑下灰，质地细腻。轮制。宽仰折沿，厚圆唇，深鼓腹，底部残。中部贴弦纹，残高28、口径29.6、最大腹径35.2厘米（图一八四，4）。

　　W23　位于WST5402靠东北角。开口于第4层下，打破第5层。平面近圆形，竖穴土坑墓，斜壁内敛，平底。墓口距地面深0.5、长径0.66、短径0.4、坑深0.3米。墓底距地面深0.62、长径0.6、短径0.3米。坑内填土为灰土、夹草木灰。葬具为两陶罐形鼎对扣侧置于坑内。未见随葬品（图一八五；图版一九，2）。

　　W23∶1，陶罐形鼎。夹细砂薄胎黑陶。轮制。宽仰折沿，沿面起凸棱，尖唇，深鼓腹，下部残。上部饰宽篮纹，中部一道贴弦纹，残高22.8、口径28、腹径30.4厘米（图一八七，2）。W23∶2，陶罐形鼎。夹细砂薄胎黑陶。轮制。弦纹。残高26.5、口径24、腹径29.6厘米（图一八七，1）。W23∶3，陶折沿罐。夹细砂灰褐陶。轮制。垂腹。宽篮纹。残高15.6、腹

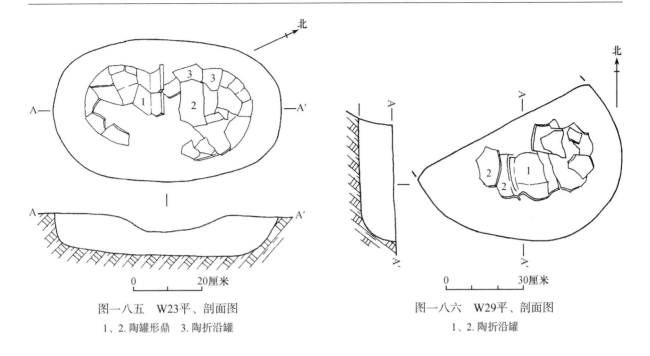

图一八五　W23平、剖面图

1、2.陶罐形鼎　3.陶折沿罐

图一八六　W29平、剖面图

1、2.陶折沿罐

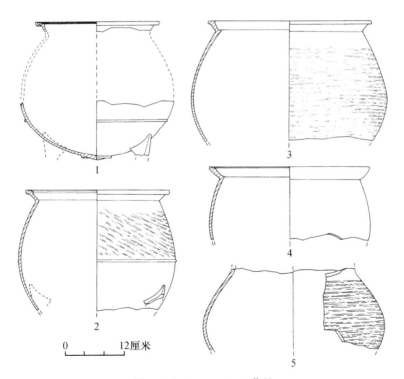

图一八七　W23、W29葬具

1、2.罐形鼎（W23：2、W23：1）　3～5.折沿罐（W29：1、W29：2、W23：3）

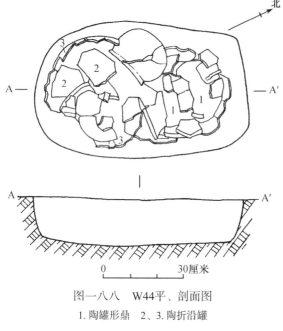

图一八八　W44平、剖面图
1.陶罐形鼎　2、3.陶折沿罐

北

径35.2厘米（图一八七，5）。

W29　位于WST5603西部。开口在第4层下，打破第5层。平面近似圆形，竖穴土坑墓。墓口距地面深0.42～0.52、长径0.78、短径0.45、坑深0.14米。墓底距地面深0.56～0.62、长径0.73、短径0.45米。坑内填土为灰黄色。葬具为两陶折沿罐对扣侧置于坑内。未见随葬品（图一八六；图版一九，3）。

W29：1，陶折沿罐。夹细砂黑陶，胎厚薄均匀。轮制。宽仰折沿，厚方唇，沿内折棱凸出，鼓腹。素面。残高23.2、口径32、腹径39.6厘米（图一八七，3）。W29：2，陶折沿罐。夹细砂内黑陶外红褐陶，厚薄均匀。轮制。宽仰折沿，沟唇，沿内折棱凸出，鼓腹。素面。残高14、口径32、腹径31.2厘米（图一八七，4）。

W44　位于WST5504西南，开口于第3层下，打破第4层。开口形状为圆角长方形。东北至西南向。坑壁上部较为陡直，下部较斜，坑底较平。墓口距地面深0.55、长径0.77、短径0.49、坑深0.16米。坑内填土为灰褐夹烧土粒。葬具扰乱较为严重，从贴近坑底的残片判断，应为1件陶罐形鼎和1件陶折沿罐对扣侧置，方向30°。另有1件陶折沿罐可能也属于坑内遗物，用途不明（图一八八；图版一九，4；图版二〇）。未发现随葬品和骨骼。

W44：1，陶罐形鼎。夹细砂薄胎灰陶。轮制。宽仰折沿，沿面饰凹弦纹，三角形侧装足。复原高18、口径28厘米（图一九〇，1）。W44：2，陶折沿罐。夹细砂薄胎灰陶。轮制。宽仰折沿，圆唇，鼓腹。素面。残高13.2、口径25.6、腹径31.2厘米（图一九〇，4）。W44：3，陶折沿罐。夹粗砂红陶。轮制。特宽仰折沿，加宽方唇，深腹微鼓。素面。残高18.4、口径37.6、腹径35.2厘米（图一九〇，3）。

W45　位于WST5504西部，开口于第3层下，打破第4层。开口形状为圆形。坑壁上部较为陡直，下部较斜，坑底较平。墓口距地面深0.55、直径0.49、坑深0.1米。坑内填土为灰褐夹

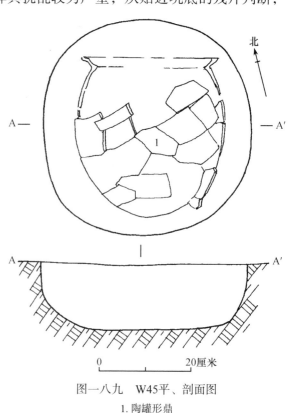

北

图一八九　W45平、剖面图
1.陶罐形鼎

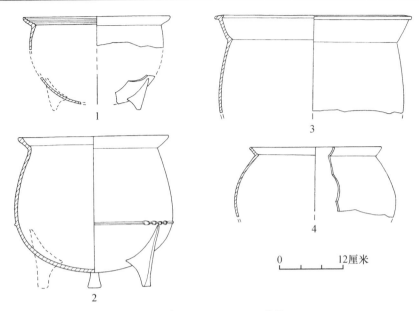

图一九〇 W44、W45葬具

1、2. 罐形鼎（W44∶1、W45∶1） 3、4. 折沿罐（W44∶3、W44∶2）

烧土粒。葬具仅一陶罐形鼎侧置于坑内。破坏严重，上半侧被完全削去。未发现骨骼和随葬品（图一八九；图版二〇）。

W45∶1，夹粗砂黑陶，局部红色，足红色。轮制，慢轮修整。宽仰折沿，厚方唇，鼓腹下垂，三角形侧装足。中部饰一道附加堆纹，堆纹加饰按窝纹。通高28.4、口径28.8、腹径30.4厘米（图一九〇，2；图版二一，7、8）。

第五章 出土遗物

出土遗物比较丰富，主要有两大类——陶器和石器。陶器数量极为丰富，石器数量较少。

第一节 陶 器

一、概 述

（一）陶质与陶色

陶质以夹砂、泥质两大类为主，另有少量夹炭陶和夹白色蚌壳粉末的现象。夹砂陶有夹粗砂和细砂的区别，前者主要见于缸、锅、器座等胎质强度要求较高的器物，后者主要见于鼎、罐、盆、瓮等。泥质陶有的陶土非常细腻，可能经过淘洗，其陶片断口整齐；有的则无淘洗现象，断口参差不齐。泥质陶多见于高领罐、壶、盂形器、豆、碗、圈足盘、钵、杯等。夹炭陶主要见于鼎、罐等类器物。

陶色分黑、灰、红、黄、褐几类。总体来看，以灰陶和黑陶的数量最多，黄陶和褐陶最少，其中，黑陶中的磨光陶在该遗址发现较多。陶色不纯的现象非常普遍，可分为三种情况：一是陶色介于以上五类之间，如红褐、灰褐等，这种现象在该遗址中集中发现于某一期文化遗存；二是内外陶色不一致，以罐、鼎、盆、瓮等大件陶器为多，这种现象可能与陶窑结构及火候有关；三是多种陶色共存于同一件器物，以炊器鼎和罐最为典型，这种情况可能是陶器的后期使用所致。

（二）纹饰

纹饰种类非常丰富，主要有篮纹、方格纹、附加堆纹、按窝纹、绳纹、弦纹、刻划纹、镂孔、戳印纹、叶脉纹等。其中附加堆纹和弦纹比较流行，延续时间最长。附加堆纹一般见于缸、瓮、盆、器座等，附加堆纹上一般加饰按窝纹或辫索纹。弦纹分凹弦纹和凸弦纹，主要见于比较浑圆规整的器形，是快轮制陶的标志性特征，多数是在制作陶坯时快轮转动过程中产生，一般成组出现，如高领罐的肩部。

篮纹的数量最多，形态最复杂多样，可分为宽篮纹、窄篮纹、交错篮纹等类型，所见器形也最为丰富。

方格纹的出现比较晚，一般见于罐、盆、钵、瓮等器类，多属拍印。

绳纹数量较少，均为细绳纹，主要见于罐、钵。

刻划纹根据施纹的部位可分为三种：一种位于器物外壁，一种位于圈足器的底部，另一种位于擂钵内壁。

戳印纹和镂孔主要见于豆、圈足盘、圈足杯的圈足部分，分圆形、三角形及弧形等。

另外，该遗址还大量存在一件器物上出现多种纹饰的现象，其中以附加堆纹和篮纹组合最为典型，篮纹和方格纹的组合也比较常见（图一九一～图一九六）。

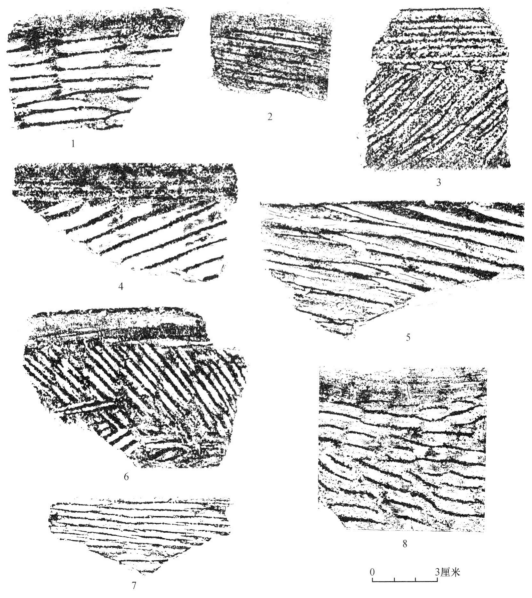

0 ⊢———┤ 3厘米

图一九一 篮纹

1. H13②：59　2. H17③：74　3. WST5501④：24　4. WST5403④：16　5. WST9401②：4　6. H17①：99　7. TG1②：54　8. H13①：74

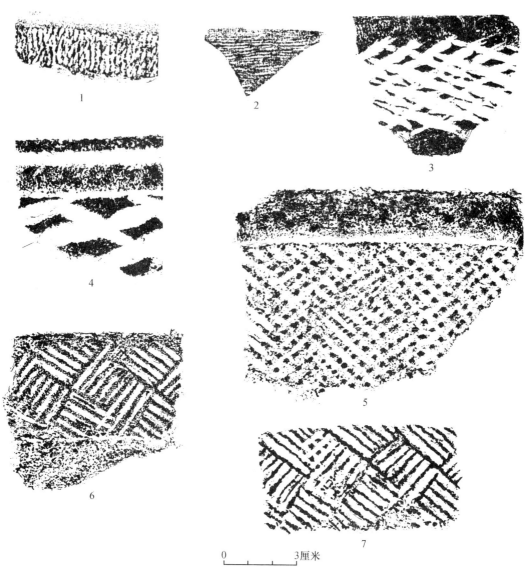

图一九二　绳纹、菱形纹、方格纹、席纹

1、2. 绳纹（H17①：109、EST1985③：29）　　3、4. 菱形纹（WST5402③：21、H6：15）

5. 方格纹（WST5609⑦：74）　　6、7. 席纹（灰土层3：15、EST2086⑤A：75）

彩陶数量较少，纹饰以黄底黑彩和黄底红彩数量最多，另有少量的红底黑彩。有的器表全部涂上单色的全红色或黑色的彩绘陶衣。从施加彩绘的器物看，一般以日常生活用的陶器器皿居多，如壶、杯，另外，纺轮施彩绘也比较普遍。从质地看，一般均为较细腻的泥质陶，器形厚薄均匀，制作精美。从纹饰种类看，以方格纹数量最多，一般线条多斜向交叉，多为黄底黑彩或黄底红彩（彩版三四）；其次为菱形纹，线条有单线和双线两种，也有黄底红彩和黄底黑彩两种（彩版三五）；另有少量的带状彩绘，又可分为间断和不间断两类（彩版三六）。

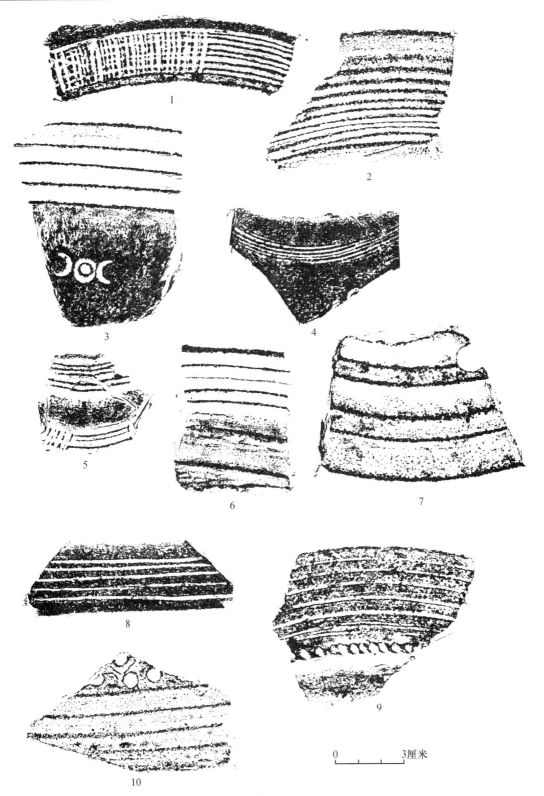

图一九三　弦纹

1. H12：6　2. H17①：109　3. H17①：88　4. H17③：57　5. WST5501⑥：16　6. H17②：45　7. WST3406⑧：26
8. H17①：18　9. WST5505③：30　10. TG1②：50

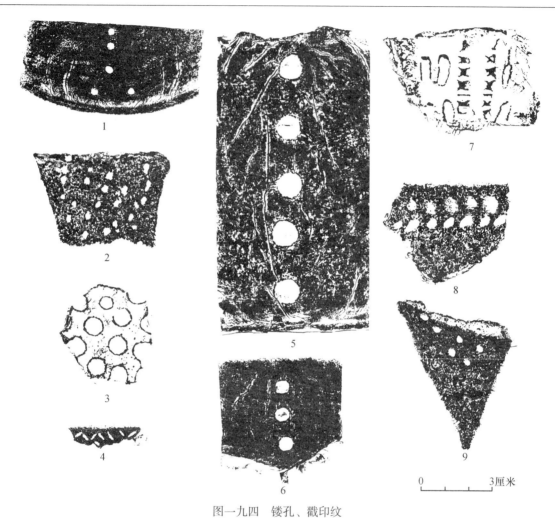

图一九四　镂孔、戳印纹

1. EST1886④：3　2. EST1986⑤B：4　3. EST1885②：23　4. EST2086⑤A：41　5. WST5603④：49

6. H17③：85　7. 灰土层2：14　8. WST5502③：33　9. H15：60

需要说明的是，该遗址早晚各期陶质陶色变化比较大，各期陶器施纹的比例及纹饰的特征也不一样，这种差异性将在后文中详细说明。

（三）器类

根据陶器的使用功能可分为生活类陶器、工具类陶器、艺术类陶器。生活类陶器一般为容器，是指日常生活中经常使用的器皿。工具类陶器指食物加工、制陶工具、纺织工具、狩猎工具等各类生产加工类陶器。艺术类陶器指配饰、玩具等各种非实用性陶器。

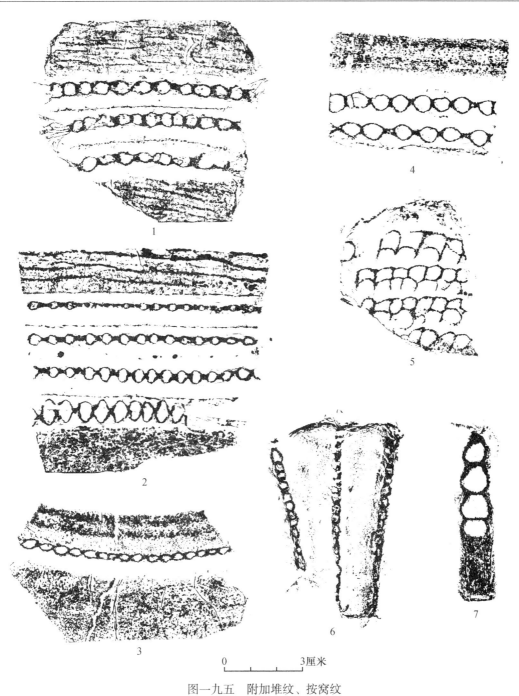

图一九五　附加堆纹、按窝纹
1. WST5604⑥：37　2. H20：7　3. WST5505④：59　4. H17③：79　5. WST3006⑥：19　6. EST1986⑤B：5
7. WST3406③：27

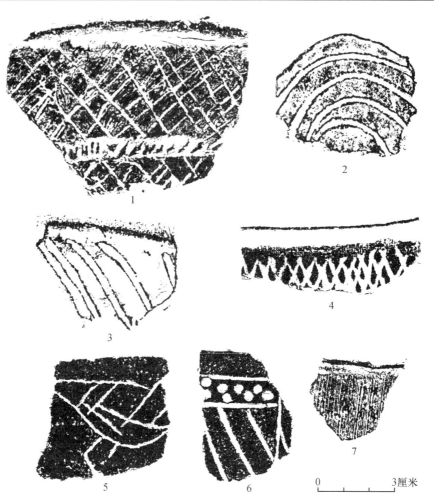

图一九六　刻划纹、篦划纹

1.灰土层3：11　2.WST5605③：24　3.TG1②：67　4.TG1③：20　5.WST5402①：3　6.WST5401⑦：9　7.EST1986④：7

二、生活类陶器

有鼎、甑、壶、盆、缸、瓮、壶、豆、盘、碗、钵、杯、器盖、器座。

（一）鼎

可分为罐形鼎和盆形鼎两类。

1. 罐形鼎

数量较多，可分为A、B、C、D四型。

A型　18件。球形鼓腹。可分为Aa型和Ab型两个亚型。

Aa型　12件。有圈足。可分为二式。

Ⅰ式　7件，均出自家山遗址。多作为瓮棺葬葬具使用。短颈。

W5：2，可复原。夹细砂黑陶，陶色纯正，足红色。轮制，器表抹平，鼎足拼接。宽卷沿，方唇，深鼓腹，圜底，三角形侧装足。沿面饰多道凹弦纹。通高29.2、口径23.2、腹径30、圈足径4.8厘米（图一九七，1；彩版三七，1、2）。W19：1，夹细砂黑陶。轮制。宽平沿，沿面饰多道弦纹，球形鼓腹，圜底，侧装足，足跟残。下腹饰一道贴弦纹。残高28.4、口径23.2、腹径33.6厘米（图一九七，2；图版二一，2）。W21：2，夹细砂黑陶。轮制。折沿近平，尖唇，矮直领，溜肩，鼓腹。腹饰宽篮纹，口沿饰弦纹。残高10.7、口径19.2厘米（图一九七，3）。W36：2，可复原。夹砂黑陶。轮制。宽平沿微隆起，尖唇，溜肩，鼓腹，圜

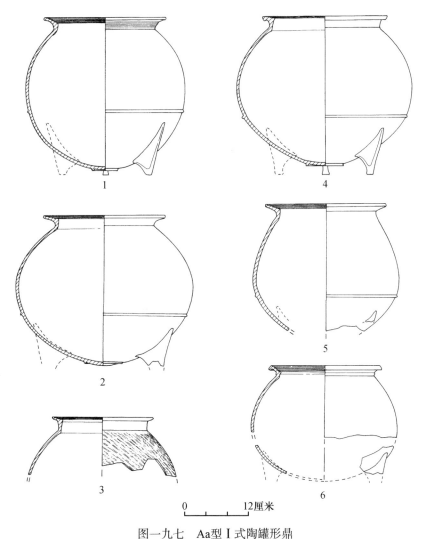

0　　　　　　　12厘米

图一九七　Aa型Ⅰ式陶罐形鼎

1. W5：2　2. W19：1　3. W21：2　4. W36：2　5. W6：2　6. W30：3

底，三角形侧装足。腹下部饰一道贴弦纹。通高29.2、口径23.6、腹径33.6、圈足径7.2厘米（图一九七，4；图版二一，3）。W6：2，夹细砂黑陶，颗粒极细，陶色纯正。轮制，器表内外抹光。宽折沿，圆唇，沿面饰多道凹弦纹，深鼓腹。下腹部饰一道贴弦纹。残高24、口径23.2、腹径28厘米（图一九七，5；图版二一，1）。W30：3，夹细砂薄胎黑陶。轮制。折沿，尖唇外折，沿面饰多道凹弦纹，鼓腹下垂，侧装足，弦纹。残高20、口径21.6、腹径28厘米（图一九七，6）。W23：1，夹细砂薄胎黑陶。轮制。宽仰折沿，沿面起凸棱，尖唇，深鼓腹，下部残。上部饰宽篮纹，中部一道贴弦纹。残高22.8、口径28、腹径30.4厘米（图一九八，4）。

Ⅱ式　5件，出自家山遗址。均作为瓮棺葬葬具使用，无颈。

W20：1，夹细砂黑陶。轮制。口残，球形鼓腹，坦底，三角形侧装足。饰宽篮纹，下腹饰一道贴弦纹。残高25.2、腹径27.2厘米（图一九八，1；图版二一，4）。W23：2，夹细砂

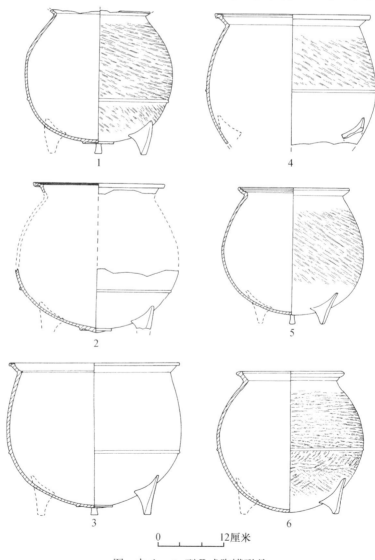

0　　　　　12厘米

图一九八　Aa型Ⅱ式陶罐形鼎

1. W20：1　2. W23：2　3. W25：1　4. W23：1　5. W34：2　6. W8：2

薄胎黑陶。轮制。弦纹。残高26.5、口径24、腹径29.6厘米（图一九八，2）。W25：1，夹细砂，薄胎，外黑内黄。轮制，器表抹平。宽仰折沿，尖唇，深腹略鼓，最大径在下腹。浅篮纹多被抹平，下腹饰一道贴弦纹。通高26.8、口径31.2、腹径32厘米（图一九八，3）。

W34：2，夹细砂薄胎黑陶。轮制。宽折沿，圆唇，沿面有数道凹弦纹，鼓腹略下垂，三角形侧装足。素面。残高15.2、腹径26.4厘米（图一九八，5；图版二一，5）。W8：2，夹细砂黑陶，胎略厚，足红色。轮制，器表抹平。宽仰折沿，沿面凹，厚方唇，深鼓腹，圜底，三角形侧装足。饰横篮纹，腹中部一道贴弦纹。通高25.2、口径19.6、腹径26.4厘米（图一九八，6）。

Ab型　6件。无圈足。

Ⅰ式　2件，均出自家山遗址土坑墓。鼓腹。

M1：3，夹细砂薄胎黑陶。轮制。鼓腹，圜底，侧装三角形鼎足。腹饰宽篮纹，下腹饰三道贴弦纹。残高12厘米。出土于M1填土内（图一九九，2）。M4：3，夹细砂薄胎黑陶。轮制。圜底，侧装足。素面。腹径16、残高8.4厘米（图一九九，6）。

Ⅱ式　4件，其中1件出自城内居住区，5件出自家山遗址。腹变瘦。

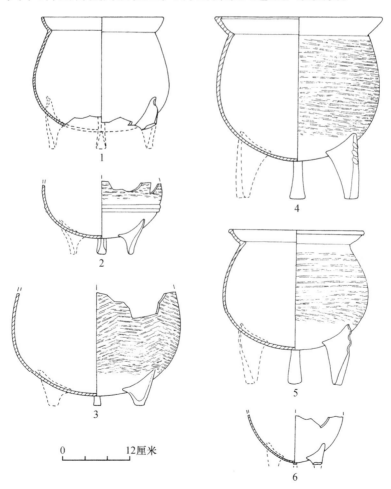

图一九九　Ab型陶罐形鼎

1、3～5. Ⅱ式（EST1885③：2、W14：2、H14：19、H20：2）　2、6. Ⅰ式（M1：3、M4：3）

EST1885③：2，夹粗砂灰黄陶，足红色。轮制。宽仰折沿，圆唇，鼓腹下垂，圜底，鸭嘴状足。口径21.6、残高19.6厘米（图一九九，1；彩版三七，3）。W14：2，夹细砂黑陶，局部红色，胎较薄。轮制，器表抹平。鼓腹，圜底，三角形侧装鼎足。腹饰折篮纹。残高20、最大腹径29.6厘米（图一九九，3；图版二一，6）。H14：19，夹粗砂黑陶。特宽仰折沿，沿面凹，宽凹唇。腹饰宽篮纹，足面饰按窝。口径29.6、腹径29.6、复原高31.2厘米（图一九九，4）。H20：2，夹粗砂，黑皮陶，下部略泛红。轮制。特宽仰折沿，沿面凹，方唇，鼓腹下垂，圜底，侧装鸭嘴形足。腹饰宽篮纹。口径24、复原高25.2厘米（图一九九，5）。

B型　8件。斜腹。可分为三式。

Ⅰ式　3件，1件出自家山遗址土坑墓，2件出自城内居住区。最大径在腹中部。

灰土层3：2，夹细砂黑陶，足红色。轮制，鼎足拼接。宽仰折沿，尖唇，鼓腹，圜底，倒梯形扁鼎足，足跟平。腹饰两周贴弦纹。通高13.2、口径18.4、腹径17.6厘米（图二〇〇，1；图版二二，1）。M3：1，夹细砂薄胎灰陶。轮制。宽仰折沿，尖唇，微鼓腹，略下垂，圜底，侧装三角形小矮足，足跟外凸。素面。通高14、口径16.8、最大腹径15.2厘米（图二〇〇，2）。EST2286⑤：29，泥质薄胎黑陶。平底，鼓腹，口沿及足均残。残高4.6、腹径9.2厘米（图二〇〇，4）。

Ⅱ式　1件，出自家山遗址。圆腹。

H14：7，夹细砂黑陶。轮制。特宽仰折沿，方唇，沿面凹，深鼓腹，圜底，侧装鸭嘴形足。足面上部饰按窝纹，腹饰模糊宽篮纹。口径24、腹径21.6、残高21.2厘米（图二〇〇，3）。

Ⅲ式　4件，1件出自城内居住区，3件出自家山遗址。最大径下移。

W45：1，夹粗砂黑陶，局部红色，足红色。轮制，慢轮修整。宽仰折沿，厚方唇，鼓腹下垂，三角形侧装足。中部饰一道附加堆纹，堆纹加饰按窝纹。通高28.4、口径28.8、腹径30.4厘米（图二〇〇，5；图版二一，7、8）。WST5604④：5，夹粗砂，黑皮红褐胎。轮制。宽仰折沿，方唇，沿面略凹，沿内起折棱，鼓腹略下垂，圜底。腹饰宽斜篮纹。口径17.6、腹径17.2、高16.4厘米（图二〇〇，6；图版二二，2）。H26：6，夹粗砂黄陶。轮制。宽仰折沿，圆唇，深鼓腹略下垂，圜底，鸭嘴形足。口径24、高27.2、腹径24厘米（图二〇〇，7；图版二二，3）。EST1886④：60，夹粗砂，外黄内黑。轮制。存中段，鼓腹，圜底。腹饰三周贴弦纹，弦纹分段加饰按窝纹。残高10、腹径28厘米（图二〇〇，8）。

C型　10件。垂鼓腹。可分为三式。

Ⅰ式　5件，1件出自城内居住区，4件出自家山遗址。

M5：4，夹粗砂黑陶。轮制。宽仰折沿，方唇，口微敛，鼓腹下垂，圜底，三角形侧装小矮足。口径17.6、高16、腹径18.4厘米（图二〇一，1；图版二二，4）。M9：1，夹粗砂黑陶。轮制。宽仰折沿，沿面中部起折棱尖唇，鼓腹下垂，圜底，侧装足。素面。口径17.6、残高16、腹径20厘米（图二〇一，2；图版二二，5）。H26：11，夹粗砂，器表见石英颗粒，黄陶。轮制。宽仰折沿，圆唇，鼓腹略下垂，圜底。素面。口径10.8、腹径11.6、残高8.2厘米

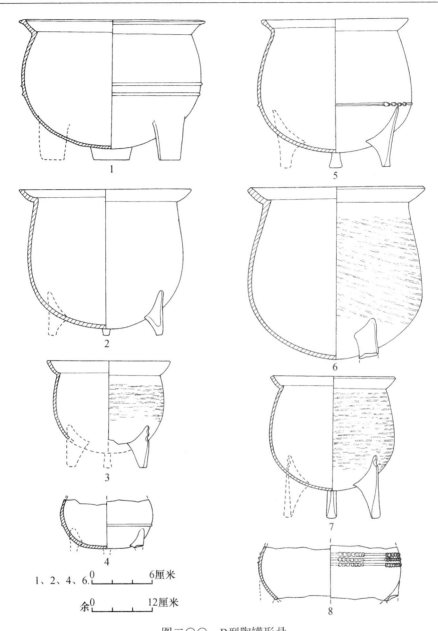

图二〇〇　B型陶罐形鼎

1、2、4. I式（灰土层3：2、M3：1、EST2286⑤：29）　3. II式（H14：7）　5~8. III式（W45：1、WST5604④：5、

H26：6、EST1886④：60）

（图二〇一，3；图版二三，1）。W9：1，夹细砂，上部黑色，底部红色。轮制，器表抹平。
宽仰折沿，尖唇，深垂腹，坦底，侧装足。素面。高22、口径26、腹径27.2厘米（图二〇一，
4；图版二三，2）。WST5502④：3，夹细砂黄灰陶，胎极薄。轮制。垂鼓腹，圜底，侧装三
角形小矮足。素面。残高12、腹16厘米（图二〇一，9；图版二三，3）。

II式　2件，均出自家山遗址。

H18：7，夹细砂灰陶。轮制。宽仰折沿，尖唇内弧，鼓腹，圜底，侧装足。素面。通高

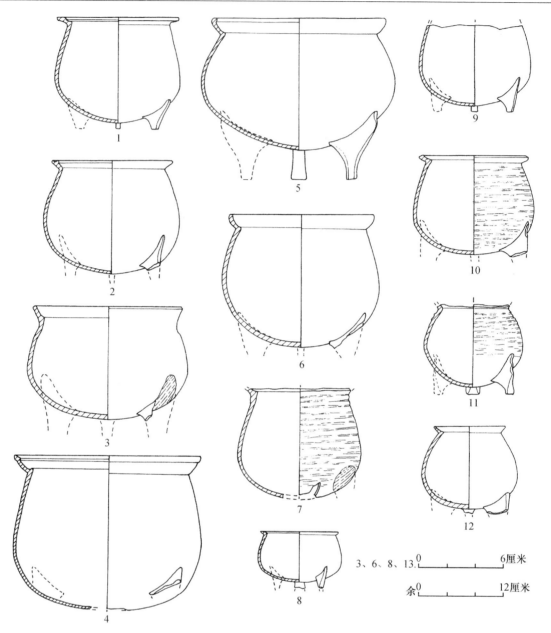

图二〇一　C型、D型陶罐形鼎

1~4、9.C型Ⅰ式（M5：4、M9：1、H26：11、W9：1、WST5502④：3）　5、6.C型Ⅱ式（H18：7、H18：47）

7、10、11.C型Ⅲ式（H13②：12、H17③：48、H13②：11）　8、12.D型（WST5402②：4、WST5605③：1）

22.8、口径25.2、腹径28厘米（图二〇一，5；图版二三，4）。H18：47，夹细砂灰陶。轮制，足拼接。仰折凹沿，尖唇，球形鼓腹，圜底。素面。残高9.6、口径10.4、腹径11.2厘米（图二〇一，6；图版二三，5）。

　　Ⅲ式　3件，均出自家山遗址。

　　H13②：12，夹细砂，黑皮红胎。轮制。折沿，垂鼓腹，圜底。宽篮纹。残高15.6、腹径17.6厘米（图二〇一，7；图版二三，6）。H17③：48，夹砂灰陶。轮制。宽仰折沿，厚方唇，鼓腹略下垂，圜底，侧装足。腹饰宽篮纹，足面上部饰一按窝纹。口径15.6、高14.4、腹径17.6厘米（图二〇一，10；图版二四，4）。H13②：11，夹砂黑皮陶，红胎。折沿，深鼓腹，圜底，侧装三角形足，足跟平。足面饰两按窝，腹饰宽篮纹。残高12.8厘米（图二〇一，11；图版二四，3）。

D型　2件，均出自家山遗址。小鼎。

WST5402②：4，夹细砂，黑皮灰胎。轮制。平沿，尖唇，敛口，鼓腹，圜底，极矮扁足。素面。口径5.6、腹径6、残高4厘米（图二〇一，8；图版二四，5）。WST5605③：1，夹细砂黑陶。轮制。宽仰折沿，尖唇，鼓腹略下垂，圜底，侧装足。素面。残高6、口径5.2、最大腹径6.8厘米（图二〇一，12；图版二四，6）。

2. 盆形鼎

可分为A、B、C三型。

A型　5件。斜弧腹。可分为Aa和Ab两个亚型。

Aa型　2件，出自家山遗址。有圈足。

W39：1，夹砂黑陶。轮制。宽仰折沿，尖圆唇，口微敛，斜弧腹，圜底，足残。器身饰篮纹，中部饰一道贴弦纹。高21.2、口径34.4、腹径30.4、底圈足7.2厘米（图二〇二，1；图版二四，1）。M3：5，夹粗砂外灰内黄陶。宽仰折沿，沿面凹，方唇，口微敛，斜弧腹，坦底，极矮圈足，三角形侧装小矮足。腹饰一道贴弦纹。通高12.4、口径21.6、腹径18.4、底部圈足径4.4厘米（图二〇二，5）。

Ab型　3件。无圈足。可分为二式。

Ⅰ式　2件，出自家山遗址。腹较浅。

W44：1，夹细砂灰陶，薄胎。轮制。宽仰折沿，沿面饰凹弦纹，三角形侧装足。复原高18、口径28厘米（图二〇二，2）。M2：2，夹细砂黑皮红陶。轮制。宽仰折沿，沿面凹，厚方唇，口微敛，斜弧腹，圜底，三角形侧装小矮足。满饰模糊的横篮纹。口径21.6、高11.2厘米（图二〇二，3；彩版二〇，5；图版二五，1）。

Ⅱ式　1件，出自家山遗址。下腹内收较Ⅰ式多。

W14：1，夹粗砂黑陶。轮制。宽折沿，方唇，浅斜弧腹，圜底，足残。残高8、口径18、腹径16厘米（图二〇二，4；图版二四，2）。

B型　4件。直腹微鼓。可分为二式。

Ⅰ式　2件，均出自家山遗址。腹较浅。

WST5301②：1，泥质薄胎黑陶。轮制。敞口，宽仰折沿，沿面凹，鼓腹，圜底，侧装三角足。下腹饰多道凹弦纹。口径16.8、腹径15、高10厘米（图二〇〇，6）。WST5502④：1，夹细砂薄胎黑陶。轮制。宽仰折沿，斜方唇，沿面凹，微鼓腹，圜底，三角形小矮足。腹饰模糊的横篮纹。口径18.8、高11.6厘米（图二〇三，1；图版二五，2）。

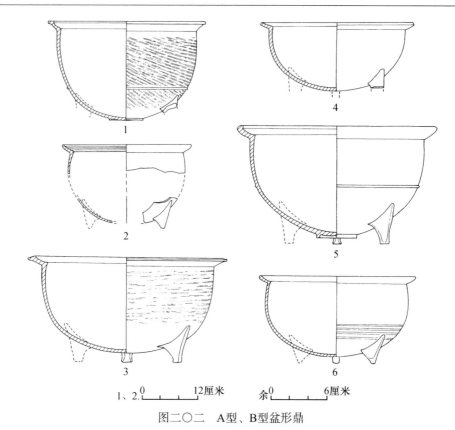

1、2. 0 ____ 12厘米　　余 0 ____ 6厘米

图二〇二　A型、B型盆形鼎

1、5. Aa型（W39：1、M3：5）　2、3. Ab型Ⅰ式（W44：1、M2：2）　4. Ab型Ⅱ式（W14：1）　6. B型Ⅰ式（WST5301②：1）

Ⅱ式　2件，出自家山遗址。腹略直。

M3：3，夹细砂，黑皮红胎。轮制。宽仰折沿，沿面凹，尖唇，口微敛，近直腹，坦底，侧装三角形小矮足。素面。通高10.6、口径21.2、最大腹径18.8厘米（图二〇三，2）。H24：8，夹粗砂灰陶。轮制。斜弧腹，坦底，侧装足，足跟残，足面较窄，足面上部饰两个按窝。残高7.2厘米（图二〇三，6）。

C型　4件。斜腹。可分为Ca和Cb两个亚型。

Ca型　1件，出自家山遗址。有圈足。

M6：1，夹粗砂黑陶。轮制。平沿，沿面凹，尖圆唇，敞口，斜弧腹，平底，极矮圈足，侧装足。素面。口径18.4、残高9.6厘米（图二〇三，3；图版二五，3）。

Cb型　3件。无圈足。可分为二式。

Ⅰ式　1件，出自家山遗址。宽折沿。

W18：1，夹细砂黑陶。轮制。仰折沿，沿面凹弦纹，侧装三角形鼎足。素面。高12、口径24厘米（图二〇三，5）。

Ⅱ式　2件，出自家山遗址。沟沿。

H24：7，夹细砂黑陶。轮制。敛口，平凹沿，尖唇，外侧一周锯齿状纹，斜弧腹，圜底，侧装足。残高10.4、口径20.8、腹径19.6厘米（图二〇三，4；图版二五，4）。

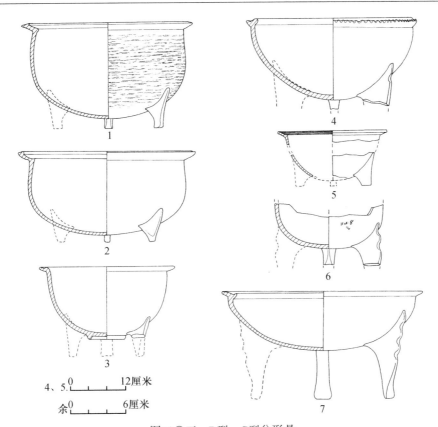

图二〇三　B型、C型盆形鼎

1. B型Ⅰ式（WST5502④∶1）　2、6. B型Ⅱ式（M3∶3、H24∶8）　3. Ca型（M6∶1）　4、7. Cb型Ⅱ式（H24∶7、WST5505④∶2）　5. Cb型Ⅰ式（W18∶1）

WST5505④∶2，夹粗砂黑陶。轮制。丁字口，宽凹沿，尖唇，沿内折棱凸出，浅斜腹，坦底，侧装鸭嘴形足，足面上部饰三个按窝。口径22、残高12.8厘米（图二〇三，7；图版二五，5）。

另外，该遗址还出土各类鼎足。

长方形宽扁足　4件。F9∶3，夹粗砂，上黑下红。手制。倒梯形铲形足，正装，足跟较薄。素面。残高7厘米（图二〇四，1）。WST5501③∶72，泥质黑陶。正面饰菱形网格状刻划纹。残高5厘米（图二〇四，2）。WST5605③∶11，夹粗砂红陶。方形扁鼎足，足面起两道纵向。残高7厘米（图二〇四，3）。WST5403②∶50，夹粗砂灰陶。长方形宽扁足。素面。残高5.8厘米（图二〇四，9）。

倒梯形脊面足　4件。WST5501③∶58，夹粗砂黄陶。长方形，器形宽扁。足面纵向起三道脊棱，脊上加饰按窝。足根较平。残高10厘米（图二〇四，4）。EST1986⑤A∶4，夹砂黑陶。倒梯形，边缘内弧。足面饰圆形戳印纹，足根残。残高6.6厘米（图二〇四，7）。H14∶24，夹细砂橙黄陶。手制。倒梯形扁足，足跟较平，中部起脊，脊上部饰按窝。残高8.2（图二〇四，11）。EST2185④∶5，夹粗砂黄陶。手制。倒梯形扁足，足跟较平。素面。残

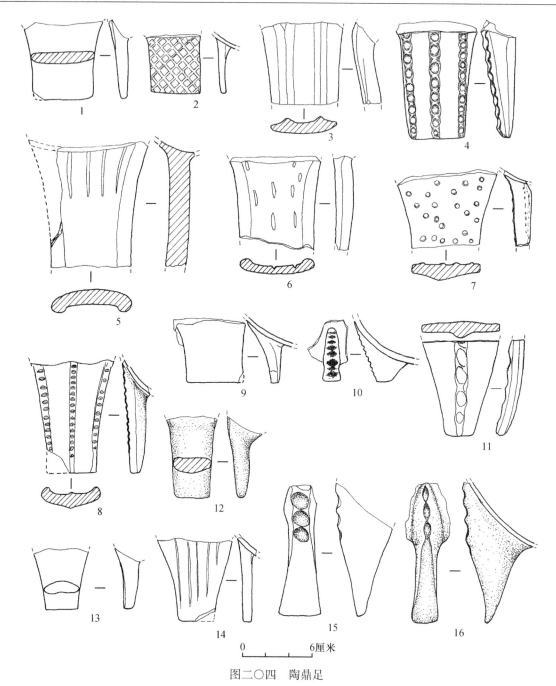

图二〇四　陶鼎足

1～3、9.长方形宽扁足（F9：3、WST5501③：72、WST5605③：11、WST5403②：50）　4、7、11、12.倒梯形脊面足
（WST5501③：58、EST1986⑤A：4、H14：24、EST2185④：5）　5、6、8、13、14.倒梯形凹面足（EST1886④：63、F7：9、
EST1986⑤B：5、TG1⑦：45、EST2086⑤A：11）　10.侧装三角形足（WST3506④：26）　15、16.鸭嘴形足（WST5501③：59、
H17③：109）

高7、宽3.6厘米（图二〇四，12）。

倒梯形凹面足 5件。EST1886④：63，夹粗砂，上部黑，下部黄。轮制。倒梯形扁足，足面饰多道竖向刻划纹。残高10.4、下宽6.8厘米（图二〇四，5）。F7：9，夹炭红陶。倒梯形扁鼎足，足侧面卷起，足面凹，饰戳印纹。残高8厘米（图二〇四，6）。EST1986⑤B：5，夹砂黑陶。倒梯形，边缘略内弧。足面纵向起三道脊棱，脊上加饰按窝。残高10.2厘米（图二〇四，8）。TG1⑦：45，泥质黑陶，足跟灰色。手制。倒梯形扁鼎足，足面中间凹，足跟平。素面。残高5.2厘米（图二〇四，13）。EST2086⑤A：11，泥质黑陶。手制。倒梯形扁鼎足，足跟较平，足面饰纵向刻划纹。素面。残高7厘米（图二〇四，14）。

侧装三角形足 1件。WST3506④：26，夹粗砂黑陶。侧装三角形小矮足，足面密饰按窝纹。残高5.4厘米（图二〇四，10）。

鸭嘴形足 2件。WST5501③：59，夹粗砂红陶。残高11.2厘米（图二〇四，15）。H17③：109，夹砂黑陶。手制。鸭嘴形足，侧面三角形，足面顶端饰三个按窝。残高9厘米（图二〇二，16）。

（二）甑

根据腹部特征可分为A、B、C三型。

A型 4件。深斜腹。可分为Aa和Ab两个亚型。

Aa型 2件，家山遗址和城内居住区各1件。圈足底。

H14：18，夹粗砂黑陶。轮制。宽仰折沿，尖唇，斜弧腹，圜底，矮圈足，足跟微内弧，底部中间一个圆孔，环绕4个椭圆形孔。高21.8、口径34.4、底径18.4厘米（图二〇五，1；图版二六，1、2）。EST1886④：13，夹粗砂灰陶。轮制。斜弧腹，圜底，矮圈足外撇。素面。残高5.6、圈足径20厘米（图二〇五，6）。

Ab型 2件，出自家山遗址。平底。H17③：94，夹砂，黑皮，局部灰色，红胎。轮制。宽仰折沿，尖唇微内折，斜弧腹，底残。腹饰稀疏的宽篮纹。高22、口径36.8、底径14.4厘米（图二〇五，2；图版二六，3、4）。WST5505④：19，夹细砂，黑皮红胎。轮制。宽仰折沿，敞口，圆唇，深斜腹，平底，底部有圆形镂孔。腹饰模糊的宽篮纹。复原高26、口径37.6、底径12厘米（图二〇五，3）。EST2185③：1，也可能属于B型Ⅰ式。泥质红陶。轮制。斜腹，平底，底部密布圆形篦孔。素面。残高3.2、底径7.5、孔径0.5厘米（图二〇五，7）。

B型 浅腹。可分为二式。

Ⅰ式 件，出自家山遗址。腹中部外鼓明显。

H26：9，夹粗砂，石英颗粒，灰黄陶。轮制。宽仰折沿，沿面凹，方唇，斜弧腹，平底，底部有大小不一的圆形孔。残高12.4、口径22.4、底径10.4厘米（图二〇五，4；图版二六，5、6）。WST5503③：7，夹细砂黑陶。轮制。宽仰折沿，沿面凹，方唇，斜腹外弧，

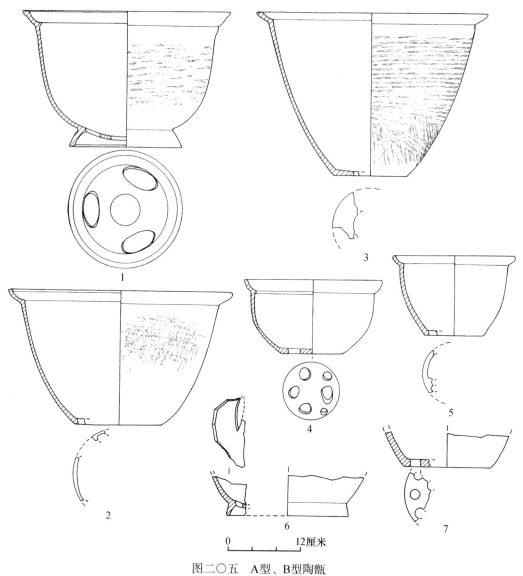

图二〇五　A型、B型陶甑

1、6. Aa型（H14∶18、EST1886④∶13）　2、3、7. Ab型（H17③∶94、WST5505④∶19、EST2185③∶1）

4、5. B型Ⅰ式（H26∶9、WST5503③∶7）

底部有圆形镂孔。素面。残高12.8、口径20、底径9.6厘米（图二〇五，5；图版二七，1）。

　　Ⅱ式　家山遗址2件，城内居住区1件。腹略外弧。

　　H13②∶4，夹细砂黑陶。轮制。敞口，宽仰折沿，圆唇，斜弧腹，平底，底部有圆形镂孔。高10.8、口径24、底径10.4厘米（图二〇六，1；图版二七，2、3）。H17③∶125，夹砂黑皮陶，红胎。轮制。宽仰折沿，厚方唇，沿内起凸棱，斜弧腹，平底，底部中间一个圆形镂孔，周边环绕3个椭圆形镂孔。高14.8、口径27.2、底径12厘米（图二〇六，2）。

　　C型　4件。器形较小，特矮腹。可分二式。

Ⅰ式 2件。浅斜腹。

WST5504③：7，夹粗砂黑陶。轮制。宽仰折沿，圆唇，浅直腹，底部有圆形镂孔。口径21.6、残高4.8、底径18.4厘米（图二〇六，3）。WST5504③：8，夹砂黑陶。轮制。宽仰折沿，圆唇，浅直腹，底部有圆形镂孔。口径20、高4.8、底径16.8厘米（图二〇六，4）

Ⅱ式 2件。浅直腹。

H17①：28，夹细砂黑陶。轮制。敞口，宽仰折沿，方唇，浅直腹，平底，底部有长方形镂孔。口径19.2、高3.6、底径14.4厘米（图二〇六，5；图版二七，4）。H17①：16，夹粗砂黑陶。轮制。宽仰折沿，方唇，敞口，浅直腹，平底，底部有椭圆形镂孔。高4、口径20、底径16厘米（图二〇六，6）。H7：22，夹细砂灰陶，厚胎。轮制，慢轮修整。仰折沿，尖唇，斜直腹。素面。高6、口径20、底径15.2厘米（图二〇六，7；图版二七，5）。H17①：86，夹粗砂黑陶，局部红色。仰折沿，方唇，敞口，斜直腹，平底，底部椭圆形孔。残高3.2、口径16厘米（图二〇六，8）。

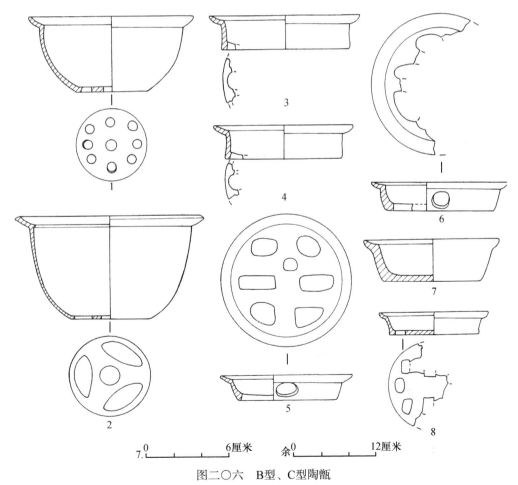

图二〇六　B型、C型陶甑

1、2.B型Ⅱ式（H13②：4、H17③：125）　3、4.C型Ⅰ式（WST5504③：7、WST5504③：8）

5～8.C型Ⅱ式（H17①：28、H17①：16、H7：22、H17①：86）

（三）罐

数量较多，又可分为折沿罐、小罐、高领罐三大类。其中小罐指口径、高度均在8厘米以下的罐，鉴于其在实际使用中可能与折沿罐不同，故单独列为一类。

1. 折沿罐

可分为A、B、C、D、E五型。

A型　24件。圆鼓腹。可分为三式。

Ⅰ式　6件，均出自家山遗址。器身浑圆，多数底部有圈足。

W6：1，夹砂，细砂颗粒，黑灰相间。轮制，快轮修整。宽折沿，沿面起凸棱，加厚方唇，深腹微鼓，极矮，圈足底。腹饰稀疏的宽篮纹。残高20.4、口径25.6、腹径32厘米（图二〇七，1；图版二八，1）。W22：1，夹细砂黑陶。轮制，器表抹平。球形鼓腹，小平底，极矮圈足。腹中部一道贴弦纹。残高26.7、最大腹径29.6、圈足径8.8厘米（图二〇七，2；图版二八，3）。W8：4，夹细砂，细小颗粒，一面黑色，一面褐黄。轮制，器表抹平。仰折沿，小口，尖唇。腹中部饰一道贴弦纹，有浅而稀的宽篮纹。残高18、口径15.2、腹径20.8厘米（图二〇七，3；图版二八，2）。WST5504⑥：1，夹细砂黑陶。轮制。宽仰折沿，方唇，沿内起凸棱，深鼓腹，平底，极矮圈足。腹中部饰一道凸弦纹。高26.4、口径19.2、腹径27.2、底径7.6厘米（图二〇七，4；图版二八，4）。W29：1，夹细砂黑陶，胎厚薄均匀。轮制。宽仰折沿，厚方唇，沿内折棱凸出，鼓腹。素面。残高23.2、口径32、腹径39.6厘米（图二〇七，5）。W41：2，夹细砂黑陶，薄胎。轮制。宽仰折沿，加宽方唇，球形鼓腹，底残。中部一道贴弦纹。残高29.6、口径27.2、腹径33.6厘米（图二〇七，6；图版二九，1）。另外W5：1（图一七九，2）折沿罐可能也属于这一类型。

Ⅱ式　11件，4件出自城内居住区，其余出自家山遗址。最大径略下移。

W2：2，夹砂灰陶，细砂颗粒，底部偏红。轮制，器表有打磨痕迹。宽仰折沿，方唇，深鼓腹。素面。残高24、口径24、腹径26.4厘米（图二〇八，1；图版二九，3）。W13：2，夹细砂灰陶，薄胎。轮制。宽仰折沿，厚圆唇，深鼓腹，底部残。素面，器表抹平。残高20.4、口径20、腹径29.6厘米（图二〇八，2；图版二八，5）。烧土遗迹4：3，夹粗砂灰陶。轮制。宽仰折沿，方唇，鼓腹。素面。残高12.4、口径20、腹径21.6厘米（图二〇八，3）。W44：2，夹细砂灰陶，薄胎。轮制。宽仰折沿，圆唇，鼓腹。素面。残高13.2、口径25.6、腹径31.2厘米（图二〇八，4）。EST1885③：4，夹粗砂黄陶。轮制。宽仰折沿，加厚圆唇，球形鼓腹。腹饰模糊的宽篮纹。口径24、腹径28、残高21.2厘米（图二〇八，5；图版二九，2）。W17：1，夹细砂黑陶，薄胎，厚薄均匀。轮制。宽仰折沿，方唇，深鼓腹，底残。腹饰宽篮纹、贴弦纹。残高30.8、口径27.2、最大腹径34厘米（图二〇八，6；图版二九，4）。

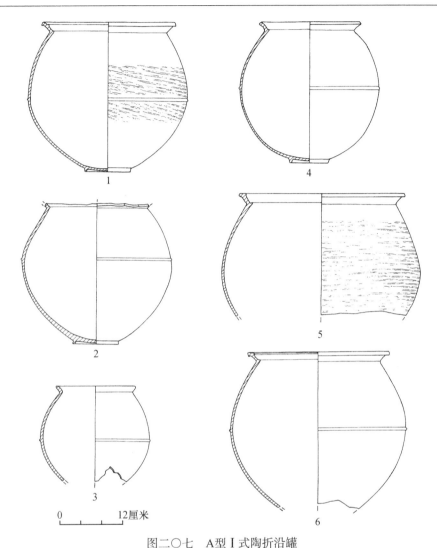

0　　　12厘米

图二〇七　A型Ⅰ式陶折沿罐

1. W6：1　2. W22：1　3. W8：4　4. WST5504⑥：1　5. W29：1　6. W41：2

H9：15，夹砂黄陶。轮制。宽仰折沿，尖唇，沿上部起折棱，鼓腹。腹中部一道附加堆纹，堆纹上加饰按窝。口径32、残高20.4厘米（图二〇八，7）。M1：3，夹细砂灰陶。轮制。宽仰折沿，沿加厚，沿内折棱凸出，厚圆唇，鼓腹。上腹饰一道附加堆纹，堆纹上加饰按窝纹。口径39.2、腹径44.8、残高19.6厘米（图二〇八，8）。W33：3，夹细砂黑陶，厚薄均匀，胎呈红色。轮制。宽仰折沿，加宽沟唇，鼓腹。贴弦纹，弦纹上饰成组按窝。残高26、口径37.6、腹径43.3厘米（图二〇八，9）。

另外，M1：4（图八七，1）、F7：21（图三八，1）也属于A型Ⅱ式折沿罐。

Ⅲ式　5件，均出自家山遗址。广肩，最大径在腹部偏上。

H26：21，夹粗砂黑陶。轮制。宽仰折沿，方唇，沿内折棱凸出，鼓腹。腹饰宽篮纹。口径29.2、残高11.2厘米（图二〇九，1）。H6：10，夹砂黑陶。轮制。宽仰折沿，方唇，沿内折棱凸起较高。素面。口径22.4、残高8.8厘米（图二〇九，2）。H18：18，泥质灰陶。宽仰

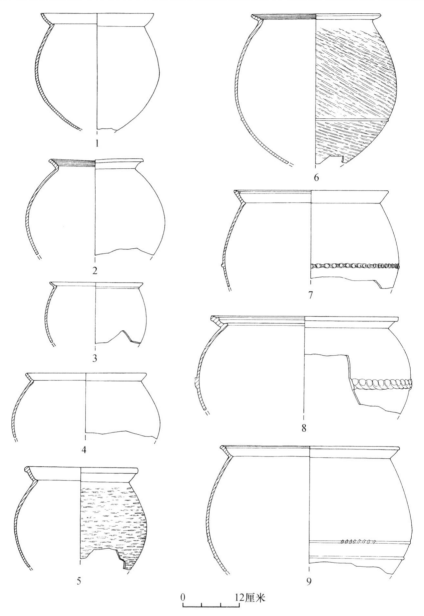

图二○八　A型Ⅱ式陶折沿罐

1. W2：2　2. W13：2　3. 烧土遗迹4：3　4. W44：2　5. EST1885③：4　6. W17：1　7. H9：15　8. M1：3　9. W33：3

折沿，尖唇，沿面略凹，鼓腹。素面。口径20、残高9.6厘米（图二○九，3）。H13①：32，夹砂灰陶。轮制。宽仰折沿，尖唇，鼓腹略下垂。腹饰宽篮纹。残高11.2、口径15.2厘米（图二○九，4）。

　　B型　4件。器形矮胖，最大径与通高接近。可分为Ba型和Bb两个亚型。

　　Ba型　1件。最大径在下腹，底部有圈足。

　　M6：2，夹粗砂红褐陶。轮制。沟沿，敛口，尖唇，深鼓腹，下垂，平底，极矮小圈足。素面。口径9.6、高14.4、腹径16.8、底径5.6厘米（图二○九，6；图版二九，5）。

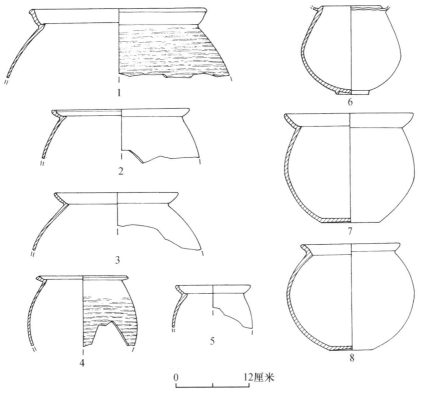

图二〇九　A型、B型陶折沿罐

1~4.A型Ⅲ式（H26：21、H6：10、H18：18、H13①：32）　5、7.Bb型Ⅱ式（H14：46、H14：10）　6.Ba型（M6：2）

8.Bb型Ⅰ式（WST5501③：83）

　　Bb型　3件。最大径在中部。可分为二式。

　　Ⅰ式　1件，出自家山遗址。腹部较鼓。WST5501③：83，泥质灰陶。轮制。敞口，卷沿，尖唇，鼓腹，小平底。素面。口径16.4、高17.6、腹径20、底径7.6厘米（图二〇九，8；图版三〇，1）。

　　Ⅱ式　2件，均出自家山遗址。腹部略鼓。H14：46，夹砂、石英砂颗粒黑陶。轮制。宽仰折沿，沿面凹，厚方唇，鼓腹略下垂。素面。残高6.8、口径12.4厘米（图二〇九，5）。H14：10，泥质黑皮陶，胎呈红色。轮制。宽仰折沿，尖唇，球形鼓腹，平底。素面。高17.6、口、腹径21.6、底径9.6厘米（图二〇九，7）。

　　C型　5件。深腹、大口，器身瘦高。可分为二式。

　　Ⅰ式　仅1件，出自家山遗址。最大径在腹上部。

　　W15：1，夹粗砂黑陶。轮制，慢轮修整。宽仰折沿，尖唇，深腹微鼓，极矮小圈足底。中部饰一道贴弦纹。通高34.4、口径28.8、腹径31.6厘米（图二一〇，1；图版三〇，2）。

　　Ⅱ式　4件。略变粗，最大腹径略下移。

　　W2：1，夹砂，细砂颗粒，厚薄均匀，红褐陶，陶色均匀。轮制，器表有打磨痕迹。宽仰折沿，沿面凹，宽凹唇，深腹微鼓，底残。素面。残高30.4、口径28、最大腹径29.2厘米（图

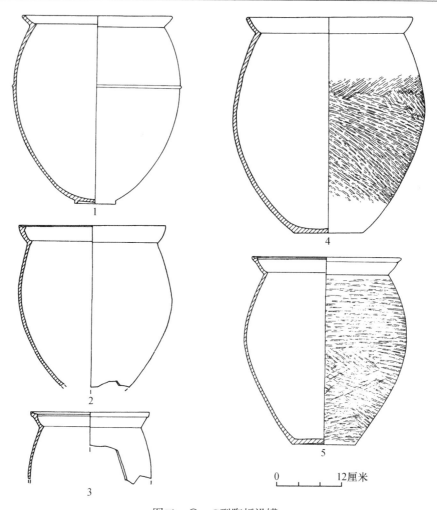

图二一〇　C型陶折沿罐
1. I式（W15：1）　2～5. II式（W2：1、灰土层3：14、W1：1、H14：12）

二一〇，2；图版三〇，4）。灰土层3：14，夹细砂黑陶。轮制。宽仰折沿，尖唇，沿中部及口沿内起两圈凸棱，鼓腹。素面。口径22.4、残高13.2厘米（图二一〇，3）。W1：1，夹砂，粗砂颗粒，灰陶。轮制。宽仰折沿，沿面凹，厚方唇，深鼓腹，最大径在腹中部，底部穿孔。局部可见稀疏的浅篮纹交错。高38.4、口径31.2、腹径36、底径12.8厘米（图二一〇，4；图版三〇，3）。H14：12，夹粗砂灰陶。轮制。宽仰折沿，宽凹唇，深鼓腹，小平底。饰浅而疏的宽篮纹。通高34.4、口径28、腹径30.4、底径12厘米（图二一〇，5；图版三〇，5）。

D型　深腹、器身较C型略粗矮。可分为三式。

I式　5件，均出自家山遗址。肩部略鼓，最大径在腹中部略偏上。

W9：2，夹细砂灰陶。轮制。宽仰折沿，沿面凹，尖唇，深鼓腹，小内凹底，底部穿孔。腹饰宽篮纹。高28、口径25.6、腹径28.8、底径8厘米（图二一一，6）。W15：2，夹细砂，质地细腻，上黑下灰。轮制。宽仰折沿，厚圆唇，深鼓腹，底部残。中部贴弦纹。残高30、口径29.6、最大腹径35.2厘米（图二一一，1；图版三一，2）。WST5501③：5，夹细砂灰陶。

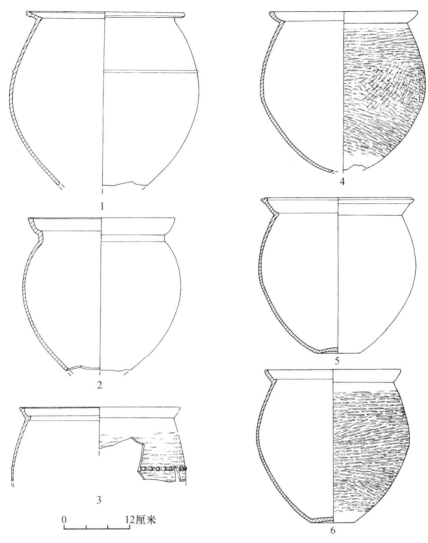

图二一一　D型陶折沿罐

1、2、6. Ⅰ式（W15：2、WST5501③：5、W9：2）　3~5. Ⅱ式（WST5402③：17、W7：1、W7：2）

轮制。宽仰折沿，沿面凹，方唇，束颈，鼓腹。素面。残高29.2、口径27.2、腹径29.6厘米（图二一一，2；图版三一，1）。H26：14，夹粗砂黑陶。轮制。宽仰折沿，厚方唇，鼓腹，平底。宽篮纹。高31.6、口径27.2、腹径32、底径15.2厘米（图二一二，1；图版三一，3）。WST3406⑦：99，夹细砂灰黄陶。轮制。宽仰折沿，厚圆唇，沿内折棱凸出，束颈，鼓腹。素面。口径18.4、残高7.6厘米（图二一二，6）。

Ⅱ式　6件，1件出自家山遗址，其余均出自城内居住区。溜肩，最大径在腹中部。

WST5402③：17，夹细砂黑陶。轮制。宽仰折沿，宽凹唇，沿内折棱凸出，鼓腹。腹饰模糊的横篮纹，腹中部饰一道附加堆纹，加饰按窝纹。口径30、残高13.2厘米（图二一一，3）。W7：1，夹细砂，厚薄均匀，大部红褐色，局部黑色。轮制。宽仰折沿，厚方唇，深鼓腹，底残。饰宽篮纹。修复高30、口径28、腹径31.2厘米（图二一一，4；图版三二，1）。

W7：2，夹细砂，上部黑色，底部偏红。轮制，器表抹光。宽仰折沿，加厚方唇，深鼓腹，小平底。高28.8、口径28.8、腹径29.6、底径8厘米（图二一一，5；图版三二，2）。

Ⅲ式　溜肩，最大径下垂。

H17①：39，夹砂灰黄陶，胎呈红色。轮制。宽仰折沿，沟唇，颈部微外鼓，鼓腹。腹饰宽篮纹。口径26.4、残高13.6厘米（图二一二，2）。WST5403②：16，夹细砂黑陶。轮制。宽仰折沿，厚方唇，沿面凹，鼓腹，最大径在腹中部。腹饰宽篮纹。口径28、腹径27.6、残高16厘米（图二一二，3）。H17③：78，夹砂，黑皮红胎。轮制。宽仰折沿，沿面略凹，厚方唇，深鼓腹。腹饰宽篮纹。口径25.2、残高14.4厘米（图二一二，4）。WST5505④：18，夹粗砂灰黄陶，局部黑色。轮制。宽仰折沿，尖唇，溜肩，鼓腹，小平底。腹饰宽而深的篮纹。高29.6、口径18.4、腹径28、底径9.6厘米（图二一二，5；图版三一，4）。

E型　8件。大口，鼓腹，器形较矮。可分为Ea和Eb两个亚型。

Ea型　3件。腹较鼓，底部有圈足。可分为二式。

Ⅰ式　2件。WST5401②：26，夹细砂灰陶。轮制。宽仰折沿，方唇，沿内起折棱，鼓腹。腹饰横篮纹。口径40、复原高13.2厘米（图二一三，1）。W46：3，夹粗砂灰陶。轮制。宽平沿，厚方唇，敛口，深鼓腹，小平底，小矮圈足。中部饰一周附加堆纹，堆纹上饰成组压

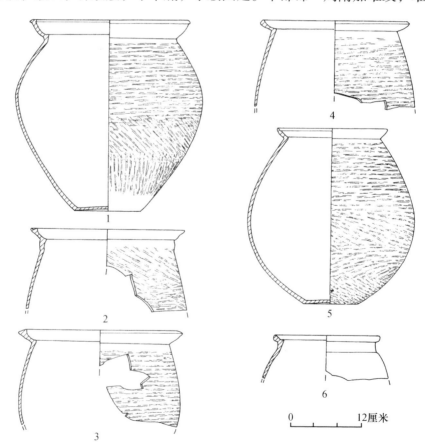

图二一二　D型陶折沿罐
1、6.Ⅰ式（H26：14、WST3406⑦：99）　2～5.Ⅲ式（H17①：39、WST5403②：16、H17③：78、WST5505④：18）

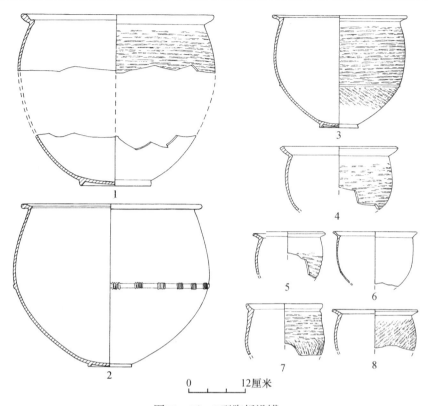

图二一三 E型陶折沿罐

1、2. Ea型Ⅰ式（WST5401②：26、W46：3） 3. Ea型Ⅱ式（W8：1） 4~6. Eb型Ⅰ式（WST5505④：21、WST5405③：32、
WST5502③：17） 7、8. Eb型Ⅱ式（H17②：21、WST5504②：21）

印纹。通高33.6、口径38.4、腹径41.6、圈足径9.2厘米（图二一三，2；图版三二，3）。

Ⅱ式 1件。W8：1，夹细砂，黑色，纯正。轮制。仰折沿，圆唇，深腹微鼓，小圈足底极矮。腹饰宽篮纹，下腹一道贴弦纹。通高23.2、口径28.8、腹径28.1、圈足径8.4厘米（图二一三，3；图版三二，4）。

Eb型 5件。腹微鼓。可分为二式。

Ⅰ式 3件。腹微鼓，最大径在腹中部。WST5505④：21，夹粗砂，黑皮红胎。轮制。宽仰折沿，方唇，沿面略凹，鼓腹。腹饰模糊的横篮纹。口径24.8、残高13.2厘米（图二一三，4）。WST5405③：32，夹粗砂黑陶。轮制。宽仰折沿，斜方唇，鼓腹。腹饰特宽横篮纹。残高9.6、口径16厘米（图二一三，5）。WST5502③：17，夹细砂特薄胎灰陶。宽仰折沿，沿面凹，方唇，鼓腹。口径18、腹径16.4、残高11.2厘米（图二一三，6）。

Ⅱ式 2件。腹略下垂。H17②：21，夹粗砂，见石英颗粒，外黑内红。轮制。宽仰折沿，尖唇，鼓腹。腹饰宽篮纹。残高8.4、口径18.4厘米（图二一三，7）。WST5504②：21，夹粗砂红陶。轮制。宽仰折沿，尖唇，沿面凹，鼓腹略下垂。腹饰宽篮纹。口径16、腹径16.8、残高10.4厘米（图二一三，8）。

2. 小罐

5件。可分为A、B二型。

A型　2件，均出自城内居住区。垂折腹。

EST2185⑥：24，泥质磨光黑陶。轮制。折沿，垂腹，特厚平底。素面。残高3.4、底径2.4、腹径5.8厘米（图二一四，1）。EST1886④：48，泥质黑陶。轮制。宽仰折沿，扁折腹。素面。残高4.8、口径8、腹径7.2厘米（图二一四，3）。

B型　3件，均出自家山遗址。鼓腹。

H15：43，夹砂黑陶。轮制。宽仰折沿，尖唇，鼓腹。素面。口径6、残高7.6厘米（图二一四，2）。WST5501④：49，夹粗砂黄陶。轮制。仰折沿，尖圆唇，扁鼓腹，底残。口径10.4、残高4.6厘米（图二一四，4）。H17③：43，泥质黄陶。轮制。敞口，尖圆唇，外折沿，束颈，鼓腹。素面。口径8、残高4.2厘米（图二一四，5）。H19：5，泥质，黑皮灰胎。轮制。窄折沿，尖唇，鼓腹略下垂。素面。残高3、口径7.2厘米（图二一四，6）。

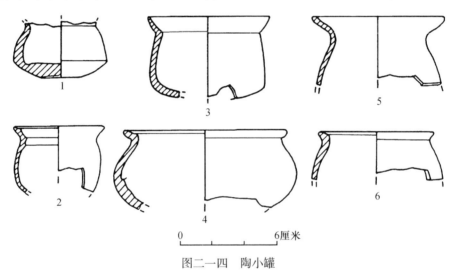

0　　　　　　　　6厘米

图二一四　陶小罐

1、3. A型（EST2185⑥：24、EST1886④：48）　2、4～6. B型（H15：43、WST5501④：49、H17③：43、H19：5）

3. 高领罐

数量较多，根据口沿特征可分为A、B、C、D、E五型。

A型　14件。折沿。根据肩部特征又可分为Aa和Ab两个亚型。

Aa型　10件。广肩。可分为二式。

Ⅰ式　6件，2件出自城内居住区，其余出自家山遗址。溜肩。

WST5604⑥：5，泥质黑陶。折沿，沿面略凹，尖唇，直高领，溜肩。肩部饰一周贴弦纹。残高12.8、口径12.8、腹径29.6厘米（图二一五，1）。WST5501③：28，夹细砂，领黑皮

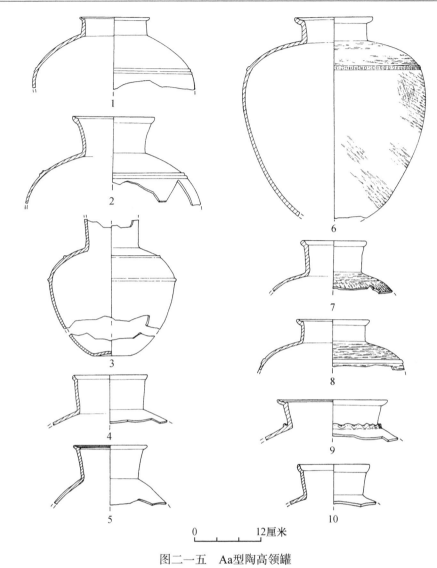

图二一五　Aa型陶高领罐

1~5、7. Ⅰ式（WST5604⑥：5、WST5501③：28、灰土层3：3、H15：52、EST1886④：28、H26：37）

6、8~10. Ⅱ式（H17③：22、WST5505④：10、H15：55、EST2086④：13）

灰胎，腹黑皮红胎。轮制。敞口，仰折沿，尖唇，弧高领，广肩，鼓腹。肩部饰一周贴弦纹。口径15.2、残高15.6厘米（图二一五，2；图版三三，1）。灰土层3：3，泥质灰陶。轮制。直高领，溜肩，鼓腹，小平底略内凹。肩、腹各饰一道贴弦纹。残高24.4、腹径23.2、底径7.2厘米（图二一五，3）。H15：52，泥质灰陶。轮制。仰折沿，沿面凹，敞口，尖唇，溜肩。口径13.6、残高9.2厘米（图二一五，4）。EST1886④：28，夹粗砂，外黄内黑。轮制。仰折沿，方唇，沿面饰凹弦纹，斜高领，溜肩。素面。残高10.4、口径13.6、颈高6厘米（图二一五，5）。H26：37，夹粗砂，厚胎，灰陶。轮制。折凹沿，厚圆唇，斜高领，广肩。肩部以下饰交错篮纹。口径12.4、残高9.6厘米（图二一五，7）。

　　Ⅱ式　4件，3件出自家山遗址，1件出自城内居住区。鼓领。

H17③：22，泥质灰陶。轮制。仰折沿，圆唇，直高领，广肩，鼓腹。肩部一道附加堆纹，加饰按窝纹，满饰斜篮纹。残高36、口径14.4、腹径33.6厘米（图二一五，6；彩版三八，4）。WST5505④：10，夹粗砂黄陶。轮制。敞口，折沿，沿面凹，圆唇，广肩。肩部饰一道附加堆纹，肩部饰模糊的横篮纹。口径13.6、残高9.6厘米（图二一五，8）。H15：55，夹砂黑陶。轮制。宽仰折沿，尖唇，敞口，斜高领，溜肩。颈部一道附加堆纹，加饰按窝纹。口径20、残高7.6厘米（图二一五，9）。EST2086④：13，泥质灰陶。轮制。仰折沿，厚圆唇，斜高领，广肩。素面。口径13.2、残高7.2厘米（图二一五，10）。

Ab型　4件，均出自家山遗址。肩较Aa型窄。

H13②：50，夹砂黑陶。轮制。仰折沿，尖唇，敞口，直高领，溜肩，鼓腹，平底。肩部附加堆纹，腹饰稀疏的宽篮纹。口径13.6、高22.8、腹径18.4、底径8厘米（图二一六，1；图版三三，3）。H13②：26，泥质黑陶。轮制。敞口，圆唇，折沿，弧高领，折肩，弧腹，平底。肩部一道附加堆纹。口径11.2、高20、腹径14.4、底径7.2厘米（图二一六，2；图版三三，2）。WST5405⑤：19，泥质磨光黑陶。轮制。仰折沿，敞口，方唇，斜高领，溜肩。素面。口径11.2、残高8.4厘米（图二一六，3）。

B型　窄沿略外折。根据口沿特征可分为三式。

Ⅰ式　8件，家山遗址和城内居住区各4件。厚方唇。

WST5301③：18，夹细砂黄陶，灰胎。轮制。直口，平沿，方唇，直高领，广肩。颈及肩部密饰凹弦纹。口径10、残高6厘米（图二一六，4）。G2：28，夹细砂灰陶。轮制。折沿，厚方唇，沿内起折棱，矮直领，广肩。颈部饰凹弦纹，肩部饰一周绹索按压纹。口径12、残高4厘米（图二一六，5）。M7：17，夹粗砂灰陶。轮制。加厚圆唇，敞口，矮弧领，广肩。颈部饰凹弦纹。口径10.4、残高4.4厘米（图二一六，6）。

Ⅱ式　2件，家山遗址和城内居住区各出1件。唇变窄，略外卷。

EST2185⑤B：5，夹细砂黑陶。轮制。敞口，方唇，矮弧领，广肩。肩部饰一周贴弦纹。口径14、残高5.2厘米（图二一六，7）。M1：1，泥质薄胎灰陶。轮制。平沿微内斜，方唇，敞口，矮直领，广肩，鼓腹。肩部饰一道附加堆纹，加饰绹索纹，上腹饰一道弦纹，加饰按窝纹。口径10.4、腹径29.6、残高12.4厘米（图二一六，9）。

Ⅲ式　4件，家山遗址和城内居住区各2件。圆唇略薄。

M1：2，夹细砂黑陶。轮制。圆唇，敞口，附贴沿，直高领，溜肩，鼓腹，小平底。肩部及腹部饰两周贴弦纹。高19.6、口径10.4、腹径20、底径5.2厘米（图二一六，8；图版三三，4）。WST5504④：44，夹细砂，黑皮红胎。轮制。敞口，圆唇，斜高领，溜肩，鼓腹，下腹残，平底。肩、腹各饰一周贴弦纹。口径12、腹径25.6、底径8、残高24.4厘米（图二一六，10）。灰土层3：8，泥质灰陶。轮制。敞口，方唇，附贴沿，斜高领，溜肩，鼓腹。肩部饰一道贴弦纹。口径12.8、残高14厘米（图二一六，11）。

Ⅳ式　4件，均出自家山遗址。圆唇加厚。

H17③：55，泥质灰陶。轮制。直口，圆唇，外附贴沿直领，广肩，鼓腹。肩腹转折处饰

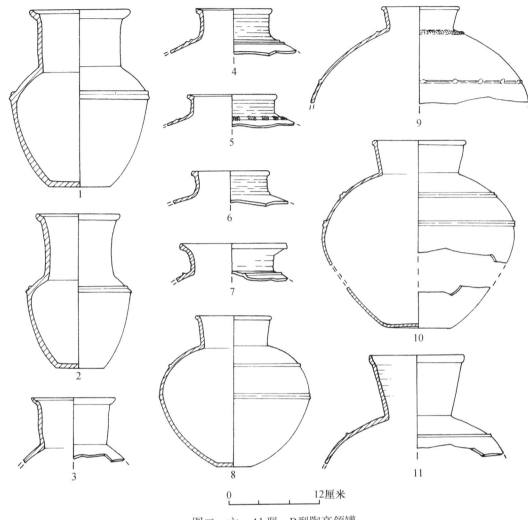

图二一六 Ab型、B型陶高领罐

1～3.Ab型（H13②：50、H13②：26、WST5405⑤：19） 4～6.B型Ⅰ式（WST5301③：18、G2：28、M7：17、）
7、9.B型Ⅱ式（EST2185⑤B：5、M1：1） 8、10、11.B型Ⅲ式（M1：2、WST5504④：44、灰土层3：8）

三周凸弦纹。口径15.2、腹径40、残高22.4厘米（图二一七，1）。H7：11，泥质黑陶。轮制。敞口，圆唇，斜高领，溜肩。素面。残高6、口径12.8厘米（图二一七，2）。H13②：48，夹粗砂黑陶。轮制。直口，加厚圆唇，直领，领内转折处饰按窝纹，溜肩。口径16、残高6.8厘米（图二一七，3）。

C型 7件。无沿。可分为三式。

Ⅰ式 2件。斜高领。EST2085⑥：19，泥质灰陶。轮制。敞口，尖唇，斜高领，溜肩。素面。口径12.8、残高7.2厘米（图二一七，4）。WST5501③：21，泥质灰陶。轮制，器表略有起伏。敞口，方唇，斜高领微屈。素面。口径12、残高8.4厘米（图二一七，5）。

Ⅱ式 3件。微斜高领。

EST21855B：2，泥质薄胎，质细腻，黑皮灰胎，器表磨光。轮制。敞口，尖唇，斜高

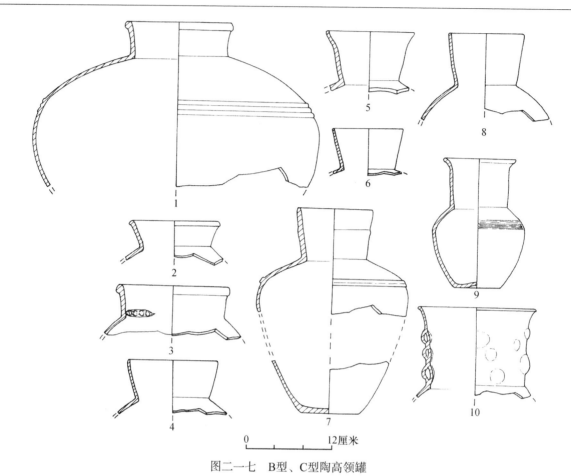

图二一七　B型、C型陶高领罐

1～3. B型Ⅳ式（H17③：55、H7：11、H13②：48）　　4、5. C型Ⅰ式（EST2085⑥：19、WST5501③：21）

6～8. C型Ⅱ式（EST2185⑤B：2、WST5302②：1、WST3506⑤：26）　　9、10. C型Ⅲ式（H13②：51、WST5405③：17）

领，广肩。口径9.6、残高5.6厘米（图二一七，6）。WST5302②：1，泥质灰陶。轮制。敞口，尖唇，斜高领，溜肩，深斜腹，平底。领、肩部饰两道弦纹。口径10、腹径20.8、复原高28、底径8厘米（图二一七，7）。WST3506⑤：26，泥质灰黄陶。轮制。敞口，尖唇，斜高领，溜肩。素面。口径11.2、残高12.8厘米（图二一七，8）。

Ⅲ式　2件。直高领。H13②：51，泥质黑皮陶，红胎。轮制。敞口，圆唇，直高领，溜肩，鼓腹，底内凹。肩部饰一组凹弦纹。口径10.4、高17.6、腹径12.8、底径7.2厘米（图二一七，9；图版三三，5）。WST5405③：17，泥质薄胎灰陶。轮制。敞口，方唇，直高领。因火候过高，器表多气泡，起伏不平。口径16.8、残高12厘米（图二一七，10）。

D型　6件。内折沿。可分为三式。

Ⅰ式　3件，1件出自城内居住区，2件出自家山遗址。内折角度大。

EST2086④：12，泥质灰陶。轮制。敛口，尖唇，屈颈，溜肩。肩部饰模糊的横篮纹。口径13.2、残高9.6厘米（图二一八，1）。WST5401③：23，夹细砂薄胎黑陶。轮制。敛口，圆唇，高弧领，溜肩。素面。口径8.8、残高6厘米（图二一八，2）。WST5405③：19，泥质黄

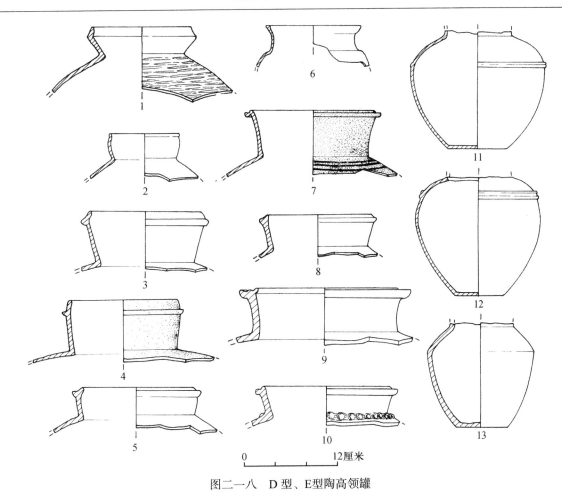

图二一八　D 型、E 型陶高领罐

1～3. D 型Ⅰ式（EST2086④：12、WST5401③：23、WST5405③：19）　4、5. D 型Ⅱ式（H14：61、H17③：56）

6. D 型Ⅲ式（H18：28）　7、9. E 型Ⅰ式（WST5501③：85、H14：59）　8、10. E 型Ⅱ式（灰土层3：9、H17①：78）

11～13. 高领罐（H26：3、H26：2、H24：2）

陶。轮制。敛口，内折沿，尖唇，曲颈。局部可见零星的红衣彩绘。口径16.8、残高7.6厘米（图二一八，3）。

Ⅱ式　2件，均出自家山遗址。内折角度小。

H14：61，泥质红陶，器表饰红衣彩绘。轮制。敛口，圆唇，沿外起一道凸棱，高直领，广肩。残高8.4、口径15.6厘米（图二一八，4）。H17③：56，泥质红陶。轮制。敛口，尖唇，沟沿，斜高领，广肩。素面。口径14.4、残高6厘米（图二一八，5）。

Ⅲ式　1件，出自家山遗址。微内折。

H18：28，泥质薄胎黄褐陶。轮制。敞口，方唇，矮弧领，溜肩。素面。口径12、残高5.2厘米（图二一八，6）。

E 型　4件。可沟沿。分为二式。

Ⅰ式　2件。领略高。WST5501③：85，泥质黄陶。轮制。平沿略凹，微外斜，圆唇，直高领，广肩。器表饰宽带红衣彩绘。口径19.2、残高9.2厘米（图二一八，7）。H14：59，夹砂黑陶，石英砂颗粒，黑皮红胎，胎较厚。轮制。宽平沿，沿面有凹弦纹，尖唇上翘，沿内折棱凸起较高，弧高领，广肩。残高7.2、口径22.4厘米（图二一八，9）。

Ⅱ式　2件，城内居住区和家山遗址各1件。领较矮。

灰土层3：9，夹细砂黑陶。轮制。厚方唇，附贴沿，口微敛，斜高领，溜肩。素面。口径15.2、残高5.6厘米（图二一八，8）。H17①：78，夹砂黄陶，红胎。轮制。沟沿，圆唇，敞口，斜高领。颈部饰附加堆纹、按窝纹。口径18.4、残高5.2厘米（图二一八，10）。

另有3件高领罐肩部以上残，无法分类。均出自家山遗址。

H26：3，泥质灰陶，薄胎。轮制。溜肩，鼓腹，小平底。肩腹连接处饰一道宽贴弦纹。残高14.8、腹径17.6、底径8厘米（图二一八，11；图版三三，6）。H26：2，泥质灰陶。轮制。鼓肩，鼓腹，小平底。肩部一道宽贴弦纹。残高16、腹径16、底径6.4厘米（图二一八，12）。H24：2，泥质灰陶。轮制。溜肩，肩腹转折明显，平底。残高13.4、最大腹径13.6、底径7厘米（图二一八，13）。

（四）壶

数量不多，根据肩部和腹部特征可以分为A、B、C、D四型。

A型　12件，11件出自城内居住区，1件出自TG1南城垣解剖处。直高领，肩部较宽，均为彩陶。

EST1886④：1，细泥质橙黄陶。轮制，拼接。高领，扁折腹，高圈足。领及腹可见零星的方格纹，红衣彩绘。残高11、最大腹径15.6厘米（图二一九，1；彩版三八，1）。F7：13，泥质薄胎黄陶，菱形网格状红衣彩绘。口径10、残高6厘米（图二一九，2）。EST2185⑤B：59，泥质黄陶。菱形网格粗线红衣彩绘。残高3.8厘米（图二一九，3）。南城垣①：24，泥质薄胎黄陶。轮制。直高领，广肩，扁鼓腹。方格纹红衣彩绘。残高4.4厘米（图二一九，4）。灰土层3：10，泥质薄胎黄陶。轮制。敞口，尖唇，斜高领，广肩。器表满饰黑色方格纹彩绘。残高7、口径9.2厘米（图二一九，5）。EST2085③：20，泥质，外黄内灰。零星的黑衣彩绘，可能为菱形网格。残高3.4厘米（图二一九，6）。EST1986⑤A：34，泥质黄陶。领及肩部饰网格纹和波浪形红衣彩绘，颜色偏黑。残高2.2厘米（图二一九，7）。EST2185⑤B：60，泥质黄陶。方格纹黑衣彩绘。残高2.8厘米（图二一九，8）。F7：12，泥质薄胎黄陶。轮制。敞口，尖唇，斜腹。外饰网格状黑衣彩绘。残高5.2、口径10.4厘米（图二一九，9）。

B型　12件。直高领，肩部较窄。根据口沿特征又可分为Ba和Bb两个亚型。全部出自家山遗址。

Ba型　9件。折沿。根据领部特征可分二式。

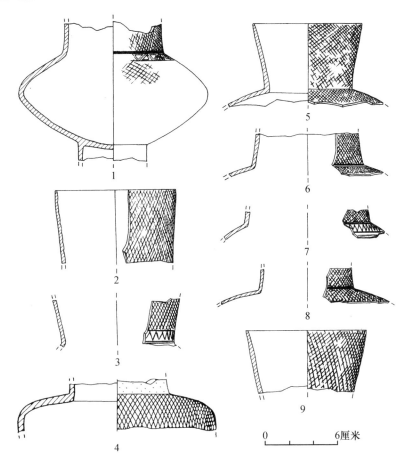

图二一九 A型陶壶

1. EST1886④：1 2. F7：13 3. EST2185⑤B：59 4. 南城垣①：24 5. 灰土层3：10 6. EST2085③：20 7. EST1986⑤A：34
8. EST2185⑤B：60 9. F7：12

Ⅰ式 4件。细高领。

WST5606④：39，泥质灰陶。轮制。敞口，折沿，尖唇，直高领，溜肩。肩部饰两道贴弦纹。残高14.8、口径9.6厘米（图二二〇，1）。WST5604⑥：4，泥质灰陶。平沿，尖唇，直高领，溜肩。素面。口径8.8、残高12.4厘米（图二二〇，2）。F8：1，泥质黄陶。轮制。敞口，仰折凹沿，尖唇，直高领。颈部饰一道凹弦纹。口径12、残高10.8厘米（图二二〇，3）。WST5504③：28，泥质橙黄陶。弧高领，溜肩，鼓腹。素面。残高10.4、腹径13.2厘米（图二二〇，7）。H17③：121，泥质灰陶。轮制。仰折沿，尖唇，弧高领，敞口。素面。口径10.4、残高13.2厘米（图二二〇，4）。

Ⅱ式 3件。领较Ⅰ式粗。

WST5505④：7，泥质，黑皮黄胎。敞口，仰折沿，尖唇，斜高领，溜肩，鼓腹，平底。肩部饰一周贴弦纹。高22.8、口径12.8、腹径14.4、底径7.2厘米（图二二〇，5；图版三四，2）。WST5505④：6，泥质黄陶。轮制。仰折沿，圆唇，直高领，溜肩，平底。肩部饰一周贴

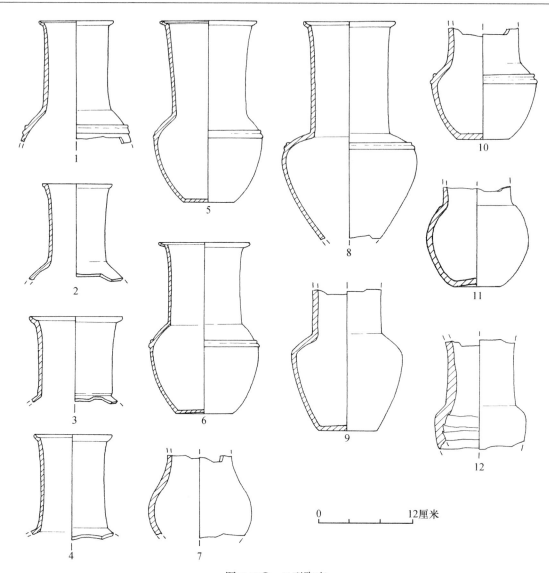

图二二〇　B型陶壶

1~4、7. Ba型 I 式（WST5606④：39、WST5604⑥：4、F8：1、H17③：121、WST5504③：28）　5、6、8. Ba型 II 式（WST5505④：7、WST5505④：6、H17③：122）　9~12. B型（H13①：10、H17③：59、H26：36、WST5603④：15）

弦纹。口径12、高21.6、腹径14.4、底径8厘米（图二二〇，6；图版三四，1）。H17③：122，泥质黄陶。轮制。仰折凹沿，尖唇，直高领，鼓肩，鼓腹。肩部饰一道贴弦纹。口径12、残高27.2、腹径16.8厘米（图二二〇，8；彩版三八，2）。

　　Bb型　3件。口沿外撇。H17③：19，泥质灰陶。轮制。敞口，方唇，口沿处微外撇，直高领，溜肩，鼓肩，厚平底。领中部一道凹弦纹。通高20.8、口径10.4、领高10.8、最大腹径12.8、底径6.8厘米（图二二一，1；图版三四，3）。H17②：40，泥质黑皮陶，胎呈红色。轮制。敞口，尖唇，直高领，溜肩。素面。残高16、口径13.6厘米（图二二一，2）。H22：3，泥质灰陶。敞口，方唇，直高领。素面。口径10.4、残高12.4厘米（图二二一，3）。

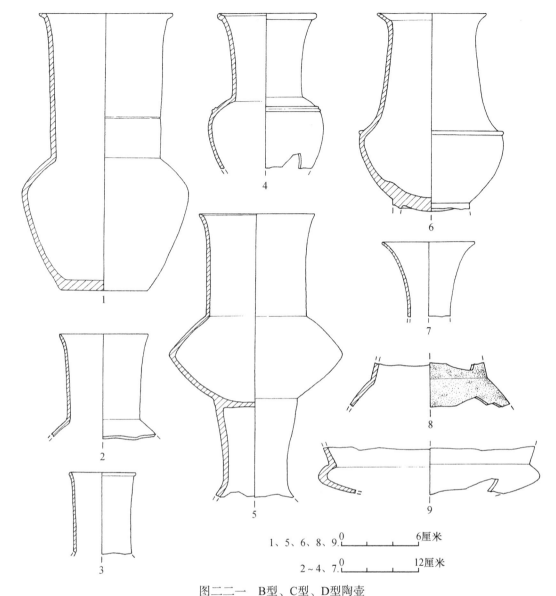

图二二一　B型、C型、D型陶壶

1~3.Bb型（H17③：19、H17②：40、H22：3）　4、7.C型（H13②：49、WST5503③：49）　5.Da型（H13②：20）

6.Db型（WST5604④：3）　8、9.壶残片（H18：26、WST5503②：10）

　　另外4件因口沿残不能进一步细分。H17③：59，泥质灰陶。轮制。直高领，溜肩，鼓腹，平底。肩腹转折处饰一道附加堆纹。残高14、腹径13.6、底径6.8厘米（图二二〇，10）。H26：36，泥质红陶。轮制。直高领，溜肩，鼓腹，平底。素面。底径7.6、残高13.2、腹径13.6厘米（图二二〇，11；图版三五，2）。WST5603④：15，泥质红陶。轮制。弧高领，折肩，鼓腹。内壁有旋纹。残高14.4、腹径11.6厘米（图二二〇，12）。H13①：10，泥质黑陶。轮制。直高领，鼓肩，斜弧腹，平底。素面。残高18、腹径14.4、底径8厘米（图二二〇，9；图版三五，1）。

C型　2件，均出自家山遗址。喇叭形弧高领。

H13②：49，泥质黑陶，局部灰陶。轮制。敞口，折沿，圆唇，弧高领，溜肩，鼓腹。肩部一道附加堆纹。口径14.2、腹径17.6、残高23.2厘米（图二二一，4；图版三四，4）。WST5503③：49，泥质灰黄陶。轮制。喇叭形弧高领，敞口，圆唇。素面。口径14.4、残高11.2厘米（图二二一，7）。

D型　2件，均出自家山遗址。底部附有高圈足。又可分为二亚型。

Da型　1件。直高领。

H13②：20，细泥质灰陶。轮制。口外撇，尖唇，直高领，尖折腹，高圈足，足下部外撇。素面。残高21.6、口径8.8、腹径13.2厘米（图二二一，5；彩版三八，3；图版三五，3）。

Db型　1件。斜高领。

WST5604④：3，泥质灰陶，器表黄衣脱落。轮制。敞口，尖唇，仰折沿，特弧高领，上细下粗，近平折肩，鼓腹，圜底，圈足残。肩部饰一道附加堆纹。残高14.4、口径8.4、最大腹径11.6厘米（图二二一，6；图版三五，4）。

另有2件陶壶，仅剩肩部残片，不好归类。H18：26，泥质，红衣彩绘。仅存颈部，溜肩。残高3.4厘米（图二二一，8）。WST5503②：10，夹细砂红陶。轮制。斜高领，扁鼓腹。素面。残高3.6、腹径17.2厘米（图二二一，9）。

（五）盆

数量较多。根据口沿特征可分为A、B、C、D、E、F、G、H八型。

A型　17件。平沿。根据口部特征可分为Aa和Ab两个亚型。

Aa型　8件。平沿，直口。根据腹部特征可分为三式。

Ⅰ式　5件。斜弧腹，腹较深。

W43：3，夹细砂黄褐陶。轮制。宽平沿，厚方唇，斜弧腹，矮圈足底。素面。口径28、圈足径8、高14.8厘米（图二二二，1）。WST5401⑤：3，泥质薄胎磨光黑陶。轮制。平沿略外斜，敛口，尖唇，斜弧腹。素面。高7.2、口径17.6厘米（图二二二，2）。H25：11，夹粗砂黑陶。轮制。宽平沿，方唇，敛口，斜弧腹。素面。口径22.4、残高4.8厘米（图二二二，3）。W13：3，夹细砂薄胎黑陶。轮制。敞口，平沿，方唇，斜弧腹，底残。素面。残高9.6、残口径37.6厘米（图二二二，4）。G2：16，夹细砂黑陶。轮制。敞口，尖唇，宽平沿略下垂，斜弧腹。素面。口径26.4、残高4.4厘米（图二二二，5）。

Ⅱ式　2件，1件出自城内居住区，其余均出自家山遗址。直腹。

灰土层3：26，泥质薄胎灰陶。轮制。平沿，厚圆唇略上翘，敛口，鼓腹。素面。残高6.4、口径20厘米（图二二二，6）。WST5502③：20，夹细砂薄胎灰陶。轮制。平沿，直口，

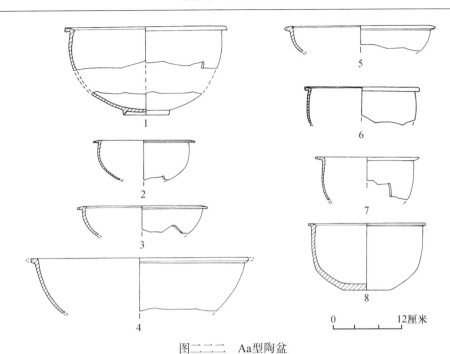

图二二二 Aa型陶盆

1~5. I式（W43：3、WST5401⑤：3、H25：11、W13：3、G2：16） 6、7. II式（灰土层3：26、WST5502③：20）

8. III式（H13②：6）

尖唇，深腹微鼓。素面。口径18、残高7.2、腹径16厘米（图二二二，7）。

III式 1件，出自家山遗址。直腹下部转折明显。

H13②：6，泥质灰陶。轮制。宽折沿微隆起，方唇，敛口，直腹，厚平底。素面。通高11.4、口径20.8、底径8厘米（图二二二，8；图版三六，1）。

Ab型 9件。沿内侧起一周凸棱。

I式 5件，1件出自城内居住区，余均出自家山遗址。宽沿，微向内倾斜。

H15：84，夹粗砂，黑衣红胎。轮制。宽平沿，尖唇，沿内折棱凸出，斜直腹。下腹饰一对鸡冠形盘。高20.8、口径40、底径12厘米（图二二三，1；彩版三九，1）。H24：54，夹粗砂黑陶。轮制。宽平沿，尖唇略上翘，口微敛，斜弧腹。腹饰宽篮纹。口径33.6、残高9.2厘米（图二二三，2）。WST5504④：13，夹细砂黄陶。轮制。平沿，口微敛，尖唇上翘，斜弧腹。腹饰多圈附加堆纹加按窝纹。口径32、残高11.2厘米（图二二三，3）。H6：23，夹砂黑陶。轮制。宽平沿，沿面凹，加厚圆唇，斜弧腹。素面。口径38.4、残高7.2厘米（图二二三，4）。EST2086④：27，泥质黄灰陶。轮制。宽平沿，尖唇上翘，敞口，斜弧腹较深。腹饰横篮纹。口径24、残高12厘米（图二二三，6）。

II式 4件，均出自家山遗址。沿面略窄，起弦纹。

H7：20，夹砂黑皮陶，红胎。轮制。宽平沿，尖唇，敛口，直腹。腹饰宽篮纹。口径38.4、残高6.8厘米（图二二三，5）。H17①：23，夹粗砂黄陶，胎呈红色。轮制。垂折沿，敛口，斜弧腹，底残。腹饰宽篮纹。残高12、口径29.6厘米（图二二三，7）。

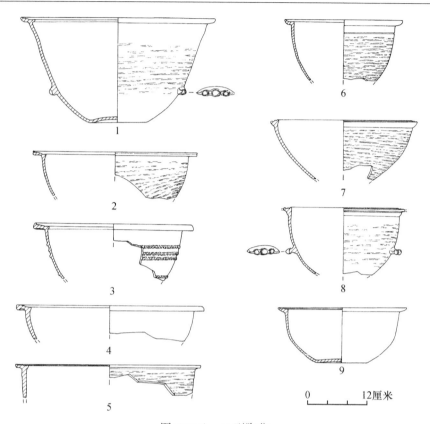

图二二三　Ab型陶盆

1~4、6. Ⅰ式（H15：84、H24：54、WST5504④：13、H6：23、EST2086④：27）　5、7~9. Ⅱ式（H7：20、H17①：23、
WST5503③：13、H22：1）

WST5503③：13，夹粗砂灰陶。轮制。敛口，平沿，沿面饰凹弦纹，斜弧腹，中腹附一对鸡冠形耳。腹饰模糊的横篮纹。口径24.4、残高13.2厘米（图二二三，8）。H22：1，夹粗砂红陶。轮制。平沿，尖唇，口微敛，斜弧腹，平底。沿面饰多道凹弦纹。口径22、高11.2、底径11.2厘米（图二二三，9；图版三六，2）。

　　B型　17件。仰折沿。根据腹部深浅可分为Ba、Bb和Bc三个亚型。

　　Ba型　9件。深腹。可分为三式。

　　Ⅰ式　5件，均出自家山遗址。斜弧腹。

　　H18：8，夹粗砂黄陶。轮制。宽仰折沿，沿面饰弦纹，沿内折棱凸出，斜弧腹，中腹附一对鸡冠形耳，平底。腹饰模糊的宽篮纹。复原高22.4、口径36、腹径33.6、底径14.4厘米（图二二四，1）。H14：9，夹粗砂黑陶。轮制。宽仰折沿，厚圆唇，深斜弧腹。腹饰宽篮纹。口径24、残高13.2厘米（图二二四，2；图版三六，3）。H14：52，泥质灰白陶。轮制。折沿，圆唇，深弧腹。素面。残高11.2、口径18.4厘米（图二二四，3）。H19：7，夹粗砂，黑皮红胎。轮制。宽仰折沿，方唇，深斜腹。腹饰宽篮纹。残高7.2、口径23.2厘米（图二二四，8）。WST5606④：15，夹粗砂，外灰内黑。轮制。敛口，仰折沿，尖唇，沿内折棱凸出，斜弧腹。腹饰横篮纹，口沿饰数道凹弦纹。口径40、残高14厘米（图二二四，11）。

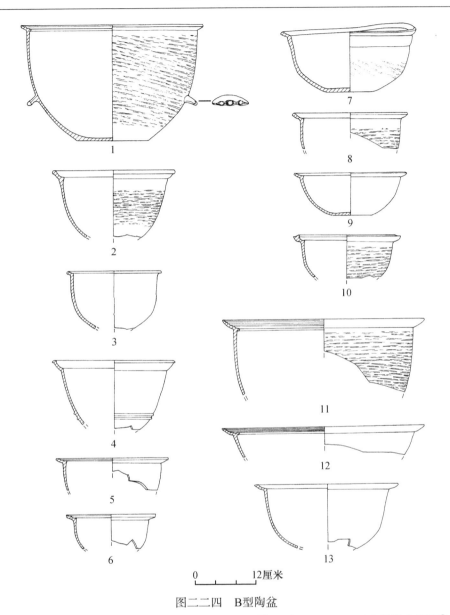

0   12厘米

图二二四 B型陶盆

1~3、8、11.Ba型Ⅰ式（H18：8、H14：9、H14：52、H19：7、WST5606④：15） 4、5、12、13.Ba型Ⅱ式（H13②：25、H6：5、H7：17、H17①：70） 6、10.Bb型Ⅰ式（WST5501④：44、WST3406⑦：62） 7、9.Bb型Ⅱ式（WST5501③：3、H14：4）

Ⅱ式 4件，均出自家山遗址。深斜腹。

H13②：25，泥质灰陶。轮制。敞口，宽仰折沿，宽方唇，斜弧腹。下腹一道附加堆纹。口径24、残高14厘米（图二二四，4；图版三六，4）。H6：5，夹细砂灰陶。轮制。仰折沿，尖唇，斜弧腹，敛口。沿面饰凹弦纹。口径22.4、残高6厘米（图二二四，5）。H7：17，泥质黑陶。轮制。宽折沿微仰，尖唇，沿内折棱凸出较宽，斜腹。沿面饰多道凹弦纹。残高5.6、口径40厘米（图二二四，12）。H17①：70，夹砂黑皮陶。轮制。宽仰折沿，尖唇，敞口，斜弧腹。腹饰稀疏篮纹。口径28、残高12.4厘米（图二二四，13）。

Bb型　6件。腹略浅。可分为二式。

Ⅰ式　2件，1件出自家山遗址，1件出自西城垣。斜弧腹，下腹微外鼓。

WST5501④：44，夹细砂，薄胎，外灰内黄。轮制。敞口，宽仰折沿，沿面凹，斜方唇，斜弧腹。素面。口径17.6、残高6.4厘米（图二二四，6）。WST3406⑦：62，夹细砂黑陶。轮制。宽仰折沿，厚方唇，沿面凹，斜弧腹。腹饰模糊的宽篮纹。口径22.4、残高8.4厘米（图二二四，10）。

Ⅱ式　4件，均出自家山遗址。斜弧腹。

WST5501③：3，夹粗砂灰陶。轮制。敞口，仰折沿，方唇，斜弧腹，平底。腹饰模糊的宽篮纹。高12.4、口径27.2、底径9.6厘米（图二二四，7；图版三六，6）。H14：4，泥质黑陶。轮制。宽仰折沿，尖唇，沿面微凹，敛口，斜弧腹，平底。素面。口径22.4、残高8、底径8厘米（图二二四，9；图版三六，5）。

Bc型　2件。特浅腹。

H21：8，泥质灰陶。轮制。宽仰折沿，尖唇，浅斜腹，大平底。素面。高3.8、口径16、底径12厘米（图二二五，1）。WST5501③：1，泥质黑陶。轮制。敞口，圆唇，双腹，上腹外斜，下腹近垂直，平底。素面。口径24、高4.8、底径17.6厘米（图二二五，2）。

C型　15件。卷沿。可分为Ca和Cb两个亚型。

Ca型　14件。斜弧腹。可分为二式。

Ⅰ式　4件。卷沿下垂，沿面光滑。

W37：1，夹细砂，厚薄均匀，外黑，内为红褐。轮制。丁字口，宽垂折沿，圆唇，斜弧腹，小矮圈足。横篮纹。通高15.2、口径28、圈足径8.8厘米（图二二五，3；彩版二六，3；图版三七，1）。EST1886⑤A：17，泥质灰陶。轮制。垂折沿，圆唇，敞口，斜弧腹。素面。口径27.2、残高4.8厘米（图二二五，9）。

Ⅱ式　8件。卷沿，沿面微凸起。

H15：29，夹砂黑陶。轮制。宽卷沿，尖唇，敛口，斜弧腹。沿面饰凹弦纹。口径27.2、残高5.6厘米（图二三〇，4）。H15：28，夹砂黑陶。轮制。卷沿，尖唇，敛口，斜弧腹。沿面饰凹弦纹。口径26.4、残高7.2厘米（图二二五，5）。WST5604⑦：52，夹粗砂黑陶。轮制。宽平沿，沿面微隆起，圆唇，敛口，斜弧腹。腹饰宽篮纹。口径38、残高10厘米（图二二五，7）。H13①：28，夹砂黑陶。轮制。卷沿，尖唇，敛口，斜弧腹。沿面饰几道凹弦纹。口径28.8、残高11.2厘米（图二二五，8；图版三七，2）。

Ⅲ式　2件。卷沿，沿面凸起较高。

H17③：124，可复原。夹细砂黑皮陶，胎呈红色。卷沿，尖唇，敛口，深斜弧腹，底内凹。沿面凸起并饰两周凹弦纹，腹饰稀疏的交错篮纹，上腹模糊，下腹拍印清晰。通高14、口径26、底径7.8厘米（图二二五，6；图版三七，3）。

Cb型　1件。深直腹。

H13①：29，夹砂黑皮陶，红胎。轮制。卷沿，圆唇，敛口，鼓腹。宽篮纹。残高7.6、口

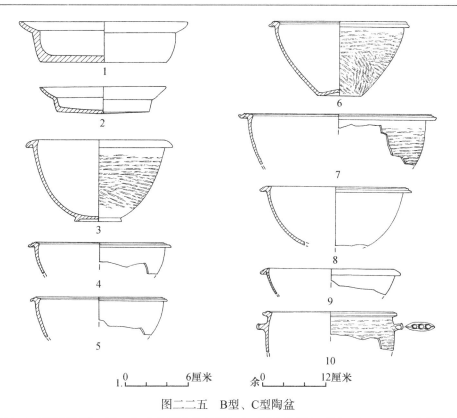

图二二五 B型、C型陶盆

1、2. Bc型（H21：8、WST5501③：1） 3、9. Ca型Ⅰ式（W37：1、EST1886⑤A：17） 4、5、7、8. Ca型Ⅱ式（H15：29、H15：28、WST5604⑦：52、H13①：28） 6. Ca型Ⅲ式（H17③：124） 10. Cb型（H13①：29）

径25.6厘米（图二二五，10）。

D型 垂折沿。根据腹部特征可分为Da和Db两个亚型。

Da型 10件。腹较浅。

Ⅰ式 4件。斜弧腹。H14：13，泥质黑陶，灰胎。轮制。垂折沿，沿面隆起，尖唇，敛口，斜弧腹，平底。素面。口径20、高7.2、底径8.8厘米（图二二六，1；图版三七，4）。H26：22，泥质黑陶，器表磨光。轮制。卷沿，尖唇下垂，敞口，斜弧腹，平底。素面。口径20、高8、底径5.6厘米（图二二六，2）。EST1886⑤A：17，泥质灰陶。轮制。垂折沿，圆唇，敞口，斜弧腹。素面。口径27.2、残高4.8厘米（图二二六，3）。

Ⅱ式 6件。斜腹。

H13①：58，泥质黑陶。轮制。卷沿，尖唇，敛口，斜弧腹。素面。残高5.6、口径26.4厘米（图二二六，4）。H17①：66，泥质，外黑内红。轮制。垂折沿，尖唇，敞口，斜弧腹。素面。口径27.2、残高6.4厘米（图二二六，6）。H21：40，泥质黑陶。轮制。垂折沿，尖唇，敞口，斜直腹。素面。口径22.4、残高6厘米（图二二六，7）。H17①：25，泥质黑皮陶，胎呈红色。轮制。卷沿，尖唇，敞口，斜弧腹，底残。素面。残高7.6、口径22.4厘米（图二二六，8；图版三七，5）。

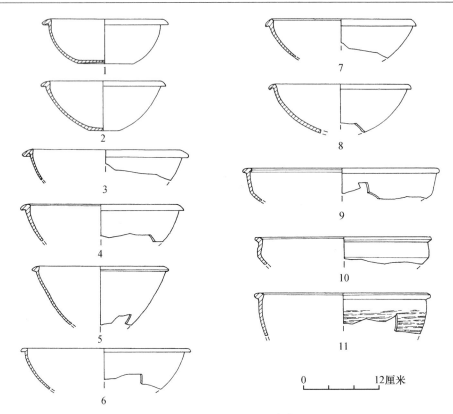

图二二六　D型、E型陶盆

1～3. Da型Ⅰ式（H14：13、H26：22、EST1886⑤A：17）　4、6～8. Da型Ⅱ式（H13①：58、H17①：66、H21：40、H17①：25）　5. Db型（H17①：114）　9、10. Ea型Ⅰ式（WST5401⑤：8、W13：4）　11. Ea型Ⅱ式（H17③：90）

Db型　2件。深斜腹。

H17①：114，夹粗砂黑陶。轮制。敛口，外垂折沿，尖唇，深斜腹。素面。口径22、残高8.8厘米（图二二六，5；图版三八，3）。

E型　7件。加厚贴唇。根据口沿特征可分为Ea和Eb两个亚型。

Ea型　6件。丁字口。

Ⅰ式　3件。折腹。

WST5401⑤：8，泥质红陶。轮制。丁字口，平沿，圆唇，斜弧腹。器表有零星的红衣彩绘。口径31.2、残高4.8厘米（图二二六，9）。W13：4，泥质红陶。微卷沿，尖唇，折腹，底残。素面。残高4.4、口径28、腹径27.2厘米（图二二六，10）。

Ⅱ式　3件。深腹。

H17③：90，夹砂灰陶。轮制。卷沿加厚，圆唇，口微敛，斜弧腹。腹饰宽篮纹。口径28、残高6.4厘米（图二二六，11）。

Eb型　1件，出自家山遗址。翻贴沿。

H24：4，夹粗砂黑陶。轮制。敛口，厚圆唇，鼓腹，腹中部饰一对鸡冠形耳，平底微内凹。腹饰稀疏的宽篮纹。高16.4、口径23.2、腹径24.4、底径11.2厘米（图二二五，1；图版三八，4）。

F型 4件。曲腹。可分为三式。

Ⅰ式 1件。上腹较深，弧形转折。

H15：24，泥质黑陶。轮制。特宽仰折沿，尖唇，折腹，上腹较直，下腹斜。素面。口径28、残高10厘米（图二二七，2）。

Ⅱ式 2件。转折处为折形。

H17③：44，泥质灰陶。轮制。敞口，圆唇，宽仰折沿，曲腹，转折明显，下腹较深。腹饰多道凹弦纹。口径26.4、高19.2、底径10.8厘米（图二二七，3；彩版三九，2）。
H17①：54，泥质灰陶。轮制。特宽仰折沿，尖唇，敞口，折腹，上腹直，下腹斜。宽凹弦纹。口径32、残高10.4厘米（图二二七，4）。

Ⅲ式 1件。上腹变浅。

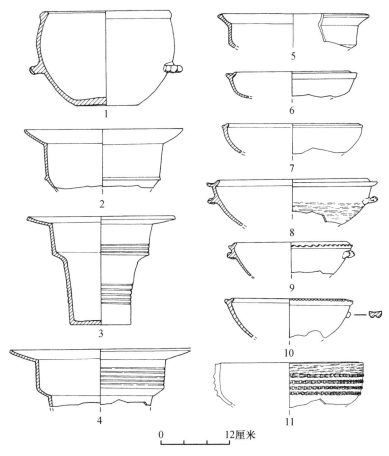

图二二七 E型、F型、G型、H型陶盆

1. Eb型（H24：4） 2. F型Ⅰ式（H15：24） 3、4. F型Ⅱ式（H17③：44、H17①：54） 5. F型Ⅲ式（G1②：63）
6、7. G型Ⅰ式（H17①：47、WST3406⑦：15） 8~10. G型Ⅱ式（WST5504③：35、H17③：49、H13①：54）
11. H型（H20：7）

G1②：63，夹粗砂黑陶。宽仰折沿，沿面凹，厚方唇，浅斜腹，底腹转折明显。素面。口径27.2、残高6厘米（图二二七，5）。

G型　6件。敛口。可分为二式。

Ⅰ式　2件。上腹无錾。

H17①：47，夹砂、石英颗粒灰陶。轮制。内折沿，尖唇，沟沿，外唇凸出，敛口，斜弧腹。素面。口径23.2、残高4.4厘米（图二二七，6）。WST3406⑦：15，夹细砂黑陶。轮制。敛口，内折沿，沿面向外倾斜，圆唇，斜弧腹。素面。口径25.6、残高5.2厘米（图二二七，7）。

Ⅱ式　3件。上腹有鸡冠形錾。

WST5504③：35，夹粗砂灰陶。敛口，尖唇，沟沿，斜弧腹，上腹附鸡冠形錾。口径27.2、残高8厘米（图二二七，8）。H17③：49，夹砂灰陶。轮制。敛口，尖唇，内折沿，沿外起一圈凸棱，凸棱上加饰花边纹，上腹附一对鸡冠形錾。口径20、残高5.6厘米（图二二七，9）。H13①：54，夹砂黑陶。轮制。敛口，尖唇，内弧沿，沿外一圈附加堆纹，加饰按窝纹，上腹附一对鸡冠形錾。腹饰宽篮纹。残高5.2、口径18.4厘米（图二二七，10；图版三七，6）。

H型　1件，出自家山遗址。直口。

H20：7，夹砂黑陶，厚胎。直口，凹唇，上腹较直。外壁上部饰稀疏的篮纹，下部饰四周附加堆纹，堆纹上加饰按窝纹。口径28、残高10.8厘米（图二二七，11）。

（六）缸

数量较多，类型比较复杂，可分为A、B、C、D、E、F六型。

A型　9件。宽仰折沿。可分为三式。

Ⅰ式　4件。折沿近垂直。

H14：8，夹粗砂灰陶。轮制。宽仰折沿，沿面凹，方唇，斜弧腹，厚平底。上部五道贴弦纹，下部饰篮纹。高34、口径32.2、底径10.4厘米（图二二八，1；图版三八，1）。H15：21，夹粗砂，厚胎，外黑内黄。轮制。特宽仰折沿，圆唇，敞口，斜腹。腹饰宽篮纹及数道贴弦纹。口径32.8、残高16.4厘米（图二二八，2）。H21：32，夹砂红陶。轮制。特宽仰折沿，厚圆唇，斜直腹。腹饰宽篮纹。口径32.8、残高10厘米（图二二八，3）。

另外G1④：25（图三一，3）也属于这一类型。

Ⅱ式　4件，均出自家山遗址。折沿较Ⅰ式平。

WST5604⑥：37，夹粗砂，黑皮红胎。轮制。宽仰折沿，厚圆唇，深斜弧腹。沿面饰凹弦纹，沿内侧饰附加堆纹加按窝纹，腹饰宽篮纹，腹中部加饰附加堆纹加按窝纹。口径53.6、残高30.4厘米（图二二九，1）。WST5505④：13，夹粗砂，黑皮红胎。轮制。宽仰折沿，厚方唇，深斜腹。沿面饰凹弦纹，沿内饰按窝纹，颈部饰按窝纹，腹饰宽篮纹。口径52、残高21.6

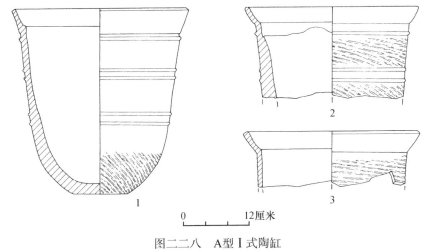

图二二八 A型I式陶缸
1. H14：8 2. H15：21 3. H21：32

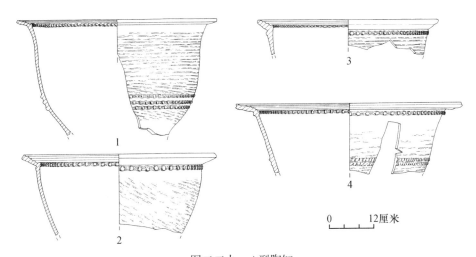

图二二九 A型陶缸
1～3. II式（WST5604⑥：37、WST5505④：13、H20：46） 4. III式（H17①：112）

厘米（图二二九，2）。H20：46，夹粗砂，黑皮红胎。轮制。敞口，宽厚仰折沿，厚圆唇，斜腹。沿面饰凹弦纹，沿内起折棱，折棱上加饰按压纹，颈部饰一周附加堆纹，加饰按窝纹，腹饰宽篮纹。口径48.8、残高9.2厘米（图二二九，3）。

III式 1件，出自家山遗址。折沿近平。

H17①：112，夹粗砂，外黑内红。特宽仰折沿，方唇略凹，斜腹。沿面有多道凸弦纹，沿内转折处起凸棱，凸棱上加饰按窝纹，外壁满饰稀疏的宽篮纹，颈部饰一周附加堆纹，堆纹上加饰按窝纹，腹中部饰两周附加堆纹，堆纹上加饰按窝纹。口径60、残高18.4厘米（图二二九，4）。

B型 7件，均出自家山遗址。尖唇，外附贴沿。根据口沿变化可分为三式。

I式 4件。直口。

　　W46：1，夹粗砂红陶。轮制，器表抹光。敞口，尖唇，附贴沿，斜直腹，圜底。口沿外饰一周绚索纹。残高42.8、复原高44.7、口径42.4厘米（图二三〇，1；图版三八，2）。WST5402⑦：3，夹粗砂红陶。轮制。敞口，外附贴沿，尖唇，斜腹。内壁饰有似鸟状刻划纹。残高6.4厘米（图二三〇，2）。W38：1，夹粗砂、石英颗粒红陶。轮制，器表磨光。尖唇，口微敛，加厚贴沿，直腹微外鼓。素面。残高21.1厘米，口、腹径均为36厘米（图二三〇，3）。G2①：26，夹细砂红陶。轮制。敞口，尖唇，附宽贴沿，斜直腹。素面。口径38.4、残高10.4厘米（图二三〇，4）。

　　Ⅱ式　2件。口沿外撇。F9：1，夹粗砂，砂多于土，黄陶。轮制。敞口，尖唇，深直腹，圜底。素面。高48、口径53.6、腹径52厘米（图二三〇，5；图版三九，2）。W28：2，夹粗砂红陶。轮制。敞口，尖唇，附厚贴沿，深斜腹。素面。残高29.6、口径36厘米（图二三一，1）。

　　Ⅲ式　1件。口沿外撇，贴沿加厚。H17②：54，夹粗砂红陶。轮制。敞口，尖唇，附厚贴沿，斜直腹。素面。残高25.2、口径36厘米（图二三一，2）。

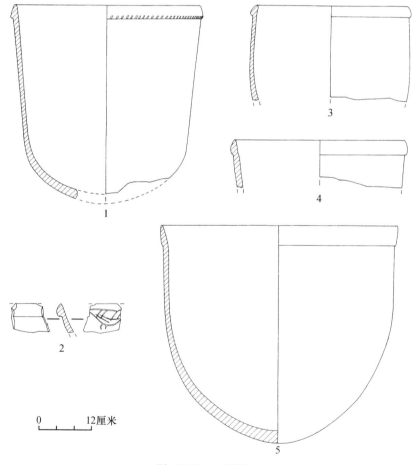

0　　　　　　12厘米

图二三〇　B型陶缸
1~4. Ⅰ式（W46：1、WST5402⑦：3、W38：1、G2①：26）　5. Ⅱ式（F9：1）

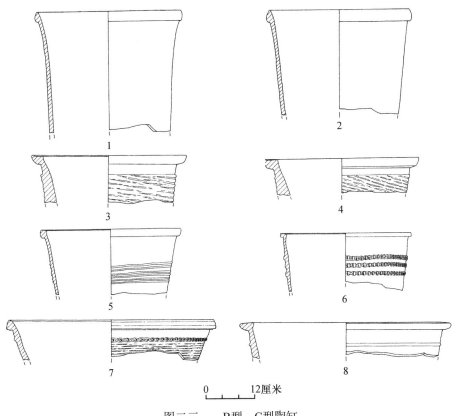

0 _____ 12厘米

图二三一　B型、C型陶缸

1. B型Ⅱ式（W28：2）　　2. B型Ⅲ式（H17②：54）　　3、4、7、8. Ca型Ⅰ式（WST5503③：9、H24：60、WST5405③：82、
H15：19）　　5、6. Ca型Ⅱ式（WST5403②：7、WST5603③：26）

　　C型　平沿。根据口沿特征可分为Ca和Cb两个亚型。

　　Ca型　7件，均出自家山遗址。加厚窄平沿。可分为二式。

　　Ⅰ式　4件。束颈，厚胎。

　　WST5503③：9，夹粗砂，特厚胎，红陶。泥条盘筑，慢轮修整。平沿，敞口，尖唇上翘，束颈，斜腹。腹饰特宽篮纹。口径37.6、残高12厘米（图二三一，3）。H24：60，夹粗砂，含砂量多于含土量，红陶。轮制。特厚胎，平沿，厚方唇，敞口，束颈，斜直腹。腹饰宽而深的篮纹。口径38.4、残高8.8厘米（图二三一，4）。WST5405③：82，夹粗砂黑陶。轮制。敞口，附贴沿，厚方唇，斜腹。腹饰宽篮纹、附加堆纹加饰按窝纹。口径51.2、残高9.2厘米（图二三一，7）。H15：19，夹粗砂厚胎黑陶。宽平沿，圆唇，敛口，斜直腹。素面。口径52、残高8厘米（图二三一，8）。

　　Ⅱ式　3件。无束颈。WST5403②：7，夹粗砂红陶。轮制。敞口，平沿，附贴沿，圆唇，深斜腹。腹中部饰多圈贴弦纹。口径34.4、残高15.2厘米（图二三一，5）。WST5603③：26，夹粗砂黄陶。轮制。口微敛，平沿，厚方唇，深斜腹。腹饰三周附加堆纹加饰按窝纹。口径32、残高14厘米（图二三一，6）。

Cb型　1件，出自家山遗址。宽平沿。

WST5605③：3，泥质黄陶。轮制，分段拼接。宽平沿微凸起，敞口，尖唇，折腹，上腹较直，下腹斜收，平底，假圈足。复原高43.6、口径38.4、腹径32.4、底径13.6厘米（图二三二，1）。

D型　1件，出自家山遗址。方唇，敛口。

WST5405③：80，夹粗砂、石子，外黄内灰。平沿微内斜，敛口，深腹。腹饰宽篮纹、附加堆纹、弦纹、按窝纹。口径44、残高14厘米（图二三二，2）。

E型　4件。无沿。又可分为二亚型。

Ea型　3件。均出自城内居住区。敞口，口沿外下部加厚。可分为二式。

Ⅰ式　2件。上腹微外折。

EST2185⑤B：57，夹粗砂，砂多于泥，红陶。敞口，方唇，斜腹。腰饰模糊的宽篮纹。口径36、残高24厘米（图二三二，3）。EST2085⑥：1，夹粗砂，红陶，器表磨光。轮制。敞口，方唇，外附贴沿，深斜腹。素面。残高33.2、口径42.4厘米（图二三二，4；图版三九，3）。

Ⅱ式　1件。上腹无外折。

EST2086⑤A：1，夹粗砂褐红陶。轮制，分段拼接。敞口，方唇，深斜腹，小平底。上部、中腹及下腹饰三段交错席纹。复原高56、口径60.8、底径5.6厘米（图二三三，1；图版三九，4）。

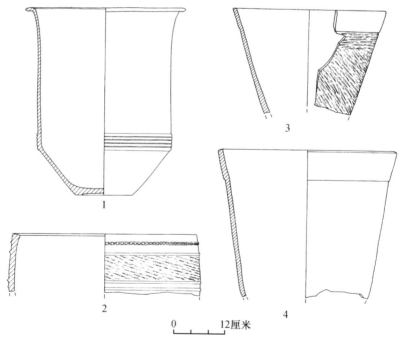

0 　　　　12厘米

图二三二　C型、D型、E型陶缸

1. Cb型（WST5605③：3）　2. D型（WST5405③：80）　3、4. Ea型Ⅰ式（EST2185⑤B：57、EST2085⑥：1）

Eb型　1件。上腹近口沿处内收。

WST5604⑦：74，夹粗砂红陶。敞口，尖唇，口沿外分段，斜腹。腹饰宽篮纹。口径42.4、残高13.2厘米（图二三三，2）。

F型　4件。丁字口平沿。可分为Fa和Fb两个亚型。

Fa型　2件，家山遗址和城内居住区各1件。口沿微隆起。

H17①：104，夹粗砂灰陶。轮制。丁字口宽沿，沿面向外倾斜。颈部饰两周附加堆纹，堆纹上加饰按窝，腹饰宽蓝纹。口径48、残高10厘米（图二三三，3）。EST2086③：8，夹粗砂，内黄外黑。轮制。宽平沿，方唇，敛口。沿面饰凹弦纹，上腹饰附加堆纹，加饰按窝纹。口径51.2、残高8.8厘米（图二三三，4）。

Fb型　2件，家山遗址和城内居住区各1件。口沿略内凹。

EST1986④：3，夹粗砂黄陶。轮制。宽平沿微内斜，沿内起折棱，厚圆唇。腹饰宽篮纹。口径44.8、残高8厘米（图二三三，5）。

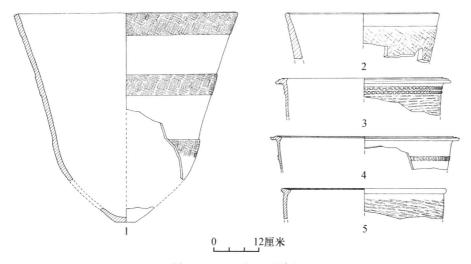

0　　　12厘米

图二三三　E型、F型陶缸

1. Ea型Ⅱ式（EST2086⑤A：1）　2. Eb型（WST5604⑦：74）　3、4. Fa型（H17①：104、EST2086③：8）
5. Fb型（EST1986④：3）

（七）瓮

数量较多，根据口沿分为A、B、C、D、E、F六型。

A型　9件。子母口。又可分为Aa、Ab和Ac三个亚型。

Aa型　4件。均出自家山遗址。口沿略外撇。可分为二式。

Ⅰ式　2件。大口。

W42：1，夹细砂黑陶。轮制。直口，方唇，双唇，外唇为圆唇，微鼓腹，底残。腹饰篮纹，中部一道贴弦纹。残高28.8、口径28、腹径32厘米（图二三四，1；图版三九，1）。烧

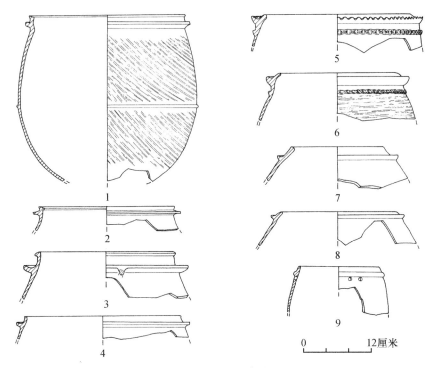

图二三四　A型陶瓮

1、2.Aa型Ⅰ式（W42：1、烧土遗迹1：27）　3、4.Aa型Ⅱ式（WST5501④：63、F9：4）　5、6.Ab型Ⅰ式（H24：29、
WST5503③：22）　7、8.Ab型Ⅱ式（H24：27、H17①：52）　9.Ac型（EST1885③：16）

土遗迹1：27，夹粗砂黄陶。轮制。敛口，双唇子母口沟沿，外唇凸起较高，溜肩微内收。素面。口径24、残高4.4厘米（图二三四，2）。

Ⅱ式　2件。口较小。

WST5501④：63，泥质，黑皮红胎。轮制。敛口，方唇外斜，矮领，颈部起一道宽折棱。素面。口径25.6、残高8厘米（图二三四，3）。F9：4，夹粗砂黄陶。轮制。沟沿，敞口，圆唇，外唇凸起较高。素面。口径28、残高4厘米（图二三四，4）。

Ab型　4件。敛口内收。可分为二式。均出自家山遗址。

Ⅰ式　2件。大口。

H24：29，夹粗砂，外红内黑。轮制。敛口，沟沿，双唇子母口，内唇圆，外唇尖。外唇压印成花边状，颈部饰一周附加堆纹，加饰链条状按窝。口径30.4、残高6.8厘米（图二三四，5）。WST5503③：22，夹细砂，黑皮红胎。轮制。敛口，尖唇，双唇子母口，外唇凸出，沟沿。颈部饰一圈附加堆纹加饰绚索纹，腹饰宽篮纹。口径20.4、残高8.4厘米（图二三四，6）。

Ⅱ式　2件。口略小。

H24：27，泥质黑陶。轮制。敛口，圆唇，双唇子母口，外唇凸起较高。素面。口径16、残高7.2厘米（图二三四，7）。H17①：52，泥质红陶。轮制。双唇子母口，敛口，尖唇，外唇凸起较高。素面。口径20.4、残高5.6厘米（图二三四，8）。

Ac型　1件，出自城内居住区。外唇退化。

EST1885③：16，泥质灰陶。轮制。双唇子母口，敛口，尖唇，外唇为圆唇。颈部饰两个戳印小孔。口径14.4、残高8.4厘米（图二三四，9）。

B型　9件。外折沿。又可分为Ba、Bb和Bc三个亚型。

Ba型　6件。鼓肩。可分为三式。

Ⅰ式　2件，均出自家山遗址。肩较窄，略隆起。

烧土遗迹1：1，泥质灰陶。轮制。敛口，厚圆唇，溜肩，鼓腹，平底。素面。高15.2、口径14.4、腹径23.2、底径8.8厘米（图二三五，1）。G2：24，泥质黄陶。轮制。折沿，尖唇，敞口，溜肩，鼓腹。素面。口径20、残高17.6、腹径32厘米（图二三五，2）。

Ⅱ式　3件。广肩。

EST2086⑤A：6，泥质灰陶。轮制。特厚折沿，圆唇，溜肩。素面。口径28、残高8.8厘米（图二三五，3）。H6：12，夹砂灰陶。轮制。敛口，厚圆唇，溜肩。素面。口径12.2、残高3.2厘米（图二三五，4）。WST5302②：8，夹细砂黄陶。轮制。敛口，翻卷沿，尖唇，溜肩。素面。口径28、残高6.4厘米（图二三五，5）。

Ⅲ式　1件，出自家山遗址。溜肩。

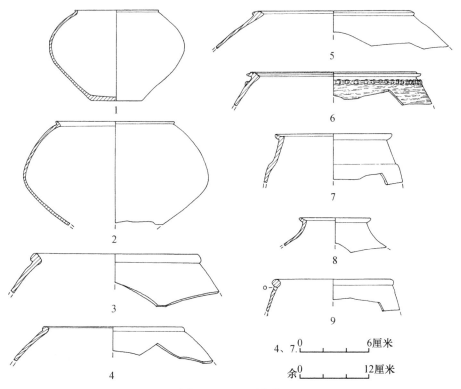

图二三五　B型陶瓮

1、2.Ba型Ⅰ式（烧土遗迹1：1、G2：24）　　3~5.Ba型Ⅱ式（EST2086⑤A：6、H6：12、WST5302②：8）

6.Ba型Ⅲ式（H17③：46）　　7、8.Bb型（F8：6、烧土遗迹1：24）　　9.Bc型（F9：5）

H17③：46，夹砂黑陶。轮制。卷沿，敛口，尖唇，溜肩。沿面饰凹弦纹，颈部饰附加堆纹，加饰按窝纹，腹饰宽篮纹。口径29.6、残高5.6厘米（图二三五，6）。

Bb型　2件。肩内弧。

F8：6，夹细砂黑皮陶。轮制。平沿，敞口，尖唇，斜高领。素面。口径10、残高4.2厘米（图二三五，7）。烧土遗迹1：24，夹细砂灰陶。轮制。仰折沿，尖唇，溜肩内弧。素面。口径12、残高6厘米（图二三五，8）。

Bc型　1件，出自家山遗址。肩部不明显。

F9：5，夹粗砂灰陶。敛口，加厚圆唇。素面。口径20.8、残高5.6厘米（图二三五，9）。

C型　6件。加厚唇，敛口。根据肩部可分为Ca、Cb、Cc三个亚型。

Ca型　4件。溜肩。可分为二式。

Ⅰ式　2件，均出自家山遗址。口沿内加鸡冠形錾。

H13①：43，夹细砂黑陶。轮制。敞口，厚圆唇，加厚沿，溜肩，鼓腹，颈内壁有一鸡冠状耳。腹饰宽横篮纹。口径20、残高12厘米（图二三六，1）。H17①：55，夹砂黑皮陶，红胎。轮制。敛口，方唇，沿内有一道鸡冠形錾。腹饰宽篮纹。口径18.4、残高6.8厘米（图二三六，2）。

Ⅱ式　2件，均出自家山遗址。錾消失。

WST5401③：28，夹细砂灰黄陶。轮制。敛口，圆唇，附贴沿，溜肩。沿外侧饰按窝纹，腹饰模糊宽篮纹。口径28、残高8厘米（图二三六，3）。H13①：42，夹砂黑陶。轮制。敛口，厚圆唇，加厚沿。沿面饰多道凹弦纹。残高6厘米（图二三六，4）。

Cb型　1件。沿下设鸟喙形錾。

H17②：12，泥质黑陶。轮制。敛口，尖唇，溜肩，肩部有一个鸟喙形錾。素面。残高3.2、口径20厘米（图二三六，5）。

Cc型　1件，出自家山遗址。口沿内折。

WST5504②：3，泥质红陶。敛口，沿内卷贴于内壁，上腹微鼓。素面。口径32、残高9.6厘米（图二三六，6）。

D型　矮领，均出自家山遗址。根据口沿可分为Da和Db两个亚型。

Da型　大口。可分为二式。

Ⅰ式　1件。鼓肩。

WST5301③：22，夹细砂，外黑内黄。轮制。平沿微内斜，敛口，尖唇，矮直领，溜肩。肩部饰一周贴弦纹。口径24.4、残高4.8厘米（图二三六，7）。

Ⅱ式　1件。溜肩。

M4：1，夹细砂红陶，局部黑色。轮制。折沿，鼓腹，小平底。颈部饰一道凹弦纹。口径15.2、复原高17.2厘米（图二三六，8）。

Db型　3件。小口。根据颈部特征可分为二式。

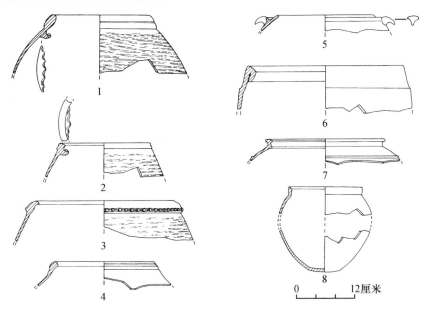

图二三六 C型、D型陶瓷

1、2. Ca型Ⅰ式（H13①：43、H17①：55） 3、4. Ca型Ⅱ式（WST5401③：28、H13①：42） 5. Cb型（H17②：12）
6. Cc型（WST5504②：3） 7. Da型Ⅰ式（WST5301③：22） 8. Da型Ⅱ式（M4：1）

Ⅰ式 2件。颈部微内收。

WST5502②：1，夹细砂黑陶。轮制。敛口，尖唇，矮内斜领，溜肩。素面。口径10.4、残高7.6厘米（图二三七，1）。WST5604⑦：70，泥质薄胎黑陶。敛口，仰折沿，圆唇，溜肩。素面。口径5.2、残高4厘米（图二三七，2）。

Ⅱ式 1件。颈部内弧。

WST5504③：17，夹细砂灰陶。侈口，加厚圆唇，矮斜领，溜肩。颈部多道弦纹。口径16.8、残高7.2厘米（图二三七，3）。

E型 4件。曲颈。可分为Ea和Eb两个亚型。

Ea型 3件。矮曲领。可分为二式。

Ⅰ式 2件。矮弧领。EST2185⑤B：4，泥质灰陶。轮制。特厚内弧沿，沿内凹，敛口，溜肩。口径20、残高4.4厘米（图二三七，4）。WST5603③：18，夹细砂灰陶。轮制。敛口，圆唇，屈领，广肩。素面。残高4、口径12.8厘米（图二三七，7）。

Ⅱ式 1件。领变直。

EST2085③：12，泥质灰陶。轮制。敛口，内折沿，外折颈，溜肩，圆唇。素面。口径14、残高5.6厘米（图二三七，8）。

Eb型 1件。领较Ea型高。

H13①：44，夹粗砂，黑皮红胎。轮制。口沿较厚，敞口，沟沿，加厚圆唇，矮斜领，广肩。颈部饰绚索纹，肩部满饰宽而深的横篮纹。口径23.2、残高13.2厘米（图二三七，5）。

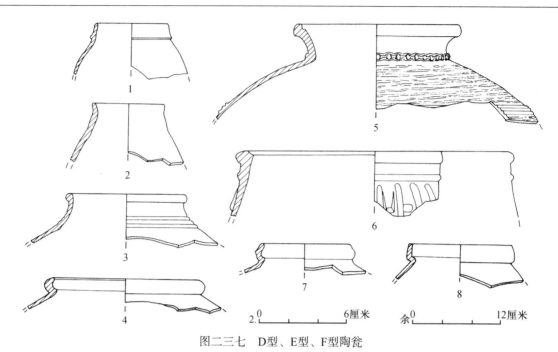

图二三七　D型、E型、F型陶瓷

1、2. Db型Ⅰ式（WST5502②：1、WST5604⑦：70）　3. Db型Ⅱ式（WST5504③：17）　4、7. Ea型Ⅰ式（EST2185⑤B：4、
　　　WST5603③：18）　5. Eb型（H13①：44）　6. F型（H15：18）　8. Ea型Ⅱ式（EST2085③：12）

F型　1件。无领，加厚圆唇。

H15：18，夹砂黑陶。轮制。特厚方唇，敛口。颈部一道贴弦纹，腹饰纵向宽篮纹。口径38.4、残高8.8厘米（图二三七，6）。

（八）豆

数量不多，且圈足缺失后与碗形态比较接近。根据口沿可分为A、B、C、D、E五型。

A型　12件。内折沿。根据圈足特征可分为三式。

Ⅰ式　6件，均出自家山遗址。圈足上部结合处较细。

M11：1，泥质黑陶。轮制。内折沿，尖唇，敛口，斜直腹，圜底，高圈足较细，圈足饰圆形镂孔。口径18.4、残高8.4厘米（图二三八，1；图版四〇，1）。M3：6，泥质黑陶。轮制。内折沿，尖唇，敛口，斜弧腹，高圈足，圜底。圈足饰圆形镂孔。残高8.6、口径17.2厘米（图二三八，2；图版四〇，3）。M5：5，泥质薄胎黑陶。轮制。敛口，尖唇，内弧沿，斜直腹，圜底，高圈足。腹饰贴弦纹，圈足饰圆形镂孔。口径16、残高8厘米（图二三八，3；图版四〇，4）。H18：3，泥质薄胎黑陶。轮制。内折沿，尖唇，斜直腹，高圈足，足跟外撇。圈足饰穿透的戳印纹。高21.2、口径17.6、圈足径16厘米（图二三八，4）。WST5501⑤：5，泥

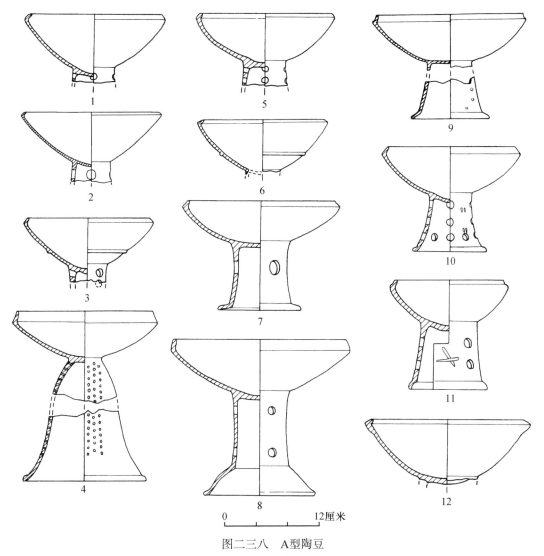

图二三八 A型陶豆

1~6. Ⅰ式（M11：1、M3：6、M5：5、H18：3、WST5501⑤：5、H18：34） 7~10. Ⅱ式（H26：8、H26：15、
EST1886④：4、M2：1） 11、12. Ⅲ式（H13②：22、H13②：32）

质磨光黑陶。轮制。敛口，尖唇，斜弧腹，细高圈足。足上部饰圆形镂孔。口径17.6、残高9.2
厘米（图二三八，5；图版四〇，2）。H18：34，泥质薄胎磨光黑陶。轮制。内折沿，尖唇，
敛口，斜弧腹。中部一道贴弦纹。口径16.8、残高6.4厘米（图二三八，6）。

Ⅱ式 4件，除1件出自城内居住区，余均出自家山遗址。圈足结合处加粗。

H26：8，夹细砂黑陶。轮制。内折沿，尖唇，敛口，浅斜弧腹，弧高圈足，足跟外折成宽
台座，圈足中部饰圆形镂孔。口径19.2、通高13.6、足径10.4、足高8.4厘米（图二三八，7；图
版四〇，5）。H26：15，泥质灰陶，圈足下部黑色。轮制。内折沿，敛口，尖唇，斜直腹，高
圈足，圈足下部外折成宽台座，足跟微翘起，圈足中部饰圆形镂孔。口径22.8、高19.6、足径
14.4厘米（图二三八，8；图版四〇，6）。EST1886④：4，泥质灰陶。轮制。敛口，内折沿，

沿内凹，沿外转折处起折棱，斜弧腹，平底，喇叭形高圈足，足跟外撇成宽台座，足饰圆形镂孔。复原高12.8、口径19.2、圈足径10.4厘米（图二三八，9）。M2：1，泥质薄胎黑陶。轮制。内折沿，敛口，尖唇，斜弧腹，圜底，喇叭形高圈足，足跟微外折成台座，圈足满饰圆形镂孔。口径16、通高13.2、足径9.6、足高7.2厘米（图二三八，10；图版四一，1）。

Ⅲ式　2件，均出自家山遗址。圈足结合处比Ⅱ式更粗。

H13②：22，泥质，黑皮红胎。轮制。敛口，尖唇，内折沿，沿外略凹，斜腹，圜底，高圈足喇叭形，足跟外折成台座，足中部饰圆形镂孔和十字刻划纹。口径15.2、复原高13.6、足径10.4厘米（图二三八，11）。H13②：32，泥质灰陶。轮制。内折沿，尖唇，斜弧腹，圜底。素面。口径21.6、残高8厘米（图二三八，12）。

B型　8件。外折沿。可以分为Ba和Bb两个亚型。

Ba型　7件。外沿下无折棱。可分为二式。

Ⅰ式　3件，1件出自城内居住区，余均出自家山遗址。宽仰折沿。

WST5301②：3，泥质薄胎磨光黑陶。轮制。敞口，尖唇，宽仰折沿，浅斜腹，圜底，高圈足，足跟微外撇，足上部饰圆形镂孔。复原高14、口径15.2、底径8.4厘米（图二三九，1；图版四一，2）。EST2185⑤B：41，泥质薄胎黑陶，厚薄均匀，细腻。轮制。敞口，尖唇，斜直腹。素面。口径20、残高4.8厘米（图二三九，2）。WST5505④：40，泥质灰陶。轮制。敞口，仰折沿，尖唇，浅斜腹，平底，高圈足，足跟外折成台座，饰两周圆形镂孔。口径8、高11.4、足径6厘米（图二三九，7；彩版三九，3）。

Ⅱ式　4件。竖折沿较窄。

H14：6，泥质灰黄陶。轮制。敛口，圆唇，内折沿，外沿内凹，斜弧腹，小平底。素面。口径16.4、残高8厘米（图二三九，3）。H21：51，泥质灰陶。轮制。敛口，内折沿，沿面凹，圆唇，斜弧腹。素面。口径16.6、残高5.2厘米（图二三九，4）。EST1985③：37，泥质薄胎灰陶。轮制。内折沿，圆唇，直口，斜弧腹。素面。口径14、残高4厘米（图二三九，5）。F7：1，泥质黑陶。轮制。敞口，尖唇，浅斜腹。素面。口径17.6、残高3.2厘米（图二三九，6）。

Bb型　1件。折沿下起折棱。

M11：2，泥质磨光黑陶。轮制。仰折沿，尖唇，沿外向下起凸棱，浅斜腹，圜底，高圈足，圈足饰圆形镂孔。口径20、残高8.4厘米（图二三九，8；图版四一，3）。

C型　11件。双腹。可分为三式。

Ⅰ式　5件，2件出自城内居住区，3件出自家山遗址。双弧腹。

H14：62，泥质黑陶。轮制。敞口，尖圆唇，双折腹。下腹饰一道贴弦纹。残高6、口径22.4厘米（图二四○，1）。H24：69，泥质灰陶，胎较薄。轮制。敞口，方唇，双腹，上腹较斜直，下腹略弧，坦底，细高圈足。下腹饰多道贴弦纹。口径25.6、高9.2厘米（图二四○，2；图版四一，4）。H14：15，夹细砂黑陶。轮制。敞口，圆唇，双折腹，小圈足。下腹饰两道贴弦纹。口径25.5、残高8.4厘米（图二四○，3）。EST1886④：18，泥质，胎质细

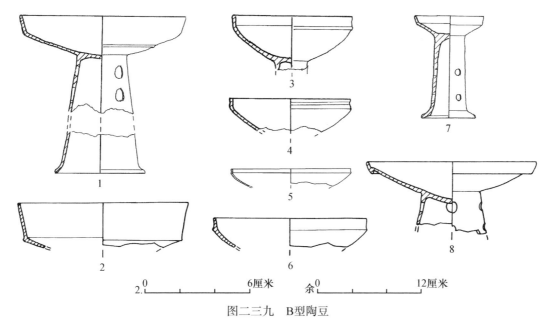

图二三九　B型陶豆

1、2、7. Ba型Ⅰ式（WST5301②：3、EST2185⑤B：41、WST5505④：40）　3～6. Ba型Ⅱ式（H14：6、H21：51、

EST1985③：37、F7：1）　8. Bb型（M11：2）

腻，黑陶。轮制。敞口，尖唇，双弧腹。素面。残高7.2、口径29.6厘米（图二四○，4）。EST2085③B：1，泥质，黑皮灰胎。轮制。敞口，圆唇，双弧腹，中部转折明显，圈足残。口径23.2、残高8.4厘米（图二四○，5；图版四一，5）。

　　Ⅱ式　2件，出自家山遗址。上腹变斜直。

　　H21：49，泥质薄胎黑陶。轮制。双折腹，敞口，尖唇，上腹斜直，下腹外弧，细高圈足。口径22.4、高11.6厘米（图二四○，6；图版四一，6）。WST5503③：58，泥质，黑皮灰胎，大部分掉色。轮制。敞口，方唇，双弧腹，圈足残。盖径20、残高6厘米（图二四○，7）。

　　Ⅲ式　4件，1件出自家山遗址，余均出自城内居住区。上腹变浅。

　　EST1886④：19，泥质黑陶，器表磨光。轮制。宽仰折沿，尖唇，斜弧腹。腹中部饰多圈凹弦纹。残高8、口径27.2厘米（图二四○，8）。EST1886③：30，泥质黄陶。轮制。宽仰折沿，尖唇，沿面凹，斜弧腹。素面。残高6、口径20厘米（图二四○，9）。F7：4，泥质薄胎黑陶。轮制。敞口，宽仰折沿，尖唇，斜弧腹。素面。口径20、残高4.4厘米（图二四○，10）。M7：24，泥质薄胎磨光黑陶。轮制。双折腹，尖唇，敞口。素面。口径16、残高3.2厘米（图二四○，11）。

　　D型　1件，出自家山遗址。沟沿。

　　H20：1，泥质黄陶。轮制。丁字形口，宽凹唇，斜弧腹，平底，高圈足，足跟外撇成台座，圈足中部饰四个圆形镂孔。高13.6、口径16、座径11.2厘米（图二四○，12；彩版三九，4）。

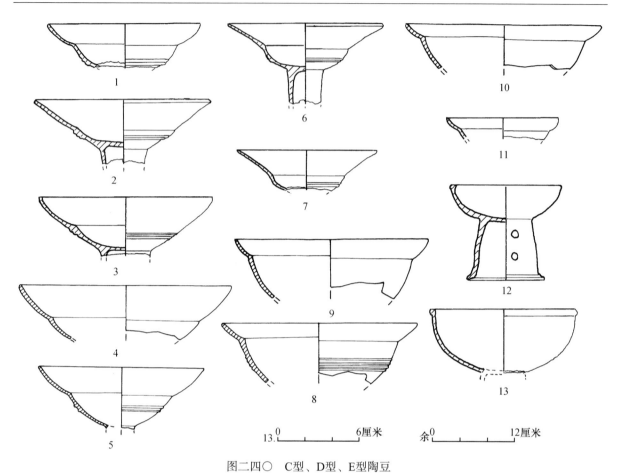

图二四〇　C型、D型、E型陶豆

1～5.C型Ⅰ式（H14：62、H24：69、H14：15、EST1886④：18、EST2085③B：1）　6、7.C型Ⅱ式（H21：49、
WST5503③：58）　8～11.C型Ⅲ式（EST1886④：19、EST1886③：30、F7：4、M7：24）　12.D型（H20：1）
13.E型（H20：3）

E型　1件，出自家山遗址。附贴沿。

H20：3，泥质黑陶，红胎。轮制。敞口，圆唇，附贴沿，斜弧腹，底及圈足残。素面。口径10.8、高9.2厘米（图二四〇，13）。

遗址还出土数量较多的陶豆圈足，可分为四类。

喇叭口形底座　2件。

M7：20，泥质，黑皮红胎。轮制。圜底，喇叭形高圈足，下部外撇成台座，圈足饰圆形镂孔。残高8.8、足径12.8厘米（图二四一，1）。EST2085③B：2，泥质灰陶。轮制。坦底，喇叭形高圈足，足跟外撇，圈足饰圆形镂孔。残高5、足径9厘米（图二四一，2）。

覆盘形底座　2件。

EST1986③：4，泥质黑陶。轮制。喇叭形高圈足，圈足中部饰圆形镂孔，下部外撇成宽台座。残高6.4、圈足径10厘米（图二四一，3）。H22：9，泥质，黑皮，胎呈红色。轮制。喇叭口高圈足，跟部外撇成台座，饰圆形镂孔。残高8、底径14.4厘米（图二四一，4）。

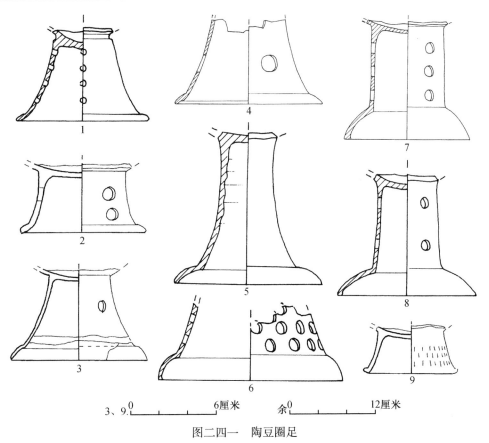

图二四一　陶豆圈足

1、2. 喇叭形底座（M7：20、EST2085③B：2）　3、4. 覆盘形底座（EST1986③：4、H22：9）　5~8. 特宽底座（H15：7、
H18：33、H17③：83、H13①：66）　9. 翘边底座（EST2085③B：4）

特宽底座　4件。

H15：7，泥质黑陶。轮制。喇叭状高圈足，足跟外折成宽台座。素面。残高14.4、足径14.4厘米（图二四一，5）。H18：33，泥质薄胎磨光黑陶。轮制。喇叭形圈足，下部外折成宽台座，跟部微内收。满饰圆形镂孔。残高7.2、足径17.6厘米（图二四一，6）。H17③：83，泥质灰陶。轮制。圜底，高圈足，上部较直，下部外折成宽台座，跟部微内收。圈足上部饰三周圆形镂孔。残高11.2、足径12.4厘米（图二四一，7）。H13①：66，泥质黑陶。轮制。高圈足，下部外折，特宽台座。圈足中部饰两排圆形镂孔。残高11.6、足径13.6厘米（图二四一，8）。

翘边底座　1件。

EST2085③B：4，泥质黑陶。轮制。喇叭形高圈足，足跟翘起。圈足满饰纵向的戳印纹。残高3.6、足径6厘米（图二四一，9）。

（九）圈足盘

均出自家山遗址。根据口沿可分为A、B、C、D、E、F六型。

A型　5件。平沿。根据口沿可分为二式。

Ⅰ式　1件。宽平沿。

M22：1，夹细砂灰陶。轮制。矮圈钮，浅斜弧腹，特宽厚折沿，厚圆唇。素面。通高8、口径27.6、足径7.2、足高1厘米（图二四二，1）。

Ⅱ式　4件。沿较窄。

WST5405③：1，泥质灰陶。轮制。敞口，平沿，尖唇，斜弧腹，平底，细矮圈足，足跟外折成台座。圈足饰圆形镂孔。高8.2、口径30.4、圈足径12.4、圈足高3厘米（图二四〇，2；图版四二，1）。H20：10，泥质黑陶。轮制。平沿，口微敛，尖唇，浅斜弧腹，坦底，矮圈足，足跟残。素面。口径21.4、残高8厘米（图二四二，4）。

B型　4件。垂折沿。可分为三式。

Ⅰ式　1件。丁字口宽沿，向外倾斜厉害。

WST5402⑦：14，夹细砂，黑皮灰胎。垂折沿，敛口，圆唇，斜弧腹。腹饰数道凸弦纹。口径45.6、残高8.4厘米（图二四二，7）。

Ⅱ式　1件。宽沿微向外倾斜。

M7：4，夹粗砂黑陶。轮制。平沿略下垂，尖唇，沿内起折棱，浅斜腹。素面。口径36、残高4厘米（图二四二，5）。

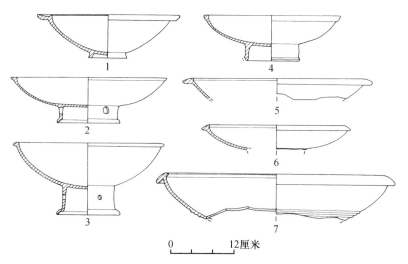

图二四二　A型、B型陶圈足盘

1. A型Ⅰ式（M22：1）　　2、4. A型Ⅱ式（WST5405③：1、H20：10）　　3、6. B型Ⅲ式（H17③：23、H17①：29）

5. B型Ⅱ式（M7：4）　　7. B型Ⅰ式（WST5402⑦：14）

Ⅲ式 2件。沿较窄。

H17③：23，泥质，外灰内红。轮制。垂折沿，尖圆唇，敞口，斜弧腹，坦底，矮圈足，足跟外折成台座。圈足中部饰圆形镂孔。通高13.4、口径29.2、足径12.4、圈足高5.4厘米（图二四二，3；彩版四〇，2；图版四二，2）。H17①：29，泥质黑皮陶，灰胎。轮制。垂折沿，敛口，尖唇，浅斜弧腹。素面。口径28、残高6厘米（图二四二，6）。

C型 12件。内折沿。

H17①：85，泥质灰陶。轮制。平沿，沿内折棱凸出，浅斜弧腹，圜底。残高8、口径25.6厘米（图二四三，1）。H17③：63，泥质黑陶。轮制。内折沿，尖唇，敛口，浅斜弧腹，坦底。素面。口径29.6、残高6.4厘米（图二四三，2）。H17①：84，泥质黑陶。轮制。平沿，沿内起折棱，浅斜弧腹，坦底，矮圈足，足跟外撇成宽台座。圈足中部饰镂孔。口径29.6、高9.2、足径14.4厘米（图二四三，3；图版四二，3）。H17①：115，夹细砂，内黄陶，外黑陶。轮制。内折沿，沿面向外倾斜，敛口，尖唇，坦底，圈足残。素面。口径29.6、圈足径10.8、残高5.6厘米（图二四三，4）。H17③：24，泥质黑陶。轮制。敛口，内折沿，沿外向

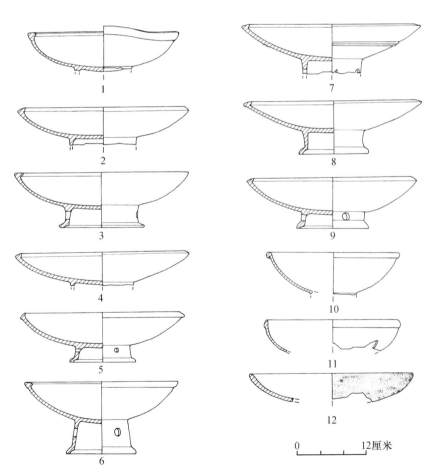

图二四三 C型、D型、E型、F型陶圈足盘

1~9.C型（H17①：85、H17③：63、H17①：84、H17①：115、H17③：24、H17③：21、H17③：29、H17③：65、WST5505④：1） 10.D型（H17②：13） 11.E型（H14：63） 12.F型（H24：67）

外倾斜,尖唇,斜弧腹,坦底,矮圈足,底部外折成台座。圈足中部饰圆形镂孔。高8.4、口径28、圈足径11.2厘米(图二四三,5;图版四二,4)。H17③:21,泥质灰陶。轮制。特厚内折沿,尖圆唇,敛口,斜弧腹,坦底,矮圈足,足跟外折成台座。圈足中部饰圆形镂孔。通高12、口径26、底径12、圈足高5.6厘米(图二四三,6;图版四二,6)。H17③:29,泥质黑陶。轮制。内折沿,尖唇,敛口,斜弧腹,坦底,直高圈足。腹中部饰两道贴弦纹,圈足中部饰圆形镂孔。残高8.4、口径30.8、圈足径10厘米(图二四三,7)。H17③:65,泥质黑陶。轮制。内折沿,尖唇,敛口,斜直腹,坦底,矮圈足,足跟外折成台座。素面。口径30.4、高8.8、足径12厘米(图二四三,8;图版四二,5)。WST5505④:1,泥质灰黄陶,局部黑色。内折沿,敛口,尖唇,斜弧腹,平底,矮圈足,足跟外折。圈足中部饰圆形镂孔。高8.4、口径29.2、足径12.8厘米(图二四三,9;图版四三,6)。

D型　1件。卷沿。

H17②:13,泥质灰陶。轮制。卷沿,尖唇,敞口,斜弧腹,底及圈足残。素面。残高7.2、口径22.8厘米(图二四三,10)。

E型　1件。附贴沿。

H14:63,泥质黑陶,器表掉色严重。轮制。敛口,尖唇,外附贴沿,斜弧腹。素面。残高5.2、口径23.2厘米(图二四三,11)。

F型　1件。尖唇,无沿。

H24:67,泥质黄陶。轮制。敞口,尖唇,浅斜腹。满饰红衣彩绘。口径28、残高4.8厘米(图二四三,12)。

（一○）碗

数量较少,根据口沿可分为三型。

A型　7件。内折沿。可分为三式。

Ⅰ式　2件,家山遗址和城内居住区各1件。沿向内转折较多。

WST5604⑦:11,泥质灰陶。轮制。敛口,内弧沿,圆唇,斜弧腹,平底,矮圈足外撇。素面。高8.6、口径21.6、底径8.8厘米(图二四四,1)。EST2086⑤A:44,夹细砂黑陶。敛口,尖唇,内弧沿,斜腹。素面。口径18.4、残高5.2厘米(图二四四,2)。

Ⅱ式　3件,均出自家山遗址。转折角度变小。

H20:5,泥质薄胎黑陶。敛口,内折沿,尖唇,斜弧腹,圈足中部微鼓,跟部外折成台座。圈足中部饰圆形镂孔。口径18.4、复原高8.4、足径10厘米(图二四四,3)。H26:10,泥质黄陶。轮制。内折沿,尖唇,斜直腹,圜底,矮圈足外撇。高8.8、口径20.8、底径8.8厘米(图二四四,4;图版四三,2)。H6:26,泥质薄胎黑陶。轮制。内折沿,尖唇,敛口,斜直腹。素面。口径16、残高3.6厘米(图二四四,9)。

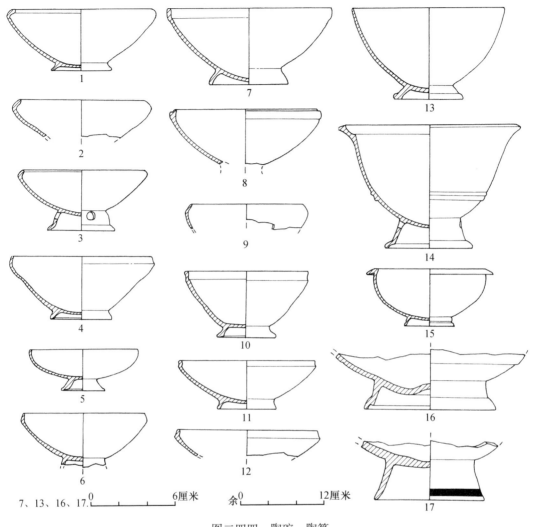

7、13、16、17. `0————————6厘米`　余`0————————12厘米`

图二四四　陶碗、陶簋

1、2. A型 I 式碗（WST5604⑦：11、EST2086⑤A：44）　3、4、9. A型 II 式碗（H20：5、H26：10、H6：26）　5. A型 III 式
碗（H17③：18）　6、8. B型 I 式碗（WST5501④：2、WST5501③：84）　7、10～12. B型 II 式碗（H26：18、H15：86、
H13①：52、EST2086③：38）　13. C型碗（WST5405③：55）　14. A型簋（H13①：27）　15. B型簋（H13①：8）
16、17. 碗圈足（EST1886③：7、EST2186⑤：24）

　　III式　2件，出自家山遗址。沿向内弧。

　　H17③：18，泥质黑陶。轮制。敛口，圆唇，沿微内弧，斜弧腹，坦底，喇叭形矮圈足外
撇。高5.8、口径15.6、圈足径6.4厘米（图二四四，5）。

　　B型　6件。竖折沿。可分为二式。

　　I式　2件。尖唇，口微敛。

　　WST5501④：2，泥质黑陶。轮制。敛口，内折沿，尖唇，斜弧腹，圈足残。素面。残高
7.6、口径17.6厘米（图二四四，6）。WST5501③：84，泥质灰陶。轮制。敞口，尖唇，内弧
沿，斜弧腹。素面。口径20.8、残高7.6厘米（图二四四，8）。

Ⅱ式　4件。圆唇，直口。

H26：18，泥质黄陶。轮制。敛口，圆唇，内折沿，斜弧腹，圜底，喇叭形矮圈足。素面。口径11.6、高5.4、足径5.6厘米（图二四四，7；图版四三，4）。H15：86，泥质黑皮陶，红胎。轮制。内折沿，厚圆唇，敛口，斜直腹，矮圈足外撇。素面。口径17.6、高9.6、底径8.8厘米（图二四四，10；图版四三，3）。H13①：52，夹砂黑陶。轮制。敛口，圆唇，内折沿，斜直腹，圜底，矮圈足。素面。口径19.2、高7.2、足径8厘米（图二四四，11）。EST2086③：38，泥质磨光黑陶。内折沿，尖唇，敛口，斜弧腹。口径20、残高3.6厘米（图二四四，12）。

C型　1件。尖唇，无沿。

WST5405③：55，泥质，黑衣灰胎。轮制。敞口，尖唇，斜弧腹，圜底，矮圈足外撇。素面。口径11.2、高6.4、足径5.2厘米（图二四四，13；图版四三，5）。

另外还有部分标本仅存圈足部分。

EST1886③：7，泥质灰陶，底部黑色。轮制。斜腹，底部中心向上凸起，矮圈足，足跟外折。素面。残高3.8、圈足高2、足径9.6厘米（图二四四，16）。EST2186⑤：24，泥质，胎质细腻，黄陶。轮制。圜底，喇叭形圈足外撇。下部饰一圈黑衣彩绘。残高4、圈足高2.8、足径8厘米（图二四四，17）。

（一一）簋

仅2件。均出自家山遗址。可分为A、B二型。

A型　1件。宽仰折沿。

H13①：27，泥质灰陶。轮制。宽仰折沿，沿面凹，厚方唇，斜弧腹，喇叭形圈足，足跟外折成台座。腹中部饰一道附加堆纹。口径26.4、高17.2、足径12.8厘米（图二四四，14；彩版四〇，3；图版四三，1）。

B型　1件。翻沿。

H13①：8，泥质薄胎磨光黑陶。轮制。敛口，外翻沿，较宽尖唇，斜弧腹，平底，矮圈足外撇。口径18.4、足径7.2、复原高8厘米（图二四四，15）。

（一二）钵

数量不多，根据口沿可分为A、B、C、D、E五型。

A型　6件。敛口。可分为二式。

Ⅰ式　4件，均出自家山遗址。口沿内弧。

WST5401⑤：9，泥质黄陶。轮制。敛口，尖唇，上腹外弧，下腹斜收。素面。口径32、残高10厘米（图二四五，1）。WST5401③：32，泥质薄胎黑陶。轮制。敛口，内弧沿，尖唇，斜弧腹。腹饰凸弦纹。口径20、残高3.6厘米（图二四五，2）。WST5501⑤：12，敛口，圆唇，鼓腹。腹中部一道附加堆纹。口径12、残高4.8厘米（图二四五，3）。H14：64，泥质灰白陶。轮制。敛口，方唇，上腹外弧，下腹斜收。素面。残高4、口径18.4厘米（图二四五，4）。

Ⅱ式　2件，均出自家山遗址。口微内折。WST5301①：1，夹细砂黑陶。轮制。敛口，内折沿，沿面凹，尖唇，斜弧腹，平底。素面。口径19.2、高7.2、底径7.2厘米（图二四五，5；图版四四，1）。WST5604⑦：41，泥质灰陶。轮制。内折沿，尖唇，凹沿，斜弧腹。素面。口径14.4、残高6厘米（图二四五，6）。

B型　2件，均出自家山遗址。外附贴沿。

H15：23，泥质黑陶。轮制。敛口，尖唇，附贴沿，鼓腹。素面。口径14.4、残高5.6厘米（图二四五，7）。H13①：53，泥质灰陶。轮制。敛口，尖唇，翻沿，鼓腹。素面。残高8.4、口径14.8厘米（图二四五，8）。

C型　3件，均出自家山遗址。敛口，双唇。

WST5503③：26，夹粗砂黄陶。轮制。敛口，尖唇，双唇形成沟沿，外唇压印花边纹，斜弧腹。腹饰宽篮纹。口径22.4、残高6.4厘米（图二四五，9）。H26：23，夹粗砂红陶，外壁部分黑色。轮制。尖唇，敛口，沿外折棱凸起较高。折棱上加饰绳索纹。口径20、残高4.4厘米（图二四五，10）。H17②：18，夹粗砂灰陶。轮制。敛口，尖唇，内弧沟沿，斜弧腹。外沿加饰花边纹。残高5.6、口径24厘米（图二四五，11）。

另H21：38也属于该型（图六九，5）。

D型　4件。敞口。可分为二式。

Ⅰ式　2件，均出自城内居住区。口沿较厚。

EST2185③：25，泥质红陶。轮制。敛口，加厚卷沿，圆唇，斜弧腹。素面。口径18.4、残高3.6厘米（图二四五，12）。EST1886③：20，泥质灰陶。轮制。敞口，圆唇，附贴沿，斜弧腹。素面。残高4.4、口径19.2厘米（图二四五，13）。

Ⅱ式　2件，出自家山遗址。口沿变薄。

H17③：31，泥质，外黑内黄。轮制。敞口，圆唇，口沿处明显变薄，斜弧腹，厚平底。素面。高7、口径20.8、底径7.6厘米（图二四五，14）。H15：26，泥质黑陶。轮制。敞口，圆唇，斜弧腹。素面。口径20.8、残高4.4厘米（图二四五，15）。

E型　5件。敞口，尖唇。

Ⅰ式　1件，出自家山遗址。斜弧腹，较深。

H26：1，泥质薄胎灰陶。手制，慢轮修整。敞口，尖唇，斜弧腹，平底略厚。素面。口径10.8、高3.8、底径4厘米（图二四五，16；图版四四，2）。

Ⅱ式　2件。斜腹微外弧。出自家山遗址。

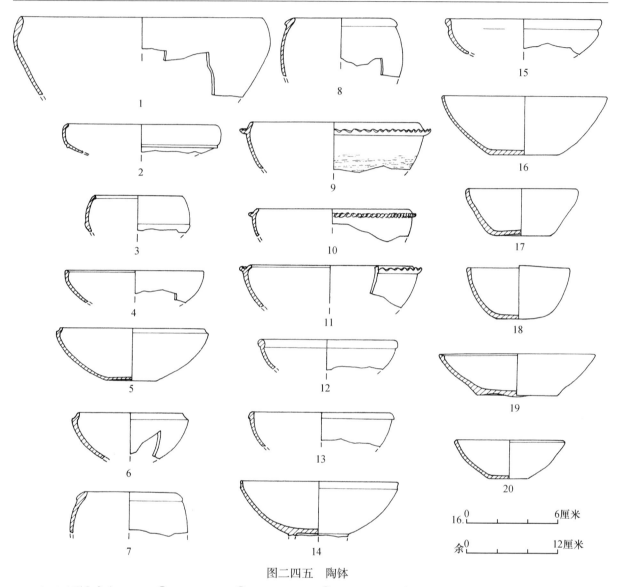

图二四五　陶钵

1～4.A型Ⅰ式（WST5401⑤：9、WST5401③：32、WST5501⑤：12、H14：64）　5、6.A型Ⅱ式（WST5301①：1、
　　WST5604⑦：41）　7、8.B型（H15：23、H13①：53）　9～11.C型（WST5503③：26、H26：23、H17②：18）
12、13.D型Ⅰ式（EST2185③：25、EST1886③：20）　14、15.D型Ⅱ式（H17③：31、H15：26）　16.E型Ⅰ式（H26：1）
17、18.E型Ⅱ式（H13①：55、H14：16）　19、20.E型Ⅲ式（WST5501③：86、WST5505④：32）

H13①：55，夹砂黑陶。轮制，慢轮修整。敞口，尖唇，斜直腹，平底。素面。口径14.4、残高6、底径7.2厘米（图二四五，17；图版四四，3）。H14：16，泥质黑陶。手制，慢轮修整。敞口，圆唇，斜腹微外弧，平底。素面。口径13.6、高6.8、底径4厘米（图二四五，18；图版四四，4）。

Ⅲ式　2件，出自家山遗址。弧腹变浅。

WST5501③：86，泥质黑陶。轮制。平沿内斜，敞口，浅斜腹，平底略不平。素面。口径20.8、高5.6厘米（图二四五，19；图版四四，5）。WST5505④：32，泥质黄陶。轮制。敞口，圆唇，斜腹，平底。素面。口径14.4、高5.2、底径5.2厘米（图二四五，20；图版四四，6）。

（一三）鬹

数量较少，9件。口沿残片1件、鋬4件、流1件、足3件，其中H24出土的器足亦可能是盉足。出自家山遗址和南城垣。

G1④：39，残存鬹口沿部分。泥质橙黄陶。轮制。敞口，内弧领，较高。素面。残高4.2厘米（图二四六，1）。H17③：92，残存鬹鋬部分。夹砂黑陶，内壁红色。残高7.6厘米（图二四六，2）。WST5503⑥：10，残存鬹鋬部分。泥质黄陶。残高4.4厘米（图二四六，3）。

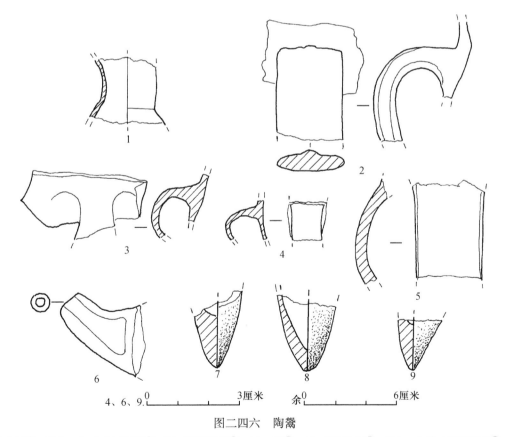

图二四六　陶鬹
1. 口沿（G1④：39）　　2～5. 鋬（H17③：92、WST5503⑥：10、G1②：48、EST2186③：43）　　6. 流（WST5405③：106）
7～9. 足（H24：14、WST5405③：107、H17②：28）

G1②：48，残存鬶鋬部分。泥质红陶。残高2.4厘米（图二四六，4）。EST2186③：43，残存鬶鋬部分。夹细砂黄褐陶。残高6、宽4.2~4.4厘米（图二四六，5）。WST5405③：106，残存鬶流部分。泥质红陶。管状流。残高2.6厘米（图二四六，6）。H24：14，残存鬶足部分。泥质黄陶。手制。锥形实足跟。饰模糊的红衣彩绘。残高4.8厘米（图二四六，7）。WST5405③：107，残存鬶足部分。夹细砂红陶。袋足鬶，跟部尖锥形。残高2.4厘米（图二四六，8）。H17②：28，残存鬶足部分。泥质黄陶。手制。锥形不对称，实足跟。素面。残高3.2厘米（图二四六，9）。

（一四）杯

根据底部特征可分为高圈足杯、矮圈足杯、平底杯、圜底杯四大类。

1. 高圈足杯

可分为A、B、C、D、E五型。

A型　14件。腹部外鼓。可分为Aa和Ab两个亚型。

Aa型　12件。腹中上部外鼓。可分为二式。

Ⅰ式　3件，城内居住区1件、家山遗址2件。腹外鼓明显。

EST2086④：49，泥质薄胎黄陶。轮制。敞口，尖唇，折凹沿，鼓腹。外壁满饰黑衣彩绘。口径5.6、残高3厘米（图二四七，1）。WST5405②：3，夹细砂黑陶。轮制。宽仰折沿，深鼓腹。素面。残高6.8、最大腹径6厘米（图二四七，3）。

Ⅱ式　9件，均出自家山遗址。腹微鼓。

H13②：3，泥质，黑衣红胎。轮制。敞口，尖唇，宽仰折沿，鼓腹下垂，特高圈足。素面。口径5.6、腹径5.6、残高15.2厘米（图二四七，2）。H17②：6，泥质黄陶。轮制。仰折沿，方唇，敞口，深腹微鼓，细高圈足。素面。残高7.4、口径4.4、腹径4.8厘米（图二四七，4）。H17③：15，泥质灰褐陶。轮制。宽平折沿，尖唇略上翘，沿面略凹，鼓腹，特厚底。素面。口径6.4、残高7厘米（图二四七，5）。WST5604⑤：4，泥质黄陶。轮制。特宽仰折沿，敞口，尖唇，束颈，深鼓腹，厚平底，高圈足。残高6、口径5.2厘米（图二四七，6；图版四五，3）。WST5604③：13，泥质橙黄陶。轮制。特宽仰折沿，尖唇，深直腹，厚平底。素面。残高6.6、口径5.6、腹径4.8厘米（图二四七，7）。H13②：2，泥质橙黄陶。轮制。敞口，宽仰折沿，尖唇，深直腹，高圈足残。素面。口径7.2、腹径5.2、残高7.6厘米（图二四七，8；图版四五，2）。H24：1，泥质灰陶。轮制。宽仰折沿，尖唇，微鼓腹，平底，细高圈足。残高15.6、口径6.4、腹径5.2厘米（图二四七，9；图版四五，1）。

Ab型　2件，均出自家山遗址。腹部下垂。

H17③：98，泥质厚胎灰陶。轮制。折腹，圜底，高圈足。圈足中部饰圆形镂孔。残高

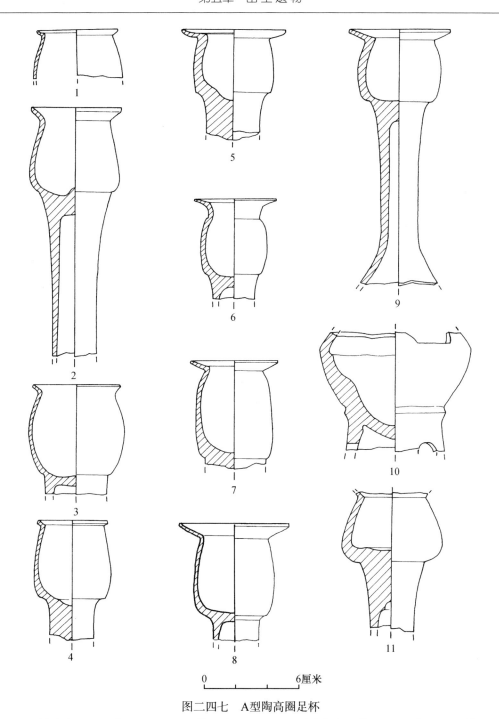

0　　　　　　　6厘米

图二四七　A型陶高圈足杯

1、3.Aa型Ⅰ式（EST2086④：49、WST5405②：3）　 2、4～9.Aa型Ⅱ式（H13②：3、H17②：6、H17③：15、
WST5604⑤：4、WST5604③：13、H13②：2、H24：1）　 10、11.Ab型（H17③：98、H17①：61）

7.6、腹径9.6厘米（图二四七，10）。H17①：61，泥质黄陶。轮制。折沿，垂腹，特厚底，高圈足。素面。残高8.4厘米（图二四七，11）。

B型　18件。直腹。又可分为Ba和Bb两个亚型。

Ba型　4件，1件出自家山遗址，其余均出自城内居住区。器身较粗矮。

EST1886⑤A：1，泥质灰陶。敞口，圆唇，仰折沿，沿面略凹。直腹下部外斜，底腹转折处向外凸出。喇叭形高圈足，圈足下部残。腹外壁饰多组纵向的篦划纹，内壁有快轮拉坯产生的瓦棱纹。残高8.8、口径7厘米（图二四八，1；彩版四〇，1）。EST1986⑤A：33，泥质，外灰内黄，薄胎。敞口，尖唇，仰折沿，直腹。腹饰大菱形双线网格纹，口沿外饰黑衣彩绘。口径10、残高3厘米（图二四八，2）。WST5503③：57，泥质薄胎灰陶。轮制。折沿，尖唇，直腹。腹饰三角形刻划纹。口径8、残高3厘米（图二四八，3）。F7：34，泥质薄胎黄陶。敞口，尖唇，仰折沿，直腹。双线菱形网格红衣彩绘。口径10.8、残高4.4厘米（图二四八，4）。EST2086④：16，泥质薄胎磨光黑陶。轮制。仰折沿，尖唇，敞口，束颈，直腹。腹饰菱形状细密刻划纹。口径16、残高4.8厘米（图二四八，5）。

Bb型　14件。器身较瘦长。可分为三式。

Ⅰ式　2件，家山遗址和城内居住区各出1件。底腹转折处向外起凸棱。

H14：40，泥质黑陶，器表磨光。轮制。直腹，细高圈足，下部外撇。圈足饰弦纹和镂孔，镂孔有圆形和三角形。口径4.4、残高12厘米（图二四八，6）。EST1986④：49，泥质橙黄陶。轮制。口沿残，直腹，底腹转折处外凸。外壁饰竖向篦划纹。残高6厘米（图二四八，7）。EST1986⑤A：29，泥质黑陶。深直腹。腹饰竖刻划纹。残高3.6厘米（图二四八，9）。

Ⅱ式　3件，2件出自家山遗址，1件出自城内居住区。下腹向外斜，腹底转折处明显。

EST1986⑤A：39，泥质黑陶。轮制。深直腹，底下凹。素面。残高4厘米（图二四八，10）。H13②：18，泥质橙黄陶，最厚处胎黑色。轮制。敞口，折沿，垂腹，细高圈足，足跟外撇成宽台座。通高17.6、口径5.2、底径6厘米（图二四八，11；图版四五，4）。H13②：13，泥质橙黄陶，胎呈黑色。轮制。宽卷沿，尖唇，直腹，特厚底，细高圈足。素面。残高14.4、口径7.2厘米（图二四八，13；图版四五，5）。

Ⅲ式　9件，1件出自城内居住区，余均出自家山遗址。底腹转折缓和。

WST5405③：66，泥质黄陶。轮制。宽仰折沿，尖唇，深直腹，高圈足。素面。口径6.4、残高8.6厘米（图二四八，8）。H17①：2，泥质橙黄陶。轮制。敞口，宽折沿，深直腹，平底，细高圈足。素面。残高15.6、口径5.2、腹径4.8厘米（图二四八，12）。WST5606④：1，泥质灰陶。轮制。宽仰折沿，方唇，直腹，下腹略内收，平底，圈足残。素面。口径7.2、残高5.9厘米（图二四九，1；图版四六，1）。WST5605③：40，泥质橙黄陶。轮制。敞口，深腹，高圈足。腹饰三周带状红衣彩绘。残高7.6、腹径5.8厘米（图二四九，2；彩版四〇，4）。G1②：36，泥质灰黄陶。直腹，平底，高圈足。素面。残高3.2厘米（图二四九，3）。H13①：7，泥质黄陶。轮制。敛口，宽仰折沿，尖唇，深直腹，高圈足。素

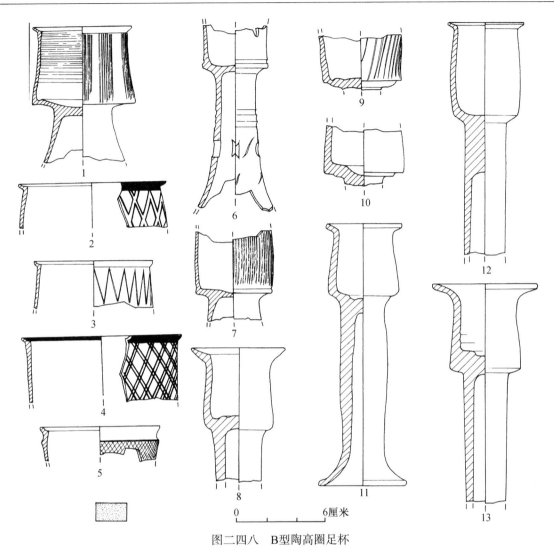

图二四八 B型陶高圈足杯

1～5.Ba型（EST1886⑤A：1、EST1986⑤A：33、WST5503③：57、F7：34、EST2086④：16）

6、7、9.Bb型Ⅰ式（H14：40、EST1986④：49、EST1986⑤A：29）　8、12.Bb型Ⅲ式（WST5405③：66、H17①：2）

10、11、13.Bb型Ⅱ式（EST1986⑤A：39、H13②：18、H13②：13）

面。口径7.2、腹径5.2、残高9.2厘米（图二四九，4；图版四五，6）。H17②：8，泥质黑陶。轮制。内弧腹，平底，足跟外撇，极矮圈足。素面。残高15、口径7.6厘米（图二四九，5）。H26：27，泥质橙黄陶。轮制。深直腹，圜底，细高圈足。素面。残高14.8厘米（图二四九，6）。H17③：10，泥质红陶。轮制。宽仰折沿，尖唇，敞口，深腹略垂，直高圈足。素面。口径5.4、残高12.2厘米（图二四九，7；图版四六，2）。

C型　均出自家山遗址。曲腹。可分为Ca和Cb两个亚型。

Ca型　1件。腹部外折。

H14：41，泥质红陶。轮制。宽翻折沿，尖唇，敞口，鼓腹略下垂。素面。残高5.2、口径5.6、腹径6.4厘米（图二四九，10）。

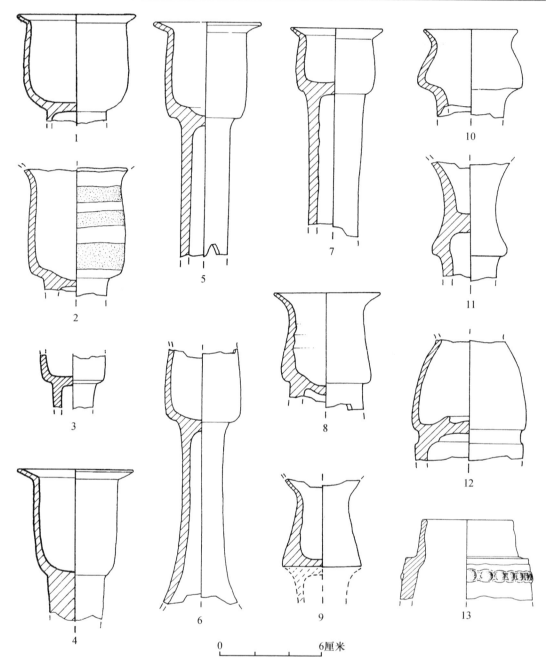

图二四九　B型、C型、D型、E型陶高圈足杯

1~7. Bb型Ⅲ式（WST5606④：1、WST5605③：40、G1②：36、H13①：7、H17②：8、H26：27、H17③：10）

8、9、11. Cb型（WST5606④：2、WST5606③：56、H17①：59）　10. Ca型（H14：41）　12. D型（H13②：68）

13. E型（WST5503⑤：20）

Cb型　3件。腹内弧。

WST5606④：2，泥质灰陶。宽仰折沿，敞口，尖唇，上腹内弧，下腹下垂，底为圜底，圈足残。内壁有旋纹。残高6.6、口径6.4厘米（图二四九，8）。WST5606③：56，泥质灰陶。内弧腹，下腹下垂，平底。残高4.8、腹径4.6厘米（图二四九，9）。H17①：59，泥质红陶。口沿残，腹内弧，底部外凸。素面。残高6.6厘米（图二四九，11）。

D型　1件，出自家山遗址。垂腹。

H13②：68，泥质灰陶。垂腹，内凹底，高圈足。素面。残高7厘米（图二四九，12）。

E型　1件。出自家山遗址。器形较大，子母口，仅存上部，似可归入高圈足杯一类。

WST5503⑤：20，夹粗砂红陶。泥条盘筑，器表内外不平。敛口，圆唇，内斜高领，平肩，斜腹。腹饰附加堆纹加饰按窝纹。口径9.6、残高8.4厘米（图二四九，13）。

2. 矮圈足杯

数量不多。可分为A、B、C三型。

A型　2件。斜折腹。

W8：5，夹细砂灰陶。手制，慢轮修整。平沿，尖唇，深斜腹，平底，喇叭状小矮圈足。素面。高6.8、口径9、圈足径5.6厘米（图二五〇，1；彩版三三，4；图版四六，3）。烧土遗迹1：6，夹细砂灰陶。轮制。平沿，尖唇，敞口，斜弧腹，坦底，极矮圈足。下腹饰一道附加堆纹。高5.2、口径10.4、圈足径4.6、足高0.6厘米（图二五〇，2；图版四六，4）。

B型　5件。斜弧腹。

烧土遗迹1：5，泥质薄胎灰陶。轮制。平沿，尖唇，敞口，斜弧腹，坦底，矮圈足外撇。素面。高4、口径8.8、圈足径4.6、足高0.7厘米（图二五〇，3；图版四六，5）。WST3206⑥：1，夹细砂薄胎黑陶。敞口，尖唇，斜弧腹，圜底，小矮圈足，足跟外撇。通高4.8、口径9.2、最大腹径8.8、圈足径4、足高0.9厘米（图二五〇，4）。烧土遗迹1：4，夹细砂薄胎灰陶。轮制。平沿，尖唇，敞口，斜弧腹，圜底，矮圈足外撇。素面。高6、口径10、足径5.2、足高1.1厘米（图二五〇，5；图版四六，6）。WST3406⑦：5，存圈足部分。夹细砂灰黄陶。轮制。斜弧腹，平底，矮圈足，足跟外撇。素面。残高3.8、底径4.4厘米（图二五〇，6）。F7：8，泥质薄胎红陶。轮制。斜弧腹，平底，极矮圈足外撇。素面。残高2.6、底径3.2厘米（图二五〇，7）。

C型　3件。直筒形腹。

WST5401②：1，泥质磨光黑陶。轮制。敛口，宽仰折沿，尖唇，直腹微外鼓，极矮圈足，平底。素面。高5.2、口径7.2、腹径6.2、足径5.2厘米（图二五〇，8）。烧土遗迹3：9，泥质黑陶。轮制。直腹，平底，极矮圈足，足跟微外撇。素面。残高1.8、足径6.4厘米（图二五〇，9）。H18：44，泥质黑陶，器表磨光。轮制。极矮圈足，足跟微外撇，直腹，平底。素面。残高2.2、足径5.6厘米（图二五〇，10）。

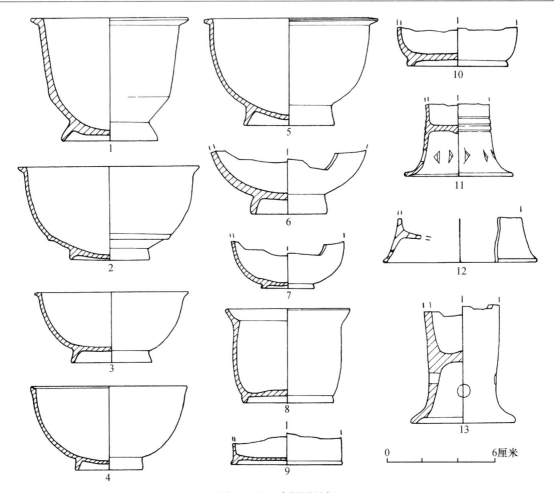

图二五〇　陶矮圈足杯

1、2. A型（W8：5、烧土遗迹1：6）　　3～7. B型（烧土遗迹1：5、WST3206⑥：1、烧土遗迹1：4、WST3406⑦：5、F7：8）
8～10. C型（WST5401②：1、烧土遗迹3：9、H18：44）　　11～13. 杯圈足（EST2085③：25、南城垣②：30、H17③：82）

　　另有部分仅存圈足部分。EST2085③：25，泥质黑陶。轮制。高圈足，跟部外撇成宽台座。圈足饰三角形镂孔。残高4、足径6厘米（图二五〇，11）。南城垣②：30，泥质薄胎磨光黑陶。轮制。喇叭状矮圈足，足跟外撇。素面。足径8、残高2.4厘米（图二五〇，12）。H17③：82，泥质黑陶。轮制。直腹，平底，高圈足，下部外撇成台座。圈足中部饰圆形镂孔。残高6.6、足径6厘米（图二五〇，13）。

3. 平底杯

　　可分为A、B、C、D、E五型。

　　A型　5件。大口，较矮，薄胎。可分为Aa和Ab两个亚型。

　　Aa型　3件，均出自家山遗址。腹内弧。

　　WST5503③：54，泥质薄胎黄陶，局部黑色。轮制。斜腹内弧，底略内凹。素面。残高4.4、足径2.4厘米（图二五一，2）。WST5605④：4，泥质黄陶。斜弧腹，底部边缘微外凸，

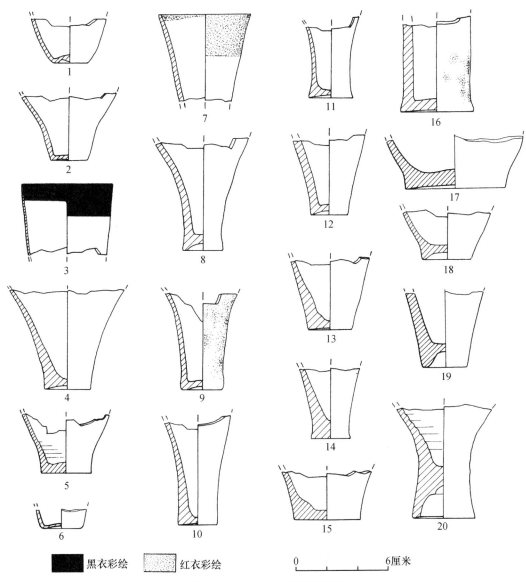

■ 黑衣彩绘　　▨ 红衣彩绘　　　　0 ————————— 6厘米

图二五一　A型、B型陶平底杯

1、3、6.Ab型（H21∶54、EST1886④∶47、TG1⑦∶84）　　2、4、5.Aa型（WST5503③∶54、WST5605④∶4、H16∶3）

7～11.B型Ⅰ式（WST5605④∶28、H17①∶60、H17③∶127、WST5606④∶6、WST5605③∶55）　12～17.B型Ⅱ式

（WST5605④∶25、WST5605③∶23、H17②∶5、EST2186③∶32、WST5606④∶5、G1③∶23）　18～20.B型Ⅲ式

（灰土层3∶22、G1②∶37、WST3506⑤∶24）

底部微内凹。残高6.2、底径3厘米（图二五一，4）。H16∶3，泥质黄陶。轮制。斜弧腹，厚平底。内壁有旋纹，底部有偏心涡纹。残高3.8、底径3.4厘米（图二五一，5）。

Ab型　3件，家山遗址、城内居住区、南城垣各出1件。腹略外弧。

H21∶54，泥质黄陶。轮制。斜弧腹，内凹底，黑衣彩绘。底径2.4、残高2.8厘米（图二五一，1）。EST1886④∶47，泥质薄胎红陶，质细腻均匀。内外壁上部饰黑衣彩绘。残高4.4、口径6厘米（图二五一，3）。TG1⑦∶84，泥质红陶。斜腹，底内凹。素面。底径3.2、残高1.6厘米（图二五一，6）。

B型　件。修长的喇叭口。可分为三式。

Ⅰ式　5件。下腹略内弧，胎较薄。

WST5605④：28，泥质薄胎黄陶。敞口，尖唇，斜弧腹。内外均红衣彩绘。口径6、残高6厘米（图二五一，7）。H17①：60，泥质黄陶。轮制。斜弧腹，小底内凹。素面。底径2.8、残高7.2厘米（图二五一，8）。H17③：127，泥质薄胎黄陶。口沿残，斜弧腹，底内凹，底外缘微外凸。器表满饰红衣彩绘，大部脱落。底径2.8、残高6.2厘米（图二五一，9）。WST5606④：6，泥质灰黄陶。斜弧腹，平底。素面。残高7、底径2.4厘米（图二五一，10）。WST5606③：55，泥质薄胎黄陶。斜弧腹，底微内凹。残高5、足径3厘米（图二五一，11）。

Ⅱ式　5件。下腹斜，胎变厚。

WST5605④：25，泥质黄陶。斜腹，底内凹。残高5.2、底径2.4厘米（图二五一，12）。WST5605③：23，泥质黄陶。斜腹，厚平底。残高4.6、底径2.8厘米（图二五一，13）。H17②：5，泥质黄陶。手制，慢轮修整。斜弧腹，特厚底，底部平，边缘微外凸。素面。残高4.4、底径2.6厘米（图二五一，14）。EST2186③：32，泥质红陶，仅存底部。斜弧腹，平底。底径4、残高3.8厘米（图二五一，15）。WST5606④：5，泥质黄陶。深直腹，底部边缘微外凸，平底。腹饰红衣彩绘。残高6、底径4.8厘米（图二五一，16）。G1③：23，泥质薄胎红陶。轮制。平底，内底微向上凸起，斜腹。底部有指模印纹。残高2.2、底径4.4厘米（图二五一，17）。

Ⅲ式　3件。厚胎，底部内凹成圆窝。

灰土层3：22，泥质黄陶。手制，慢轮修整。斜腹，平底，极矮圈足。素面。残高3.2、底径3.2厘米（图二五一，18）。WST3506⑤：24，泥质灰陶。残高7.6、足径4.2厘米（图二五一，20）。G1②：37，泥质红陶。斜腹，底部内凹较深。素面。底径3.2、残高5厘米（图二五一，19）。

C型　5件。筒形腹。可分为二式。

Ⅰ式　2件。底边缘外凸似假圈足。

H17②：8，泥质黑陶。轮制。内弧腹，平底，足跟外撇，极矮圈足。素面。残高4.4、底径7.6厘米（图二五二，1）。H18：43，泥质薄胎黑陶。轮制。直腹，大平底微内凹，跟部微外撇。下腹饰两道贴弦纹。残高2.2、足径6.4厘米（图二五二，8）。

Ⅱ式　3件。底部微内凹。

H17②：9，泥质灰陶。手制。斜直腹，底部微内凹。腹饰弧线刻划纹，下部饰密集的凹弦纹。残高7.2、底径13.6厘米（图二五二，2）。H17①：57，泥质薄胎黑陶。轮制。斜直腹，平底微内凹。腹饰凹弦纹。底径7.2、残高3.6厘米（图二五二，3）。H13①：23，泥质黑皮陶，红胎。轮制。直腹，跟部外缘微外撇，弧腹，大平底微内凹。残高5.4、足径7.6（图二五二，4）。H13①：22，泥质灰陶。轮制。深直腹，底部内凹。上部及下部饰多道凹弦纹。残高9.6、足径6厘米（图二五二，5）。

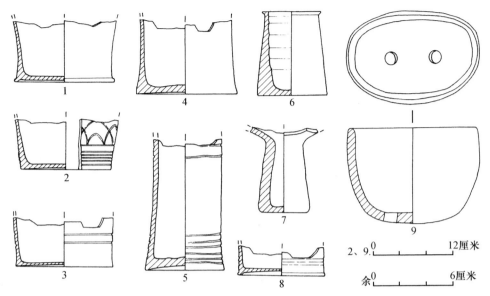

图二五二　C型、D型、E型陶平底杯、陶圜底杯

1、8.C型Ⅰ式平底杯（H17②：8、H18：43）　　2~5.C型Ⅱ式平底杯（H17②：9、H17①：57、H13①：23、H13①：22）
6.D型平底杯（WST5403②：1）　7.E型平底杯（WST5603②：36）　9.圜底杯（H26：5）

D型　1件。垂腹。

WST5403②：1，泥质黑陶。轮制。平沿，尖唇，敛口，深垂腹，大平底。内壁有多圈旋纹。通高6、口径0.4、底径5.2厘米（图二五二，6；图版四七，3）。

E型　1件。曲腹。

WST5603②：36，泥质厚胎黑陶。屈腹，下腹深而下垂，平底。素面。残高6.2、底径4厘米（图二五二，7）。

4.圜底杯

1件。出自家山遗址。

H26：5，夹粗砂，厚胎，上红下灰。手制。杯口径椭圆形，直口，圆唇，直腹，圜底，底部有两个小圆孔。高7、口径9.6厘米（图二五二，9；图版四七，1、2）。

（一五）器盖

数量较多，类型也比较丰富。可分为A、B、C、D、E、F、G、H、I、J十型。

A型　26件。圈钮。根据圈钮顶部边缘可分为Aa、Ab、Ac和Ad四个亚型。

Aa型　10件。钮顶无花边。可分为四式。

Ⅰ式　2件，均出自家山遗址。翘沿。

WST5401⑤：10，夹细砂黑陶。轮制。矮圈钮外撇，碗形盖身，斜弧腹，敞口，平沿，尖唇。素面。盖径16、高6厘米（图二五三，1；图版四八，2）。H18：42，泥质黑陶。轮制。矮圈钮，钮顶外撇，盖身斜弧腹，翘折沿，尖唇，敞口。素面。盖径13.6、高5厘米（图二五三，2；图版四八，1）。

Ⅱ式　3件。2件出自家山遗址，1件出自城内居住区。平沿。

H18：4，泥质薄胎黑陶。轮制。矮圈钮外撇，斜直腹，平折沿，尖唇。弦纹。高4.8、钮径4、口径12厘米（图二五三，3）。H6：13，泥质厚胎磨光黑陶。轮制。浅斜腹盖身，宽平沿，圆唇。素面。盖径11.6、残高2厘米（图二五三，4）。EST2185⑥：26，夹粗砂黑陶。轮制。斜弧腹，宽平沿，尖唇。素面。残高3.6、盖径15.6厘米（图二五三，5）。

Ⅲ式　2件。仰折沿。均出自家山遗址。

H13①：50，夹砂黑陶。轮制。敞口，圆唇，宽仰折沿，斜弧腹，矮圈足，圜底。素面。高9.2、钮径9.2、盖径24厘米（图二五三，6；图版四八，3）。H24：13，夹粗砂红褐陶。轮制。双腹，较浅，敞口，尖唇，仰折沿。素面。盖径20、残高4.8厘米（图二五三，7）。

Ⅳ式　3件。尖唇，无沿。均出自家山遗址。

H13①：51，夹砂黑皮陶，红胎。轮制。敞口，尖唇，斜弧腹，圜底，矮圈足外撇。素面。盖径19.2、高8.4、钮径8厘米（图二五三，8；图版四八，4）。WST5401③：1，夹细砂，黑皮红胎。轮制。极矮圈，钮顶外撇，浅斜腹，敞口，翘沿，尖唇。素面。高5.2、钮径8、盖

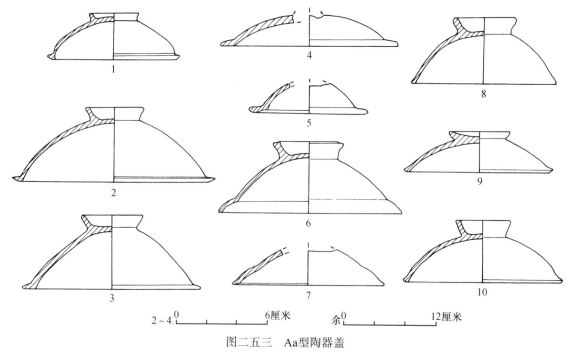

2~4.0　　　　　　　6厘米　　　　余0　　　　　12厘米

图二五三　Aa型陶器盖
1、2. Ⅰ式（WST5401⑤：10、H18：42）　3~5. Ⅱ式（H18：4、H6：13、EST2185⑥：26）
6、7. Ⅲ式（H13①：50、H24：13）　8~10. Ⅳ式（H13①：51、WST5401③：1、H17③：26）

径20厘米（图二五三，9；图版四八，5）。H17③：26，夹砂黑皮陶。轮制。矮圈钮，钮顶外撇，斜弧腹，敞口，翘沿，尖唇。素面。通高8、盖径21.2、钮径7.2厘米（图二五三，10；图版四八，6）。

Ab型　14件。花边口圈钮。可分为三式。

Ⅰ式　5件。1件出自城内居住区，1件出自西城垣，余均出自家山遗址。宽齿花边，边缘外翻。

H24：15，夹粗砂灰陶。轮制。花边状矮圈钮，顶部外撇。残高1.8、钮径4.8厘米（图二五四，1）。EST2085③：2，夹细砂灰陶。轮制。花边状细圈钮。素面。钮径4.4、残高2.8厘米（图二五四，2）。WST5405③：6，夹粗砂黑陶。轮制。花边形矮圈钮，钮顶外撇。残高4.8、钮径5、口径12厘米（图二五四，3）。TG1⑤：13，夹细砂黑陶。花边口圈钮，钮顶外撇。素面。残高2.8、钮径4.8厘米（图二五四，4）。WST3506⑤：22，夹细砂灰黄陶。轮制。花边形矮圈钮，钮顶外撇。素面。钮径9.2、残高3.2厘米（图二五四，5）。

Ⅱ式　5件。1件出自城内居住区，余均出自家山遗址。宽齿花边，边缘略外撇。

H13②：33，夹粗砂黑陶。手制，慢轮修整。花边形钮，斜直腹，盖身，尖唇。素面。高4.8、盖径11.2厘米（图二五四，6；图版四九，2）。H17③：8，夹砂黑皮陶，红胎。轮制。花边形钮，碗形盖身，斜弧腹，敞口，折沿，尖唇。素面。高5.4、钮径7.4、盖径12厘米（图二五四，7）。EST2085③：1，泥制褐陶。轮制。花边状圈钮，外撇，浅斜腹，敞口，厚圆唇。素面。高4.4、盖径10.8、钮径6.4厘米（图二五四，8；图版四九，1）。H17①：36，夹砂黑陶。轮制。花边钮，斜弧腹，宽折沿，尖唇。素面。盖径16、钮径6.4、高4.4厘米（图二五四，9；图版四九，3）。H17③：61，夹细砂，黑皮红胎。手制。花边形圈钮，浅腹盖身。素面。残高2.2、钮径4.4厘米（图二五四，10）。

Ⅲ式　4件，均出自家山遗址。钮顶为细密的锯齿状。

WST5604④：52，夹粗砂黄陶。轮制。花边形矮圈钮，浅斜腹。素面。钮径6.4、残高3.4厘米（图二五四，11）。WST5503③：43，夹细砂黑陶。轮制。花边形矮圈钮，钮顶外撇，斜腹。素面。残高2.4、钮径4厘米（图二五四，12）。H17②：34，夹粗砂黑陶。轮制。花边形小圈钮，钮顶外撇，浅斜腹，敞口，方唇。素面。通高6.4、钮径7.2、盖径17.6厘米（图二五四，13；图版四九，4）。WST5402③：28，夹粗砂黑陶。粗圈钮，钮顶外撇，压印成花边状。残高4.4、钮径8.4厘米（图二五四，14）。

Ac型　1件，出自家山遗址。小圈钮顶部外撇。

WST5405③：5，泥质橙黄陶。轮制。矮细圈钮，钮顶外撇，浅弧腹，内折沿，敛口，尖唇。通高3.6、钮高1.4、钮径4、盖径7.6厘米（图二五四，15；图版四九，5）。

Ad型　1件，出自家山遗址。特细圈钮。

H24：24，泥质灰陶。轮制。矮圈钮，中间较细，浅腹盖身，敞口，尖唇。素面。盖径6、钮径2.8、残高3.4厘米（图二五四，16）。

B型　2件。三捏钮器盖。

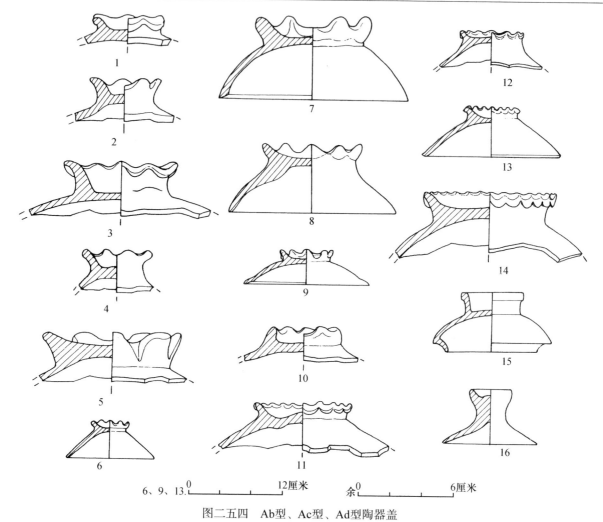

图二五四　Ab型、Ac型、Ad型陶器盖

1～5.Ab型Ⅰ式（H24：15、EST2085③：2、WST5405③：6、TG1⑤：13、WST3506⑤：22）　6～10.Ab型Ⅱ式（H13②：33、
H17③：8、EST2085③：1、H17①：36、H17③：61）　11～14.Ab型Ⅲ式（WST5604④：52、WST5503③：43、H17②：34、
WST5402③：28）　15.Ac型（WST5405③：5）　16.Ad型（H24：24）

　　WST5403②：6，夹粗砂黄陶。轮制。五个羊角状捉手，浅斜腹，敞口，尖唇。素面。通高7.2、盖径18.8厘米（图二五五，1；图版四九，6）。H17①：35，泥质黑陶。羊角状三捉手。素面。残高1.6厘米（图二五五，2）。

　　C型　3件。内凹式盖身。

　　WST5604⑦：28，泥质灰陶。细长柱形钮，钮底部较平，翘沿。残高4.8厘米（图二五五，3）。H14：14，夹粗砂灰陶，局部红。柱形钮残，盖身向下隆起，边缘上翘，尖唇。弦纹。高2、口径10.8厘米（图二五五，4；图版五〇，1）。WST5603⑥：22，夹细砂黑陶。细长锥形钮，盖缘翘起。残高2.8厘米（图二五五，5）。

　　D型　柱形盖钮。可分为Da、Db和Dc三个亚型。

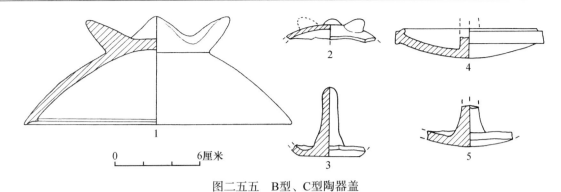

图二五五　B型、C型陶器盖

1、2.B型（WST5403②：6、H17①：35）　3～5.C型（WST5604⑦：28、H14：14、WST5603⑥：22）

Da型　钮顶为锥形。

Ⅰ式　盖身内顶为弧形。

H15：10，泥质橙黄陶。轮制。细长柱形钮，钮顶弧形。素面。残高5.6厘米（图二五六，1）。H13①：46，泥质红陶。轮制。细长柱形钮，浅盘式盖身。素面。残高7.4厘米（图二五六，2）。H17①：87，泥质黄陶，质地细腻。细长柱形钮，钮顶隆起呈球状，喇叭浅盘式盖身。素面。高6.6、盖径5.2厘米（图二五六，3）。

Ⅱ式　盖身内顶较水平。

H17③：32，泥质灰陶。手制，慢轮修整。细长柱形钮，钮顶圆弧，歪向一边，钮表面凸凹不平，浅腹盖身，敞口，圆唇。素面。高6.8、盖径5.6厘米（图二五六，4；图版五〇，4）。H21：55，泥质黄陶。轮制。细高柱形钮，钮顶弧，喇叭状盖身。素面。残高5.8厘米（图二五六，5）。H17③：16，泥质红陶。手制，慢轮修整。细长柱形钮，表面凸凹不平，喇叭状浅腹盖身，敞口，尖唇。素面。高5.6、盖径6.8厘米（图二五六，6；图版五〇，3）。H17①：15，泥质黄陶。轮制。细长柱形钮，钮顶呈乳突状，喇叭形，浅腹盖身，敞口，尖唇。高7.2、盖径5.6厘米（图二五六，7；图版五〇，2）。

Ⅲ式　盖身内顶为锥形。

WST5604⑦：33，泥质黄陶，顶部灰色。细长柱形钮，喇叭形盖身，敞口，尖唇。素面。通高7.2、盖径6.4厘米（图二五六，8）。H17②：19，泥质橙黄陶。轮制。细长柱形钮，钮顶端略粗，呈乳突状，喇叭形深腹，盖身，敞口，尖唇。高6.2、盖径6厘米（图二五六，9）。H17①：21，泥质褐红陶。细长柱形钮，钮顶略粗，喇叭状浅盘。素面。高5、盖径4.4厘米（图二五六，10）。H17①：22，泥质橙黄陶。轮制。细高柱形钮，钮顶略粗，浅盘式盖身。素面。高7.6、盖径7.2厘米（图二五六，11）。

Db型　6件。钮顶呈水平。可分为二式。

Ⅰ式　3件。盖身内有转折。均出自家山遗址。

WST5604⑥：3，泥质红陶。轮制。喇叭形细长柱形钮，浅盘式盖身，敞口，圆唇。素面。通高5.2、盖径6.4厘米（图二五七，1；图版五一，1）。H14：42，泥质橙黄陶。手制，

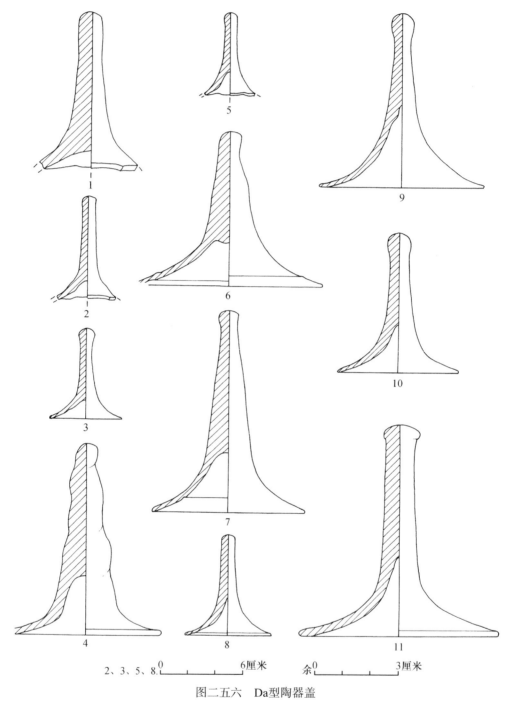

2、3、5、8.$\underset{0}{\llcorner}$——$\underset{}{\lrcorner}$6厘米　余$\underset{0}{\llcorner}$——$\underset{}{\lrcorner}$3厘米

图二五六　Da型陶器盖

1~3. Ⅰ式（H15：10、H13①：46、H17①：87）　4~7. Ⅱ式（H17③：32、H21：55、H17③：16、H17①：15）

8~11. Ⅲ式（WST5604⑦：33、H17②：19、H17①：21、H17①：22）

慢轮修整。细长柱形钮，钮顶较平，器表略有起伏，盖身喇叭状。素面。残高6.6厘米（图二五七，2）。H13②：28，泥质橙黄陶。轮制。细长圆柱形钮，浅盘状盖身。钮四周饰宽带红衣彩绘。残高7.8厘米（图二五七，5；彩版四〇，5）。

属于该型式的还有H26：12（图五二，9；图版五一，2）。

Ⅱ式 3件。盖内顶部为锥形。均出自家山遗址。

H17①：1，泥质，质地细腻，红陶。轮制。细长柱形钮，钮顶略粗，喇叭浅盘式盖身。素面。高7.1、盖径6厘米（图二五七，3）。H17③：39，泥质橙黄陶。轮制。细长柱形钮，

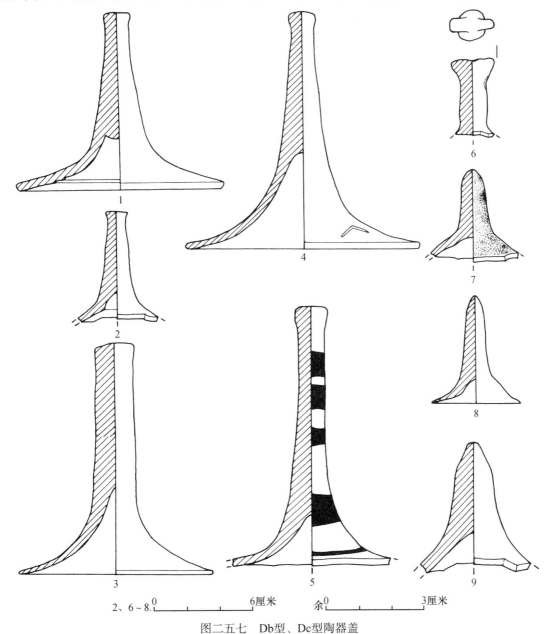

图二五七 Db型、Dc型陶器盖

1、2、5. Db型Ⅰ式（WST5604⑥：3、H14：42、H13②：28） 3、4、6. Db型Ⅱ式（H17①：1、H17③：39、H21：56）

7～9. Dc型（H17①：31、H17②：3、H15：11）

顶端略加粗，深弧腹盖身，敞口，圆唇。饰一道人字形刻划纹。通高7.2、口径7.2厘米（图二五七，4；图版五一，3）。H21：56，夹细砂黑陶。手制。柱形钮，钮顶十字形。素面。残高4.8、钮径2.8厘米（图二五七，6）。

Dc型　3件。钮形尖锥形。均出自家山遗址。

H17①：31，泥质橙黄陶，钮黑色。轮制。细长椎形钮，钮顶尖，浅盘式盖身。素面。盖径5.6、高6.6厘米（图二五七，7）。H17②：3，泥质黄陶。轮制。细长锥形钮，盘式浅腹盖身，敞口，尖唇。素面。通高6.6、盖径5.6厘米（图二五七，8）。H15：11，泥质红陶。仅存盖钮部分，浅弧腹盖身。残高3.8厘米（图二五七，9）。

E型　塔尖状钮。可分为Ea、Eb、Ec和Ed四个亚型。

Ea型　矮钮。

WST5503③：47，泥质灰陶。轮制。半圆形钮，浅盘式盖身。素面。残高3.2、钮径2厘米（图二五八，1）。H17②：20，泥质，胎略厚，橙黄陶。手制。塔尖状钮，浅腹盖身。素面。高2.8、盖径6、钮径2.2厘米（图二五八，2；图版五二，1）。H17①：22，泥质黑陶。手制。塔尖状钮，外缘凸出，浅盘式盖身，敞口，圆唇。素面。高2.8、盖径7.6、钮径2.6厘米（图二五八，3）。

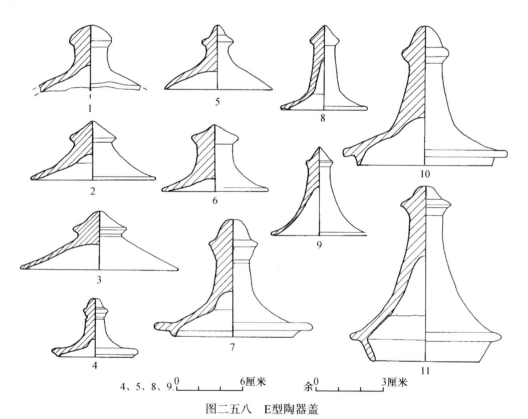

4、5、8、9.　0 ⊢——⊣ 6厘米　　余　0 ⊢——⊣ 3厘米

图二五八　E型陶器盖

1～3.Ea型（WST5503③：47、H17②：20、H17①：22）　4～11.Eb型（H13①：4、H17③：7、H17②：4、H13②：27、H13②：5、H17③：34、WST5302②：2、H13②：21）

Eb型　钮较Ea型长。

H13①：4，泥质黑陶。轮制。蒜头形钮，浅盘式盖身，双唇子母口。素面。通高5.6、直径8.4厘米（图二五八，4；图版五一，4）。H17③：7，泥质黑陶。轮制。钮尖形钮，碟形浅盖身。素面。高6.2、钮径3.2、盖径10.4厘米（图二五八，5）。H17②：4，泥质黑陶。手制。塔尖状钮，钮顶较尖，浅盘式盖身。素面。高3.2、盖径5.2、钮径2.4厘米（图二五八，6）。H13②：27，泥质黑衣褐灰陶。手制。塔形钮，浅盘式盖身，子母口，外唇为圆唇，内唇为尖唇。素面。通高5.6、盖径7.6厘米（图二五八，7；图版五二，3）。H13②：5，泥质，黑皮红胎。轮制。塔形钮，顶部锥形，浅盘式盖身。素面。通高8、盖径8.4厘米（图二五八，8；图版五二，2）。H17③：34，夹细砂黑陶。轮制。塔尖形钮，顶部较尖，边缘向外凸出，喇叭形深弧腹盖身，敞口，圆唇。素面。通高8.4、盖径9.2、钮径5.2厘米（图二五八，9）。WST5302②：2，泥质黑皮陶。轮制。塔形钮，钮顶圆弧，浅盘式盖身，双唇沟沿子母口。通高6.4、盖径7.8厘米（图二五八，10；图版五二，4）。H13②：21，泥质灰陶。轮制。塔形钮，锥形钮尖，喇叭状盖身，子母口，内沿内折。通高8.4、盖径7.2厘米（图二五八，11；图版五一，5）。

Ec型　2件。1件出自南城垣，1件出自家山遗址。钮与盖身浑然一体。

G1④：19，泥质黑陶。蒜头形钮，钮顶隆起，浅腹盘式盖身，敞口，尖唇。口径8.1、高4.8厘米（图二五九，4）。H26：7，泥质黑陶。手制。细长柱形钮，钮顶隆起呈蒜头形，喇叭形盖身，敞口，方唇。高16.2、钮径2.8、盖径10厘米（图二五九，5；图版五二，5）。

Ed型　5件。钮与盖身转折明显。均出自家山遗址。

H17③：5，泥质灰陶。轮制。细长柱形钮，钮尖斗笠形，浅盘式盖身。残高6.4、钮径3.2厘米（图二五九，1）。H20：14，泥质红陶，钮顶灰色。轮制。细长柱形钮，钮顶加粗，顶面弧形，喇叭形浅腹盖身，敞口，尖唇。高7.2、盖径6.6厘米（图二五九，2；图版五○，5）。H13①：45，泥质黑皮陶。轮制。塔尖形钮，钮尖略残。素面。残高5.6、钮径1.8厘米（图二五九，3）。H17③：6，泥质橙黄陶。轮制。细长柱形钮，钮顶锥形。器表饰红衣彩绘。残高5.8、钮径2.6厘米（图二五九，6）。F9：13，泥质灰陶。手制。细长柱形钮，钮顶加宽隆起。素面。钮径1.9厘米（图二五九，9）。

F型　1件。锥形钮。

WST5505②：24，泥质薄胎磨光黑陶。轮制。塔尖状钮，分段，钮顶锥形，浅盘式盖身。素面。高3、口径6厘米（图二五九，11；图版五二，6）。

G型　1件。鸟首形钮。

H17③：17，泥质黑陶。手制。鸟首式钮，尖喙凸出，两侧附两圆形耳。残高3.3厘米（图二五九，8）。

H型　2件。1件出自家山遗址，1件出自城内居住区。饼形钮。

H6：22，夹细砂灰陶。手制，慢轮修整。饼形钮，钮顶略显不平，斜弧腹，宽仰折沿，方唇，敞口。素面。残高5.2、盖径12.8厘米（图二五九，10）。EST2086④：63，泥质磨光黑

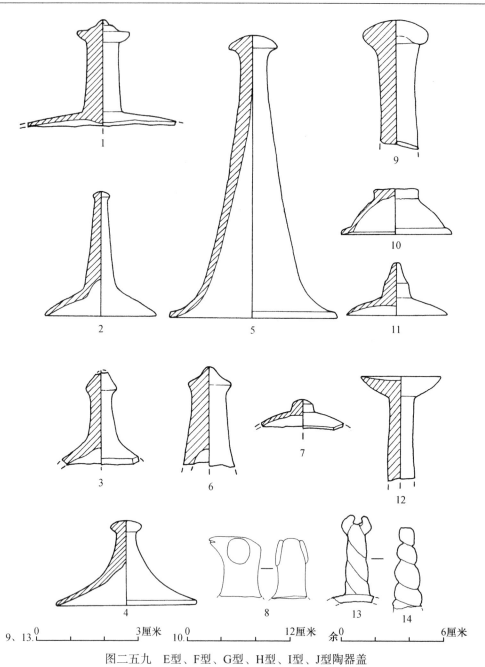

图二五九　E型、F型、G型、H型、I型、J型陶器盖

1～3、6、9. Ed型（H17③：5、H20：14、H13①：45、H17③：6、F9：13）　4、5. Ec型（G1④：19、H26：7）

7. I型（F7：11）　8. G型（H17③：17）　10、12. H型（H6：22、EST2086④：63）　11. F型（WST5505②：24）

13、14. J型（EST1986③：3、南城垣③：33）

陶。钮顶呈伞盖形，中间为细长的圆柱体。口径4.6、残高6厘米（图二五九，12）。

I型　1件。乳头状钮。

F7：11，泥质薄胎黑陶。轮制。乳头状钮，浅盘式盖身。素面。残高1.6厘米（图二五九，7）。

J型　2件。辫索状钮。

EST1986③：3，夹细砂黑陶。手制。盖钮，两根泥条绞合成辫索状，顶部泥条成羊角状。残高6.6厘米（图二五九，13）。南城垣③：33，泥质灰陶。手制。两根泥条绞合成辫索状。残高6.6厘米（图二五九，14）。

三、工具类陶器

主要有臼、器座、拍、纺轮等。

（一）臼

用于稻谷脱壳，与杵配套使用。数量较多，绝大多数出土于家山遗址的瓮棺墓，一般作为葬具使用。可分为A、B、C、D四型。

A型　21件。圜底。又可分为Aa和Ab两个亚型。

Aa型　20件。直腹。可分为四式。

I式　4件。大口，器身较粗，颈部有多道凹弦纹，下腹转折处有附加堆纹。

W46：2，夹粗砂红陶。轮制。直口，方唇，直腹，底腹转折明显，圜底。口沿外一周压印纹，下为多道凹弦纹，腹饰篮纹，底腹转折处附加堆纹，底部也有稀疏的篮纹。通高36.4、口径28.8厘米（图二六○，1；图版五三，3）。W48：1，夹粗砂黄陶。直口，尖唇，深直腹，下腹斜收，圜底。口部饰四道凹弦纹，腹底饰宽篮纹，转折处饰一道附加堆纹。高36.4、口径27.2厘米（图二六○，3；图版五三，1）。W37：2，夹粗砂红陶，砂多于土。轮制。敞口，尖唇，上腹较直。上部饰凹弦纹，弦纹下为稀疏、浅的宽篮纹、附加堆纹。残高27.6、口径30.4厘米（图二六○，2；彩版二六，5；图版五三，2）。

W37：3（图一三九，4；彩版二六，4）、W48：2也属于这一类（图一四七，5）。

II式　12件。器身变瘦长，底腹转折处无附加堆纹，或颈饰一道凹弦纹。

W47：1，夹粗砂红陶。轮制。直口，尖唇，深直腹，下腹斜收，圜底穿孔。口部饰两道凹弦纹，口沿下饰篮纹。通高48、口径28.8厘米（图二六一，1；图版五四，1）。W49：1，夹粗砂黄陶。轮制。直口，尖唇，深直腹，下腹斜收，圜底。腹饰篮纹，上下各饰一道凹弦纹。

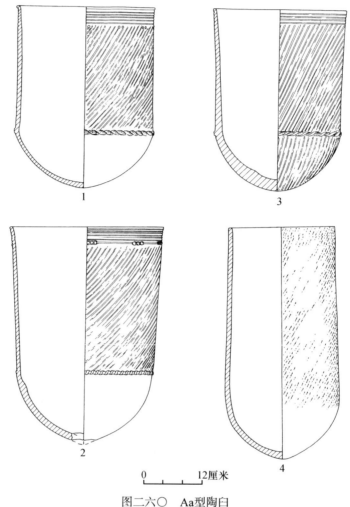

图二六○　Aa型陶臼

1~3. Ⅰ式（W46：2、W37：2、W48：1）　4. Ⅲ式（M3：7）

高34.8、口径24.8厘米（图二六一，2；图版五四，3）。W47：2，夹粗砂黄陶，偏灰。轮制。直口，尖唇，深直腹，下腹斜收，圜底。口部饰四道凹弦纹，下饰浅而窄的篮纹。通高37.2、口径24.8厘米（图二六一，3；图版五四，2）。W49：2，夹粗砂红陶。轮制。直口，尖唇，深直腹，下腹斜收，圜底，底部穿孔。上部饰凹弦纹，腹饰宽篮纹。残高36.4、口径25.6、腹径26.4厘米（图二六一，4；图版五四，4）。

　　W21：1，夹细砂，砂含量高，红陶。手制，慢轮修整。直口，尖唇，深直腹，圜底。上部几道凹弦纹，腹饰细绳纹。通高44.8、口径24、上腹径25.6厘米（图二六二，1；图版五五，3）。W24：1，夹粗砂红陶，局部黑色，含砂量高于含土量。手制，器表抹平。直口，方唇，深直腹，尖圜底。满饰细绳纹，上部几道凹弦纹。通高37.6、口径22.4厘米（图二六二，2；图版五五，4）。W16：1，夹粗砂，厚薄均匀，灰陶偏黄。手制，慢轮修整。直口，深直腹，下腹微鼓，底残。上腹饰三道凹弦纹，稀疏绳纹被抹平。残高37.2、口径24厘米（图二六二，3；图版五五，1）。W16：2，夹粗砂，厚薄均匀，灰黄陶。手制，慢轮修整。直口，尖唇，

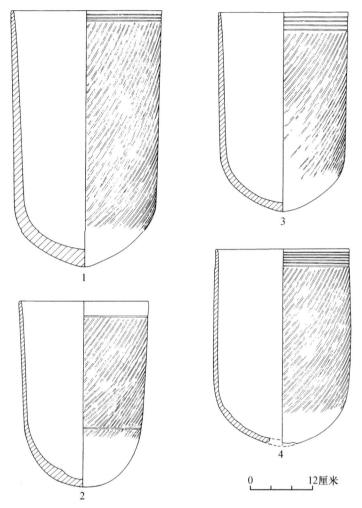

图二六一　Aa型Ⅱ式陶臼
1. W47：1　2. W49：1　3. W47：2　4. W49：2

深直腹，圜底。上腹饰三道凹弦纹，稀疏绳纹被抹平。通高41.6、口径24厘米（图二六二，4；图版五五，2）。

W36：1，夹细砂，砂质胎，黄陶。手制。直口，尖唇，直腹，圜底。宽篮纹。高46、口径28.4厘米（图二六三，1；图版五六，2）。W40：1，夹粗砂黄陶。轮制。侈口，尖唇，直腹，底腹转折明显，尖底，底部穿孔。通高35.6、口径22.4厘米（图二六三，3；图版五六，3）。W40：2，夹粗砂红陶。轮制，器表抹光。直口，尖唇，直腹，底腹转折明显，尖底。上部饰凹弦纹，腹饰篮纹较模糊。高36.4、腹21.6厘米（图二六三，4；图版五六，1）。

属于该型Ⅱ式的还有：M4：2（图九三，3）、W24：2（图一三二，4）、W40：3（图一四二，3）、G2①：17（图七七，6）、W27：2（图一三六，4）。

Ⅲ式　3件。口沿微向内收，颈部弦纹消失。

M3：7，夹粗砂黄灰陶。轮制。直口，尖唇，深直腹，圜底。腹饰较模糊的细绳纹。通

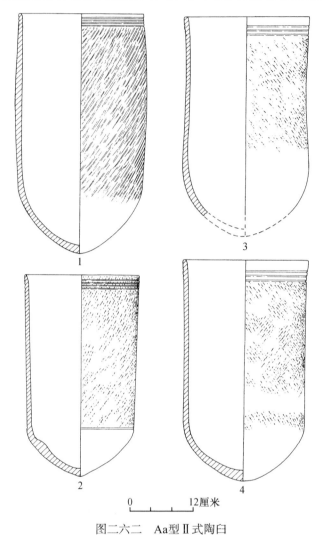

图二六二　Aa型Ⅱ式陶臼
1. W21：1　2. W24：1　3. W16：1　4. W16：2

高46、口径21.6厘米（图二六〇，4；图版五三，4）。W27：1，夹粗砂黄陶。手制，慢轮修整。直口，尖唇，深直腹，底残。满饰斜篮纹。残高30.4、口径23.2、最大腹径24厘米（图二六三，2；图版五六，4）。W28：1，夹粗砂红陶，底部为黄陶，火候较高，含砂量高。轮制，慢轮修整。近直腹，圜底。素面。残高25.6厘米（图二六四，1）。

Ⅳ式　1件。底腹转折处向外凸出，器身饰多道贴弦纹。

H14：20，夹粗砂红陶。深直腹，下腹微外鼓，加厚，圜底。腹饰宽斜篮纹，多周贴弦纹间断。下腹径38.4、残高26.4厘米（图二六四，2）。

Ab型　1件。大口，斜腹。

W13：1，夹粗砂，特厚胎，红陶。手制，底部分层贴塑。敞口，圆唇，深斜腹，圜底，残。上部饰竖篮纹。残高40、口径37.6厘米（图二六四，3；图版五七，1）。

B型　9件。底、腹转折明显。锥形底。

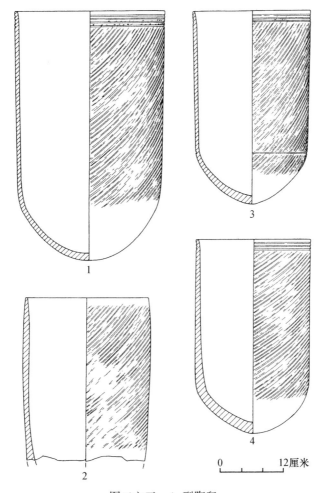

图二六三　Aa型陶臼

1、3、4. Ⅱ式（W36：1、W40：1、W40：2）　2. Ⅲ式（W27：1）

　　W50：2，夹粗砂，砂量多于土量，红陶。轮制。方唇，直口，直腹，底腹转折明显，尖底。满饰交错篮纹。残高58.4、口径27.2厘米（图二六五，1；图版五七，4）。W22：2，夹粗砂，含砂量多于含土量，红陶。手制，慢轮修整。敞口，尖唇，深直腹，特厚底。腹饰交错篮纹，口沿下四道凹弦纹。残高48.4、口径24厘米（图二六五，2）。W18：2，夹粗砂红陶。手制，慢轮修整。敞口，尖唇，深直腹，底腹转折明显，尖底。上部饰交错篮纹，底饰绳纹。通高56.8、口径23.2厘米（图二六五，3；图版五七，2）。W20：2，夹粗砂红陶。手制，慢轮修整。直口，尖唇，深直腹，底腹转折明显，尖底。交错细篮纹。通高52.8、口径23.2、腹径21.2厘米（图二六五，4；图版五七，3）。W39：2，夹粗砂、石英颗粒红陶。轮制。直口，方唇，直腹，底腹转折明显，尖底。满饰篮纹，口沿下饰凹弦纹。高56.8、口径24.8厘米（图二六五，5）。W25：2，夹粗砂红陶。手制，慢轮修整。侈口，尖唇，深直腹。满饰交错篮纹，底腹转折明显。残高49.6、口径23.2、腹径21.6厘米（图二六五，6）。

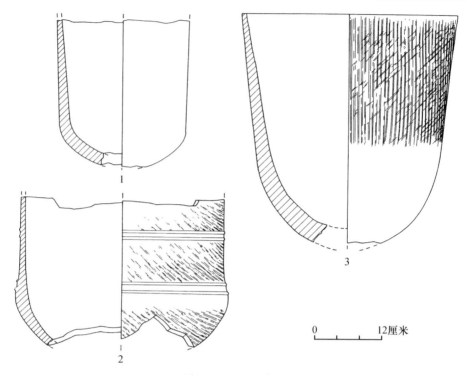

0　　　　　　　　12厘米

图二六四　A型陶臼

1. Aa型Ⅲ式（W28：1）　2. Aa型Ⅳ式（H14：20）　3. Ab型（W13：1）

属于该型的还有：W19：2（图一五七，3）、W26：1（图一三九，3）、W50：1（图一五○，2）。

C型　底腹连成一体，底部为乳突状或截锥形。可分为Ca和Cb两个亚型。

Ca型　尖底或乳突状底。可分为二式。

Ⅰ式　4件。尖唇，直口。

W11：2，夹粗砂红陶，纯正。手制，慢轮修整。直口，方唇，深腹微鼓，下腹至底斜收，尖底。腹饰宽篮纹，颈部饰三周凹弦纹。残高34.8、口径31.2、腹径32.8厘米（图二六六，1）。W11：1，夹粗砂红陶，器表见粗砂颗粒，陶色纯正。手制，慢轮修整。直口，尖唇，深直腹，下腹至底斜收，尖底。腹饰宽而深的横篮纹，颈部饰三周凹弦纹。通高37.6、口径34.4、腹径35.2厘米（图二六六，2）。W12：2，夹粗砂，特厚胎，红陶。手制。敞口，尖唇，斜直腹，下腹斜收，底残。腹饰特宽而深的横篮纹，上部三道凹弦纹。残高39、口径30厘米（图二六六，3；图版五九，2）。W12：1，夹粗砂，器形厚重，红褐色。手制。直口，尖唇，深腹，上部较直，下腹特厚，斜收，尖底。满饰宽篮纹。通高42、口径32.8、腹径33.6厘米（图二六六，4；图版五九，1）。

Ⅱ式　口沿微外卷，圆唇。

W31：1，夹粗砂，厚胎，红陶。轮制，慢轮修整。直口，尖唇，上腹较直，下腹斜收，尖底。满饰宽而深的篮纹，上部及中部有凹弦纹。高38.8、口径33.6、腹径34.8厘米（图二六七，1；图版五九，3）。W31：2，夹粗砂，厚胎，红陶。轮制。直口，方唇，上腹直，

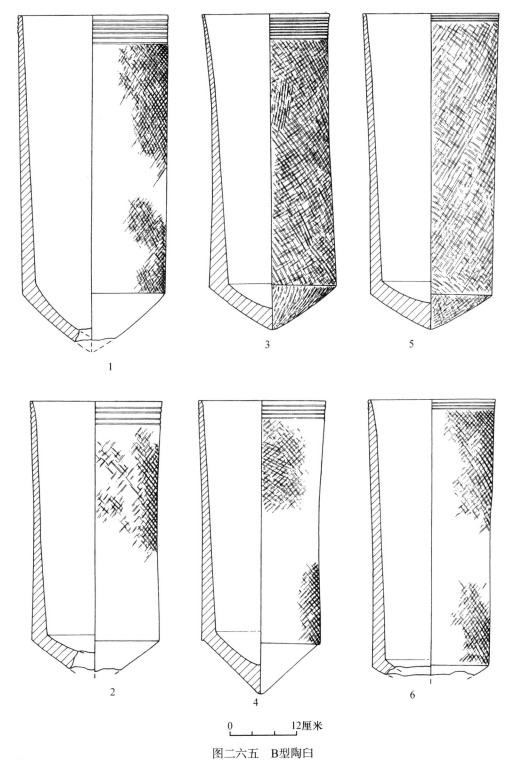

0　　　　　　　12厘米

图二六五　B型陶臼

1. W50：2　2. W22：2　3. W18：2　4. W20：2　5. W39：2　6. W25：2

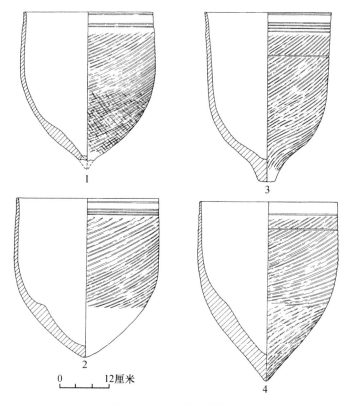

图二六六　Ca型Ⅰ式陶臼

1. W11∶2　2. W11∶1　3. W12∶2　4. W12∶1

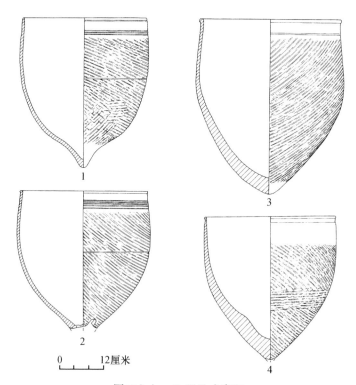

图二六七　Ca型Ⅱ式陶臼

1. W31∶1　2. W31∶2　3. W10∶2　4. W30∶1

下腹为斜弧腹，尖底，穿孔。上部多道弦纹，弦纹下饰宽而深的篮纹，中部一道凹弦纹。高36、口径34.4、最大腹径36厘米（图二六七，2；图版五九，4）。W10：2，夹粗砂红陶。手制，有慢轮修整痕迹。厚圆唇，口微敛，深腹微鼓，尖底。宽而深的横篮纹，颈部饰一道凹弦纹。通高45.2、口径37.6、腹径39.2厘米（图二六七，3）。W30：1，夹粗砂，厚胎，红陶。轮制。直口，方唇，斜弧腹，厚底，尖底。满饰篮纹，口沿下及上腹各一道弦纹。通高38.2、口径35.2厘米（图二六七，4；图版六〇，1）。

　　W32：2，夹粗砂，断而可见石英颗粒，黄陶，纯正。手制。直口，尖唇，直腹，尖底斜收。满饰宽篮纹，颈部饰四道凹弦纹。残高38、口径32.8、腹径34.4厘米（图二六八，1；图版六〇，2）。W33：1，夹砂，断面以粗砂为主，厚胎，红陶。手制。直口，方唇，直腹，底斜收，尖底。满饰篮纹，宽而深，颈部饰两道凹弦纹，腹中部饰一道凹弦纹。残高39.6、口径32.8、腹径33.6厘米（图二六八，2；图版六〇，3）。W42：2，夹粗砂，砂多于土，黄陶。轮制。直口，厚圆唇，下腹斜收，乳突状尖底。满饰篮纹，中部一道凹弦纹。高40.4、口径32.8、腹径34.4厘米（图二六八，3；图版六〇，4）。H17②：53，夹粗砂黄陶。轮制。直口，圆唇，直腹微鼓，下腹斜收，尖厚底。满饰宽而深的篮纹，被绳纹间断。复原高41.6、口径32、腹径32.8厘米（图二六八，4；图版六一，2）。

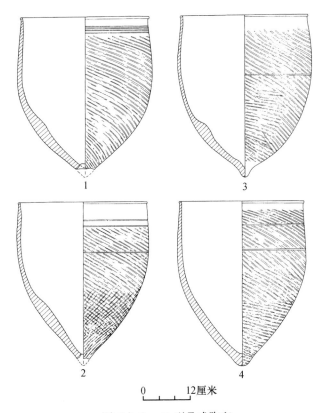

1　　　　　　　3

2　　　　　　　4

0 ⊢——⊣ 12厘米

图二六八　Ca型Ⅱ式陶臼
1. W32：2　2. W33：1　3. W42：2　4. H17②：53

　　W43：1，夹粗砂红陶。轮制。直口，厚圆唇，直腹，下腹斜收。满饰宽而深的篮纹。残高36.8、口径37.6厘米（图二六九，1）。W17：2，夹粗砂，特厚胎，红陶。手制。敞口，尖唇，斜直腹，下腹斜收，底残。腹饰特宽而深的横篮纹，上部三道凹弦纹。残高33.2、口径36厘米（图二六九，2）。WST5503⑤：4，夹粗砂红陶。敞口，圆唇，深斜腹。腹饰宽篮纹。口径42.4、残高16.8厘米（图二六九，3）。H17②：55，夹粗砂黄陶。口沿残，上部微外撇，深腹中部微鼓，下腹斜收，尖圜底。满饰宽而深的篮纹，腹中饰两道贴弦纹。残高44、腹径36厘米（图二六九，4；图版六一，4）。H7：6，夹砂黄陶。轮制。敞口，圆唇，斜直腹。腹饰弦纹和宽篮纹。残高12、口径36厘米（图二六九，5）。WST5404③：1，夹粗砂，砂多于土，红陶。深斜腹，尖底。腹饰宽而深的斜篮纹。残高39.2厘米（图二六九，6）。

　　另外属于该式的还有：W33：2（图一二九，4）、W43：2（图一四二，1）、W10：1（图一二〇，3）、W35：1（图一二九，2）、W34：1（图一七〇，5）、W32：1（图一二六，5）。

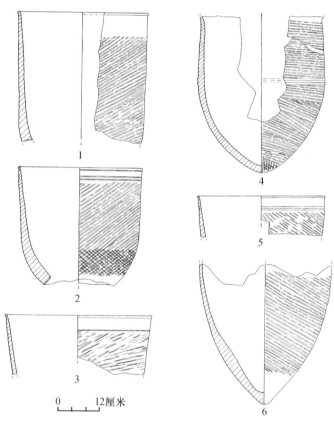

图二六九　Ca型Ⅱ式陶臼
1. W43：1　2. W17：2　3. WST5503⑤：4　4. H17②：55　5. H7：6　6. WST5404③：1

Cb型　截锥形底。可分为二式。

Ⅰ式　1件。尖唇，直口。

M4：4，夹粗砂红陶。轮制。直口，尖唇，直腹，下腹斜收，小平底较厚。满饰宽而深的篮纹。高42.4、口径36、底径7.2厘米（图二七〇，1；图版六一，1）。

Ⅱ式　3件。口沿微外卷，圆唇。

W41：1，夹粗砂，厚胎，红陶。轮制。直口，方唇，直腹，下腹斜收。满饰宽而深的篮纹。复原高45.6、口径28厘米（图二七〇，2）。W30：2，夹粗砂红陶。轮制。直口，尖唇，斜弧腹，尖厚底，底特厚。满饰宽而深的篮纹。复原高47.2、口径32、腹径32.8厘米（图二七〇，3；图版六一，3）。

D型　1件，出自家山遗址。盆形臼，胎特厚。

WST5604⑦：56，夹粗砂，特厚胎。捏制。平沿，直口，直腹，器表凹凸不平，底部不圆不规整，厚平底。口径6、高6～6.6厘米（图二七〇，4；图版六一，5）。

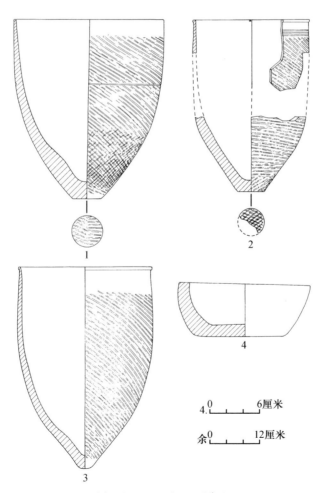

图二七〇　C型、D型陶臼

1. Cb型Ⅰ式（M4：4）　2、3. Cb型Ⅱ式（W41：1、W30：2）　4. D型（WST5604⑦：56）

（二）器座

用于搁置各类器物，如鼎、盆等，根据底座边缘特征可分为A、B、C、D四型。

A型　5件，均出自家山遗址。边缘外折成台座。

WST5505③：10，夹粗砂厚胎黑陶。敞口，圆唇，腰内弧，跟部外折。中部饰圆形镂孔。高12、口径19.2、底径19.2厘米（图二七一，1；图版六二，1）。WST5505④：3，夹粗砂褐陶。敞口，厚圆唇，腰内束，下部外折，足跟部微内弧。饰圆形镂孔和旋纹。高10.4、口径18.4、底径20.8厘米（图二七一，2；图版六二，2）。烧土遗迹4：7，夹粗砂红陶。轮制。深腹内弧，跟部外折再内弧成台座。两圈圆形镂孔，一圈附加堆纹，堆纹加饰链条状按窝纹。残高12.4、底径23.2厘米（图二七一，4）。H7：33，夹砂黄陶。轮制。腰内弧，跟部外折成宽台座。中部饰圆形镂孔。残高12.4、底径20.8厘米（图二七一，5）。

另有一件口沿特征与该型比较类似，似可归入这一类。WST5501④：54，夹粗砂黄陶。口沿近直口，特厚沿，上腹内弧。素面。残高10、口径19.6厘米（图二七一，3）。

B型　6件。家山遗址1件，余均出自城内居住区。底座边缘外撇，起凸棱。

灰土层3：11，仅存下部。夹细砂黑陶。底座外撇，外壁起一周凸棱。腰部满饰网格状刻划纹，中部饰一周附加堆纹，并加饰按窝纹。残高11.2、底径24.8厘米（图二七二，1）。EST2085⑥：15，夹细砂黑陶。轮制。下部呈喇叭状外撇，宽折棱。外壁饰网格状刻划纹、圆形镂孔。残高7.6、底径24厘米（图二七二，2）。EST2085⑥：12，夹细砂黄陶。轮制。

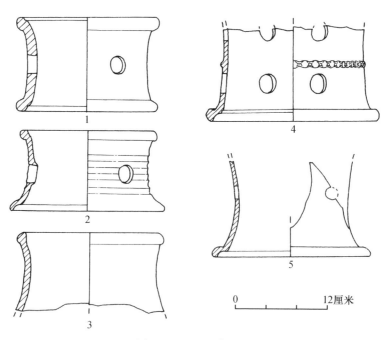

图二七一　A型陶器座

1. WST5505③：10　2. WST5505④：3　3. WST5501④：54　4. 烧土遗迹4：7　5. H7：33

敞口，尖唇。腹饰一道附加堆纹，加饰按窝纹。残高5.2、底径32厘米（图二七二，3）。EST1986③：42，夹细砂灰黑陶。轮制。残存下部，喇叭状外撇，跟上部起折棱，跟部翘起。残高5.6、底径28厘米（图二七二，4）。WST5503⑥：16，夹细砂灰陶。腰内弧，跟部外撇，尖跟外翻起折棱。素面。残高7.2、底径24厘米（图二七二，5）。EST1986③：1，夹粗砂褐灰陶。手制。敞口，尖唇，腰内束，下部外撇，跟部平。中部附一对鸡冠状鋬。通高9.2、口径17.2、底径16厘米（图二七二，6；图版六二，3）。

C型　5件。底座边缘外撇并外翻。

WST5605④：31，泥质黄陶。下部外撇，跟部外弧成台座，边缘加厚。中部饰圆形镂孔。残高7.2、底径24厘米（图二七三，1）。H17③：93，夹砂黑皮陶。轮制。斜弧腹，跟部外翻加厚。跟部饰两周按窝纹。残高10、底径28.8厘米（图二七三，2）。WST5604⑥：27，泥质，厚胎，灰黄陶。轮制。下部外撇，跟部边缘加厚，卷起。中部有方形镂孔。残高5.6、底径20.8厘米（图二七三，3）。EST1885③：19，夹细砂褐红陶。轮制。敞口，尖唇，中部内束，外壁起伏不平，跟部外撇成台座。通高7、口径12.4、底径14厘米（图二七三，4；图版六二，4）。WST5504⑥：24，夹细砂灰陶。轮制。敞口，方唇，附贴沿，腰内弧，下部外撇，跟部边缘外翻并翘起。腰部饰圆形及长方形镂孔。通高11.6、口径21.6、底径24厘米（图二七三，5）。

D型　1件。底座外撇不凸出，跟部尖锐。

G1②：67，夹粗砂灰陶。底部微凸起。外饰斜向宽刻划纹，中部饰圆形镂孔。残高6.8、底径28厘米（图二七一，6）。

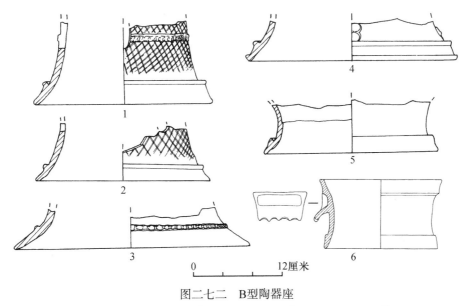

0　　　　　　　12厘米

图二七二　B型陶器座

1. 灰土层3：11　2. EST2085⑥：15　3. EST2085⑥：12　4. EST1986③：42　5. WST5503⑥：16　6. EST1986③：1

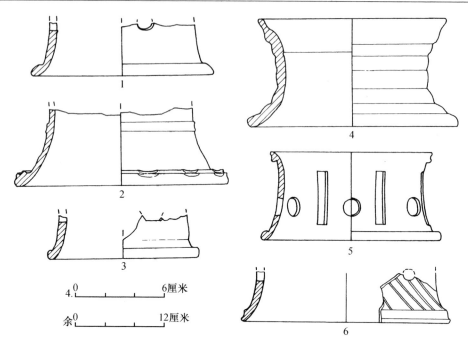

图二七三　C型、D型陶器座

1~5. C型（WST5605④：31、H17③：93、WST5604⑥：27、EST1885③：19、WST5504⑥：24）　6. D型（G1②：67）

（三）拍

制陶工具，用于拍打陶器表面使之厚薄均匀，表面光滑。数量不多，可分为A、B、C、D四型。

A型　1件。实心亚腰形。

WST5405②：4，夹粗砂，黑皮红胎。钮顶可能为花边形，中间较高，内束，球形拍面，边缘尖锐。通高5.8、钮径4.8、拍径8.4厘米（图二七四，1；图版六三，1）。

B型　3件，均出自家山遗址。实心圆柱形。

WST5401①：2，夹粗砂，黑皮红胎。手制，器表起伏不平。高6.4、拍径6.5厘米（图二七四，2；图版六三，2）。H13②：70，夹砂红陶。手制。圈钮状捉手，拍面微隆起，中部饰按窝。残高4.2厘米（图二七四，3；图版六三，4）。WST5604⑦：32，夹细砂黑陶。手制。花边形实心钮，拍面成球形隆起。通高3.6、拍径5.2、钮径3.6厘米（图二七四，4；图版六三，3）。

C型　4件，均出自家山遗址。空心梯形。

H17②：1，夹细砂，厚胎，红陶。手制。圈钮状捉手，顶部向外凸出，拍面隆起，顶部外沿饰按窝。通高5.4、钮径5.6、拍径8.8厘米（图二七四，5；彩版四一，1）。WST5604⑤：5，夹粗砂，特厚胎，红陶。圈钮状捉手，内空，拍面较平，边缘翘起。通高5、拍径9.6、钮径6厘米（图二七四，6）。WST5606④：4，夹粗砂灰陶。捏制。整体呈椭

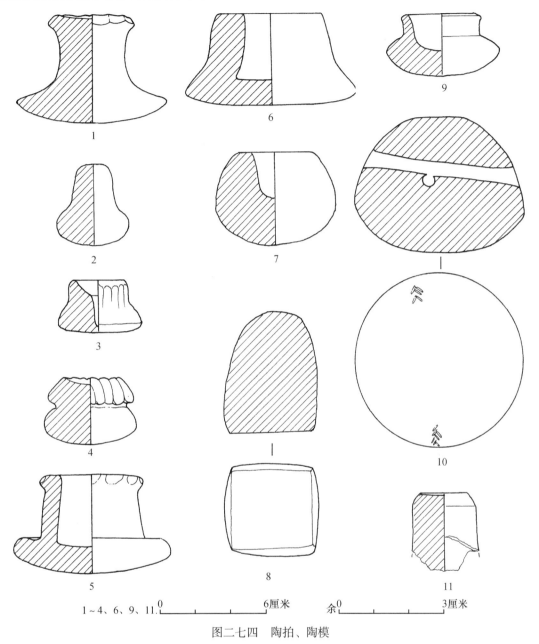

图二七四 陶拍、陶模

1. A型拍（WST5405②：4） 2~4. B型拍（WST5401①：2、H13②：70、WST5604⑦：32）

5~7、9. C型拍（H17②：1、WST5604⑤：5、WST5606④：4、WST5505②：1） 8、11. 模（WST3506②：1、

WST5503⑥：14） 10. D型拍（H17②：11）

球形，器表凸凹不平。通高3.6、最大径4.6厘米（图二七四，7）。WST5505②：1，夹粗砂灰陶。粗圈钮，钮顶略外撇，球形拍面。高3.6、钮径4.4、拍径6.8厘米（图二七四，9；图版六三，5）。

D型　实心球形。

H17②：11，夹粗砂黑陶。手制。高7.6、直径9.6厘米（图二七四，10；图版六八，6）。

（四）模

可能为制陶工具。仅2件。

WST3506②：1，夹细砂灰陶。手制，器表磨光。四方锥体形状，顶部四方形，较平。通高4.8厘米（图二七四，8；图版六八，4）。WST5503⑥：14，夹细砂，一端黑色，一端红色。圆柱形。残高5.6厘米（图二七四，11）。

（五）纺轮

纺织工具。可分为A、B、C、D、E、F六型。

A型　9件。特厚腰鼓形，边缘饰锥刺纹。根据边缘特征又可分为Aa和Ab两个亚型。

Aa型　7件。弧边。

烧土遗迹4：6，泥质黑陶。手制。算珠形，两面平，厚弧边。边缘饰四道凹弦纹，垂直于弦纹饰多道刻划纹。厚3、直径4、孔径0.3厘米（图二七五，1）。烧土遗迹1：9，泥质黑陶，局部灰色。手制。算珠形，两面平，侧边外鼓。最大径处饰两周戳印纹，垂直于戳印纹饰三组六道短戳印纹。厚2.2、直径3.2、孔径0.3厘米（图二七五，2；图版六四，5）。G2①：6，泥质黑衣灰陶。直径4、孔径0.5、厚2.4厘米（图二七五，3；图版六四，1）。烧土遗迹4：1-2，泥质黑陶。手制。算珠形，厚弧边，两面平。最大径处饰三周锥刺纹，垂直于锤刺纹饰三周六道短刻划纹。厚3、直径4、孔径0.3厘米（图二七五，4）。WST5501⑤：1，夹细砂黑陶。腰鼓形，两面平，厚弧边。边缘有一周锥刺纹和纵向的多道锥刺纹。厚3、直径4、孔径0.4厘米（图二七五，5；图版六四，3）。WST3106⑧：1，泥质，黑皮红胎。手制。腰鼓形，较厚，两面中间略凹，厚弧边。最大径处饰三周凹弦纹，中间一周加饰戳印小孔，并饰多道垂直的刻划纹。通厚2.6、直径4.2、孔径4.3厘米（图二七五，6；图版六四，2）。WST5604③：4，夹细砂黑陶。两面平，厚弧边。最大径处饰三周凹弦纹，加饰戳印纹及垂直的短刻划纹。厚2、直径2.8、孔径0.25厘米（图二七五，7；图版六四，4）。

Ab型　2件。折边。

H14：1，泥质灰陶。手制。两面平，弧边。边缘饰三周锥刺纹。厚2、直径3.4、孔径0.3

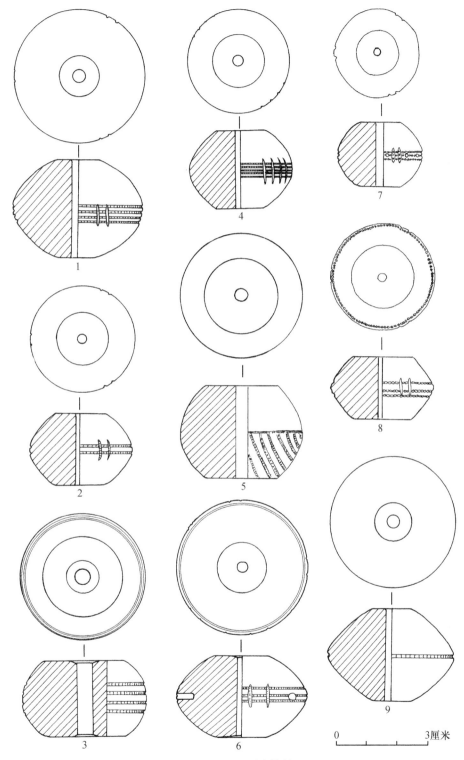

图二七五　A型陶纺轮

1~7.Aa型（烧土遗迹4：6、烧土遗迹1：9、G2①：6、烧土遗迹4：1-2、WST5501⑤：1、WST3106⑧：1、WST5604③：4）

8、9.Ab型（H14：1、烧土遗迹1：8）

厘米（图二七五，8；图版六五，1）。烧土遗迹1：8，夹细砂黑陶。手制。算珠形，较厚，两面平，侧边外鼓。最大径处饰一周锥刺纹。直径3、孔径0.4、厚2.8厘米（图二七五，9；图版六四，6）。

B型　11件。特厚腰鼓形，边缘无锥刺纹。

Ba型　4件。弧边。

烧土遗迹1：36，泥质黑陶。手制。算珠形，两面平，厚弧边。素面。直径2.4、孔径0.4、厚1.9厘米（图二七六，1）。M5：3，泥质红陶，一面黑色。手制。算珠形，二面平，弧边，孔径两端略大。素面。厚2.3、直径3.8、孔径0.5厘米（图二七六，2；图版六五，2）。WST5501⑤：3，泥质黑陶。腰鼓形，两面平，一面孔周凸出，厚弧边。厚2.1、直径3.2、孔径0.3厘米（图二七六，3）。H17③：3，泥质黑陶。手制。算珠形，较厚，两面平，弧边。素面。厚2.2、直径4、孔径0.3厘米（图二七六，4；图版六五，3）。

Bb型　3件。折边。

W11：3，泥质红陶。手制。算珠形，特厚，两面平，中部钻孔，弧边。厚24、直径3.8、孔径0.3厘米（图二七六，5；图版六五，5）。WST5401⑤：1，泥质黄陶。算珠形，两面平，厚折边。素面。厚2.4、直径3.6、孔径0.3厘米（图二七六，6；图版六五，4）。H17①：19，泥质黑陶。手制。算珠形，两面平，尖边。素面。厚1.8、直径3、孔径0.3厘米（图二七六，7）。

Bc型　4件。截面呈菱形。

EST2086③：1，夹细砂，有两次焚烧痕迹，灰陶，局部红色。手制。算珠形，两面隆起较高，尖边，器表多蜂窝状气泡。厚2.8、直径5.2、孔径0.4厘米（图二七六，8；图版六六，1）。H13②：17，夹细砂黑衣陶。手制。截面菱形，两面凹，折棱边。素面。厚2.2、直径5.2、孔径0.4厘米（图二七六，9；图版六五，6）。WST5504③：1，夹细砂黑陶。算珠形，两面隆起较高，孔周外较平，厚折棱边。素面。厚2.8、直径4.6、孔径0.4厘米（图二七七，1）。TG1⑥：1，泥质红陶，局部黑色。手制。两面平，宽折棱边。素面。厚2、直径4.8、孔径0.4厘米（图二七七，3）。

C型　4件。算珠形，较厚，可分为Ca和Cb两个亚型。

Ca型　3件。弧边。

WST3406④：1，泥质红褐陶。手制。腰鼓形，较厚，两面平，弧边。最大径处饰三周凹弦纹，加饰戳印纹及纵向的刻划纹。通厚2、直径3.8、孔0.3厘米（图二七七，2）。WST5604⑥：1，泥质红褐陶。手制。两面较平，孔周处内凹，厚弧边。边缘有波浪形的刻划纹。厚2.2、直径4.2、孔径0.5厘米（图二七七，4；图版六六，2）。WST5504③：2，泥质红陶。腰鼓形，两面平，厚弧边。边缘饰三组斜向刻划纹，每组三道。厚2、直径4、孔径0.4厘米（图二七七，6）。

Cb型　1件。梭边。

灰土层3：6，泥质灰陶。手制。两面中部均隆起较高，一面孔周突出，一面孔周略凹，尖

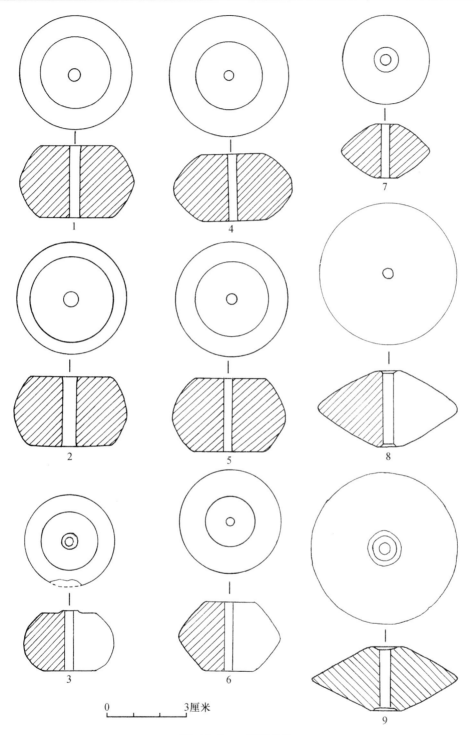

图二七六　B型陶纺轮

1~4.Ba型（烧土遗迹1：36、M5：3、WST5501⑤：3、H17③：3）　　5~7.Bb型（W11：3、WST5401⑤：1、H17①：19）

8、9.Bc型（EST2086③：1、H13②：17）

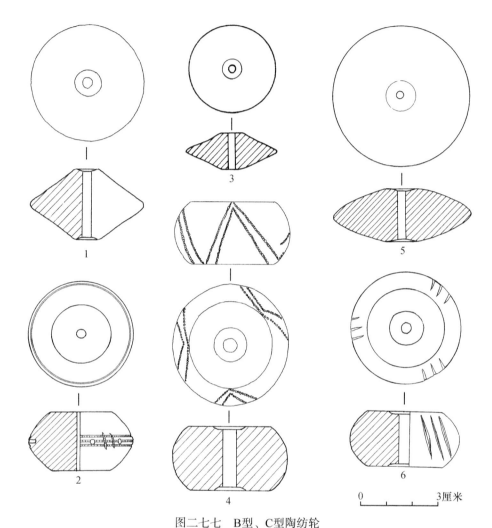

图二七七　B型、C型陶纺轮

1、3.Bc型（WST5504③：1、TG1⑥：1）　　2、4、6.Ca型（WST3406④：1、WST5604⑥：1、WST5504③：2）

5.Cb型（灰土层3：6）

边。素面。直径4.8、厚1.8、孔径0.4厘米（图二七七，5）。

D型　器形变薄。两面平。可分为Da、Db、Dc三个亚型。

Da型　直边。

F1：1，泥质黄陶，局部黑色。手制。两面平，一面孔周稍隆起，直边。素面。通厚0.7、直径5.4、孔高0.5厘米（图二七八，1；图版六六，3）。灰土层3：4，夹细砂，一面灰，一面红。手制。两面平，一面孔周略凸出，直边。素面（图二七八，1）。灰土层3：4，夹细砂，一面灰，一面红。手制。两面平，一面孔周略凸出，直边。素面。厚0.6、直径4.4、孔径0.3厘米（图二七八，2）。灰土层3：7，泥质灰陶。手制。器形较大，两面平，一面孔周凸出，弧边。素面。厚0.7、直径6.2、孔径0.5厘米（图二七八，3）。

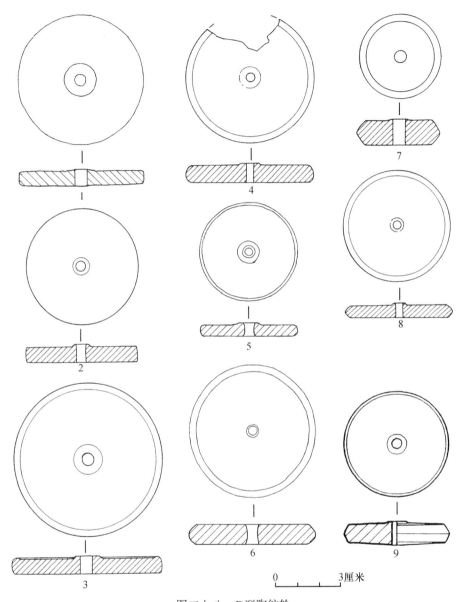

图二七八　D型陶纺轮

1~3.Da型（F1：1、灰土层3：4、灰土层3：7）　4~6.Db型（H17①：4、WST2906⑦：1、WST5604⑤：2）

7~9.Dc型（烧土遗迹1：3、灰土层3：5、H17①：20）

Db型　3件。弧边。

H17①：4，泥质黑陶。手制。两面平，一面孔周凸出，弧边。素面。厚0.8、直径5.2、孔径0.3厘米（图二七八，4）。WST2906⑦：1，红陶。器形扁薄，两面平，弧边。素面。厚0.6、直径4.6、孔径0.5厘米（图二七八，5）。WST5604⑤：2，泥质黄陶。手制。两面均较平，孔径出口处变大，弧边。残高2、口径8.8、孔径0.5厘米（图二七八，6；图版六六，4）。

Dc型　3件。折边。

烧土遗迹1：3，泥质红陶。手制。两面平，一面孔周凸出，折棱边。素面。厚1、直径3.4、孔径0.5厘米（图二七七，7）。灰土层3：5，夹细砂，一面灰，一面黑。手制。两面平，一面孔周凸出，折棱边。素面。通厚0.6、直径4.4、孔径0.3厘米（图二七八，8）。H17①：20，泥质，褐红衣，灰陶。手制。一面平，孔周隆起，一面隆起，尖边。素面。通厚0.5、直径4.2、孔径0.3厘米（图二七八，9）。

E型　10件。器形较薄。可分为Ea、Eb、Ec三个亚型。

Ea型　8件。一面平，一面隆起。

H17①：6，泥质黄陶，有红衣彩绘痕迹。手制。一面平，一面隆起，弧边。素面。厚0.6、直径3.2、孔径0.3厘米（图二七九，1；图版六七，3）。WST2905⑤：3，泥质红陶。手制。器形较薄，一面平，一面隆起，尖边。素面。厚0.6、直径3.4、孔径0.3厘米（图二七九，2；图版六六，5）。G1②：1，泥质黄陶，外有零星的红衣彩绘。手制。器形扁薄，一面平，一面微隆起，斜边。厚0.6、直径3.6、孔径0.3厘米（图二七九，3；图版六七，1）。ES1986④：2，泥质灰陶。手制。一面平，一面中间微隆起，孔周略凸出。厚0.8、直径4.2、孔径0.3厘米（图二七九，4；图版六六，6）。H13②：8，泥质橙黄陶。手制。一面平，一面隆起，弧边。厚1、直径3.6、孔径0.3厘米（图二七九，5；图版六七，2）。H17③：44，泥质橙黄陶。手制。一面平，一面隆起，弧边。厚1、直径3.6、孔径0.3厘米（图二七九，6；图版六七，4）。另外，H7：4，泥质褐红陶。手制。一面平，一面隆起，边缘微翘起，直边。一面饰四组垂直交错的黑色直线彩绘。厚0.6、直径4、孔径0.3厘米（图二七九，7）。

Eb型　2件。两面均微隆起。

H14：2，夹细砂灰褐陶。手制。扁薄，两面微隆起，直边。厚0.3、直径4、孔径0.3厘米（图二七九，8；图版六七，5）。H17①：65，泥质黄陶。器形扁薄，两面微隆起，较平，直边。素面。厚0.5、直径3.8、孔径0.3厘米（图二七九，10）。

Ec型　1件。一面隆起，一面略凹。

H17①：13，泥质黑灰陶，胎呈红色。手制。一面凹，一面隆起，孔周凸出，直边。素面。厚0.7、直径3.6、孔径0.3厘米（图二七九，9）。

F型　2件。器形特薄。

H17①：5，泥质橙黄陶。手制。两面微隆起，弧边。素面。厚0.3、直径2.8、孔径0.3厘米（图二七九，11）。WST5605④：3，泥质黄陶。手制。器形较薄，两面均向外隆起，一面孔周凸出，窄直边。一面饰相互垂直的多道红衣彩绘。厚0.6、直径4.4、孔径0.3厘米（图二七九，12）。

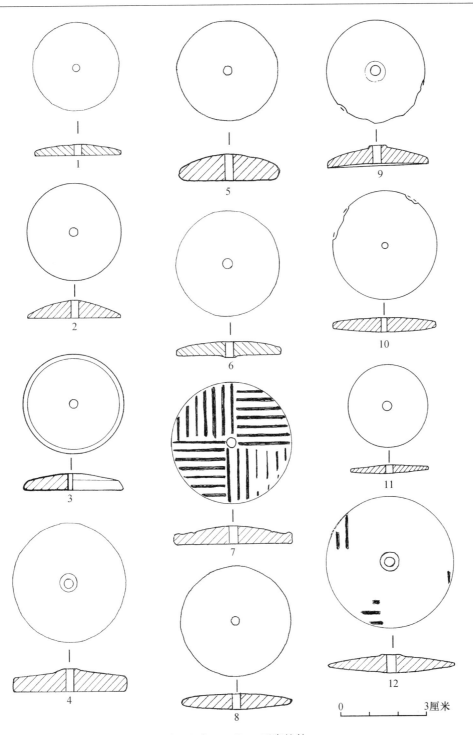

图二七九　E型、F型陶纺轮

1～7. Ea型（H17①：6、WST2905⑤：3、G1②：1、ES1986④：2、H13②：8、H17③：44、H7：4）

8、10. Eb型（H14：2、H17①：65）　9. Ec型（H17①：13）　11、12. F型（H17①：5、WST5605④：3）

（六）网坠

渔猎工具。数量较少，仅发现3件，城内居住区1件，家山遗址2件。

EST2086⑤A：2，泥质黄陶。纺锤形，中间粗，两端变细变尖。残长4厘米（图二八〇，1；图版六八，1）。家山采：1，夹粗砂黑陶。手制。近球形，中间对穿一孔。直径8、厚6、孔径0.8厘米（图二八〇，2）。WST5604⑤：3，泥质灰陶。手制。陀螺形，中间粗，向两端变尖，最大径处有一周浅凹槽。残长5.1、腰径2.8厘米（图二八〇，3；图版六八，2）。

（七）管状器

EST1886④：59，泥质黑皮灰陶。轮制。圆柱形，中间较粗，并附四个乳钉状钮，用途不明。残高7.6厘米（图二八〇，6）。

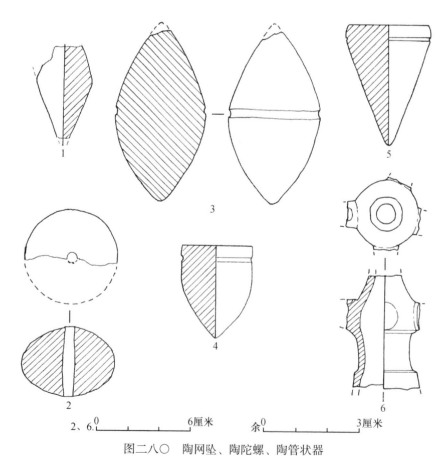

图二八〇　陶网坠、陶陀螺、陶管状器

1～3.网坠（EST2086⑤A：2、家山采：1、WST5604⑤：3）　　4、5.陀螺（EST2286③：1、H17①：17）

6.管状器（EST1886④：59）

四、艺术类陶器

包括陶陀螺、陶球、陶环、陶饼，均非实用器，可能为玩具或工艺品。

（一）陀螺

数量很少，仅2件。

EST2286③：1，泥质黑陶。锥形，顶部较平，上部呈圆柱形，下部为尖锥形。高4厘米（图二八〇，4；图版六八，3）。H17①：17，夹细砂褐红陶。圆锥形，顶部较平。上部饰一道凹弦纹。高3.7、径2.4厘米（图二八〇，5；彩版四一，6）。

（二）球

数量不多，根据内部结构可分为A、B二型。

A型　9件。实心。根据表面纹饰可分为Aa和Ab两个亚型。

Aa型　3件。出自家山遗址2件，西城垣1件。表面无刻槽与钻孔。

WST5604⑤：1，泥质灰黑陶。手制。器表凹凸不平，实心球体。素面。最大径3厘米（图二八一，1；图版六九，1）。WST5501⑤：2，泥质黑陶。实心球体，器表凸凹不平。直径3.4厘米（图二八一，5；图版六九，2）。WST3406④：2，夹细砂黄陶黑陶。手制。实心，器表打磨。局部饰多道指甲状戳印纹。直径3.2厘米（图二八一，8；图版六九，3）。

Ab型　6件。1件出自城内居住区，余均出自家山遗址。表面有刻槽和钻孔。

H17③：33，泥质灰陶，局部黑色。手制。圆球形规整实心。器表满饰纵横交错的刻划纹。直径3厘米（图二八一，3；彩版四一，2）。H7：39，泥质黄陶。手制，打磨。实心球体，器表有四个小孔，孔之间以凹弦纹相连。直径3.9厘米（图二八一，4）。H24：5，泥质黑陶。手制。实心球体，打磨光滑，器表饰四个对穿的镂孔，孔之间以压印较深的绳纹相连。直径3.1厘米（图二八一，6；图版六九，5）。烧土遗迹4：2，泥质灰陶。手制。实心球体，饰四个圆形戳印纹，圆孔周边有放射状刻划纹。直径3、残高2.6厘米（图二八一，2；图版六九，4）。H15：14，泥质黑陶。手制，磨光。实心球体，球面四个小圆孔，两两相对，未穿透。饰成组的整齐排列的戳印纹。直径4.3厘米。球内有颗粒，摇之能响（图二八一，7）。EST2085⑤B：1，泥质红陶，局部黑色。实心球体，密饰多圈交错的刻划纹。直径2.4厘米（图二八一，9）。

B型　空心。根据表面纹饰可分为Ba和Bb两个亚型。

Ba型　3件。城内居住区和家山遗址各1件，另1件采集于城内居住区。表面无刻槽。

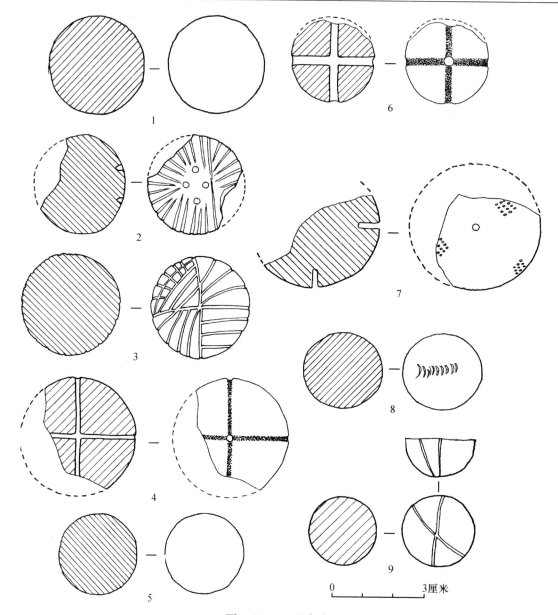

图二八一　A型陶球

1、5、8.Aa型（WST5604⑤：1、WST5501⑤：2、WST3406④：2）　2～4、6、7、9.Ab型（烧土遗迹4：2、H17③：33、
H7：39、H24：5、H15：14、EST2085⑤B：1）

　　EST2286⑤：1，泥质黑陶。近球体，一端较平，另一端有一孔，侧面亦有一小孔。直径
2.4、残2.1厘米（图二八二，1；图版六九，6）。H25：1，泥质红褐陶。手制。空心球体。素
面。直径3.8厘米（图二八二，3；图版七〇，1）。叶采：1，泥质灰褐陶，局部泛红。器形为
不太规整的球形。器表密饰圆柱形孔。直径3.8厘米（图二八二，10；彩版四一，3）。

　　Bb型　7件。表面有刻槽。均出自家山遗址。

　　WST5402③：3，泥质红陶。空心球体。器表密饰多圈弦纹。直径4.4厘米（图二八二，
2；图版七〇，5）。WST5402②：1，夹细砂红陶。实心球体，器表光滑，器身饰八个镂孔。

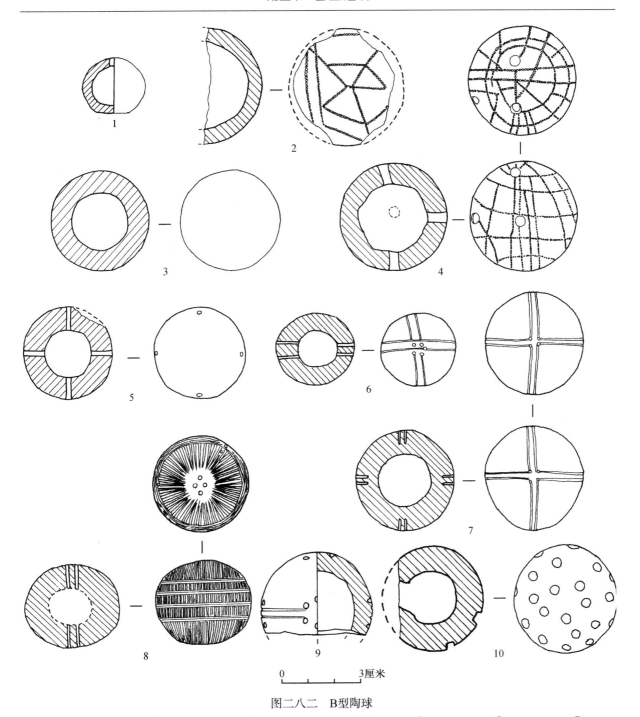

图二八二 B型陶球

1、3、10. Ba型（EST2286⑤：1、H25：1、叶采：1）　2、4～9. Bb型（WST5402③：3、WST5402②：1、WST5605⑤：3、

G2：5、WST3506④：1、WST5505⑤：1、H17③：69）

密饰多圈交错的锥刺纹。直径4.2厘米（图二八二，4；图版七〇，4）。WST5605⑤：3，泥质，黑黄相间。手制，器表磨光。空心球体，器表钻四个相对应的小孔穿透。通厚0.8、直径3.8、孔径0.3厘米（图二八二，5）。G2：5，泥质黄褐陶，局部黑色。手制。空心球体。饰五个一组共四组相对的小镂孔，镂孔穿透，每组之间以刻划纹相连。直径2.8～3厘米（图二八二，6；图版七〇，2）。WST3506④：1，泥质，黑红相间，空心，器表磨光。一边不规则。器表饰三组相互垂直的弦纹，弦纹相间处各饰四个成正方形排列的小孔。直径3.8厘米（图二八二，7；彩版四一，5；图版七〇，3）。WST5505⑤：1，泥质黄陶。手制。实心球。器身满饰从两端发出的经线，最大径处有横向的纬线，可见零星的红衣彩绘，顶部各钻四个小孔，周边钻三组小孔，每组四个小孔。直径3.2～3.6厘米（图二八二，8；彩版四一，4；图版七〇，6）。H17③：69，泥质红褐陶。残存半个，空心，器表较光滑。器表可见两周凹弦纹，密布未穿透的小圆孔。直径3.8厘米（图二八二，9）。

（三）环

数量不多，完整件应为封闭的环状。根据截面形状可分为A、B、C三型。

A型　3件。截面近圆形或方形。

WST5603⑤：32，泥质灰黄陶。截面圆形。厚0.6厘米（图二八三，1）。WST5503⑥：15，泥质黑陶。截面呈圆角方形。素面。宽0.4厘米（图二八三，4）。H18：5，泥质灰陶。手制。截面呈方形。直径4.4厘米（图二八三，9）。

B型　4件。3件出自家山遗址，1件出自西城垣。截面呈椭圆形。

WST5504②：50，泥质灰陶。截面圆形。宽0.5厘米（图二八三，2）。WST3506④：2，泥质灰陶。截面圆角方形。环厚0.5、直径5.2厘米（图二八三，3）。WST5302⑦：11，泥质灰陶。截面扁圆。宽1.2厘米（图二八三，6）。H18：6，泥质黑陶。手制。截面呈椭圆形。直径5.6厘米（图二八三，8）。

C型　1件，均出自家山遗址。截面呈半圆或三角形。

G2：3，泥质灰陶。手制。截面半圆形。厚1.1、宽0.6、直径6.2厘米（图二八三，5）。WST5604④：4，泥质黑陶。截面呈三角形，内侧较平。直径8.4、厚0.9厘米（图二八三，7）。

（四）饼

仅1件。出自家山遗址。

WST5503③：42，夹粗砂黑陶。手制。两面均较平，直边。素面。直径10.8、厚1.4厘米（图二八三，10；图版六八，5）。

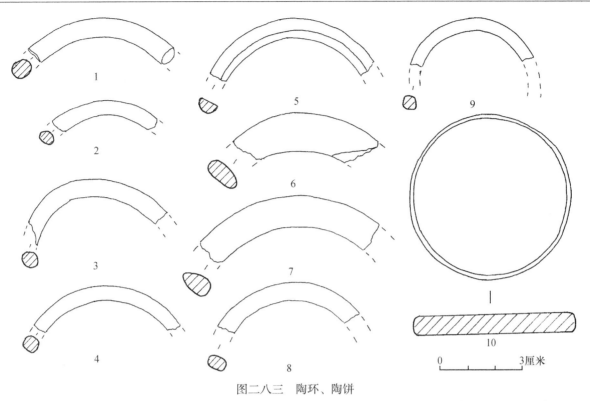

图二八三 陶环、陶饼

1、4、9.A型环（WST5603⑤：32、WST5503⑥：15、H18：5） 2、3、6、8.B型环（WST5504②：50、WST3506④：2、WST5302⑦：11、H18：6） 5、7.C型环（G2：3、WST5604④：4） 10.饼（WST5503③：42）

第二节 石 器

本次发掘出土石器数量较少，均为实用器，绝大多数都有使用痕迹，部分刃口因长期使用而破坏。从用途和功能分，主要有生产工具、加工工具、狩猎工具四类。生产工具有石斧、石铲、石刀，加工工具有石锛、石凿、石杵，狩猎工具仅见石箭镞。均有比较明显的使用痕迹，边缘破损比较严重。

一、生 产 工 具

有石斧、石铲、石镰、石锄等。

（一）斧

15件。可分为A、B二型。

A型 9件。长方形。2件出自南城垣和壕沟，1件出自西城垣，2件出自城内居住区，余均出自家山遗址。

　　H15：2，黑色花岗岩，夹白色脉石英。琢制，磨制。长方形，顶端残，双面弧刃。残高7.8、刃宽8.4、厚2.4厘米（图二八四，1；图版七二，1）。WST5603②：3，青黑色花岗岩。器身琢平磨制，但未磨光，刃部磨光。整体形状呈长方形，两面较平，刃部转折明显，双面弧刃，正锋。通长9.4、宽6.4、最厚1.8厘米（图二八四，2；图版七一，4）。TG1⑧：2，青色花岗岩。磨制，琢制。梯形，转角圆弧，顶面圆弧，刃部较钝，双面直刃。通长11.2、厚3.2、刃部宽7.2厘米（图二八四，3；图版七一，3）。G1②：3，绿色花岗岩。琢制，磨制。长方形，两面中间微隆起，侧面较平，顶端圆弧，双面弧刃。通长12.2、刃宽6.8、最厚3.5厘米（图二八四，4；图版七一，2）。WST2906⑦：3，通体磨光。双面直刃。残高9.8、宽4、厚1.3厘米（图二八四，5）。H25：21，细砂岩，青黑色。打制，琢制。器表仅一面磨光，另一面疤痕较多，起伏不平，双面弧刃，顶部残。残高10.8、宽7.4、厚3.4厘米（图二八四，

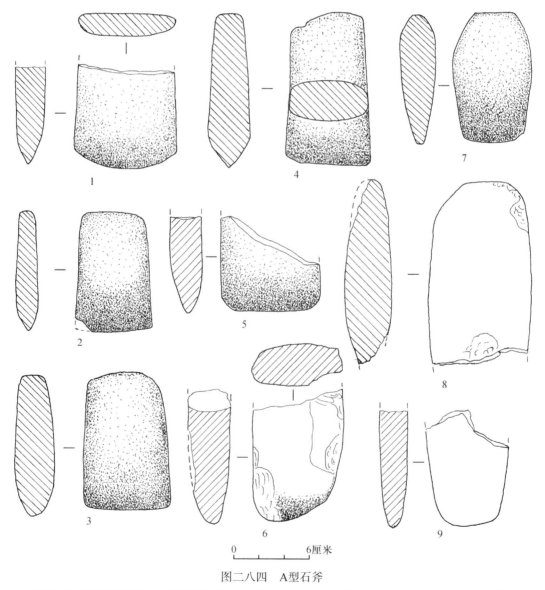

图二八四　A型石斧

1. H15：2　2. WST5603②：3　3. TG1⑧：2　4. G1②：3　5. WST2906⑦：3　6. H25：21　7. WST5503③：1
8. WST5603②：4　9. WST5505③：8

6）。WST5503③：1，黄绿色。琢磨结合。长方形，两面及刃部磨平，一侧边局部磨平，余仅琢平，双面刃，刃缘崩落。长10.4、宽6.4、厚2.8厘米（图二八四，7；图版七二，2）。WST5603②：4，青麻石质。长方形。两面略隆起，顶部圆弧。刃部残。残长14.4、宽8、最厚3.6厘米（图二八四，8；图版七一，1）。WST5505③：8，黄褐色砂岩。通体琢制并磨平，但未磨光。倒梯形，上宽下窄，顶部残，刃部不明显。残长9、宽5.8~6.7、最厚2.2厘米（图二八四，9；图版七二，3）。

B型　6件。1件出自南城垣，1件出自城内居住区，1件出自南城垣，2件采集于城址内，2件出自家山遗址。梯形。

叶采：1，灰青色花岗岩。整体琢平，并打磨，刃部磨光。梯形，顶部弧，双面刃，刃口崩落。残高8.4、刃残6.6、厚2.4厘米（图二八五，1；图版七二，4）。H17③：102，花岗岩，灰绿色。磨制，通体磨光。棱角分明，两面、侧面、顶部均较平，刃部残。残长11.8、厚3、宽7厘米（图二八五，2；图版七三，4）。WST5505①：1，灰褐色砂岩。通体琢平并打磨，但未磨光。梯形，器形浑圆，两面较平，近刃端略隆起，双面弧刃。残长8.9、最宽4.8、最厚2.6厘米（图二八五，3）。TG1②：5，粉砂岩，灰黄色。通体磨光。两面微隆起，双面刃。残长10.4、厚2.8、宽4厘米（图二八五，4）。EST2286③：12，长5.5、宽3.9、厚1.6厘米（图二八五，5；图版七三，3）。叶采：8，灰绿色花岗岩。磨制，琢制。正梯形，顶部圆弧，两面微隆起，侧边圆弧，双面弧刃。通长14、厚4、刃宽9.2厘米（图二八五，6）。

（二）铲

可分为A、B二型。

A型　5件。穿孔。2件出自家山遗址，3件出自城内居住区。

H17③：129，泥质岩，黑色。通体磨光。两面、侧边、顶部均较平，孔较大，两面对钻。残长4、厚0.9、宽5.7厘米（图二八六，1）。EST2086③：51，通体磨光。单面直刃。残长5.7、宽5.3、厚1.3厘米（图二八六，2）。H17②：56，灰绿色细砂岩。器身通体磨光。器形规整，棱角分明，长方形，刃端残，顶部中间穿一孔，双面对钻。残高3.4、残宽5.2、最厚0.9厘米（图二八六，4）。EST2286⑥：8，灰绿色，砂岩。通体磨光。残长6、厚1.1厘米（图二八六，7；图版七三，1）。

B型　3件。不穿孔。均出自家山遗址。

烧土遗迹1：10，灰绿色。磨制，通体磨光。长方形，疤痕较多，破损严重，单面直刃，刃口崩落。残长7.4、宽3.6、厚1.6厘米（图二八六，3）。WST5603②：1，青灰色细砂岩。通体磨制精致，但局部片疤未磨平。长方形，器形规整，棱角分明，顶部一面破损严重，刃口崩落。残长10、顶宽5.2、刃宽6.2、最厚2厘米（图二八六，5；图版七三，2）。WST5503⑥：4，灰绿色，细砂岩。通体磨光。长方形，棱角分明，各面磨制光滑，刃部残。残高2.7、厚0.6、宽3.2厘米（图二八六，8）。

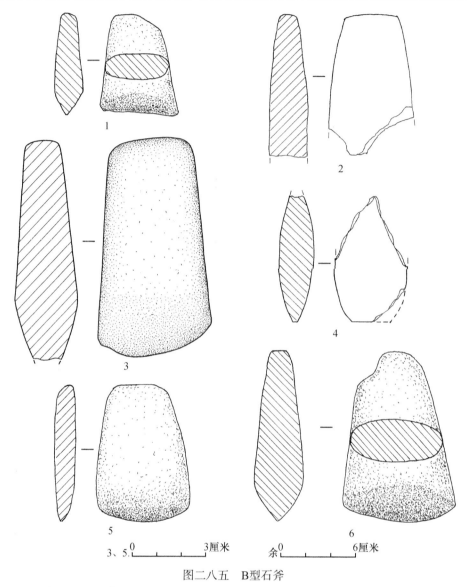

图二八五　B型石斧
1. 叶采：1　2. H17③：102　3. WST5505①：1　4. TG1②：5　5. EST2286③：12　6. 叶采：8

（三）镰

仅1件。出自城内居住区。

EST1885④：1，灰褐色粉砂岩。通体磨制光滑。仅存刃端，柄端残，器形扁薄，双面"V"字形刃。通长8.6、宽5.4、最厚0.4厘米（图二八六，6；图版七四，4）。

（四）锄

仅1件。出自家山遗址。

WST5301④：1，黄褐色花岗岩。器身琢制，未打磨，较粗糙，棱角分明。刃端残。残长

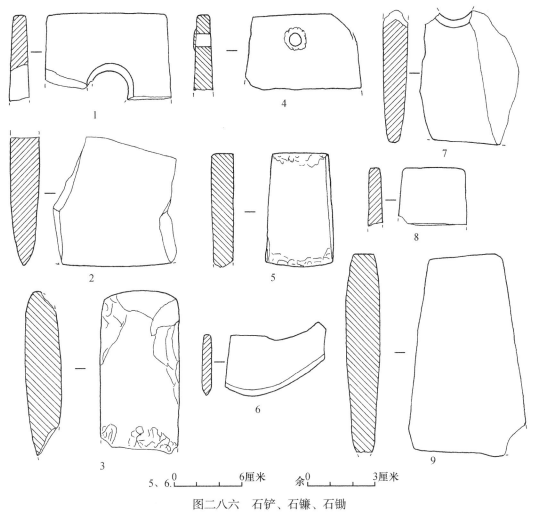

图二八六 石铲、石镰、石锄

1、2、4、7.A型铲（H17③：129、EST2086③：51、H17②：56、EST2286⑥：8） 3、5、8.B型铲（烧土遗迹1：10、
WST5603②：1、WST3503⑥：4） 6.镰（EST1885④：1） 9.锄（WST5301④：1）

18.4、顶宽6.8、刃端宽10.8、最厚3.2厘米（图二八六，9；图版七四，3）。

二、加工工具

有石锛、砺石、石研磨器、石砧、石杵、石凿等。

（一）锛

5件。可分为A、B二型
A型 4件。器身宽扁。均出自家山遗址。

WST5501②：34，青灰色。一面及刃部简单磨制。梯形，器身疤痕较多，单面弧刃。残长10、残宽6.8厘米（图二八七，1）。H18：1，粉砂岩，黑色。磨制，通体磨光。梯形，顶平，弧边，两面平，单面直刃。通长6.5、刃宽5.6、厚8~12厘米（图二八七，2；图版七四，1）。WST5605③：27，红褐色砂岩。长方形，仅剩刃端局部，单面直刃，刃部磨光。残长5、宽2.5厘米（图二八七，3；图版七四，2）。WST5402②：2，青灰色。长方形，单面弧刃。厚1.4、残长8、残宽2.8厘米（图二八七，4；图版七五，1）。

B型　4件。器身瘦长。城内居住区和家山遗址各2件。

EST2086⑧：1，绿色。通体磨制。长方形，棱角分明，各面较平而光滑，单面直刃，刃缘一侧崩落。长7.2、厚1.6、宽2.4厘米（图二八七，5；图版七五，3）。EST2185⑤B：1，灰绿色。通体磨制光滑。长方形，棱角分明，各面较平，单面刃。残长7.4、厚3.2、刃宽3.6厘

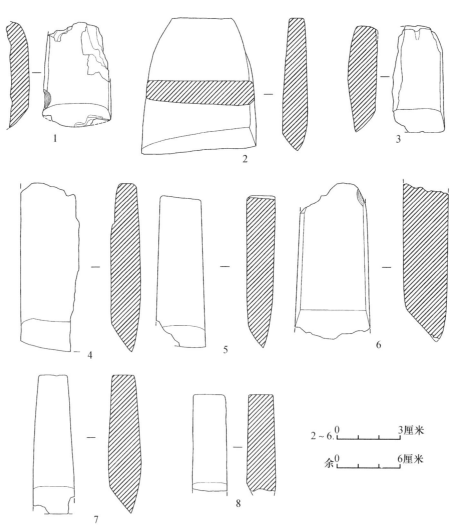

图二八七　石锛

1~4.A型（WST5501②：34、H18：1、WST5605③：27、WST5402②：2）　5~8.B型（EST2086⑧：1、EST2185⑤B：1、
H17①：38、H17③：20）

米（图二八七，6；图版七五，4）。H17①：38，绿色砂岩。通体磨制。长方柱形，大部分磨平，疤痕较多，两端均磨。残长9.2、宽3.3、厚2.8厘米（图二八七，7）。H17③：20，粗砂岩，灰绿色。通体磨光。梯形。通长13.2、最宽处4、最厚处3.2厘米（图二八七，8；图版七五，2）。

（二）砺石

2件。家山遗址和城内居住区各1件。

WST5505③：5，灰绿色。通体磨制光滑。柳叶形，侧边锋利，两面中间起脊，铤分段明显。长10.6、宽6.2、厚1.9厘米（图二八六，1；图版七六，3）。EST1886③：35，青灰色。两侧边简单磨制。长方形，棱角分明。残长10.8、宽5.4、厚3.8厘米（图二八八，2）。

（三）研磨器

仅1件。出自家山遗址。

WST5505④：84，灰褐色细砂岩。卵圆形，器形浑圆，一面有长期研磨产生的印痕。长8、宽7.2、厚4.6厘米（图二八八，3；图版七六，4）。

（四）砧

1件。出自南城垣。

G1②：2，粗砂岩，紫红色。琢制，局部磨平。不规则方锥体，上部尖，下部隆起成球面，截面呈长方形，一侧有一道竖向凹槽，用途不明。残高6.8厘米（图二八八，4）。

（五）杵

2件。家山遗址和城内居住区各出1件。

EST1886④：2，灰褐色砂岩。长方形。磨制，但大部未磨平。器表有起伏，近刃端磨光，刃部已破坏。残长12.8、残宽7.6、厚4厘米（图二八九，1；图版七六，1）。H24：6，花岗岩，黑色。琢制，磨制。长方形，两面磨光，顶端圆弧，刃端较钝，已完全琢平，器身疤痕较多。残高8.8、宽7.2、厚3.2厘米（图二八九，2；图版七六，2）。

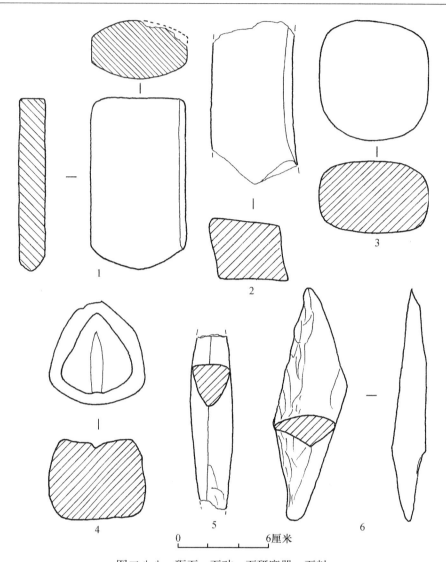

图二八八　砺石、石砧、石研磨器、石料
1、2. 砺石（WST5505③：5、EST1886③：35）　3. 研磨器（WST5505④：84）　4. 砧（TG1②：2）
5、6. 石料（G1③：44、G1③：45）

（六）凿

2件。均出自南城垣。

TG1③A：1，灰绿色粉砂岩。通体磨制。窄长条形，棱角分明，两面中部微隆起，侧边及顶端平，双面弧刃。通厚1.6、通长10.7、中宽2.1厘米（图二八九，4；图版七七，4）。
TG1⑧：1，灰绿色粉砂岩。通体磨光。长方柱体，棱角分明，各面均较平，双面直刃。通长6、宽1.6、最厚2厘米（图二八九，5；图版七七，5、6）。

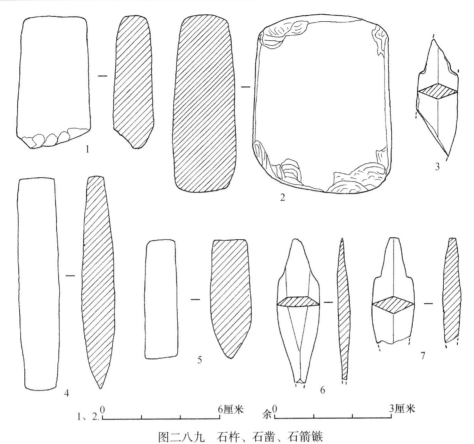

图二八九 石杵、石凿、石箭镞
1、2. 杵（EST1886④：2、H24：6） 3、6、7. 箭镞（H17③：128、TG1⑦：3、WST5505④：5）
4、5. 凿（TG1③A：1、TG1⑧：1）

三、狩猎工具

仅见箭镞，5件，其中2件为石料。

箭镞 3件。1件出自家山遗址，1件出自南城垣。

H17③：128，黑色泥质岩。通体磨光。柳叶形，两面中部起脊，边刃锋利，铤分段明显，三角形。长5.9、宽2.1厘米（图二八九，3；图版七七，1）。TG1⑦：3，青灰色泥质岩。通体磨制。扁锥形铤，柳叶形镞，两面平，侧刃薄而锋利，刃尖较长。残长7.2、厚0.5厘米（图二八九，6；图版七七，3）。WST5505④：5，青灰色变质泥岩。通体磨光。柳叶形。两面中部起脊，铤分段明显，器身截面呈菱形，边刃较锋利，尖刃残。残长5.3、铤长2、宽2.2、最厚0.9厘米（图二八九，7；图版七七，2）。

第六章 分期与年代

第一节 遗址文化分期

一、典型遗迹单位叠压关系

根据家山遗址发掘探方地层、遗迹探方之间的关系，有以下几组叠压关系对遗址分期有意义。

（1）WST5302

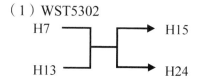

（2）WST5401

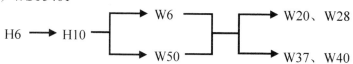

（3）WST5402

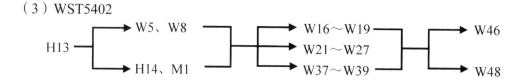

（4）WST5403

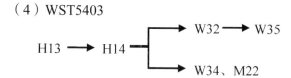

（5）WST5404

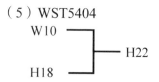

（6）WST5405

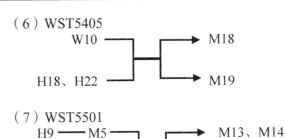

（7）WST5501

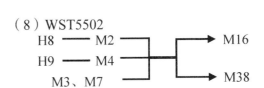

（8）WST5502

（9）WST5503

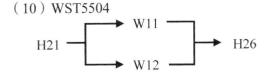

（10）WST5504

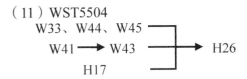

（11）WST5504

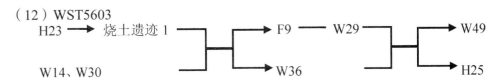

（12）WST5603

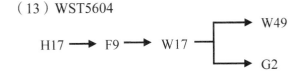

（13）WST5604

H17 ━━▶ F9 ━━▶ W17 ━━▶ W49 / G2

二、典型遗迹单位分期

　　根据以上13组遗迹之间的关系，并根据出土陶器分型分式的特征，可以将以上遗迹分为四段（表二～表六）。

表二　第一段典型遗迹及陶器组合

单位	臼	罐形鼎	折沿罐	盆	缸	高领罐	瓮
W36	AaⅡ	AaⅠ					
W37	AaⅠ			CaⅠ			
W46	AaⅠ		EaⅠ		BⅠ		
W48	AaⅠ						
W49	AaⅡ						
G2				AaⅠ	BⅠ	BⅠ	BaⅠ
W16	AaⅡ						
W21	AaⅡ	AaⅠ					
W40	AaⅡ						
W27	AaⅢ						
W24	AaⅡ						
H25				AaⅠ			

表三　第二段典型遗迹及陶器组合

单位	臼	罐形鼎	折沿罐	盆形鼎	豆	盘	缸
W28	AaⅢ						BⅡ
W29			AⅠ				
W47	AaⅡ						
W50	B						
W6		AaⅠ	AⅠ				
M3	AaⅢ	BⅠ		Aa、BⅡ	AⅠ		
M22						AⅠ	
W23		AaⅡ					
W26	B						
W25	B	AaⅡ					
W38							BⅠ
W18	B			CbⅠ			
W19	B	AaⅠ					
W20	B	AaⅡ					
W22	B		AⅠ				
W39	B			Aa			
W5		AaⅠ	AⅠ				
W8		AaⅡ	AⅠ、EaⅡ				
W15			CⅠ、DⅠ				

表四　第三段典型遗迹及陶器组合

单位	臼	罐形鼎	盆形鼎	折沿罐	盆	高领罐	壶	豆	瓮	碗	甑	缸	盘	钵
H26		BⅢ、CⅠ		AⅢ、DⅠ	DaⅠ	AaⅠ	B	AⅡ		AⅡ、BⅡ	BⅠ				C、EⅠ
H14	AaⅡ	AbⅡ、BⅡ		BbⅡ、CⅡ	BaⅠ、BbⅡ、DaⅠ	DⅡ、EⅠ		CⅠ、BaⅡ			Aa	AⅠ	E	AⅠ、EⅡ
H21					Bc、DaⅡ			BaⅡ、CⅡ				AⅠ	F	C
H24			BⅡ、CbⅡ		AbⅠ、Eb			CⅠ	AbⅠ、AbⅡ			CaⅠ		
H20		AbⅡ			H					AⅡ		AⅡ		
H15				AⅢ	AbⅠ、CaⅡ、FⅠ	AaⅠ、AaⅡ			F	BⅡ		AⅠ、CaⅠ		B、DⅡ
H18		CⅡ			BaⅠ	DⅢ		AⅠ						
灰土层3		BⅠ		CⅡ	AaⅡ	AaⅠ、BⅢ、EⅡ	A							
烧土遗迹1					AaⅠ				AaⅠ、BaⅠ、Bb					
W43	CaⅡ													
W17	CaⅡ													
W13	Ab				AaⅠ、EaⅠ									
W14	AbⅡ		AbⅡ											
W31	CaⅡ													
W32	CaⅡ													
W34	CaⅡ	AaⅡ												
W11	CaⅠ													
W10	CaⅡ													

续表

单位	臼	罐形鼎	盆形鼎	折沿罐	盆	高领罐	壶	豆	瓮	碗	瓿	缸	盘	钵
W12	Ca I													
W30	Ca II、Cb II	Aa I												
W33	Ca II			A II										
W34	Ca II	Aa II												
W35	Ca II													
W1				C II										
W2				A II、C II										
W7				D II										
W9		C I		D I										
W41	Cb II			A I										
W42	Ca II								Aa I					
W43	Ca II													
W44			Ab I	A II										
W45		B III												
M1			Ab I	A II		B II、B III								
M2		Ab I						A II						
M4	Aa II、Cb I	Ab I	Ab I						Da II					
M5		C I						A I						
M6			Ca	Ba										
M7		C I				B I		C III					B II	
M9								A I、Bb						
M11							Ba I							
F8									Bb					

表五 第四段典型遗迹及陶器组合

单位	臼	罐形鼎	盆形鼎	折沿罐	盆	高领罐	壶	豆	瓮	碗	甑	缸	盘	钵
H17	CaⅡ	CⅢ		DⅢ、EbⅡ	AbⅡ、BaⅡ、CaⅢ、DaⅡ、Db、EaⅡ、FⅡ、GⅠ、GⅡ	AaⅡ、BⅣ、DⅡ、EⅡ	BaⅠ、BaⅡ、Bb		AbⅡ、BaⅢ、CaⅠ、Cb	AⅢ	Ab、BⅡ、CⅡ	AⅢ、BⅢ、Fa	BⅢ、C、D	C、DⅡ
H13		CⅢ	AⅢ		AaⅢ、BaⅡ、CaⅡ、Cb、DaⅡ、GⅡ	Ab、BⅣ、CⅢ	B、C、Da	AⅢ	CaⅠ、CaⅡ、Eb	BⅡ	BⅡ			B、EⅡ
H9														
H7	CaⅡ			AⅡ	AbⅡ、BaⅡ	BⅣ					CⅡ			
H6		AbⅡ		AⅢ	AbⅠ、BaⅡ				BaⅡ	AⅡ				
H20								D、E		AⅡ			AⅡ	
F9					H				AaⅡ、Bc			BⅡ		

表六 典型陶器分段组合

分段	臼	罐形鼎	盆形鼎	折沿罐	盆	高领罐	壶	豆	瓮	碗	甑	缸	盘	钵
一段	AaⅠ、AaⅡ	AaⅠ	Aa、BⅡ、CbⅠ	EaⅠ	AaⅠ、CaⅠ	BⅠ			BaⅠ			BⅠ、BⅡ		
二段	AaⅡ、AaⅢ、B	AaⅠ、AaⅡ、BⅠ	AbⅠ	AⅠ、CⅠ、DⅠ、EaⅡ		AaⅠ		AⅠ	BaⅠ			BⅠ	AⅠ	
三段	AaⅡ、Ab、CaⅠ、CaⅡ、CbⅠ、CbⅡ	AaⅠ、AaⅡ、AbⅠ、AbⅡ、BⅠ、BⅡ、CⅠ、BⅢ、CⅠ、CⅡ	AbⅡ、BⅡ、Ca、CbⅡ	AⅠ、AⅡ、AⅢ、Ba、BbⅡ、CⅡ、DⅠ、DⅡ	AaⅠ、AaⅡ、AbⅠ、BⅠ、BbⅡ、Bc、CaⅡ、DaⅠ、DaⅡ、EaⅠ、Eb、FⅠ	AaⅡ、BⅠ、BⅡ、BⅢ、DⅡ、DⅢ、EⅠ、EⅡ	A、B、BaⅠ	AⅠ、AⅡ、BaⅡ、Bb、CⅠ、CⅡ、CⅢ	AaⅠ、AbⅠ、AbⅡ、BaⅠ、Bb、DaⅡ	AⅡ、BⅡ	Aa、BⅠ	AⅠ、AⅡ、CaⅠ	BⅡ、E、F	AⅠ、B、C、DⅡ、EⅠ、EⅡ

续表

分段	臼	罐形鼎	盆形鼎	折沿罐	盆	高领罐	壶	豆	瓮	碗	甑	缸	盘	钵
四段	CaⅡ	AbⅡ、CⅢ		AⅡ、AⅢ、DⅢ、EbⅡ	AaⅢ、AbⅠ、AbⅡ、BaⅡ、CaⅡ、CaⅢ、Cb、DaⅡ、Db、EaⅡ、FⅡ、GⅠ、GⅡ、H	AaⅡ、Ab、BⅣ、CⅢ、DⅡ	BaⅠ、BaⅡ、C、Da	AⅢ、D、E	AaⅡ、AbⅡ、BaⅡ、BaⅢ、Bc、CaⅠ、CaⅡ、Cb、Eb	AⅡ、AⅢ、BⅡ	Ab、BⅡ、CⅡ	AⅢ、BⅠ、BⅢ、Fa	AⅡ、BⅢ、C、D	B、C、DⅡ、EⅡ

表七 典型陶器分期表

分期	臼	罐形鼎	盆形鼎	折沿罐	盆	高领罐	壶	豆	瓮	碗	甑	缸	盘	钵
第一期	AaⅠ、AaⅡ、CaⅠ、CaⅡ、CbⅠ、CbⅡ	AaⅠ、AaⅡ、AaⅢ、B	Aa、BⅡ、CbⅠ	AⅠ、CⅠ、DⅠ、EaⅠ、EaⅡ	AaⅠ、CaⅠ	BⅠ		AⅠ	BaⅠ			BⅠ、BⅡ	AⅠ	
第二期	AaⅣ、CaⅠ、CaⅡ、CbⅠ、CbⅡ	AaⅠ、AaⅡ、AbⅠ、AbⅡ、BⅠ、BⅡ、BⅢ、CⅠ、CⅡ	AbⅠ、AbⅡ、BⅡ、Ca、CbⅡ	AⅠ、AⅡ、AⅢ、Ba、BbⅡ、CⅡ、DⅠ、DⅡ	AaⅠ、AaⅡ、AbⅠ、BaⅠ、Bc、CaⅡ、DaⅠ、DaⅡ、EaⅠ、Eb、FⅠ	AaⅠ、AaⅡ、BⅠ、BⅡ、BⅢ、DⅡ、DⅢ、EⅠ、EⅡ	A、B、BaⅠ	AⅠ、AⅡ、BaⅡ、Bb、CⅠ、CⅡ、CⅢ	AaⅠ、AbⅠ、AbⅡ、BaⅠ、Bb	AⅡ、BⅡ	Aa、BⅠ	AⅠ、AⅡ、CaⅠ		AⅠ、B、C、DⅡ、EⅠ、EⅡ
第三期	CaⅡ	AbⅡ、CⅢ		AⅡ、AⅢ、DⅢ、EbⅡ	AaⅢ、AbⅡ、CaⅡ、CaⅢ、Cb、DaⅡ、Db、EaⅡ、FⅡ、GⅠ、GⅡ、H	AaⅡ、Ab、BⅣ、CⅢ、DⅡ	BbⅡ、BaⅡ、C、Da	AⅢ、D、E	AaⅡ、BaⅡ、BaⅢ、Bc、CaⅠ、CaⅡ、Cb、Eb	AⅡ、AⅢ、BⅡ	Ab、BⅡ、CⅡ	AⅢ、BⅡ、BⅢ、Fa	AⅡ、BⅢ、C、D	B、C、DⅡ、EⅡ

进一步分析发现，第一段出土器形较少，部分典型器形延续到第二段，如Aa型Ⅱ式臼、Aa型盆形鼎、B型Ⅰ式缸，单独分期特征不明显，可与第二段合并。可作为本遗址第一期。

第三段器形变化较大，且新出现大量器形，可作为第二期。

第四段则增加了一些前三段所没有的器类，可作为第三期。

因此，本遗址新石器时代文化可分为三期。主要器形变化如表七所示。

对比遗址出土器物，与长江中游尤其是江汉平原已发现遗址对比，第一期、第二期应为屈家岭文化，第三期则已经进入了石家河文化。

第二节　分期与文化类型

一、第一期文化因素分析

第一期主要遗迹以瓮棺葬和土坑墓为主（表八），从层位分析，家山遗址第5层及以下的遗迹和地层均属于这一期。部分第4层下的遗迹也可能属于这一期。其中瓮棺葬有26个，编号W5、W6、W8、W15、W16、W18、W19、W20、W21、W22、W23、W24、W25、W26、W27、W28、W29、W36、W37、W38、W39、W40、W46、W47、W48、W49、W50。土坑墓有16座。编号M3、M22、M13、M14、M16、M17、M18、M19、M20、M21、M23、M24、M25、M26、M27、M28。瓮棺葬和土坑墓绝大多数没有随葬品。另有一个灰坑和一个灰沟，分别编号H25、G2。全部分布在家山遗址（墓地）。

表八　第一期遗迹一览表

类型	地点	编号
瓮棺葬	家山遗址（墓地）	W5、W6、W8、W15、W16、W18、W19、W20、W21、W22、W23、W24、W25、W26、W27、W28、W29、W36、W37、W38、W39、W40、W46、W47、W48、W49、W50
土坑墓	家山遗址（墓地）	M3、M22、M13、M14、M16、M17、M18、M19、M20、M21、M23、M24、M25、M26、M27、M28
灰坑	家山遗址（墓地）	H25
灰沟	家山遗址（墓地）	G2

器物组合有Aa型Ⅰ式、Aa型Ⅱ式、Aa型Ⅲ式、B型臼，Aa型Ⅰ式、Aa型Ⅱ式、B型Ⅰ式罐形鼎，Aa型、B型Ⅱ式、Cb型Ⅰ式盆形鼎，A型Ⅰ式、Ea型Ⅰ式、Ea型Ⅱ式、C型Ⅰ式、D型Ⅰ式折沿罐，Aa型Ⅰ式、Ca型Ⅰ式盆，B型Ⅰ式高领罐，Ba型Ⅰ式瓮，A型Ⅰ式豆，B型Ⅰ式缸，A型Ⅰ式圈足盘。根据层位分析，还有器形如Aa型Ⅰ式高领罐，Ea型Ⅰ式盆，Eb型缸，Db型Ⅰ式瓮，B型Ⅰ式盘，A型Ⅰ式碗，A型Ⅰ式钵，Aa型Ⅰ式矮圈足杯，C型器盖，A型、D型臼，C型器座，B型、C型拍，Aa型Ⅰ式、Aa型Ⅱ式纺轮，Aa型、Bb型球，A型、B型、C型环，陶模也属于这一期器物。对比周边遗址发现，Aa型Ⅰ式、Aa型Ⅱ式罐形鼎仅见于雕龙碑

第三期遗存，且在雕龙碑数量很多[1]。M3的Aa型盆形鼎去掉圈足后与屈家岭遗址晚期一和金鸡岭遗址第一期遗存的鼎完全一致。Aa型Ⅰ式、Aa型Ⅱ式陶臼仅在雕龙碑遗址第三期发现1件，其余均未发现。B型陶臼是叶家庙遗址的特有器形，与之最接近的是淅川下王冈遗址仰韶文化三期的缸[2]。W15的C型Ⅰ式折沿罐大量发现于雕龙碑，而W22的A型Ⅰ式陶折沿罐不仅见于雕龙碑三期，且在随州西花园遗址[3]、宜城曹家楼遗址[4]也有零星发现。M3的A型Ⅰ式陶豆分布范围更广，在随州西花园、随州金鸡岭[5]、郧县青龙泉[6]、淅川下王冈[7]均有发现。综上所述，该期遗存与雕龙碑第三期遗存最为接近，雕龙碑第三期遗存的时代，编者认为相当于屈家岭文化晚期，实际上这一类文化与屈家岭文化晚期差别很大，其最具特征的矮圈足罐、矮圈足鼎、深腹圜底臼、深腹折尖底臼不见于任何一个典型屈家岭文化晚期遗存。这种差别很可能是由时代早晚的原因造成。以雕龙碑第三期、叶家庙第一期为代表的遗存不仅受到油子岭文化的影响，而且还有鲜明的仰韶文化第三期遗存的特色，应是两者在随枣走廊交流碰撞的产物，如罐、鼎底部流行矮圈足，内折沿豆数量较多等因素，可能来源于油子岭文化，而以叶家庙W15为代表的C型Ⅰ式、D型Ⅰ式陶折沿罐的基本形态其源头可以追溯到下王冈仰韶文化三期遗存。Aa型Ⅰ式、Aa型Ⅱ式陶罐形鼎的基本形态在雕龙碑第二期就已经出现，只是在第三期底部多了个圈足，该类鼎与下王冈仰韶文化第三期的Ⅰ式鼎极为相似。可见，这一类文化遗存要晚于油子岭文化和仰韶文化下王冈类型，并要早于屈家岭文化晚期。鉴于该期Aa型、B型Ⅱ式盆形鼎、A型Ⅰ式豆基本形态都延续到屈家岭文化晚期，器物具有很强的延续性，因此，这一类文化遗存归入屈家岭文化早期是比较合适的，或可称为屈家岭文化叶家庙类型，金鸡岭遗址的第一期文化遗存大致也属于这一时期。以雕龙碑遗址第三期、金鸡岭遗址第一期、叶家庙遗址第一期遗存为代表的屈家岭文化早期遗存具有强烈的时代过渡特征，大体分布于包括随枣走廊及其东端的鄂北区域，影响可能达到大洪山西部的宜城。

二、第二期文化因素分析

第二期遗迹类型比较丰富，有房基、灰坑、瓮棺葬、土坑墓，分布范围最广，在冢山遗址、城内居住区均有发现（表九）。

从层位分析，叶家庙城内居住区以第4层为界，第4层下为第二期遗存，第4层及以上为第三期遗存。南城垣探沟TG1以第5层为界，第5层下为第二期遗存，第5层及以上为第三期遗存。冢山遗址以第4层为界，第4层以上为第三期遗存。第4层下部分遗迹属于第二期遗存。第4层以上部分遗迹属第二期遗存，部分遗迹属第三期遗存。

表九　第二期遗迹一览表

类型	地点	编号
房基	冢山遗址（墓地）	F8
	城内东南部	F4、F5、F6、F7
	南城垣	F3
	西城垣	F2
瓮棺葬	冢山遗址（墓地）	W10、W11、W12、W13、W14、W17、W30、W31、W32、W33、W34、W35、W41、W42、W43、W44、W45
	城内东南部	W1、W2、W7、W9
土坑墓	冢山遗址（墓地）	M1、M2、M4、M5、M6、M7、M9、M11
灰坑	冢山遗址（墓地）	H14、H15、H18、H21、H24、H26
	城内东南部	H5、H16
	南城垣	H11
	西城垣	H2
灰土层	城内东南部	灰土层2、灰土层3
烧土层	冢山遗址（墓地）	烧土遗迹1、烧土遗迹4

该期延续继承了第一期的大部分器形，第一期的典型器形如Aa型Ⅰ式、Aa型Ⅱ式、B型Ⅰ式罐形鼎，B型Ⅱ式盆形鼎，A型Ⅰ式折沿罐，Aa型Ⅰ式、Ca型Ⅰ式盆，Aa型Ⅲ式臼，A型Ⅰ式豆均延续使用到这一期。该期出土的陶器器形远比前期丰富。除了第一期的器形，本期始见的器类有甑、壶、高圈足杯、斜腹平底杯、斜腹杯、高圈足杯、器座等，这些器类大量发现于本期。未发现陶圈足盘。比较典型的器物类型有Ab型Ⅰ式、Ab型Ⅱ式、B型Ⅱ式、B型Ⅲ式、C型Ⅰ式、C型Ⅱ式罐形鼎，Ab型Ⅰ式、Ab型Ⅱ式、Ca型、Cb型Ⅱ式、Cb型Ⅱ式盆形鼎，A型Ⅱ式、A型Ⅲ式、Ba型、Bb型Ⅰ式、Bb型Ⅱ式、C型Ⅱ式、D型Ⅱ式折沿罐，Aa型Ⅰ式、Aa型Ⅱ式、B型Ⅱ式、B型Ⅲ式、D型Ⅲ式、E型Ⅰ式、E型Ⅱ式高领罐，Ab型Ⅰ式、Ba型Ⅰ式、Da型Ⅰ式、Eb型盆，Ca型Ⅰ式、Ca型Ⅱ式、Cb型Ⅰ式、Cb型Ⅱ式臼。根据层位分析，属于这一期的器形还有A型Ⅰ式缸，A型Ⅱ式、Ba型Ⅱ式、Bb型、C型Ⅰ式、C型Ⅱ式、C型Ⅲ式豆，Aa型Ⅰ式、Ba型、Bb型Ⅰ式、E型高圈足杯，Aa型斜腹杯。

但也有一些一期特有的文化现象在本期消失或变化较大，如折沿罐、罐形鼎底部加矮圈足的现象基本消失。圜底的Aa型Ⅰ式、Aa型Ⅱ式及内折锥形底的B型臼基本不见，取而代之的是内弧乳突状底的Ca型Ⅰ式、Ca型Ⅱ式臼。

分析本期文化特征，与周边文化对比，与随州金鸡岭、西花园、京山屈家岭、天门石家河遗址群的屈家岭文化晚期遗存比较接近。如H14的Ab型鼎与金鸡岭遗址Ca型Ⅱ式鼎一致。M2出土的Ab型Ⅰ式盆形鼎与金鸡岭遗址的B型Ⅳ式鼎一致。W7、W9出土的D型Ⅱ式折沿罐与金鸡岭遗址的Bb型Ⅲ式折沿罐一致。W1、H14出土的C型Ⅱ式折沿罐与金鸡岭遗址出土的B型Ⅱ式折沿罐一致。H26出土的D型Ⅰ式折沿罐与金鸡岭遗址的Bb型Ⅱ式折沿罐一致。Aa型Ⅰ式高领罐与金鸡岭遗址的Ba型Ⅰ式高领罐一致。M1出土的B型Ⅱ式高领罐与金鸡岭遗址的Ca型Ⅰ式高领罐一致。H15出土的Ca型Ⅱ式盆与金鸡岭遗址的Ca型Ⅰ式盆一致。M11、M5出土的A型Ⅰ式豆与金鸡岭遗址出土的D型豆一致。Ba型Ⅰ式豆则与金鸡岭遗址的Ca型豆一致。A型Ⅰ式、A型Ⅱ式碗同金鸡岭的A型Ⅰ式碗、B型Ⅱ式碗同金鸡岭的A型Ⅳ式碗。A型方格纹彩陶壶、C型Ⅰ式和Ⅱ式双腹豆、Aa型无圈足斜腹杯则是屈家岭文化晚期的典型器形，见诸几乎所有屈家岭晚期遗址，如天门石家河城谭家岭遗址[8]、邓家湾遗址、肖家屋脊遗址、京山屈家岭遗址、随州金鸡岭遗址等。

灰土层3出土的B型Ⅰ式罐形鼎与屈家岭遗址出土的晚期二Ⅳ式鼎一致[9]。H14出土的Aa型甑与屈家岭遗址的晚期二Ⅰ式甑一致。H26出土的B型Ⅰ式甑与屈家岭遗址的晚期二Ⅱ式甑一致。H14出土的A型Ⅰ式缸同屈家岭遗址的晚期二Ⅳ式缸基本一致，同时见于天门石家河遗址群罗家柏岭屈家岭文化的Ⅰ式缸[10]。圈钮器盖、三捏钮器盖、分组带状彩绘纺轮、表面有凹弦纹和钻孔的空心陶球等器形大量发现于屈家岭遗址晚期二。因此，叶家庙遗址的第二期遗存属于屈家岭文化晚期无疑。

TG1⑧折沿罐与邓家湾遗址Ca型Ⅰ式罐[11]、金鸡岭遗址的Bb型Ⅲ式罐相同。南城垣⑤的折沿罐与高领罐分别与邓家湾的A型Ⅱ式罐、E型Ⅱ式高领罐基本相同。南城垣②的高领罐与天门石家河遗址群的邓家湾A型Ⅱ式及肖家屋脊Aa型Ⅲ式罐基本相同。南城垣②的圈足杯同邓家湾遗址屈家岭文化晚期的B型Ⅰ式杯及肖家屋遗址脊屈家岭文化晚期的矮圈足杯比较接近。南城垣①的彩陶壶与邓家湾遗址的Ⅰ式彩陶壶、肖家屋脊遗址的Ⅰ式及屈家岭遗址的屈家岭文化晚二期Ⅱ式壶都是同一类器物。南城垣①的平沿盆与金鸡岭遗址的E型Ⅰ式盆一致。因此，可以大致判断，叶家庙城的第一期始建年代大约不晚于屈家岭文化晚期。

三、第三期文化因素分析

第三期为第四段，遗迹的种类和数量都很少（表一〇）。家山遗址除了一个房基F9外，遗迹以灰坑为主，编号H6、H7、H9、H13、H17、H20，其中以H13、H17、H20、G1最为典型，其余遗迹仅有零星发现。另外，城内东南居住区第3层发现有少量这一时期的遗物。南城垣探沟TG1第3~5层也包含有这一期的遗物。环壕南段G1也属于这一时期的遗存。

表一〇　第三期遗迹一览表

类型	地点	编号
房基	家山遗址（墓地）	F9
灰坑	家山遗址（墓地）	H6、H7、H9、H13、H17、H20
灰沟	南城垣	G1

　　根据以上分期，属于该期的典型器型有C型Ⅲ式罐形鼎，Eb型Ⅱ式折沿罐，Aa型Ⅲ式、Ab型Ⅱ式、Ca型Ⅲ式、Da型Ⅱ式、G型Ⅰ式、G型Ⅱ式盆，Ab型、B型Ⅳ式、C型Ⅲ式高领罐，Ba型Ⅱ式、Bb型、C型、Da型壶，AbⅡ型、Ca型Ⅰ式、Cb型瓮，B型Ⅱ式甑，B型Ⅱ式、B型Ⅲ式、A型Ⅱ式圈足盘。与前期相比，第三期新出现的器形有圈足盘、高圈足杯、鬶等。从H13、H17的出土器物看，第三期有部分器形延续前期的器形，如Ca型Ⅱ式臼，Ab型Ⅱ式罐形鼎，A型Ⅱ式、A型Ⅲ式折沿罐，A型Ⅱ式碗。

　　综合以上分析，最能反映该期特色的器物类型有C型Ⅲ式罐形鼎，Ab型甑，D型Ⅲ式折沿罐，Ba型Ⅱ式、Bb型、C型、Da型长颈壶，Ab型Ⅱ式盆，A型Ⅱ式、B型Ⅲ式、C型、D型圈足盘，Aa型Ⅱ式、Bb型Ⅱ式、Cb型、D型高圈足杯，Ab型、B型Ⅰ式、B型Ⅱ式、B型Ⅲ式斜腹杯，C型Ⅰ式、C型Ⅱ式筒形杯、鬶。另外，Cb型Ⅱ式盆形鼎也属于这一期的典型器形，与周边遗址同期遗存对比，与之最接近的是随州金鸡岭遗址、西花园遗址、天门石家河古城肖家屋脊、罗家柏岭遗址。这些器形在以上四个同时期遗存中均能发现同类器，均为石家河文化早期的典型器形。如H17和H13出土的C型Ⅲ式罐形鼎与金鸡岭遗址石家河文化早期的Ca型Ⅳ式鼎最为接近，同时该类鼎还见于麻城吊尖遗址。D型Ⅳ式折沿罐也与金鸡岭遗址石家河文化早期Da型Ⅰ式折沿罐比较接近。Ab型、B型Ⅰ式、B型Ⅱ式、B型Ⅲ式斜腹杯，Aa型Ⅱ式、Bb型Ⅱ式高圈足杯，几乎见于所有石家河文化早期的遗址。Cb型附鸟喙形耳的瓮可见于随州金鸡岭遗址石家河文化早期。在孝感及其周边，正式发掘的该类文化遗存还有孝感徐家坟、大悟土城、麻城吊尖、黄陂张西湾等遗址。

注　释

［ 1 ］　中国社会科学院考古研究所：《枣阳雕龙碑》，科学出版社，2006年。

［ 2 ］　河南省文物考古研究所、长江流域规划办公室考古队河南分队：《淅川下王冈》，文物出版社，1989年。

［ 3 ］　武汉大学历史系考古教研室、襄樊市博物馆、随州市博物馆：《西花园与庙台子》，武汉大学出版社，1993年。

［ 4 ］　武汉大学历史系考古教研室、襄樊市博物馆、宜城县博物馆：《湖北宜城曹家楼新石器时代遗址》，《考古学报》1988年第1期。

［ 5 ］　湖北省文物考古研究所、随州市博物馆：《随州金鸡岭》，科学出版社，2011年。

［ 6 ］　中国社会科学院考古研究所：《青龙泉与大寺》，科学出版社，1991年。

［ 7 ］　河南省文物研究所、长江流域规划办公室考古队河南分队：《淅川下王冈》，文物出版社，1989年。

［ 8 ］　湖北省荆州博物馆、湖北省文物考古研究所、北京大学考古学系：《肖家屋脊》，文物出版社，1999年。

［ 9 ］　中国科学院考古研究所：《京山屈家岭》，科学出版社，1965年。

［ 10 ］　湖北省文物考古研究所等：《湖北石家河罗家柏岭新石器时代遗址》，《考古学报》1994年第2期。

［ 11 ］　湖北省文物考古研究所、北京大学考古学系、荆州博物馆：《邓家湾》，文物出版社，2003年。

第七章　聚落布局与结构演变

第一节　屈家岭文化早期聚落布局与特征

屈家岭文化早期的聚落仅发现墓地，居住区位置不明，城垣和环壕等防御体系此时尚未兴建，周边尚未发现同时期的遗存，聚落规模不大。

墓地有瓮棺葬和土坑墓两类，瓮棺葬共发现26个，土坑墓发现16座。墓葬排列布局有明显的规律，应是有意规划。从分布看，瓮棺葬明显分为两片。其中一片分布在WST5402、WST5401两探方内，发现了21个瓮棺葬，为密集分布区。只有4座分布在WST5603和WST5503内，数量少，且分布较散。瓮棺葬墓坑均为椭圆形。从部分尚存骨骼的瓮棺葬判断，头向均朝向东北方向。土坑墓主要分布在瓮棺葬密集分布区的西部和南部，形成相对集中的三片。其中M21、M14、M13、M12、M16、M26共6座墓组成一片；M24、M20、M17、M22、M23共5座墓组成一片，另外3座M18、M19、M25组成一片。从土坑墓与瓮棺葬的关系看，土坑墓与瓮棺之间无打破关系，均分布在瓮棺葬外围，对瓮棺葬群形成拱卫之势，这应是一种刻意安排的布局。土坑墓均为长方形土坑竖穴，墓坑的方向与瓮棺葬一致，头向亦朝向东北。除M3发现7件随葬品、M22脚端发现一个圈足盘，其余均无随葬品（图二九〇）。

另外，烧土遗迹3和烧土遗迹4位于墓葬区的东部，其走向与墓葬的排列方向一致。两者中间被晚期灰坑破坏，很可能最初是一个整体。烧土遗迹1位于墓葬区的南部，呈东西向。全部的瓮棺葬和大部分的土坑墓都分布在三个烧土遗迹围合的范围之内。这种分布格局是否意味着墓葬区存在外围围墙，值得进一步研究。

从墓葬之间的打破关系看，墓葬区很可能延续使用了相当长时间。具体看，W16打破W46，W19打破W37，W8打破W25，W6打破W50，W24打破W26，W47打破W49。根据葬具看，两臼对扣组合是该墓地最早的葬具，接着出现了臼与鼎的组合，臼的形态也出现变化，由Aa型过渡到B型，并出现了两罐对扣组合。葬具放置方式均为侧置于坑内。土坑墓之间也存在打破关系，如M18打破M25，M20打破M24，M27打破M28。但土坑墓多数无随葬品，骨骼保存也较差。这种成人墓与婴幼儿墓葬分开埋葬是氏族社会的基本特征，此时以家庭为单位的社会结构尚不明显。随葬品没有或者极少，说明此时尚未出现明显的社会等级和贫富分化。

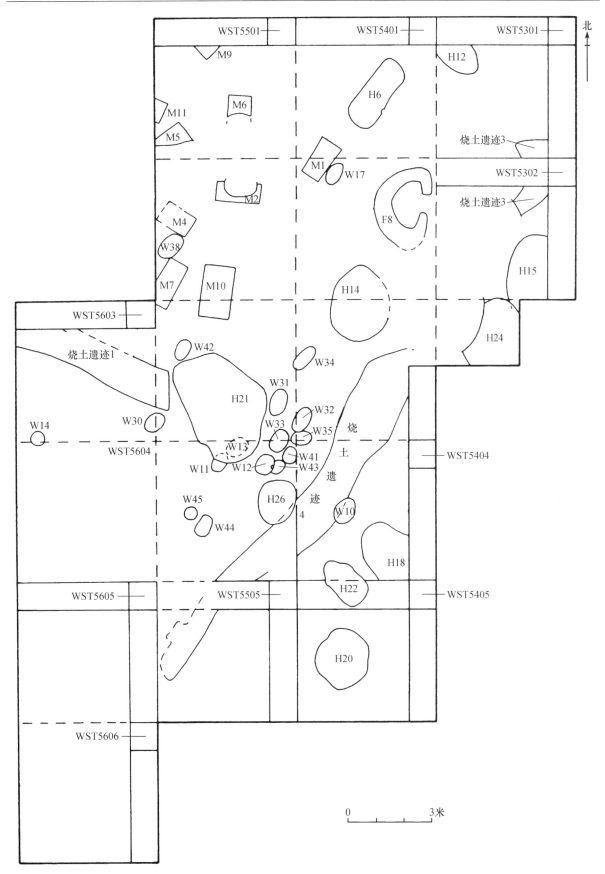

图二九〇　家山遗址（墓地）屈家岭文化早期墓葬布局图

第二节　屈家岭文化晚期城址聚落结构与形态演变

一、遗址规模

屈家岭晚期是叶家庙城址的鼎盛时期，此时聚落面积最大，规模最大，不仅核心区出现城址，墓地继续延续使用，且周边新出现两个附属聚落。聚落结构比前期要复杂。遗址总面积56万平方米，核心区城址面积约15万平方米。以叶家庙城址为主中心，周围10千米内发现11个同时期的聚落遗址。

二、城址聚落结构

叶家庙城址位于叶家庙遗址的东部，形状为长方形，中轴线北端略向东偏。家山遗址作为墓地继续沿用，墓地西部的杨家嘴遗址发现有屈家岭文化晚期的文化遗存，经调查和勘探，杨家嘴遗址呈椭圆形，西部依托古滠水，北部、南部和东部挖有人工壕沟，是一个小型的环壕聚落。何家埠遗址位于叶家庙城的西南部，沿古滠水呈长条形分布。城址城垣以堆筑为主，未发现夯窝。从保存最好最高的西城垣南段看，城垣坡度较大。从南城垣和西城垣的解剖情况看，内外坡坡度均不大，外坡坡度略大于内坡，这可能与长期的水土流失有关。外坡与壕沟之间有一个宽10～15米的二层台。从TG1看，壕沟的内侧为人工挖掘的陡坎，由城垣和壕沟组成的立体防御体系应该能起到很好的防御作用。经过勘探，能够明确的城门发现有2个，分别为东城门和西城门。东城门位于东城垣中部略偏南，地表已不见任何痕迹，宽10～15米，勘探显示地表下为文化层，文化层下为生土，未发现城垣堆积。西城门位于西城垣中段，宽约10米，勘探显示文化层下1.8～2米为生土层，生土面低于两侧城垣堆积约1米。另外，现在南城垣的城门很可能为乡村机耕路所压，无法勘探。但地表显示这里的地势也略低于两侧城垣。很可能是城址的南城门。

叶家庙城址环壕是聚落结构体系的重要组成部分，充分体现了根据地形对自然水系的科学合理利用。环壕总体呈封闭结构，西北角有一缺口向西北与古滠水相通。西南角也有一缺口，缺口向南有一南北向的低洼地。这样的结构可实现水系的自然循环，既保证了环壕内长期有水供应，又保证了水量过大时可迅速通过西南缺口向外分流。城垣内西部还发现有一条南北向的壕沟。壕沟北段通过西城墙北段的缺口与西壕相连。壕沟南段通过南城垣西部的缺口与南壕相连。北段缺口较窄，仅宽10米，打破城墙的两侧沟边较为陡峭，推测应设有水闸控制水量。南端的缺口较宽。北壕、南壕、东壕均与城垣大体平行，唯西壕中段略向外弧，可能是为了顺应地势，减少工程量。环壕与城垣之间有10～15米的二层台作为过渡，这样可避免环壕内流水及雨水对城垣造成侵蚀。

　　城内东部和南部地势平坦开阔，为城址内的居住区。经过调查和发掘，发现东部居住区有明显的分布规律，以红烧土分布范围看，可分为东、南、北相对独立的三块。南部片分布范围最大，东西长约93米、南北宽约17米。北片大致呈东西向分布，东西长约60米，南北宽约10米。东片大致呈南北向，与东城垣平行，南北长约45米、东西宽约11米。西部暂未发现成片分布的红烧土遗存。三片红烧土构成缺口向西的凹字形结构。城址西部的南北向内壕为城址居住区的水源供给地。

　　经对东南角发掘，房屋均为红烧土地面建筑，有圆形和方形两种，房屋附近发现有同时期的瓮棺葬，葬具均为两罐对扣侧置。说明此时也有瓮棺葬不一定集中埋葬在墓地。

三、家山遗址（墓地）布局

　　家山墓地继续延续使用，总体结构未变，但墓地布局略有变化。墓葬分为瓮棺葬和土坑墓两种。早期的北部瓮棺葬密集分布区仅发现一个瓮棺，新的密集分布区偏南约15米，在WST5503、WST5403、WST5504三个探方相邻位置约30平方米范围内集中发现10座瓮棺葬（图二九一）。在密集分布区的四周还有零星的发现。瓮棺葬墓坑仍以椭圆为主，头向主要朝东北，但也有少量墓坑近圆形，如W45。葬具仍以两臼对扣侧置为主，部分为一臼与一罐（或鼎、瓮）对扣，如W17、W13、W14，少数为两罐（鼎）对扣，如W34，另有一座仅发现一个鼎。臼的形态与前期相比变化较大，以Ca型大口乳突状底为主。土坑墓集中分布在瓮棺葬群的北部和西部，共发现9座。不再对瓮棺葬形成拱卫之势。土坑墓的朝向变化较大，可分为三类，第一类与前期相同，仍为东北西南向；第二类为近南北向；第三类为西北东南向。部分为近南北向，如M6、M2、M10。值得注意的是，该时期的土坑墓均有少量随葬品，皆为陶器。鼎是最主要的随葬品，其次为豆。

　　这一期除了墓葬，还发现数量较多的灰坑，它们多数分布在墓地的东部，成因和用途不明。

　　墓地还发现一个特殊的房基F8，大致呈半圆形，占地面积不足4平方米，显然非实用房屋，推测应为墓地祭祀场地。

四、杨家嘴遗址聚落结构

　　该遗址的西面为溠水故道，东面的低洼地经钻探发现也存在壕沟，与溠水故道相连构成了一个小型的环壕聚落，从我们发掘的探方出土遗物看，为单纯的屈家岭文化晚期的遗址，杨家嘴遗址南北长320米，东西宽约240米，总面积约75000平方米。

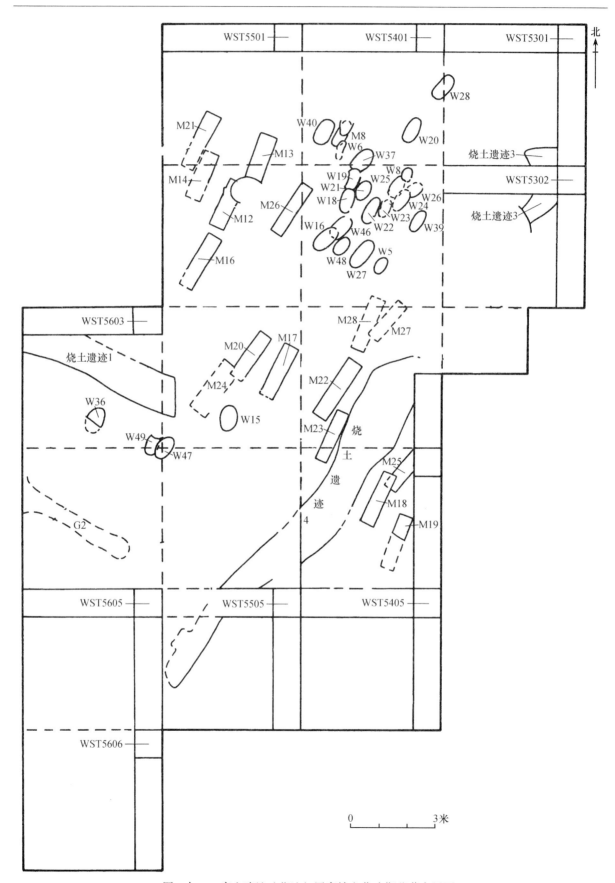

图二九一　家山遗址（墓地）屈家岭文化晚期墓葬布局图

第三节 石家河文化早期聚落布局与特征

一、城址聚落结构

此时，叶家庙城址继续延续使用，总体结构未变。以南城垣为代表的城垣第二期很可能使用至这个时期，并在城垣的内坡形成较厚的文化层堆积（TG1④B、③B、③A），这些文化层属于石家河文化早期。结合南城垣外壕沟G1的堆积看，G1的堆积也属于石家河文化早期，证明石家河城垣第二期的最晚使用年代不超过石家河文化早期。城垣外壕沟G1的堆积显示石家河文化早期环壕已经完全填平，说明此时环壕系统很可能已经接近废弃，失去了防御功能。因此，可以推测，叶家庙古城第二期最晚延续使用至石家河文化早期，此后停止使用，壕沟淤塞，城垣遭到废弃。

二、家山遗址（墓地）

家山遗址（墓地）此时没有发现一座土坑墓或瓮棺葬，仅发现一个红烧土房基和几个灰坑，不再作为公共墓地使用，这种变化显示家山遗址不再作为公共墓地使用，标志着聚落结构出现重大变化（图二九二）。

三、附属聚落

杨家嘴遗址、何家埠遗址尚未发现石家河文化早期的遗存，聚落状况不明。前者仅试掘两个探方，后者仅作地面调查，有待今后的考古工作来进一步了解其聚落结构。

第四节 叶家庙城址聚落形态演变

根据以上分析，叶家庙城址最早在屈家岭文化早期阶段开始有人类居住，但考古调查与发掘揭示的聚落范围仅限于家山墓地，居住区位置尚不明确。城垣与环壕此时尚未产生。屈家岭文化晚期阶段，叶家庙遗址范围大大扩展，聚落结构也更加复杂，不仅家山墓地继续使用，而且出现了城垣和环壕。有了居住区和墓葬区功能的功能划分。在城址的西面，还出现了杨家嘴和何家埠两个附属聚落。石家河文化早期，城址结构延续前期，但已逐渐趋于废弃。

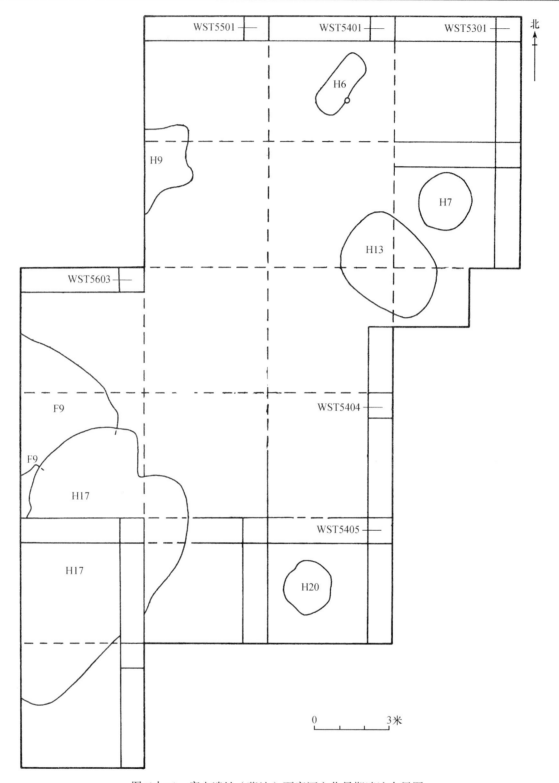

图二九二　家山遗址（墓地）石家河文化早期遗迹布局图

一、城址分布规律

目前在长江中游已发现17处城址聚落（图二九三）。从目前的发现看，城址主要分布在三大区域，即大洪山以东以南、汉水西岸、洞庭湖西北。如果我们把发现城址所在区域用线圈连起来，就发现有极为明显的空间分布规律，总体呈现从湖南澧县向北至公安、荆州，再向东至沙洋、天门、应城、安陆、孝感再折向东南的月牙形带状分布。除了大悟土城距离这个带状区域较远外，其余城址都分布在这一狭长范围内，其中天门石家河位于这一月牙形地带的中心位置。叶家庙城址位于这一区域的东北部。

从海拔看，史前城址多分布在30~45米的丘陵平原过渡地段。叶家庙城中心居住区海拔仅30米，是海拔最低的一座城址。

从城址所处微观地貌看，大致可分为三种类型。第一类为低岗型，处于丘陵与平原的结合部，古城一般建筑在岗地向平原或者湖泊或者沼泽地段的延伸末端，一面是起伏较大的低岗，另一面或几面有连续的大片冲积平原或湖泊，属于典型的多样性聚落景观。第二类为台地形，城垣就沿着台地的边缘兴建，四周分布有大片的湖泊或低洼地，属单纯的平原景观，这一类城有龙嘴、笑城、叶家庙、青河、鸡鸣城、鸡叫城。第三类为丘陵型，此类城址迥异于前两类，目前仅发现王古溜、土城两座。叶家庙城址属于第二类，属于平原地带的台地景观。仔细分析这一区域，澴水紧邻城址的西侧，具有充沛的便于利用的水资源。东部和南部地势低洼，则可能为沼泽或者湖泊。大大小小的河流和湖泊将这一区域分隔成相对独立又可相互沟通的地理单元，各个地理单元内的低岗丘陵和台地既邻近水源却又可避免水患，保证了聚落的安全和发展的连续性。在防御体系中处处可见对水的合理利用。叶家庙城兴起的另一个重要原因则是经济因素。这一区域自古以来就是稻作农业产区。叶家庙城址城内居住区土样浮选发现人工栽培稻，城址的出现和普及是与当时的经济发展水平相适应的。兴建城址是一项非常复杂的系统性工程，需要耗费大量的人力、物力，长时间的合作才能完成，仅靠采集和渔猎这些不太稳定的食物来源是无法满足更多人生存的。稻作农业是一种需要大量水源的灌溉农业，且对土地的要求高于旱作农业。如果海拔过低，不但聚落、农田被洪山淹没的可能性极大，无论是居住还是耕种，风险和成本都很高。而在海拔超过50米的低山丘陵区域，以当时的生产力条件，不容易涵养水分，明显可耕地不够，不能在一个有限的范围内养活足够的人口。只有海拔30~50米丘陵与平原结合部的区域内，既能有效避免水患，又能保证有足够数量和安全的可耕地发展稻作农业，提供大量充足、稳定、丰富的食物来源，维持大型、特大型城址聚落的存在与发展。

二、叶家庙城址聚落结构体系及在长江中游的地位

本次发掘不但发现了城垣、环壕等防御设施，还发现了城内供水系统和城外排水系统，另外，还揭示出城内居住区、城外公共墓地、附属聚落、周围影响聚落等。这为我们分析叶家

庙城址的聚落结构与等级体系提供了充分的依据。以城垣为核心，可将城址分为核心圈层、控制圈层、影响圈层。核心圈层指城址本身及沿环壕分布聚落，属于同一血亲部落。控制圈层城垣周边5千米范围内聚落，可能通过联姻形成姻亲部落，有的城址聚落缺少这一层。以叶家庙城址为中心5千米范围内发现11个同时期的遗址。这些聚落应该是叶家庙城所能直接控制的聚落。影响圈层为城垣至两个城址或大型聚落之间的中间线，或者以天然的地理单元为界限，属于叶家庙所能达到的势力范围或领地，通过有效的行政管辖形成部落联盟。根据城址之间的距离计算，大洪山地区以南以东城址聚落之间平均距离在22～35千米。叶家庙与最近的张西湾城址距离仅为17千米。因此，一个中小型城址聚落所能达到的影响圈层半径为10～17千米。结合自然地形与河流阻隔等因素，我们大致可以推测，叶家庙城所能影响的范围可能西部和南部不超过府河（涢水），南部以孝南区最东的县河为界，北部以孝昌县南部的山脉为界。

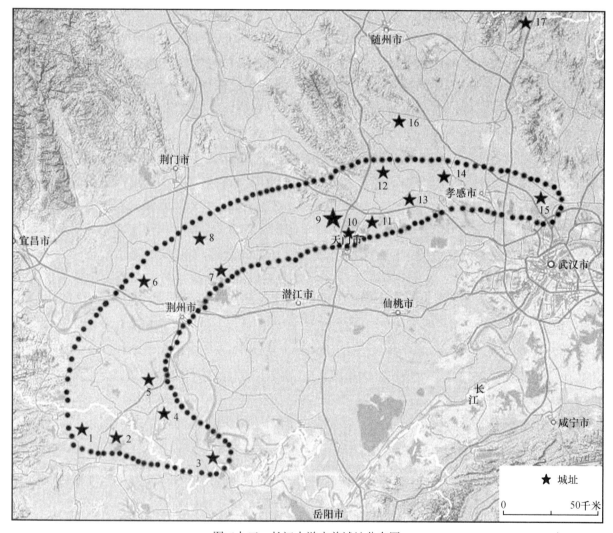

图二九三　长江中游史前城址分布图

1. 城头山　2. 鸡叫城　3. 走马岭　4. 鸡鸣城　5. 青河　6. 阴湘城　7. 城河　8. 马家院　9. 石家河　10. 龙嘴　11. 笑城
12. 陶家湖　13. 门板湾　14. 叶家庙　15. 张西湾　16. 王古溜　17. 土城

　　根据目前发现的城址规模，可将江汉平原的史前城址聚落分为三个等级，包含普通聚落，形成了明显的四级聚落等级体系。

　　第一等级：石家河城，仅一座，大于100万平方米。影响圈层内的附属聚落最高峰时超过40处。

　　第二等级：包括门板湾、陶家湖、叶家庙、城河、马家院、阴湘城、鸡鸣城、鸡叫城，面积在15万～100万平方米。一般有附属聚落，均形成于屈家岭文化时期。这一等级还包括没有城垣的大型环壕聚落，如屈家岭遗址聚落群。

　　第三等级：包括笑城、张西湾、青河、走马岭、城头山、土城，小于10万平方米。附属聚落很少或者没有。这一等级还包括没有城垣的中型环壕聚落。多形成于屈家岭文化时期，但在石家河文化时期继续增加，如张西湾城、大悟土城等。可见这一等级在屈家岭文化时期开始形成，在石家河文化早中期时达到高峰。

　　第四等级：非城址普通单体聚落。

　　这四级聚落等级体系在大洪山以东以南是客观存在的，这一区域既是油子岭文化、屈家岭文化、石家河文化的核心区域和文化辐射中心，又是城址分布和大型聚落分布最为密集的区域。这一区域加上随枣走廊和襄樊至宜城、钟祥汉水通道，形成了具有超强文化凝聚力和辐射功能的大洪山文化圈。石家河城以其首屈一指的规模和地位雄踞于大洪山南麓，是长江中游四级聚落等级体系的顶端。叶家庙城址则属于聚落体系的第二等级，为滠水流域的区域聚落中心，拥有数量不等的附属聚落，并直接控制周边10多个普通单体聚落。小型城址聚落与中小型环壕聚落构成聚落等级体系的第三级。普通单体聚落构成第四级。四级聚落体系的形成，说明在长江中游部落之间已构成更大范围的整合，可能产生了凌驾于全区域之上的权力中心，构成一个高于氏族和部落的超血缘的部落联盟，拥有大致明确的区域领地，形成了一种严密有序的分层管理控制体系，这种管理体系类似于早期国家形态或酋邦形态，已处于文明的初级阶段。

附　　表

附表一　H13陶系统计表

H13①

纹饰\陶色\陶质	夹砂				泥质				合计	比例（%）
	红	橙	灰	黑	橙	灰	红	黑		
素面	117	82	73	374	158	213	263	335	1615	83.42
附加堆纹	14	17	13	14					58	3.00
按窝	5	4	2	5					16	0.83
凸弦纹	6			16	4	14		8	48	2.48
凹弦纹	3			4	2	1		9	19	0.98
粗篮纹	21			3					24	1.24
细篮纹	17	25	8	57					107	5.53
镂孔			1		1	1	1	5	9	0.46
红衣彩绘							17		17	0.88
磨光								23	23	1.19
合计	183	128	97	473	165	229	281	380	1936	100
比例（%）	9.45	6.61	5.01	24.43	8.52	11.83	14.51	19.63	100	100

H13②

纹饰\陶色\陶质	夹砂				泥质				合计	比例（%）
	褐	红	黑	橙黄	黑	红	灰	黄		
素面	22	116	185	75	200	178	86	102	964	78.95
粗篮纹	3	6	14						23	1.88
细篮纹	15	11	98		5		2		131	10.73
凸弦纹	3	5	7	6	11		3	1	36	2.95
附加堆纹	2		11	10					23	1.88
按窝	1	3	8	5					17	1.39
凹弦纹			6	3			1		10	0.82
镂孔			1		8		2		11	0.90
红衣彩绘						5			5	0.41
刻划纹								1	1	0.08
合计	46	141	330	99	224	183	94	104	1221	100
比例（%）	3.77	11.55	27.03	8.11	18.35	14.99	7.70	8.52	100	100

附表二　H14陶系统计表

纹饰＼陶质陶色	夹砂					泥质				合计	比例（%）
	褐	红	灰	橙黄	黑	灰	橙黄	黑	红		
素面	102	115	33	158	295	114	141	278	120	1356	79.62
凸弦纹	19	23	4	11	8		2	7		74	4.35
粗篮纹	12	15	8	2	15					52	3.05
细篮纹	9	21	3	6	85					124	7.28
凹弦纹		6		4	7					17	1.00
按窝	1	1		1						3	0.18
镂孔						1	1	10		12	0.70
附加堆纹			1		2					3	0.18
戳印纹		1								1	0.06
压印纹							1			1	0.06
红衣彩绘									35	35	2.06
磨光								25		25	1.47
合计	143	181	49	183	412	115	145	320	155	1703	100
比例（%）	8.40	10.63	2.88	10.75	24.19	6.75	8.51	18.79	9.10	100	100

附表三　H17陶系统计表

H17①

纹饰＼陶质陶色	夹砂				泥质				合计	比例（%）
	红	橙黄	灰	黑	橙黄	灰	红	黑		
素面	950	337	175	987	507	520	582	1550	5608	84.45
凹弦纹	15	7	5	33	3	4		28	95	1.43
镂孔		2	1	3	3	2	1	19	31	0.47
附加堆纹	20	26	13	52	2	3	2		118	1.78
细篮纹	102	43	51	176	7	7	3	10	399	6.01
宽篮纹	57	14	6	18	3				98	1.48
凸弦纹	35	4	12	39	18	31	12	57	208	3.13
方格纹	2			2	2				6	0.09
红衣彩绘							5		5	0.08
按窝	43	5	5	15					68	1.02
刻划	1	1		1					3	0.05
圆环			1						1	0.02
绳纹				1					1	0.02
合计	1225	439	269	1327	545	567	605	1664	6641	100
比例（%）	18.45	6.61	4.05	19.98	8.21	8.54	9.11	25.06	100	100

H17②

陶质	夹砂				泥质				合计	比例（%）
纹饰 陶色	橙黄	灰	红	黑	黑	橙黄	灰	红		
素面	127	42	87	227	440	194	74	174	1365	80.15
凸弦纹	7	3	2	13	16	8	6		55	3.23
凹弦纹	4	2		3	2	8	2		21	1.23
刻划纹					1	1			2	0.12
镂孔	1	2		1	4	4		3	15	0.88
细篮纹	47	17	14	84	3				165	9.69
圆圈						1			1	0.06
粗篮纹	15		20	12					47	2.76
附加堆纹	6	3	1	12					22	1.29
方格纹	2								2	0.12
按窝			6	2					8	0.47
合计	209	69	130	354	466	216	82	177	1703	100
比例（%）	12.27	4.05	7.63	20.79	27.36	12.68	4.82	10.39	100	100

H17③

陶质	夹砂				泥质				合计	比例（%）
纹饰 陶色	橙黄	灰	黑	红	橙黄	灰	红	黑		
素面	287	82	683	415	436	175	396	1230	3704	78.98
细篮纹	125	61	245	56					487	10.38
粗篮纹	25		35	29					89	1.90
附加堆纹	14	8	41	7		1			71	1.51
凸弦纹	18	9	5	19	35	17	3	47	153	3.26
凹弦纹	5	6	14	7	8			12	52	1.11
按窝	9	3	7	26					45	0.96
镂孔			2	1	12	11		35	61	1.30
刻划	1				1			1	3	0.06
压印纹				11		1			12	0.26
红衣							8		8	0.17
方格纹				5					5	0.11
合计	484	169	1032	576	492	205	407	1325	4690	100
比例（%）	10.32	3.60	22.00	12.28	10.49	4.37	8.68	28.25	100	100

附表四　H21陶系统计表

纹饰 \ 陶质陶色	夹砂					泥质				合计	比例（%）
	褐	红	灰	黄	黑	红	灰	黄	黑		
素面	23	86	76	195	162	36	46	56	171	851	84.85
凸弦纹	5	7	3	3			1		1	20	1.99
粗篮纹	1	13	6		8					28	2.79
细篮纹	7	5	5	30	27					74	7.38
按窝		1			1				2	4	0.40
红衣						4			4	8	0.80
凹弦纹			4	4	4					12	1.20
镂孔							1		2	3	0.30
附加堆纹				1	2					3	0.30
合计	36	112	94	233	204	40	48	56	180	1003	100
比例（%）	3.59	11.17	9.37	23.23	20.34	3.99	4.79	5.58	17.95	100	100

附表五　H24陶系统计表

纹饰 \ 陶质陶色	夹砂					泥质				合计	比例（%）
	黑	灰	红	褐	橙黄	灰	红	黑	橙黄		
素面	147	34	44	17	58	64	51	74	18	507	76.36
附加堆纹	2	2	2		1			1		8	1.20
按窝纹	2				1					3	0.45
凸弦纹	1	1			2	2		5	1	12	1.81
凹弦纹	5	3			2	2				12	1.81
粗篮纹	4	2	11	1	2					20	3.01
细篮纹	15	5	21	8	12					61	9.19
红衣							15			15	2.26
镂孔								1	1	2	0.30
磨光								24		24	3.61
合计	176	47	78	26	78	68	66	105	20	664	100
比例（%）	26.51	7.08	11.75	3.92	11.75	10.24	9.94	15.81	3.01	100	100

附表六　H26陶系统计表

纹饰 \ 陶质陶色	夹砂				泥质				合计	比例（%）
	橙黄	灰	褐	黑	红	灰	橙黄	黑		
素面	66	34	37	78	21	2	35	65	338	76.13
细篮纹	27	7	33	2					69	15.54

续表

陶质 / 陶色 / 纹饰	夹砂				泥质				合计	比例（%）
	橙黄	灰	褐	黑	红	灰	橙黄	黑		
凹弦纹	4		1	1					6	1.35
凸弦纹	2	5	1	1		3		2	14	3.15
红衣彩绘					3				3	0.68
镂孔								2	2	0.45
粗篮纹			1	5					6	1.35
按窝			4						4	0.90
绳纹			1						1	0.23
刻划				1					1	0.23
合计	99	46	78	88	24	5	35	69	444	100
比例（%）	22.30	10.36	17.57	19.82	5.41	1.13	7.88	15.54	100	100

附表七　G1陶系统计表

G1②

陶质 / 陶色 / 纹饰	夹砂					泥质				合计	比例（%）
	黑	褐	红	灰	橙黄	黑	灰	红	橙黄		
素面	8	35	74	23	57	94	58	24	149	522	84.06
细篮纹	10	3	4		2	2			1	22	3.54
粗篮纹	2	5	9		3	5				24	3.86
凹弦纹	3		2	3						8	1.29
凸弦纹		7	7	2	3	5		2		26	4.19
附加堆纹		1	3	1		2			3	10	1.61
镂孔						2		3	1	6	0.97
彩绘								3		3	0.48
合计	23	51	99	29	65	110	58	32	154	621	100
比例（%）	3.70	8.21	15.94	4.67	10.47	17.71	9.34	5.15	24.80	100	100

G1③

陶质 / 陶色 / 纹饰	夹砂				泥质				合计	比例（%）
	黑	褐	灰	橙黄	黑	灰	红	橙黄		
素面	88	96	14	85	159	99	49	93	683	91.07
细篮纹	8	3		4					15	2.00
粗篮纹		4	1	2					7	0.93
凹弦纹	5	2	3	1	5	1			17	2.27
凸弦纹	7	5		2	2			1	17	2.27

续表

纹饰＼陶质陶色	夹砂				泥质				合计	比例（%）
	黑	褐	灰	橙黄	黑	灰	红	橙黄		
附加堆纹		4		1	4				9	1.20
镂孔							1		1	0.13
方格纹						1			1	0.13
合计	108	114	18	95	166	106	49	94	750	100
比例（%）	14.40	15.20	2.40	12.67	22.13	14.13	6.53	12.53	100	100

G1④

纹饰＼陶质陶色	夹砂				泥质				合计	比列（%）
	黑	红	灰	橙黄	黑	灰	红	橙黄		
素面	5	5	6	2	39	22	28	61	168	95.45
细篮纹		1			1				2	1.14
凹弦纹					1				1	0.57
凸弦纹				1	2			2	5	2.84
合计	5	6	6	3	43	22	28	63	176	100
比例（%）	2.84	3.41	3.41	1.70	24.43	12.50	15.91	35.80	100	100

附表八　房基登记表

编号	位置	层位关系	形状	尺寸	分期	遗物	备注
F1	南城垣TG1	④A—F1→⑤	长方形	基槽南北长3.56、宽0.2、深0.24米，南端基槽东西长0.8、宽0.4、深0.2～0.28米	二期	Da型纺轮1	仅存一段T字形墙基的基槽
F2	WST2905	④—F2→生土	长方形	长2.1米，基槽宽0.18、深0.36米	二期		仅存一段南北向的墙基
F4	EST1985 EST1986 EST2086 EST2085	④—F4→⑤	圆形，门向东南	南北长6.32、东西宽6.18米	二期		居住面中间有一火塘
F5	EST2286 EST2186	④—F5→⑤A	长方形	东西长约3.6、南北残宽2.66米	二期		
F6	EST2286	④—F5—⑤A	推测为圆形	东西残长3.2、南北最宽约1.2米	二期		
F7	EST2085 EST2185	灰土层2—F7→⑤A	形状不规整，大体呈半圆形	东西最宽7.9、南北最长约7.85米	二期	AⅡ折沿罐1、A壶2、缸1、CⅢ豆2、BaⅡ豆1、盘1、Ⅰ器盖1、Ba高圈足杯1、B矮圈足杯1、鼎足1	
F8	WST5402	③—F8→④	半圆形	最宽处为0.7、最窄处0.34米	二期	BaⅠ壶1、Bb瓮1	
F9	WST5603、WST5604	④—F9→⑤	不明形状	烧土堆积厚0.04～0.05米	三期	AaⅡ、Bc瓮2、Ed器盖1、BⅡ缸1	

附表九　灰坑登记表

编号	位置	层位关系	形状	尺寸	分期	遗物	备注
H1	WST3006	③→H1→⑦	形状不明	不详	二期	无	
H2	西城垣WST3005	②→H2→④	形状不明	不详	二期	无	
H5	EST1886	③B→H5→④	方内部分为半圆形	直径0.9，深0.16～0.2米	二期	折沿罐2、盆1、器盖1	
H6	WST5401	①→H6→③	长方形	长3、宽1.1、深0.55米	三期	AⅢ折沿罐3、AbⅠ盆1、BaⅡ盆1、BaⅠ瓮1、AⅡ碗1、豆1、AaⅡ盘1、H器盖2	
H7	WST5302	①→H7→④	近圆形	直径2.2、深0.4米	三期	CⅡ甑1、BⅣ高领罐1、AbⅡ、BaⅡ盆3、CaⅡ臼1、A器座1、Ea纺轮1、Ab陶球1	
H8	WST5502	③→H8→④	椭圆形	长0.6、宽0.4、深0.32米	三期	无	
H9	WST5502	③→H9→M4	不规则	长3.35、宽1.9、深0.83	三期	AⅡ折沿罐	
H10	WST5401	②B→H10→④	长方形	长1.64、宽0.68、深0.5	三期	无	
H11	南城垣TG1	城垣②—H11→南城垣③⑥	形状不明	宽1.6～2米	二期	折沿罐2、高领罐1、盆2、豆圈足1、纺轮1	
H12	WST5301	①—H12→②A	椭圆形	长径1.3、短径1.1、深约0.55	三期	无	
H13	WST5302、WST5402、WST5403	①—H13→③	不规则长方形	长4.2、宽3.2、深0.4	三期	CⅢ罐形鼎2、AⅢ折沿罐1、BⅡ甗1、Ab、BⅣ、CⅢ高领罐4、B、C、Da壶3、AaⅢ、BaⅡ、CaⅡ、Cb、DaⅡ、GⅡ盆6、CaⅠ、CaⅡ、EbⅡ盆3、AⅢ豆2、B、EⅡ钵2、BⅡ碗2、A、BⅢ盆2、AaⅡ、BbⅡ、BbⅢ、DⅢ高圈足杯6、CⅡ平底杯2、AaⅢ、AaⅣ、AbⅡ、DaⅠ、DbⅠ、Eb、Ed器盖12、B拍1、Bc纺轮1、Ea纺轮1	坑内填土分2层
H14	WST5403、WST5402	③—H14→④、⑤	椭圆形	坑口长2.7、宽2、坑内深0.6米	二期	AbⅡ、BⅡ罐形鼎3、BbⅡ、CⅢ折沿罐3、DⅡ、EⅠ高领罐3、AⅠ罐1、Aa甑1、BaⅠ、BbⅡ、DaⅠ盆7、CⅠ、CaⅡ豆4、E圈足盘1、AⅠ、EⅡ钵1、BbⅠ、CaⅠ高圈足杯2、C、DbⅠ器盖2	
H15	WST5302	④—H15→⑤	近长方形	长2.8、宽1.6、深约0.7米	二期	B小罐1、AaⅠ、AaⅡ高领罐3、AbⅠ、CaⅡ、FⅠ盆4、AⅠ缸1、CaⅠ缸1、G瓮1、BⅡ碗1、B、DⅡ钵2、DaⅠ器盖2	

编号	位置	层位关系	形状	尺寸	分期	遗物	备注
H16	EST2086	⑥—H15→⑦	形状不规则	不详	二期	Ab平底杯	
H17	WST5604、WST5605、WST5606、WST5504、WST5505	③—H17→F9、④	不规则形	最长处约11.5，最宽处约6.5，深0.75米	三期	CⅢ罐形鼎1、DⅢ折沿罐2、EbⅡ折沿罐1、B小罐1、Ab、BⅡ、CⅡ甑4、AaⅡ、BⅣ、DⅡ、EⅡ高领罐4、BaⅠ、BaⅡ、Bb壶4、AbⅡ、BaⅡ、CaⅢ、DaⅡ、Db、EaⅡ、FⅡ、GⅠ、GⅡ盆10、AⅢ、BⅢ、Fa缸3、AbⅡ、BaⅢ、CaⅠ、Cb盆1、C、DⅡ钵1、BⅢ、C、D圈足盘11、AⅢ碗1、C、DⅡ平底杯6、CⅡ碗1、C、DⅡ钵2、AaⅡ、Ab、BbⅢ、Cb高圈足杯10、BⅠ、BⅡ、CⅠ、CⅢ平底杯6、Dc、Ea、Eb、矮圈足杯1、AbⅡ、AbⅢB、AaⅣ、AbⅡ、DaⅠ、DaⅡ、DaⅢ、DbⅡ、Dc、Ea、Eb、Ec、F分轮9、Ab、Bb球16、CaⅡ臼1、C器座1、C、D杯2、Ba、Bb、Db、Dc、Ea、Eb、Ed、G器盖1、陀螺1、B石斧1、B石铲2、石箭镞1	坑内填土分3层
H18	WST5404	①—H18→③、④	形状不明	坑长2.4，宽1.5，坑内深0.6米	二期	CⅡ罐形鼎2、AⅢ折沿罐2、DⅢ高领罐1、陶壶1、BaⅠ盆1、AⅠ豆1、C矮圈足杯1、CⅠ平底杯1、AaⅠ、AaⅡ器盖2、A陶环1、B陶环1、A石铲1	
H19	WST5405	②A—H19→③	形状不明	不详	三期	B小罐、BaⅠ盆	
H20	WST5405	②A—H20→③	不规则圆形	长2.13，宽1.9，坑深0.58米	三期	AbⅡ罐形鼎1、H盆1、AⅡ缸1、D、E豆2、AⅡ圈足盘1、AⅡ碗1、Ed器器盖1	
H21	WST5503、WST5504	①—H21→③、④	形状不规则	长约3.6，宽2.6，深0.46米	二期	CⅡ折沿罐2、Bc、DaⅡ盆2、AⅠ缸1、BaⅡ、CⅡ豆2、C钵1、Ab平底杯1、DaⅡ、DbⅡ器盖2、钵1	
H22	WST5404、WST5405	②A—H20→③	不规则长方形	长1.8，宽1.2，坑内深0.5米	三期	Bb壶1、AbⅡ盆1、豆圈足1	
H23	WST5603	②B—H23→④	形状不明	不详	二期	无	
H24	WST5302	H13→H24→⑤	整体形状不明	最长约2.1，最宽约1.9，坑深0.4～0.5米	二期	BⅡ、CbⅡ盆形鼎2、高领罐1、AbⅠ、Eb盆2、AbⅡ、AbⅠ甑2、CaⅠ缸1、CⅠ豆2、F圈足盘、AaⅡ高圈足杯1、AbⅠ、Ad器盖3、Ab球、豆圈足1	
H25	WST5603	⑤—H25→⑥	整体形状不明	不详	一期	AaⅠ盆1、Ba球1、A石斧1	
H26	WST5504	④—H26→⑤	近似圆形	长1.5，宽1.3，深0.45米	二期	BⅢ、CⅠ罐形鼎2、BⅠ甑1、AⅢ、DⅠ折沿罐2、AaⅠ高领罐2、B壶3、BⅠ甑1、DaⅠ盆1、C、EⅠ钵2、AⅡ豆3、AⅢ、BⅢ碗3、BbⅢ高圈足杯1、圈底杯1、Ec器盖3、豆圈足1	

附表一〇　灰沟登记表

编号	位置	层位关系	形状	尺寸	分期	主要遗物	备注
G1	南城垣中段	2A→G1→南城垣①	整体形状不明	不详	三期	FⅢ盆1、鬶2、BbⅢ高圈足杯、BⅡ、BⅢ平底杯、Ec器盖1、D器座1、EaⅣ纺轮1、A石斧1	为南段环壕局部
G2	WST5604	⑥→G2→⑦	不规则长条形	揭露部分长4.2，宽0.55~1.1，深0.02~0.36米	一期	BⅠ高领罐1、AaⅠ盆1、BⅠ缸1、BaⅠ瓮1、AaⅡ白1、AaⅣ纺轮1、Bb陶球1、C杯、纺轮1	

附表一一　土坑墓登记表

编号	位置	层位关系	形状	尺寸与方向	分期	遗物	备注
M1	WST5401、WST5502	①→M1→③	长方形土坑竖穴	长1.4，宽0.8，深0.2米，方向37°	二期	AbⅠ罐形鼎1、AⅡ折沿罐2、BⅠ、BⅡ高领罐、BⅢ高领罐1	
M2	WST5502	③→M2→④	长方形土坑竖穴	坑口长1.55，宽0.75，深0.25~0.3米，方向92°	二期	AbⅠ盆形鼎1、AⅡ豆1	
M3	WST5502	③→M3→④	长方形土坑竖穴	坑口长1.9，宽0.7，深0.65米，方向139°	一期	BⅠ罐形鼎1、Aa、BⅡ盆形鼎2、AⅠ豆3、AaⅢ白1	
M4	WST5502	③→M4→④	长方形土坑竖穴	残长1.2，宽0.8，深0.75米，方向124°	二期	AbⅠ罐形鼎1、DaⅡ瓮1、AaⅡ、CbⅠ白1	
M5	WST5501	③→M5→④	长方形土坑竖穴	残长1.5，残宽0.85，深0.2米，方向56°	二期	CⅠ罐形鼎1、AⅠ豆1、Ba纺轮1	
M6	WST5501	③→M6→④	长方形土坑竖穴	墓口已发掘部分长0.65，宽0.85，深0.25米，方向7°	二期	CaⅠ盆形鼎1、Ba型折沿罐1	
M7	WST5502	③→M7→④	长方形土坑竖穴	坑口长1.7，宽0.75~0.9，深0.3米，方向32°	二期	无	
M9	WST5501	②A→M9→④	长方形土坑竖穴	残长0.7，宽0.7，深0.2米，方向135°	二期	CⅠ罐形鼎1	
M10	WST5502	③→M10→④、⑤	长方形土坑竖穴	长1.8，宽1.1，深0.4米，方向10°	二期	无	
M11	WST5501	③→M11→④	长方形土坑竖穴	已发掘部分长0.56，宽0.75，深0.15米，方向114°	二期	AⅠ、BbⅡ豆2	
M12	WST5502	③→M12→④	长方形土坑竖穴	长1.8，宽0.6，深0.3米，方向28°	二期	无	
M13	WST5501	⑤→M13→⑥	长方形土坑竖穴	长1.6，宽0.65，深0.2米，方向21°	一期	无	

续表

编号	位置	层位关系	形状	尺寸与方向	分期	遗物	备注
M14	WST5501、WST5502	⑤—M14→⑥	长方形土坑竖穴	长1.75、宽0.6，深0.3米，方向28°	一期	无	
M16	WST5502	④—M16→⑤	长方形土坑竖穴	长1.75、宽0.5~0.6，深0.2米，方向32°	一期	无	
M17	WST5503	④—M17→⑤	长方形土坑竖穴	长2、宽0.5~0.6，深0.2米，方向32°	一期	无	
M18	WST5404	④—M18→⑤	长方形土坑竖穴	长2.05、宽0.6，深0.15~0.25米，方向29°	一期	无	
M19	WST5404	④—M19→⑤	长方形土坑竖穴	残长1.7、宽0.52，深0.15米，方向23°	一期	无	
M20	WST5503	④—M20→⑤	长方形土坑竖穴	长1.95、宽0.5，深0.16~0.25米，方向37°	一期	无	
M21	WST5501	⑤—M21→⑥	长方形土坑竖穴	长1.75、宽0.6，深0.15~0.25米，方向37°	一期	无	
M22	WST5403	④—M22→⑤	长方形土坑竖穴	长3.2、宽0.64~0.74，深0.35米，方向46°	一期	AⅠ圈足盘	
M23	WST5403	④—M23→⑤	长方形土坑竖穴	长1.86、宽0.46，深0.2米，方向37°	一期	无	
M24	WST5503	⑥—M24→生土层	长方形土坑竖穴	长2.02、宽0.7，深0.22米，方向38°	一期	无	
M25	WST5502	⑤—M25—生土层	长方形土坑竖穴	长1.64、宽0.52，深0.15米，方向42°	一期	无	
M26	WST5502	⑤—M26→⑥	长方形土坑竖穴	长1.75、宽0.5，深0.15米，方向38°	一期	无	
M27	WST5402、WST5403	④—M27→⑤、M28	长方形土坑竖穴	长1.7、宽0.46，深0.1米，方向46°	一期	无	
M28	WST5402、WST5403	④—M28→⑤	长方形土坑竖穴	长1.75、宽0.54，深0.1米，方向37°	一期	无	

附表一二　瓮棺葬登记表

编号	位置	层位关系	形状与方向	尺寸	分期	葬具及随葬品	备注
W1	EST2086	②—W1→③	椭圆形，方向136°	长径0.85、短径0.55、残深0.4米	二期	可能为两陶折沿罐对扣	
W2	EST2286	②—W2→③	椭圆形，方向4°	残长径0.68、短径0.35、残深0.27米	二期	两陶折沿罐对扣侧卧	
W5	WST5402	③—W5→④	椭圆形，方向38°	长径0.75、短径0.46、残存深度0.11米	一期	一陶罐形鼎和一陶折沿罐对扣放置	
W6	WST5401	③—M1→W6→W50	椭圆形，方向23°	长径0.67、短径0.25~0.3、墓坑最深处残深0.17米	一期	一陶罐形鼎和一陶折沿罐对扣侧置	
W7	EST2085	F4—W7→⑤A	椭圆形，方向121°	长径0.8、短径0.5、坑深0.35米	二期	两件陶折沿罐对扣侧卧	
W8	WST5402	③—W8→④	椭圆形，方向24°	长径0.8、短径0.5、坑深0.3米	一期	一陶折沿罐和一陶鼎对扣放置，随葬矮圈足杯1	
W9	EST2086	⑤A—W9→⑦	椭圆形，方向3°	长径0.65、短径0.42、坑深0.45米	二期	一件陶折沿罐和一件陶罐形鼎对扣侧置	
W10	WST5404	①—W10→④、烧土遗迹4	椭圆形，方向10°	长径0.96、短径0.67、坑深0.18米	二期	两陶臼对扣侧置	
W11	WST5504	①—H21→W11→④	椭圆形，方向31°	坑口长径0.84、短径0.5、深0.25米	二期	两陶臼对扣横置，随葬陶纺轮1	
W12	WST5504	①—W12→④	椭圆形，方向42°	长径0.75、短径0.5、深0.28米	二期	两件陶臼对扣侧置	
W13	WST5503、WST5504	①—W13→④	椭圆形，方向60°	长径0.88、短径0.5、深0.3米	二期	一陶臼和一陶折沿罐对扣横置	
W14	WST5603、WST5604	②B—W14→④	圆形	直径0.45、坑深0.32米	二期	一罐形鼎正立放置，其上倒扣一盆形鼎	
W15	WST5503	H21—W15→④、⑤	椭圆形，方向10°	长0.8、宽0.5、坑深0.3米	一期	两陶折沿罐横置对扣侧置	
W16	WST5402	④—W16→⑤	椭圆形，方向56°	长径1.07、短径0.6、坑深0.2米	一期	两陶臼对扣侧置	
W17	WST5402	④—W17→⑤	椭圆形，方向37°	长径0.85、短径0.55、坑深0.2米	二期	一陶臼和一陶折沿罐对扣侧置	
W18	WST5402	④—W18→⑤	椭圆形，方向20°	长径0.93、短径0.48、坑深0.18米	一期	一陶臼和一陶盆形鼎侧置	
W19	WST5402	④—W19→⑤	椭圆形，方向25°	长径0.8、短径0.5、坑深0.2米	一期	一陶臼和一陶罐形鼎对扣侧置	
W20	WST5401	④—W20→⑤	椭圆形，方向38°	长径1、短径0.45、坑深0.3米	一期	一陶臼和一陶罐形鼎对扣侧置	

编号	位置	层位关系	形状与方向	尺寸	分期	葬具及随葬品	备注
W21	WST5402	④—W21→⑤	椭圆形，方向33°	长径0.8、短径0.45、坑深0.2米	一期	一陶臼和一陶罐形鼎	
W22	WST5402	④—W22→⑤	椭圆形，方向37°	长径1、短径0.48、坑深0.15米	一期	一陶臼和一陶折沿罐对扣侧置	
W23	WST5402	④—W23→⑤	近圆形	长径0.66、短径0.4、坑深0.3米	一期	两陶罐形鼎对扣侧置	
W24	WST5402	④—W24→⑤	椭圆形，方向38°	长径0.84、短径0.46、坑深0.2米	一期	两陶臼对扣侧置	
W25	WST5402	④—W25→⑤	椭圆形，方向35°	长径0.72、短径0.44、坑深0.2米	一期	一陶罐形鼎和一陶臼对扣侧置	
W26	WST5402	④—W26→⑤	椭圆形，方向55°	长径0.49、短径0.48、坑深0.3米	一期	两陶臼对扣侧置	
W27	WST5402	④—W27→⑤	椭圆形，方向45°	长1.13、宽0.53、坑深0.15米	一期	两陶臼对扣侧置	
W28	WST5401、WST5301	④—W28→⑤	椭圆形，方向47°	长径0.8、短径0.45、坑深0.15米	一期	两陶臼对扣	
W29	WST5603	④—W29→⑤	近圆形	长径0.78、短径0.45、坑深0.14米	一期	两陶折沿罐对扣侧置	
W30	WST5503、WST5603	④—W30→⑤	椭圆形，方向53°	长径0.75、短径0.54、坑深0.3米	二期	两陶臼对扣侧置	
W31	WST5503	④—W31→⑤	椭圆形，方向37°	长径0.9、短径0.54、坑深0.3米	二期	两陶臼对扣侧置	
W32	WST5403	④—W32→⑤	椭圆形，方向40°	长径0.9、短径0.65、坑深0.1米	二期	两陶臼对扣侧置	
W33	WST5504	③—W33→④	椭圆形，方向40°	长径0.8、短径0.52、坑深0.3米	二期	两陶臼对扣侧置	
W34	WST5403	④—W34→⑤	椭圆形，方向50°	长径1、短径0.5、坑深0.2米	二期	一陶臼和一陶罐形鼎对扣侧置	
W35	WST5403	④—W35→⑤	椭圆形，方向88°	长径0.78、短径0.39、坑深约0.1米	二期	两陶臼对扣侧置	
W36	WST5603	④—W36→⑤	椭圆形，方向33°	长径0.9、短径0.61、坑深0.26米	一期	一陶臼和一陶罐形鼎对扣侧置	
W37	WST5401、WST5402	④—W37→⑤	椭圆形，方向48°	长径0.98、短径0.6、坑深0.29米	一期	两陶臼对扣侧置	
W38	WST5502	④—W38→⑤	椭圆形，方向50°	长径1、短径0.54、坑深0.3米	一期	仅见陶缸残片	

续表

编号	位置	层位关系	形状与方向	尺寸	分期	葬具及随葬品	备注
W39	WST5402	③—W39→④	不规则椭圆形，方向36°	长径0.86、短径0.42、坑深0.26米	一期	一陶臼和一陶盆形鼎对扣侧置	
W40	WST5401	④—W40→⑤	椭圆形，方向36°	长0.89、宽0.55、坑深0.24米	一期	两陶臼对扣侧置	
W41	WST5504	③—W41→④	近椭圆形，方向28°	长径0.61、短径0.46、坑深0.26~0.3米	二期	一陶臼和一陶折沿罐对扣侧置	
W42	WST5503	③—W42→④	椭圆形，方向42°	长径0.8、短径0.44、坑深0.3~0.4米	二期	一陶瓮和一陶臼对扣侧置	
W43	WST5504	③→W43→④	椭圆形，方向51°	长径0.94、短径0.6、坑深0.3米	二期	两陶臼对扣侧置	
W44	WST5504	③—W44→④	圆角长方形，方向30°	长径0.77、短径0.49、坑深0.16米	二期	一陶罐形鼎和一陶折沿罐对扣侧置	
W45	WST5504	③—W45→④	圆形	直径0.49、坑深0.1米	二期	一陶罐形鼎侧置	
W46	WST5402	⑤—W46→⑦	椭圆形，方向49°	长径0.98、短径0.65、坑深0.19米	一期	一陶臼和一陶缸对扣侧置，陶缸外部套一折沿罐	
W47	WST5503、WST5504、WST5603、WST5604	④—W47→⑤	椭圆形，方向47°	长径1.05、短径0.52~0.56、坑深0.2米	一期	两陶臼对扣侧置	
W48	WST5402	⑤—W48→⑦	椭圆形，方向44°	长径0.78、短径0.5、坑深0.2米	一期	两陶臼对扣侧置	
W49	WST5603、WST5604	④—W49→⑤	圆角长方形，方向25°	长径0.87、短径0.43~0.5、坑深0.18~0.2米	一期	两陶臼对扣侧置	
W50	WST5401	④—W50—⑤	椭圆形，方向35°	长1.08、最宽0.44、坑深0.18~0.23米	一期	两陶臼对扣侧置	原编号M8

附　　录

附录一　叶家庙遗址出土人骨鉴定报告

周　蜜

（湖北省文物考古研究所）

本报告中所鉴定的人骨材料采自孝感市朋兴乡叶家庙遗址。2008年春—夏季，配合兰郑长输油管道的兴建，湖北省文物考古研究所在此进行考古发掘。发掘者认为，该遗址为新石器时代遗存，其文化性质相当于屈家岭文化晚期至石家河文化期间。2008年夏，笔者应邀赴叶家庙遗址发掘现场对该遗址中出土的人骨标本进行人类学观察及性别、年龄鉴定。

一、材　　料

本文所鉴定的叶家庙遗址新石器时代居民遗骸共20例，其中土坑竖穴墓6例，瓮棺葬14例。该批人骨材料中多数标本已与坚硬的黏土胶结在一起，剥离时已成粉末，或因酸性土壤的腐蚀，人体骨骼仅存痕迹。虽然本文收集到的可供观察的材料并不多，但正是由于该工地负责人的高度重视和细心保护，这批人类学标本才得以保存。

二、方　　法

本文对该批人骨标本的性别、年龄鉴定主要依据《人体测量法》（邵象清，1985，上海辞书出版社）和《人体测量手册》（吴汝康、吴新智、张振标，1984，科学出版社）中提出的鉴定标准。由于大多数个体骨骼腐蚀非常严重，因此，我们只能根据材料的保存情况尽可能多观察一些具有性别、年龄鉴定意义的项目，以便最大限度地提高鉴定的准确性。

在性别鉴定中，我们主要通过观察人骨标本的颅骨、下颌骨、骨盆的性别差异，并结合四肢长骨和肩胛骨等部位的性别特征作出判定。在年龄鉴定时则主要观察了牙齿的萌出和磨耗、四肢长骨骨骺的愈合及骨骼上所表现出来的老年性变化等方面。在鉴定实践中，我们发现仅依靠牙齿磨耗等级进行判断的结果，往往比依靠其他方法（如耻骨联合面形态变化和骨骺的愈合情况等）估算的年龄偏大一些，这可能与古代居民尤其是先秦时代居民与借以建立牙齿磨耗等级的现代人在饮食结构尚的差异有关。一般来说，古代居民饮食相对粗糙，对牙齿的磨耗相对现代人更为严重，因此，本文对于那些只能依靠牙齿磨耗情况判断年龄的个体，考虑到古代与现代居民饮食结构的差异，我们通常采取从根据现代人牙齿磨耗程度制定的等级标准得出的判断结果中减去5岁的方法来推断古代居民的年龄。

三、结　　果

（一）性别与年龄

　　叶家庙遗址出土人骨性别、年龄鉴定的结果如下表所示：

编号	标本单位号	年代	性别	年龄（岁）
1	M16	新石器时代	男	成年
2	M18	新石器时代	男（？）	30±
3	M19	新石器时代	男（？）	成年
4	M20	新石器时代	女（？）	25～30
5	M21	新石器时代	男	成年
6	M22	新石器时代	男（？）	30±
7	W1	新石器时代	不详	0～2
8	W7	新石器时代	不详	0～1
9	W8	新石器时代	不详	0～2
10	W17	新石器时代	不详	0～1
11	W18	新石器时代	不详	0～2
12	W24	新石器时代	不详	0～2
13	W25	新石器时代	不详	0～2
14	W30	新石器时代	不详	0～1
15	W32	新石器时代	不详	0～1
16	W36	新石器时代	不详	0～1
17	W37	新石器时代	不详	0～1
18	W41	新石器时代	不详	0～2
19	W42	新石器时代	不详	0～2
20	W46	新石器时代	不详	0～1

（二）测量

利用人体四肢长骨最大长推算得出的身高数值可以作为了解人群体质状况的一项重要参考。由于叶家庙遗址新石器时代墓葬中出土人体骨骼腐蚀严重，故本文仅能对M16中保存相对较好的1例男性个体进行测量，并根据测得左侧胫骨最大长36.5厘米计算出该例个体身高约为170.35厘米。身高推算公式参见《体质人类学》（朱泓、魏东、李法军等，2004年，高等教育出版社）。

由本文鉴定结果可以看出，叶家庙遗址新石器时代6例成年人骨中有5例属男性个体，女性标本仅1例。5例男性标本中，壮年个体2例，其他3例因缺乏可靠的年龄判断指征，故仅能鉴定为成年个体。唯一1例女性亦属壮年。

鉴于标本例数过少，上述死亡年龄的分布情况并不能代表叶家庙遗址新石器时代居民的实际寿命，但所反映出的男、女两性居民多死于壮年期的倾向则与国内已发表的其他新石器时代居民死亡年龄大抵相仿。

附录二　叶家庙遗址植物浮选结果报告

吴传仁

（中国社会科学院考古研究所）

位于湖北省孝感市的叶家庙遗址，是一处屈家岭文化时期的大型环壕城址，也是迄今为止在鄂东北地区发现的最早史前城址。农业经济是古代文明发展和形成的重要条件之一，叶家庙遗址是探讨该地区及屈家岭文化发展的关键遗址之一，深入了解叶家庙遗址的农业经济特点和发展状况对屈家岭文化社会发展的研究至关重要。截至目前，在长江中游地区已发现有十多处新石器时代的城址，但这些城址主要分布在江汉平原的西北部和湖南的澧阳平原等地。叶家庙遗址的发现，对于认识江汉平原东北部新石器时期文化古代城址具有重要的学术价值和研究意义。学术界对于江汉平原新石器时期文化的整体面貌已经有了一定的了解，但是在某些具体的学术问题上还有待于进一步的探索。例如，以往的考古发掘在江汉平原新石器时代遗址中出土有水稻遗存是较常见的现象，早在京山屈家岭遗址的发掘中就曾出土有包含稻谷壳遗存的红烧土，这些水稻遗存对了解当时社会的食物资源提供了重要的信息[1]。然而，缺乏系统的植物考古学田野方法的参与，更多的考古水稻遗存的出土也只是佐证了当时有水稻的种植，却无助于进一步了解当时的农业生产状况乃至经济形态特征。要想了解一个古代文化的经济形态特征和发展规律，必须综合地分析各种遗物现象和不同类别的遗物[2]。考古出土的植物遗存是反映古代农业生产状况最直接的实物证据，但仅仅依靠发掘中偶然可见的炭化植物遗存去探讨古代农业经济是很困难的。为此，2008年的叶家庙遗址发掘时采用了浮选法，主动地和系统地获取遗址中埋藏的植物遗存，并试图通过对浮选出土遗存特别是农作物遗存的整理、分类、鉴定和量化分析，以期为深入探讨江汉平原新石器时期文化的经济形态，特别是当时的农业生产状况提供直接的科学证据。

一、采样与浮选

浮选工作的关键是样品的采集方法。2008年进行的发掘工作采用了针对性采样法，针对出土性质比较明确的各种遗迹单位，如房址、灰坑、墓葬等，在清理过程中及时采取适量土样作为浮选样品[3]。采用针对性采样法可以提取不同遗迹内的植物遗存，便于了解不同遗迹和植物遗存间的关系，并进一步探讨当时社会的农业状况。

叶家庙遗址文化堆积的主体大体可分为屈家岭文化早期、晚期、石家河文化早期。在采集到的61份样品中，以屈家岭文化晚期和石家河文化早期的样品为主，分别占样品总数的62%和

34%；另有两份样品来自家山遗址东周时期的两个瓮棺。

　　浮选样品采集的背景包括地层、灰坑、房址、壕沟等遗迹（表一）。2008年进行的发掘工作，主要分为居住区和墓葬区两个区域，分别占样品总数的62%和38%。其中居住区EST2185第3层发现较多的炭化稻谷壳，肉眼可辨，遂对土样整片采集浮选（彩版四二，1）。在采集到的61份浮选样品中，以采自地层和灰坑的样品数量最多，分别占样品总数的43%和33%；其次是房址、墓葬及瓮棺内采集的样品，同样占样品总数的10%；其他的样品采集自不同探方内的灰烬层，数量并不多。采集到的浮选土样在遗址附近的民居内进行浮选，所使用的浮选设备是水波浮选仪，收取浮出炭化物质的分样筛的规格是80目（筛网孔径0.2毫米）。

表一　浮选样品采集情况表

	地层	灰坑	房址	其他	合计
屈家岭文化晚期	23	3	6	6	38
石家河文化早期	3	17		1	21
东周				2	2
合计	26	20	6	9	61

　　经统计，浮选的61份样品的土量总计多达498升，平均每份样品的土量约为8升。浮选结果在当地阴干后被送交中国社会科学院考古研究所植物考古实验室进行分类、植物种属鉴定和分析。

二、浮　选　结　果

　　叶家庙遗址的浮选结果十分理想，从中出土了丰富的炭化植物遗存，但是在出土植物遗存的类别上相对比较单纯，通过实验室整理和显微镜观察，从叶家庙遗址浮选出的炭化植物遗存可分为炭化木屑和炭化植物种子两大类。

（一）炭化木屑

　　炭化木屑是指经过燃烧的木头的残存，主要来源应是未燃尽的燃料或遭到焚烧的各种木料。一般而言，考古遗址浮选出土的炭化木屑很容易识别，在体视显微镜下观察，其细胞结构如导管、筛管和纤维等清晰可见。对炭化木屑，主要是将其归为一个统一类别，进行量化的分析，进一步的植物种属鉴定则需要专业的植物解剖学知识和技术，应该送交木材鉴定专家。量化分析主要是利用18目（网孔径1毫米）的分样筛，将每份样品浮选出土的大于1毫米的炭化木屑筛分出来，然后使用电子天平进行称重。结果显示，叶家庙遗址61份浮选样品所含炭化木屑的总重为62.118克。

（二）炭化植物种子

在叶家庙遗址浮选样品中，共发现各种炭化植物种子1万多粒，经鉴定，炭化植物种子分别属于10余个不同的植物种类，其中有些可以准确地鉴定到种（species）或属（genus），有些仅能鉴定到科（family）。另外还有少数出土植物种子由于其形态特征不明显，或由于炭化过甚而失去了特征部位，无法进行种属鉴定（表二）。

表二　炭化植物统计表

分期		屈家岭文化晚期	石家河文化早期	东周	合计
样品数量		38	21	1	60
农作物	稻谷（*Oryza sativa*）				
	完整稻粒	2263	2		2265
	残破稻粒	7409			7409
	未成熟稻粒	31			31
	稻谷基盘/小穗轴	1408			1408
	粟（*Setaria italica*）	168			168
其他植物	禾本科（Poaceae）				
	马唐（*Digitaria sanguinalis*）	13			13
	牛筋草（*Eleusine indica*）	1	2	1	4
	莎草科（Cyperaceae）				
	萤蔺（*Scirpus juncoides*）	4	1		5
	苔草属（*Carex*）	3			3
	飘拂草属（*Fimbristylis*）	63	6		69
	豆科（Leguminosae）				
	黄芪（*Astragalus membranaceus*）	5			5
	胡枝子属（*Lespedeza*）	1			1
	藜科（Chenopodiaceae）	1	1		2
	茄科（Solanaceae）				
	颠茄属（*Atropa*）	39			39
	椴树科（Tiliaceae）	1			1
	菊科（Asteraceae）	1			1
	蓼科（Polygonaceae）				
	红蓼（*Polygonum orientale*）	4	1		5
	唇形科（Lamiaceae）				
	紫苏（*Perilla frutescens*）	1			1
	水鳖科（Hydrocharitaceae）	1			1
	眼子菜科（Potamogetonaceae）	1			1
未知		32	4		36

叶家庙遗址浮选出土的炭化植物种子总数为10062粒。经鉴定，出土的炭化植物种子包括水稻（*Oryza sativa*）和粟（*Setaria italica*）两种农作物品种；其他非农作物植物种子中有禾本科（*Poaceae*）、莎草科（*Cyperaceae*）、豆科（*Leguminosae*）、菊科（*Asteraceae*）等科属的植物种子；另外，还有一些特征不明显和炭化及保存过程中损失了特征部位的未知种子，但出土数量都很少。

1. 农作物

在叶家庙遗址浮选出土的农作物籽粒中有粟和稻两个品种，合计9873粒，占所有出土植物种子总数的98%。

粟（*Setaria italica*）。

叶家庙遗址浮选出土了168粒炭化粟粒，占出土植物种子总数的2%，占出土农作物总数的2%。这些炭化粟粒大多呈圆球状，直径为0.9～1.2毫米，粟粒的表面较光滑，胚部因烧烤而爆裂呈深沟状（图版七九）。

稻（*Oryza sativa*）。

在叶家庙遗址浮选样品中发现了大量的稻谷遗存，可分为炭化稻米和稻谷基盘/小穗轴两大类。

叶家庙遗址浮选出土的炭化稻米数量总计多达9705粒，占出土植物种子总数的96%，占农作物总数的98%，绝对数量比例远高于其他农作物品种。出土的稻米遗存多数已经残破，但仍然有很多保存完整，总计2265粒（图版七八，1）。

在出土稻谷遗存中随机抽取了60粒完整的炭化稻米进行测量（表三）。

表三　炭化稻米测量　　　　　　　　　　（单位：毫米）

粒长	粒宽	长宽比
3.92	2.32	1.69
4.08	2.57	1.59
4.08	2.59	1.58
3.83	2.46	1.56
5.48	2.42	2.26
4.68	2.9	1.61
4.64	2.52	1.84
4.3	2.65	1.62
4.52	2.35	1.92
5.14	3.06	1.68
5.27	2.89	1.82
4.19	3.25	1.29
5.09	2.65	1.92

粒长	粒宽	长宽比
5.31	3.26	1.63
5.39	2.93	1.84
5.35	3.1	1.73
5.55	3.19	1.74
5.63	3.34	1.69
5.21	2.72	1.92
5.35	3.13	1.71
5.29	3.11	1.7
4.96	3.06	1.62
5.51	3.06	1.8
5.35	3.27	1.64
5.10	3.04	1.68
5.27	3.22	1.64
5.1	3.01	1.69
5.44	3.06	1.78
4.86	2.75	1.77
5.09	2.88	1.77
5.32	2.85	1.87
5.17	2.88	1.8
5.1	2.88	1.77
4.89	2.44	2
5.42	3.32	1.63
5.71	3.4	1.68
5.29	3.05	1.73
5.21	3.04	1.71
5.6	2.92	1.92
4.56	2.69	1.7
5.75	2.73	2.11
4.81	2.86	1.68
5.02	2.88	1.74
5.4	3.09	1.75
5.85	2.86	2.05
5.21	3	1.74
5.08	2.51	2.02
5.27	2.81	1.88
5.43	3.05	1.78

粒长	粒宽	长宽比
5.28	3	1.76
5.75	3.54	1.62
5.27	3.02	1.75
5.24	3.02	1.74
4.82	3.08	1.56
5.22	2.94	1.78
5.21	2.96	1.76
5.15	3.02	1.71
5.43	3.27	1.66
4.68	2.56	1.83
4.88	2.85	1.71

　　结果发现，叶家庙遗址出土的稻米颗粒大多呈矮圆形，出土稻米平均粒长5.1毫米，平均粒宽2.92毫米，长宽比的平均值是1.75（彩版四二，2）。现代籼稻的稻粒长宽比值一般在2以上，粳稻的在1.6 ~ 2.3。如果按照这个标准，那么叶家庙遗址出土的炭化稻米似乎更接近粳稻。但是需要指出的是，利用稻粒形态特征判别稻谷品种是相对的，因为判别的界限是根据一般的规律人为设定的，而实际上现生的各种籼稻品种中也有长宽比值较低的；此外，以稻粒的长宽比值作为判别标准一般适用于带壳的稻谷，而叶家庙遗址出土的都是去壳的稻米，原有的判断标准是否合适仍需探讨；炭化植物籽粒在烧烤的过程中都会有形态上的变化，而稻米或稻谷在炭化后的形态变化规律也是有待研究的。

　　在叶家庙遗址浮选样品中还出土了大量的稻谷基盘和小穗轴（彩版四二，3）。生长中的稻谷籽粒是通过小穗（spikelet）与稻穗相连接的，稻谷籽粒的底部与小穗连接的圆环部位称作稻谷基盘（spikelet base），小穗的顶端基盘连接的相应部位被称作小穗轴。在叶家庙遗址浮选结果中发现的稻谷基盘和小穗轴总计为1408个，其中以稻谷基盘的数量为多，小穗轴的数量相对较少（图版七八，2）。稻谷基盘和小穗轴都是重要的稻谷遗存，但由于稻谷基盘和小穗轴不是种子，在绝对数量统计上与其他出土植物种子的数量没有可比性，因此，在出土植物种子总数中，没有包含稻谷基盘和小穗轴的数量。但是作为重要稻谷遗存，稻谷基盘和小穗轴在其他的量化统计方法中仍然是重要的数据依据。

2. 莎草科

　　与农作物种子相比，叶家庙遗址浮选出土的非农作物类植物种子的数量较少，其中以莎草科的植物种子为大宗，总计为77粒，占所有出土植物种子总数的1%。经过进一步鉴定，从中发现了萤蔺、苔草和飘拂草属植物的种子。

　　萤蔺（Scirpus juncoides）。

叶家庙遗址浮选共出土萤蔺5粒。萤蔺是莎草科藨草属植物，主要生长在路旁、荒地潮湿处，或水田边、池塘边、溪边和沼泽中，是水田中较为常见的伴生杂草。

炭化的萤蔺种子呈阔倒卵形，平凸状，有棱不明显，表面粗糙具纹路。

苔草属（Carex）。

叶家庙遗址浮选出土苔草属植物种子3粒。苔草属多生长于山坡、沼泽或湖边，为遗址附近常见的杂草之一。

遗址出土的炭化苔草属种子呈阔倒卵形近椭圆形，平凸状，有三棱，表面光滑。

飘拂草属（Fimbristylis）。

飘拂草属植物是叶家庙遗址浮选出土最多的非农作物种子，共计69粒。飘拂草属植物大量生长在遗址附近的水稻田边，是稻田最为常见的一种杂草。

遗址出土的炭化飘拂草属植物种子多为椭圆形，长度多为1毫米左右，宽度在0.9毫米左右，两面凸起，表面有明显的纹路（图版八〇，2）。

3. 禾本科

禾本科植物种子共出土17粒，占所有出土植物种子总数的不到1%，其种类为马唐和牛筋草。

马唐（Digitaria sanguinalis）。

叶家庙遗址出土的马唐种子的个体一般较小，略显细长，长度多在1毫米以下，宽度在0.6毫米左右，胚部较短小，胚长约占颖果总长的1/3。

牛筋草（Eleusine indica）。

叶家庙遗址出土的牛筋草种子数量很少，个体呈细长型，表面有明显的纹路。

4. 豆科

豆科植物种子出土极少，仅有6粒，分别为黄芪和胡枝子属两种。

黄芪（Astragalus membranaceus）。

黄芪根部可做药用，多生长于草丛和灌木丛中。遗址出土的炭化黄芪种子，长度约为1.8毫米，宽度约为1.5毫米。种子呈肾形，扁平，种脐位于腹面中部，紧靠胚根凸起，圆形或近三角形。

胡枝子属（Lespedeza）。

胡枝子属豆粒尺寸较小，略显细长，长度约为1.5毫米，宽度约为1毫米，种脐微小呈环丘状，偏于腹侧中下部。胡枝子属是一种落叶灌木豆科植物，其叶子很有特点，不仅数量丰富，而且具有浓郁的香味，适口性好，营养价值高，是饲养家畜的优良饲料。

5. 茄科

茄科植物种子共出土39粒，全部为颠茄属植物种子，占所有出土植物种子总数的1%。

颠茄属（Atropa）。

炭化颠茄属植物种子呈肾型，长度为1.3～2毫米，厚度为0.6～1.1毫米，种脐较小，位于腹部中央，表面有明显的网格状纹路（图版八〇，1）。

6. 蓼科

蓼科植物种子共出土5粒，均为红蓼种子。

红蓼（*Polygonum orientale*）。

炭化红蓼种子近扁圆形，其长度约为2毫米，厚度约为1.3毫米，顶端部凸起，表面光滑。

7. 唇形科

唇形科植物种子仅出土1粒紫苏种子。

紫苏（*Perilla frutescens*）。

炭化紫苏种子呈卵圆形，表面有六边形的褶皱纹。紫苏是一年生的草本植物，叶、梗和籽均能食用，在古代可能被作为食物，在现代是一种常见的中草药。

8. 其他植物种子

其他植物种子中可鉴定的还有藜科（Chenopodiaceae）、菊科（Asteraceae）、椴树科（Tiliaceae）、水鳖科（Hydrocharitaceae）和眼子菜科（Potamogetonaceae），但是这些植物种子不仅出土数量少，而且仅能鉴定到科一级，在此不再细述。

三、浮选结果的分析讨论

（一）炭化木屑的问题

同其他地区考古遗址的浮选结果相比较，叶家庙遗址浮选样品中炭化木屑的平均含量在正常范围内，但略偏低。叶家庙遗址浮选样品的炭化木屑平均含量为1.24克/10升。但这仅是平均含量，而实际上各样品的炭化木屑含量还是存在较大差别的。运用浮选法所获的植物遗存数量本身是存在误差的，这些误差可以是炭化植物遗存在堆积、埋藏和提取过程中各种人为和自然因素造成的。而叶家庙遗址各浮选样品的炭化木屑含量之间的差别恰恰反映了这些因素对于浮选结果的影响。

叶家庙遗址的浮选样品主要分为三个时期，即屈家岭文化晚期、石家河文化早期和东周时期（表四）；采样的遗迹单位主要是地层、灰坑和房址等（表五）。从表四我们可以明显发现，屈家岭文化晚期的炭化木屑平均含量远远高于石家河文化早期的，而这种差异最可能是由于发掘区域的不同功用所致。叶家庙遗址的主体是屈家岭文化时期的大型城址，在2008年的发掘中，屈家岭文化晚期的遗迹主要集中在居住区，而石家河文化早期的遗迹主要集中在墓葬区。从以往的工作中，我们也发现墓葬区一般比较难以发现炭化植物遗存，但生活区往往是炭化植物遗存出土较多的。所以在文化堆积的形成上，对于炭化植物遗存的出土已经是很大的影响。炭化植物遗存在埋藏过程中和土壤本身及埋藏的遗迹背景有着紧密的联系。中国北方以黄土为主，而且天气普遍较为干燥。这对于炭化植物遗存的保存有很好的效果。叶家庙遗址所处的江汉平原以黏性土壤为主，附近湖沼密布，天气较为潮湿，这些条件对于炭化植物的保存都是不太好的。根据以往的工作经验，北方地区的遗址，特别是西北干旱地区，炭化植物遗存的埋藏和保存情况普遍优于南方的遗址。在同样土量的情况下，出土的炭化物含量也是相对高的。在同一遗址不同的遗迹单位，由于埋藏情况和背景的不同，在炭化物含量上也会存在较大差异。例如，叶家庙遗址的地层的炭化木屑平均含量明显高于其他的遗迹，主要原因是在发掘中发现了一些明显的草木灰层。这些当时人留下的遗迹很多都包含着丰富的炭化植物遗存，从而造成这些遗迹的炭化木屑平均含量远远高于其他遗迹。

　　在叶家庙遗址的浮选工作中（图版八一），由于土样的含黏土量较高，我们尝试对部分土样进行筛选的方法，用以比较浮选法的效果。结果发现，就这些含黏土量较高的土样而言，浮选法仍然是较为有效的方法。基于不同的提取方法，如筛选法、浮选法，在提取过程中对于植物遗存都会造成不同的损伤（图版八二）。如何有效地从黏性土壤中提取炭化植物遗存，对于减少误差，以至于更真实地复原古代的生业面貌都是极其重要的（彩版四二）。

表四　不同采样背景浮选样品炭化木屑平均含量

	样品数量	炭化木屑平均含量
地层	26	2.17克/10升
灰坑	20	0.29克/10升
房址	6	0.15克/10升
其他	9	0.36克/10升

表五　各时期浮选样品炭化木屑平均含量

	样品数量	炭化木屑平均含量
屈家岭文化晚期	38	1.86克/10升
石家河文化早期	20	0.04克/10升
东周	2	0

（二）水稻的问题

　　叶家庙遗址浮选出土了丰富的炭化植物遗存，其中以炭化稻米和炭化稻谷基盘的出土数量尤为突出，这对研究江汉平原的稻作农业是一笔极其重要的材料。长期以来，学术界对于炭化稻米本身的研究都是以单一遗址出土的稻米作为研究的重心，叶家庙遗址对于横向的遗址间出土稻米的对比，然后进一步研究当时稻米传播和分布的状况，有重要的意义。需要特别指出的是，在叶家庙遗址所有浮选样品中，EST2286⑤这份样品出土了大量的炭化稻米遗存，数量多达8000多粒。曾经有学者在南美的安第斯地区，结合遗址内不同位置的遗迹单位和出土植物数据，分析了当时不同遗迹的功能，再进一步去探讨了遗址内的不同区域的功能和当时人们的生活方式[4]。随着更多工作的开展，同时通过深入对比和分析叶家庙遗址浮选样品中不同采样背景出土植物遗存的情况，可以发现一些有趣的现象，由此进一步了解江汉平原新石器时期文化的人与植物间的密切联系。

除了出土绝对数量的统计，我们还对叶家庙遗址出土的植物遗存进行了出土概率的统计（表六）。其结果显示，在屈家岭时期植物遗存中，炭化稻米的出土概率高达68%。这反映出稻米在当时社会中受到普遍的利用，成为日常生活中重要的食物资源。基于以上的数据，我们可以认为叶家庙遗址在屈家岭时期居住的古人以稻米作为其主要食物。叶家庙遗址出土的大量炭化稻谷基盘也引人关注。在稻作农业的开始阶段，有学者将炭化稻谷基盘与稻谷小穗轴是否分离作为稻米是否在完全成熟状态下收割的重要标志，再进一步将这种现象与稻米的栽培与采集相联系[5]。借助叶家庙遗址出土的炭化稻谷基盘材料，可以进一步探讨稻作农业较为成熟后的情况。

表六　叶家庙遗址出土植物遗存的出土概率统计

	屈家岭文化晚期（38 份样品）		石家河文化早期（21 份样品）	
	绝对数量	出土概率	绝对数量	出土概率
炭化粟粒	168	15%	0	0
炭化稻米	9705	68%	2	9%
稻谷基盘	1408	63%	0	0

在这一次的发掘中并未发现稻田遗迹，但是依靠出土植物遗存的种类，我们可以推测当时农业生产状况。前面提到，禾本科和莎草科的植物有很多都是田间杂草，这类常见的田间杂草进入考古遗址一般通过两种方法：一是自然沉积，即通过各种自然力（如风或野生动物）；二是伴随人类的收割行为随着农作物的收获一起被带入遗址[6]。在叶家庙遗址浮选出土的非农作物植物种子中，数量较多的有狗尾草属、黍亚科、飘拂草属、颠茄属种子等几类，而且这些植物种子大部分集中发现在少数几份样品中。这种情况，即出土数量较多但集中出现在少数几个遗迹单位的杂草种子，则极有可能与人类的行为有关。

一般来说，相较于旱作农业，稻作农业对于田地的管理使得杂草的数量受到较大的抑制。结合出土植物遗存的状况，我们可以推断在屈家岭时期叶家庙遗址的居民对于稻田杂草的治理已经拥有了很丰富的经验。要验证这一说法，我们还可以借助炭化稻谷基盘的出土情况。在屈家岭时期的样品中，稻谷基盘的出土概率高达63.4%。稻谷基盘一般是在稻谷加工和脱粒的过程中产生的，在这一过程中产生的基盘、稻壳、禾草及杂草最终都会被废弃，然后经过火烧作为炭化物得到保存。一些民族考古学的研究表明，日常的作物加工过程能够产生相应的谷物、糠壳和杂草组合[7]。对应叶家庙遗址的情况，我们发现，杂草种子的数量和炭化稻谷基盘的数量并未有对应的增加趋势，而是炭化稻谷基盘在绝对数量和出土概率上都远远多于各类杂草植物种子。这也许说明，水稻在田间收割时，被人类同时收割到的杂草的数量应该较少，这可能反映了在屈家岭时期对于稻田杂草的管理也达到了较高的水平。

（三）粟的问题

叶家庙遗址出土的炭化粟粒是非常重要的发现。一般认为，中国的农业起源分为两条独立的源流，一是以长江中下游为中心，以种植水稻为代表的稻作农业起源，二是以黄河中下游为中心，以种植粟黍两种小米为代表的稻作农业起源[8]。实际上两者之间并非泾渭分明，而是有一个双方重叠的混作区。这一点在很多遗址中都有所反映，如两城镇遗址和尉迟寺遗址都发现了粟黍和稻米的种植，同样的情况在淮河两岸的遗址中也较常见。但是需要指出的是，在混作区的遗址中，粟黍和稻米在农业种植上同样重要。农业生产是以植物和土地作为主要劳动对象的，这就决定了农业生产过程必然要受到自然条件的制约和影响。以中国北方为例，由于生态环境的制约，水稻是不可能替代粟黍成为中原地区的主要农作物的。然而对于地处江汉平原的叶家庙遗址却是另一种情况，由于优越的地理条件，江汉平原一直都是重要的粮食产地。在实地考察当地的农业生产时，我们发现当地农作物品种的生产选择，更多是取决于农民的自我意愿。在这一地区，无论是旱地作物小麦或是水田作物水稻，都可以获得不错的收获。所以，对于叶家庙的古人来说，无论是小米或是稻米都应该是可供选择的农业生产的作物品种。对照此次浮选出土的农作物种子，我们看到的是数量巨大的炭化稻米和数量极少的炭化粟粒。在古人选择农作物种植时，除了地理自然环境的考虑外，文化因素也是不可忽略的。正如前文所述，江汉平原的新石器遗址中，稻米一直是被发现的主要的炭化植物遗存。叶家庙遗址作为江汉平原屈家岭时期的重要的中心城址，加上本来就极为适合稻作的自然环境，其稻作农业的繁盛很可能也是源自文化上的承袭。

在叶家庙遗址浮选结果中，我们还发现一个有趣的现象，在出土粟粒的几个遗迹单位中，伴出的炭化稻米的数量较少，炭化稻谷基盘的数量却较多。从植物遗存的成分来分析，粟粒有可能只是作为动物饲料和糠壳放置在一起，而非供人类食用。叶家庙遗址浮选出土的炭化粟粒中，绝大多数属于未成熟的粟粒，即秕子。秕子一般是在脱粒过程中被废弃在糠秕堆积中，所以在糠秕堆积中同时会发现遗留的粟粒和粟秕子共存。但是，在叶家庙遗址的浮选样品中，没有一份样品是粟粒和粟秕两者共存的。由此推测，当时的人们可能没有在遗址发掘范围内进行粟的加工。而稻米加工的相关残留物如稻谷基盘、小穗轴、碎稻米和稻秕子却在绝大部分的浮选样品中都有发现。基于以上现象，叶家庙遗址出土的炭化粟粒带来了一些很值得在探讨和研究的问题，那就是，这些粟是在当地生产的还是外面传入的，如何传入江汉平原及其传入的方式，粟在江汉平原的利用状况，等等。

水稻相对于粟，不仅产量更高，而且在文化传统上更符合叶家庙人们的需求。这和稻米进入中原地区作为一种辅助农作物出现有着极大的区别。中原地区选择稻米，可能是考虑稻米相对于粟黍的较高产量，因而适合作为一种辅助资源。然而叶家庙的古人在已经掌握了稻作农业这一优势作物的技术时，对于粟的具体利用状况是值得再思考的问题。

（四）其他植物种子的问题

与农作物种子相比，叶家庙遗址浮选出土的非农作物类植物种子的数量较少，其中以莎草科的植物种子为大宗。莎草科植物中，有很多品种是十分常见的田间杂草，杂草与人类种植的农作物有较为密切的关系。作为田间杂草，它们主要出现在与其生长习性相类似的农作物周边，由人类行为或者自然力带进遗址中。大多数莎草科植物如飘拂草等对应的可能是湿地生长的水稻，而禾本科的旱地杂草如马唐和牛筋草对应的可能是粟类旱地作物。这两类杂草数量上的较大差异，也比较符合叶家庙遗址以稻作农业为主体的农业经济。此外，这两类杂草的出土数量虽然不多，仍然从侧面反映了当时遗址周边都具备农田耕作的基本环境。

紫苏、黄芪、胡枝子等植物都具备了一定的使用价值，但是由于出土数量太少，暂时还难以针对这些植物资源做更多的讨论。藜科、菊科、蓼科等几类植物都包含许多杂草品种，与人类的生活也有较密切的联系，一般在考古遗址中也都会发现这几个科的植物种子遗存。在叶家庙遗址浮选样品中发现了多种杂草，但绝对数量和出土概率都不高。一方面可能与发掘区集中在居住区和墓葬区为主有关，另外也有可能与农业生产模式有关，它们与当时人类之间究竟存在着什么样的关系还有待于进一步的探讨。

四、结 语

综合而言，叶家庙遗址作为江汉平原首个进行系统浮选的遗址，其意义和实际的结果都是令人惊喜的。伴随叶家庙遗址2008年度的发掘，采集并浮选土样61份，从中出土了丰富的炭化植物遗存。在浮选出土的炭化植物种子中，只有农作物和杂草两个种类，说明叶家庙遗址浮选结果所反映的主要是当时的农业情况。

出土的大量的炭化稻米遗存印证了该地区稻作农业的繁盛状况，填补了江汉平原的新石器时期文化农业经济的空白，同时也为进一步探讨江汉平原新石器时期的经济状况提供了极为重要的数据。在遗址内出土的粟粒，在该地区是首次发现，也为我们研究当时的文化交流提出了新的证据。

在屈家岭文化晚期，叶家庙遗址的农业生产在整体上应该属于古代中国长江流域稻作农业传统，即种植水稻为主要的农业经济。异常高的出土数量显示稻谷肯定是当时最为重要的经济作物，结合杂草种子和稻米基盘/小穗轴的出土数量，叶家庙遗址的水稻种植及稻田管理都达到了相当成熟的水平。叶家庙遗址出土的粟遗存数量虽少，但为探讨粟在新石器时期江汉平原的利用状况及可能的传入路径提供了新的资料。

最后需要补充的是，作为江汉平原考古发掘中初次进行的系统浮选工作，叶家庙遗址的工作对于未来在同地区进行的浮选工作将有很好的参考价值。例如，在江汉平原的考古遗址中动物骨骼的出土情况和保存状况都不太理想，但在浮选工作剩下的重浮物中却时常发现一些小型的动物骨骼。所以浮选法在江汉平原的考古工作中得到推广，除了有效提取了考古遗址中的植物遗存，对于凝结在黏土中的细小出土物的获取也相当有效。

注　释

[1]　中国科学院考古研究所：《京山屈家岭》，科学出版社，1965年，第78~80页。

[2]　赵志军：《植物考古学的田野工作方法——浮选法》，《考古》2004年第3期。

[3]　赵志军：《植物考古学的田野工作方法——浮选法》，《考古》2004年第3期。

[4]　Christine A. Hastorf. The Use of Paleoethnobotanical Data in Prehistoric Studies of Crop Production, Processing, and Consumption. In Current Paleoethnobotany: Analytical Methods and Cultural Interpretation of Archaeological Plant Remains. Edited by Christine A. Hastorf and Virginia. Chicago and London: University of Chicago Press, 1988: 119-114.

[5]　Dorian Q Fuller, Emma Harvey & Ling Qin. Presumed domestication? Evidence for wild rice cultivation and domestication in the fifth millennium BC of the Lower Yangtze region. Antiquity, 2007（81）: 316-331.

[6]　赵志军：《考古植物遗存中存在的误差》，《文物科技研究（第一辑）》，科学出版社，2004年。

[7]　Hillman G. C. Interpretation of Archaeological Plant Remains: the Application of Ethnographic Models from Turkey. In Plants and Ancient Man: Studies in Paleoethnobotany, Proceeding of the sixth symposium of the International workshop for Paleoethnobotany. Edited by W. Van Zeist and W. A. Casparie. Rotterdam: A. A. Balkema. 1984.

[8]　赵志军：《植物考古学的学科定位与研究内容》，《考古》2001年第7期。

后　记

　　叶家庙遗址的发现、发掘起因于国家大型基建工程南郑长成品油输送管道的建设，是湖北省、市、区文物部门在配合国家和地方基本建设过程中发现文化遗产、做好文物保护工作的典型成功个案。科学系统的考古工作有助于我们对叶家庙城址结构的准确了解、文化内涵的深入认识，并使遗址在2014年成功入选第七批国家重点文物保护单位。如今，以叶家庙城址专题陈列为主的孝南区博物馆也在遗址东部的丹阳古镇建成并对外开放，对遗址的整体保护和研究也随之上了一个台阶。

　　在此，特别感谢南郑长成品油输送管道建设方对遗址调查和发掘工作的支持，并提供发掘资金，留出足够时间，使发掘工作得以顺利圆满完成。

　　在遗址发掘和整理期间，得到了湖北省文物局及孝感市和孝南区各级政府和相关部门的大力支持。2008年6月4日上午，省文物局原局长胡美洲、文物处副处长官信在湖北省文物考古研究所所长王红星、副所长孟华平等人陪同下到叶家庙发掘工地检查和指导工作。2008年6月10日下午，时任孝感市委书记黄关春、孝南区委书记仇平贵、区长杨军安等相关领导莅临叶家庙考古发掘工地考察、了解工作情况。

　　孝感市博物馆、孝南区文化局、孝南区博物馆全程参与了遗址的考古工作，孝南区文化局和博物馆为发掘顺利进行做了大量卓有成效的协调工作。

　　先后到工地考察并指导工作的著名学者和专家有北京大学环境学院教授、中国环境考古学会理事长莫多闻先生、中国社会科学院考古研究所科技考古中心主任赵志军教授、武汉大学历史文化学院考古学系余西云教授、湖南省文物考古研究所所长郭伟民研究员。其中，莫多闻先生还在遗址做了环境采样；赵志军教授现场指导工作人员进行植物遗存采样，将亲自设计的植物遗存浮选仪送给考古队，并详细为工作人员讲解操作使用方法。

　　在此，对以上考察和指导遗址发掘的领导、专家、学者，以及参与遗址调查和发掘的单位、工作人员一并致以诚挚的谢意。

　　考古发掘报告的整理编写始于2010年，是集体劳动成果。先后参加报告整理与编写的工作人员有湖北省文物考古研究所刘辉、郭长江、张君、唐宁，孝感市博物馆副馆长李端阳，孝南区博物馆副馆长胡嘉驹，麻城市博物馆熊瑛等人。

　　特别感谢科学出版社的工作人员，他们为本报告的出版付出了辛勤的劳动。

　　全书共分七章，刘辉主编，其中第一章由唐宁执笔，第二章由胡嘉驹执笔，第三章由熊瑛执笔，其余第四章至第七章均由刘辉执笔。文中线图由孝南区博物馆陈明芳、随县博物馆陈秋红绘制，文字录入与卡片制作由唐宁完成，报告中所用工地遗迹与现场照片由刘辉、张君等人拍摄，主要器物照片由湖北省文物考古研究所余乐完成。全书最后由刘辉统一编排定稿。期间因各种原因编写工作多次中断，至2015年12月，历经5年艰辛，该报告终于付梓脱稿。

编　者

2015年12月10日

叶家庙遗址及周边全景航拍（上东下西）

彩版二

叶家庙城址全景航拍（上北下南）

1. 北城垣东段（北—南）

2. 北城垣西段（北—南）

叶家庙城北城垣

1. 南城垣（南—北）

2. 西城垣南段（西南—东北）

叶家庙城南城垣和西城垣

1. 环壕东段局部（南—北）

2. 城垣东北拐角（东北—西南）

叶家庙城东城壕局部与城垣东北拐角

1. 城内居住区远景（东南—西北）

2. 家山遗址（墓地）远景（东南—西北）

叶家庙城址居住区和家山遗址（墓地）远景

1. 城内东南居住区发掘现场（西南—东北）

2. 家山遗址（墓地）发掘探方（南—北）

叶家庙遗址发掘现场

1. 南城垣解剖地层堆积（东南—西北）

2. TG1南段壕沟（东北—西南）

叶家庙城南城垣、南段壕沟

1.西城垣发掘现场（西—东）

2.西城垣解剖地层堆积（西北—东南）

叶家庙城西城垣发掘探方

1. F4发掘前（南—北）

2. F5居住面（北—南）

房基F4、F5

1. F6烧土面（南—北）

2. F9居住面（南—北）

房基F6、F9

1. H14坑底陶片（西南—东北）

2. H17（东北—西南）

灰坑H14、H17

2. M22（西南—东北）

1. M1（东北—西南）

土坑墓M1、M22

瓮棺葬局部（东北—西南）

1. 瓮棺葬北区（东北—西南）

2. 瓮棺葬南区（西北—东南）

瓮棺葬局部

1. W11（东南—西北）

2. W12（东南—西北）

3. W16（东南—西北）

4. W32（东南—西北）

A类瓮棺葬

1. W17、W18、W19、W21（西北—东南）

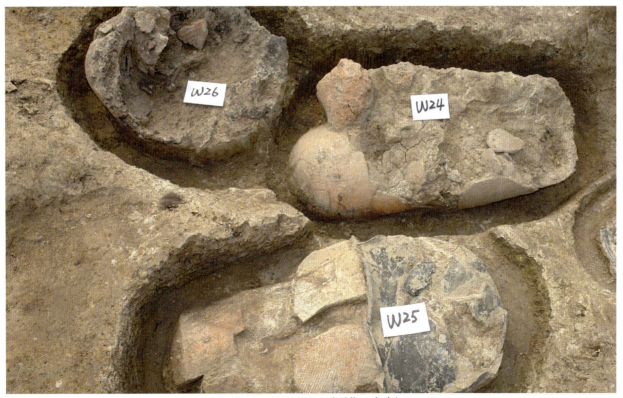

2. W24、W25、W26（西北—东南）

A类、B类瓮棺葬

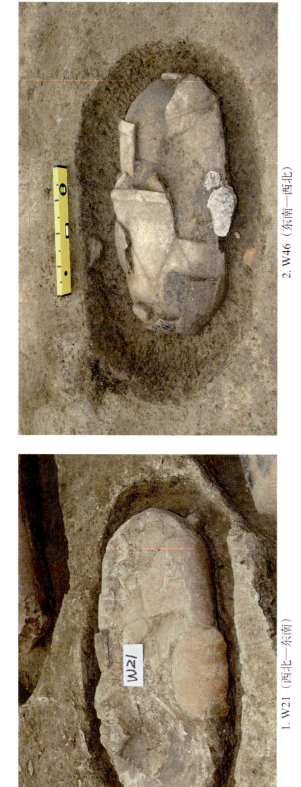

1. W21（西北—东南）

2. W46（东南—西北）

3. W47（东南—西北）

4. W49（东南—西北）

A类、B类瓮棺葬

2. W20（西北—东南）

1. W18（西北—东南）

4. W36内婴儿骨骼（俯拍）

3. W36（东南—西北）

B类瓮棺葬

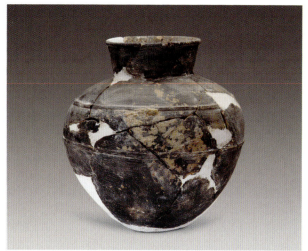

1. B型Ⅲ式高领罐（M1：2）

2. A型Ⅱ式折沿罐（M1：4）

3. 罐形鼎（M1：7）

4. A型Ⅱ式豆（M2：1）

5. Ab型Ⅰ式盆形鼎（M2：2）

M1、M2出土陶器

1. B型Ⅰ式罐形鼎（M3：1）

2. B型Ⅱ式盆形鼎（M3：3）

3. Aa型盆形鼎（M3：5）

4. Aa型盆形鼎（M3：5）

5. Aa型Ⅲ式臼（M3：7）

M3出土陶器

1. C型Ⅰ式罐形鼎（M5:4）

2. A型Ⅰ式豆（M5:5）

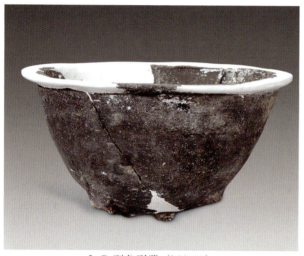

3. Ca型盆形鼎（M6:1）

4. Ba型折沿罐（M6:2）

5. A型Ⅰ式豆（M11:1）

6. Bb型豆（M11:2）

M5、M6、M11出土陶器

1. Ca型I式臼（W11：1）

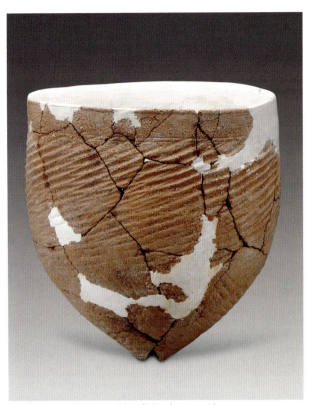

2. Ca型I式臼（W11：2）

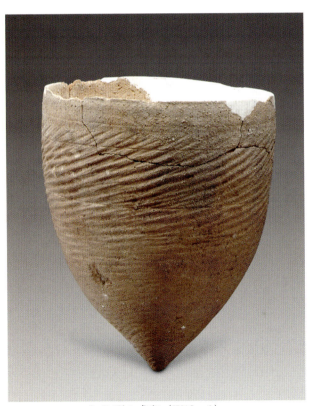

3. Ca型I式臼（W12：1）

4. Ca型I式臼（W12：2）

W11、W12葬具

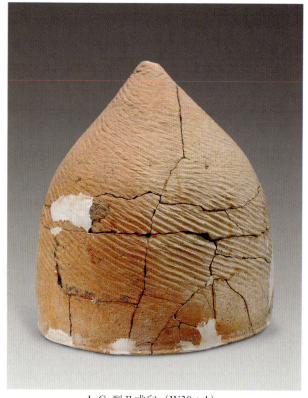

1. Ca型Ⅱ式臼（W30：1）

2. Cb型Ⅱ式臼（W30：2）

3. Ca型Ⅱ式臼（W31：1）

4. Ca型Ⅱ式臼（W31：2）

W30、W31葬具

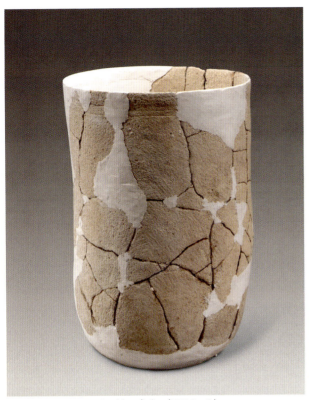

1. Aa型Ⅱ式臼（W16：1）

2. Aa型Ⅱ式臼（W16：2）

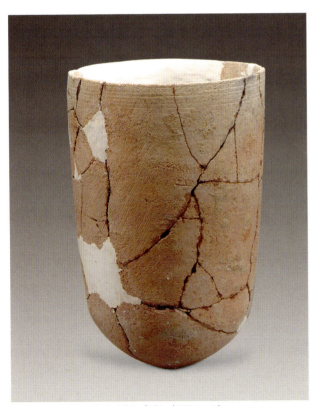

3. Aa型Ⅱ式臼（W24：1）

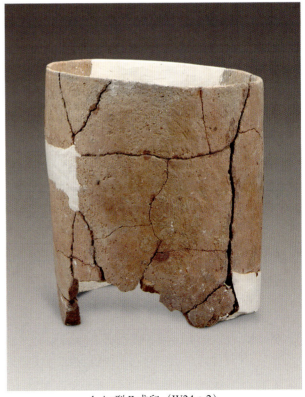

4. Aa型Ⅱ式臼（W24：2）

W16、W24葬具

1. Aa型Ⅲ式臼（W27：1）

2. Aa型Ⅱ式臼（W27：2）

3. Ca型Ⅰ式盆（W37：1）

4. Aa型Ⅰ式臼（W37：3）

5. Aa型Ⅰ式臼（W37：2）

W27、W37葬具

1. Aa型Ⅱ式臼（W40：1）

2. Aa型Ⅱ式臼（W40：2）

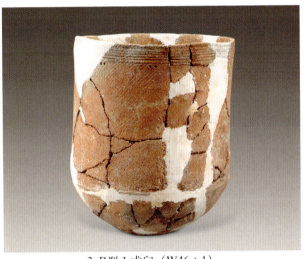

3. B型Ⅰ式臼（W46：1）

4. Aa型Ⅰ式臼（W46：2）

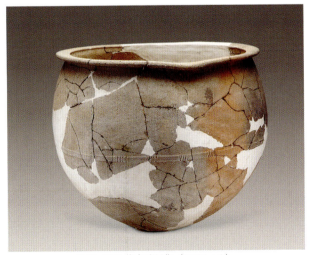

5. Ea型Ⅰ式折沿罐（W46：3）

6. Ea型Ⅰ式折沿罐（W46：3）

W40、W46葬具

1. Aa型Ⅱ式臼（W47：1）

2. Aa型Ⅱ式臼（W47：2）

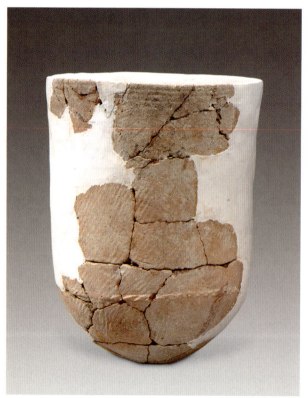

3. Aa型Ⅰ式臼（W48：1）

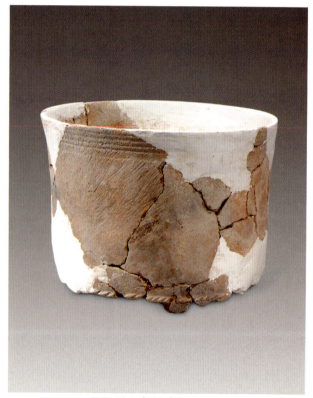

4. Aa型Ⅰ式臼（W48：2）

W47、W48葬具

1. Aa型Ⅱ式臼（W49：1）

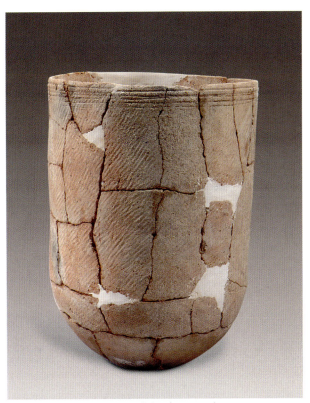

2. Aa型Ⅱ式臼（W49：2）

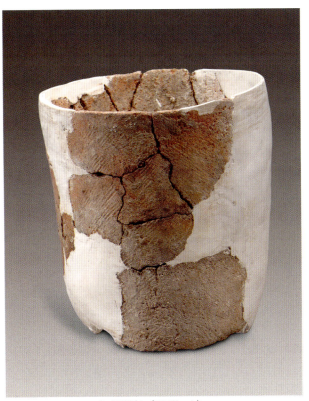

3. B型臼（W50：1）

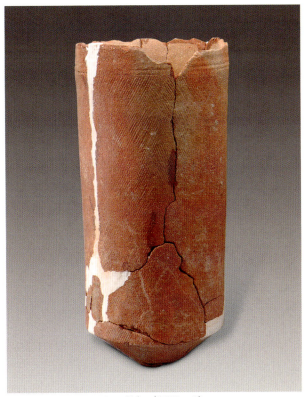

4. B型臼（W50：2）

W49、W50葬具

1. Aa型Ⅱ式罐形鼎（W20：1）

2. B型臼（W20：2）

3. B型臼（W22：2）

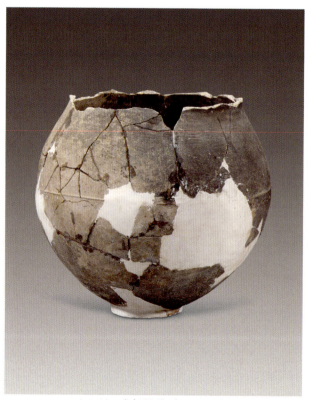

4. A型Ⅰ式折沿罐（W22：1）

W20、W22葬具

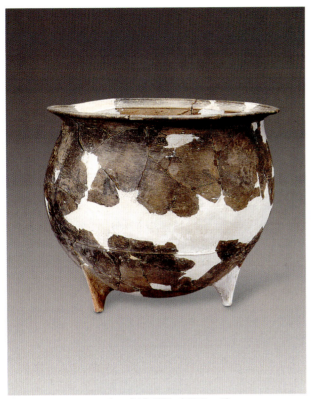

1. Aa型Ⅱ式罐形鼎（W25：1）

2. B型臼（W25：2）

3. Aa型Ⅱ式臼（W36：1）

4. Aa型Ⅰ式罐形鼎（W36：2）

W25、W36葬具

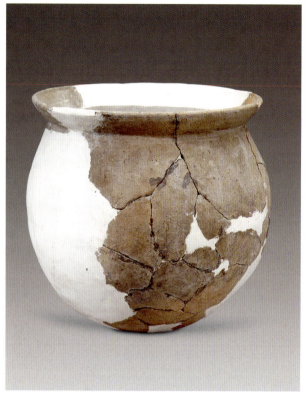

1. C型Ⅱ式折沿罐（W2：1）

2. A型Ⅱ式折沿罐（W2：2）

3. D型Ⅱ式折沿罐（W7：1）

4. D型Ⅱ式折沿罐（W7：2）

W2、W7葬具

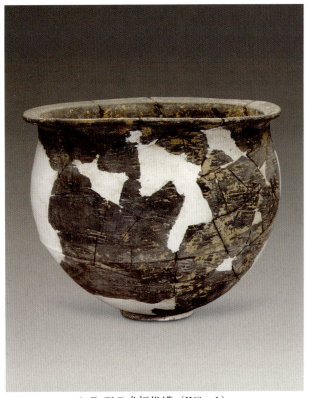

1. Ea型Ⅱ式折沿罐（W8：1）

2. Aa型Ⅱ式罐形鼎（W8：2）

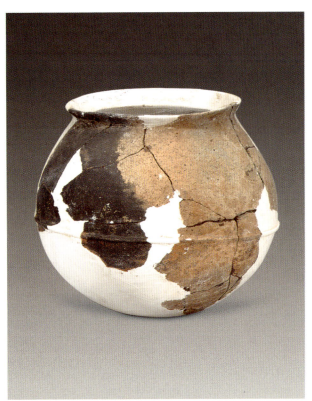

3. A型Ⅰ式折沿罐（W8：4）

4. A型矮圈足杯（W8：5）

W8葬具及随葬品

1. 壶残片（从上至下，从左至右：EST2086④：85、F7：12、F7：13、TG1⑤：42、EST2086⑤A：54、F7：36、F7：35、EST2085③：21、EST2186③：51）

2. 壶残片（从左至右，从上至下：EST2185⑤B：60、南城垣①：24、EST2186⑤：27）

3. 壶残片（从上至下，从左至右：TG1⑥：38、EST2185④：31、EST2086④：82）

方格纹彩陶片

1. 杯残片（EST2286③：77、F7：34、EST1986⑤A：33）

2. 杯残片（EST2286④：7）

3. 壶残片（EST1986⑤A：34）

4. 杯残片（EST2185③：5、EST2086④：83）

菱形纹彩陶片

1. 黑衣彩（折沿罐残片EST2286④：6、EST2086③：49）

2. 间断带状纹（折沿罐残片南城垣①：26、EST2086⑤A：20）

3. 刻划鸟纹（缸残片WST5402⑦：3）

4. 刻划纹（杯残片TG1⑤：9）

彩绘与刻划纹

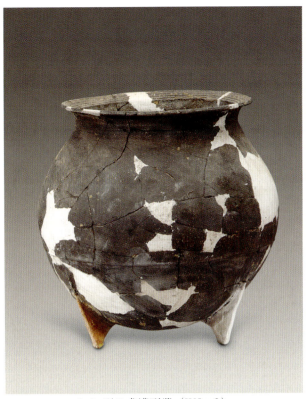

1. Aa型 I 式罐形鼎（W5：2）

2. Aa型 I 式罐形鼎（W5：2）

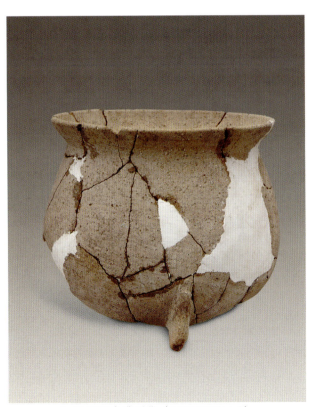

3. Ab型 II 式罐形鼎（EST1885③：2）

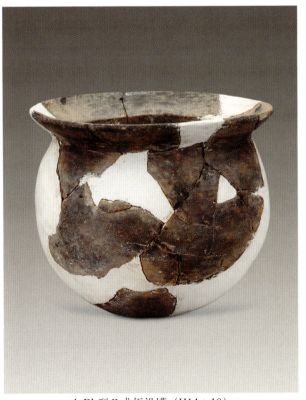

4. Bb型 II 式折沿罐（H14：10）

陶罐形鼎、陶折沿罐

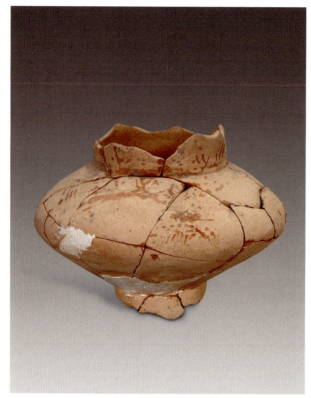

1. A型壶 (EST1886④：1)

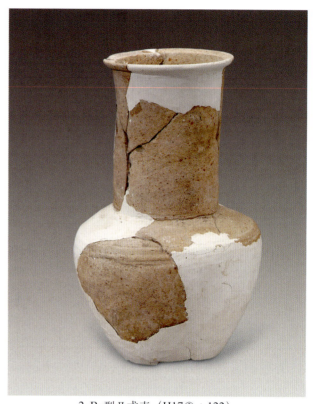

2. Ba型Ⅱ式壶 (H17③：122)

3. Da型壶 (H13②：20)

4. Aa型Ⅱ式高领罐 (H17③：22)

陶壶、陶高领罐

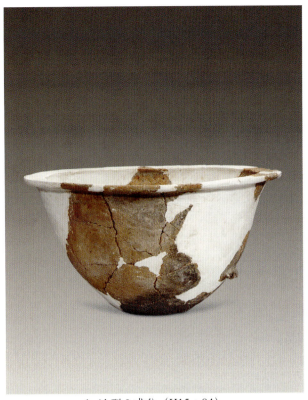

1. Ab型Ⅰ式盆（H15：84）

2. F型Ⅱ式盆（H17③：44）

3. Ba型Ⅰ式豆（WST5505④：40）

4. D型豆（H20：1）

陶盆、陶豆

1. Ba型高圈足杯（EST1886⑤A：1）

2. B型Ⅲ式圈足盘（H17③：23）

3. A型簋（H13①：27）

4. Bb型Ⅲ式高圈足杯（WST5605③：40）

5. Db型Ⅰ式器盖（H13②：28）

陶高圈足杯、陶圈足盘、陶簋、陶器盖

1. C型拍（H17②：1）

2. Ab型球（H17③：33）

3. Ba型球（叶采：1）

4. Bb型球（WST5505⑤：1）

5. Bb型球（WST3506④：1）

6. 陀螺（H17①：17）

陶拍、陶球、陶陀螺

1. 地层出土稻谷壳

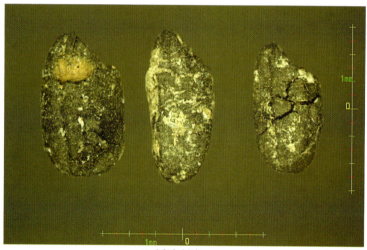

2. 浮选稻米

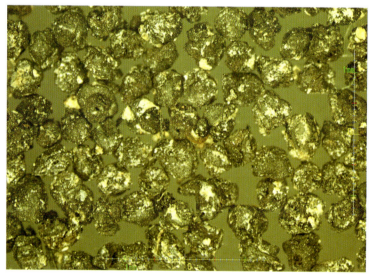

3. 浮选小穗轴

水稻遗存

西 城 垣　　南 城　　垣

1.城垣西北水门（东南—西北）

2.勘探工作照（东—西）

叶家庙遗址调查与勘探现场

图版二

2. 南城垣解剖探沟局部（东—西）

3. 南城垣局部（东—西）

1. 南城垣发掘探沟（北—南）

叶家庙城址南城垣TG1发掘照片与地层堆积

1.西城垣解剖局部（北—南）

2.西城垣内坡（北—南）

叶家庙城西城垣地层堆积

2. F1发掘后（东—西）

4. F2发掘后（南—北）

1. F1发掘前（东—西）

3. F2发掘前（南—北）

长方形房基

2. H5 (东—西)

1. F4 (南—北)

4. H14 (西—东)

3. H7 (西—东)

圆形房基与灰坑

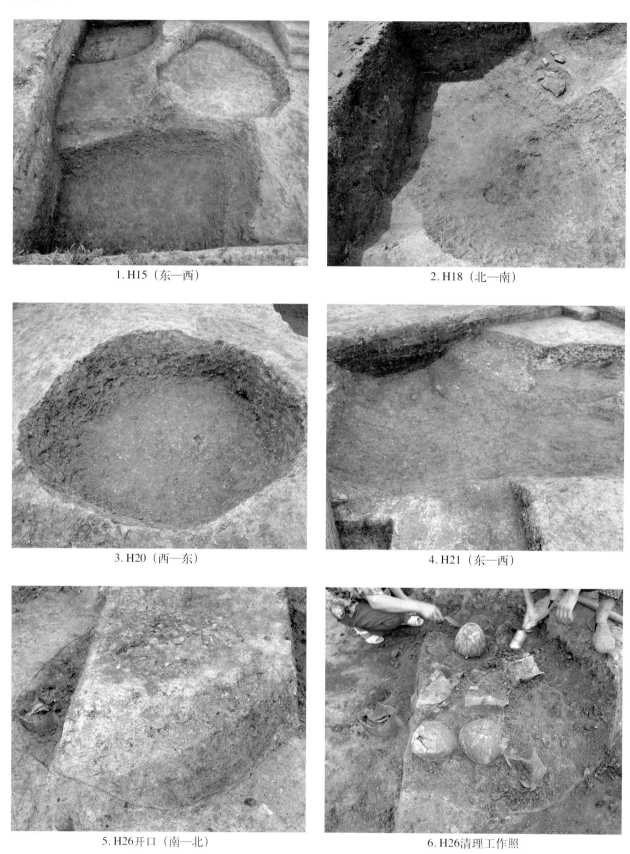

1. H15（东—西）

2. H18（北—南）

3. H20（西—东）

4. H21（东—西）

5. H26开口（南—北）

6. H26清理工作照

灰坑

1. G2（南—北）

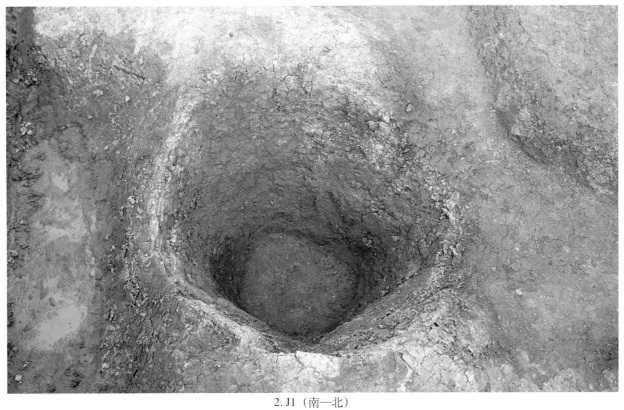

2. J1（南—北）

灰沟与水井

1. 土坑墓局部（西北—东南）

2. 土坑墓局部（西北—东南）

土坑墓局部

2. M3（东北—西南）

4. M5（北—南）

1. M2（北—南）

3. M4（西南—东北）

有随葬品土坑墓

图版一〇

1. M6（东—西）

2. M7（东—西）

3. M9（南—北）

4. M11（东—西）

土坑墓

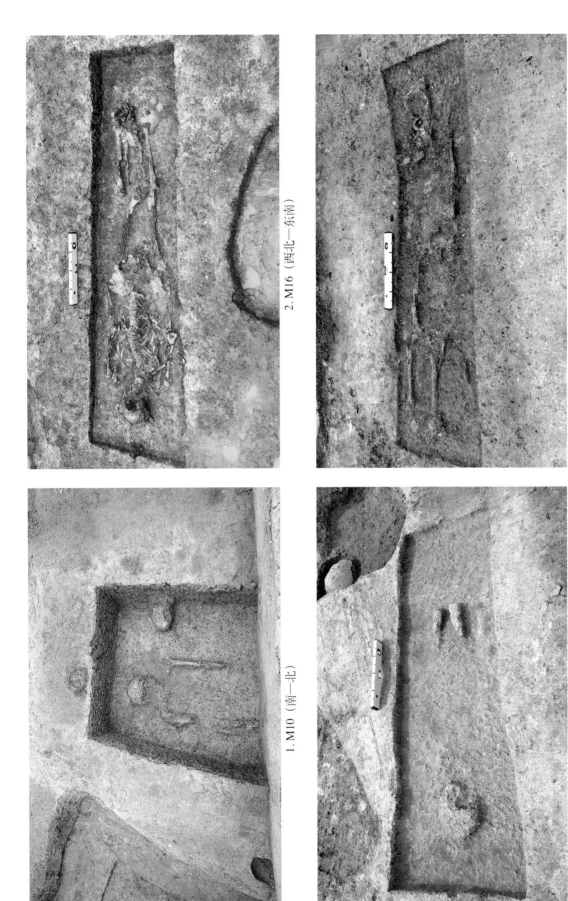

1. M10（南—北）

2. M16（西北—东南）

3. M17（西北—东南）

4. M18（东南—西北）

无随葬品土坑墓

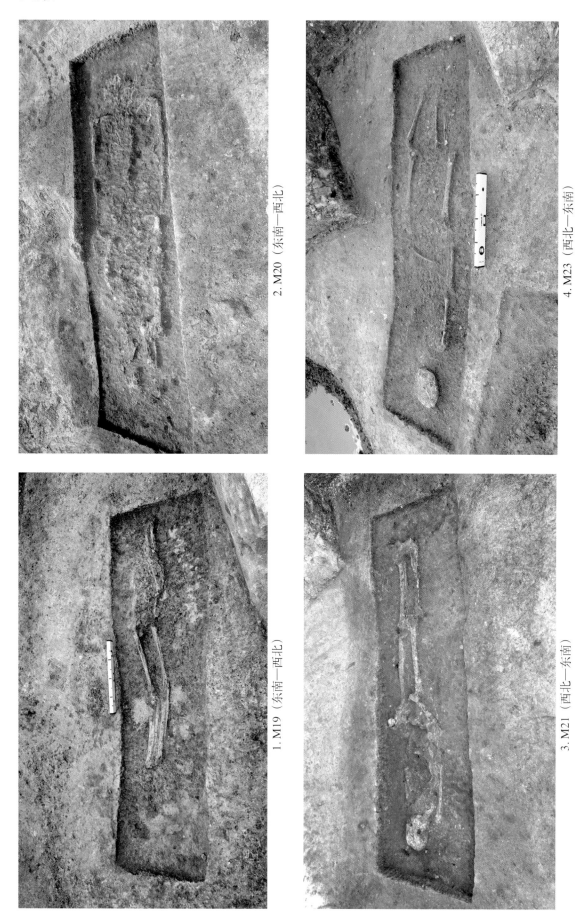

1. M19（东南—西北）

2. M20（东南—西北）

3. M21（西北—东南）

4. M23（西北—东南）

无随葬品土坑墓

2. M25（东南—西北）

4. M27，M28（东南—西北）

1. M24（西北—东南）

3. M26（东南—西北）

无随葬品土坑墓

图版一四

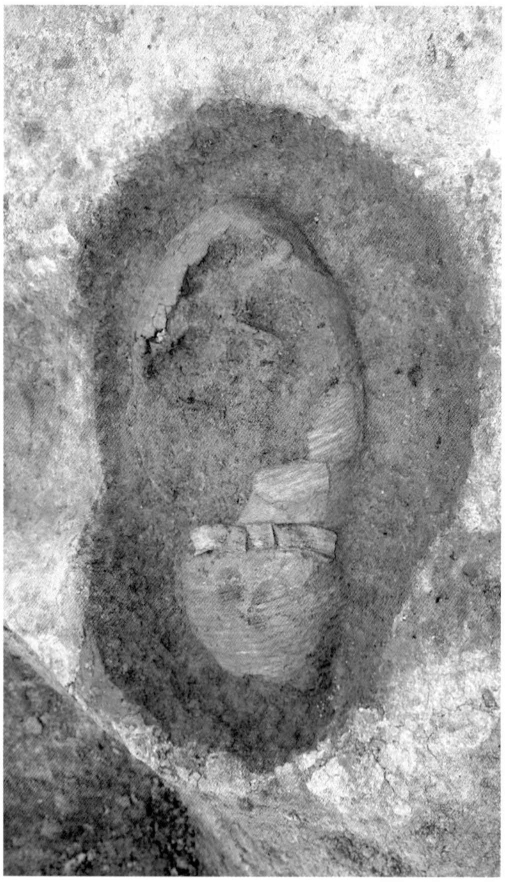

1. W10 (东南—西北)

2. W30 (东南—西北)

3. W31 (西北—东南)

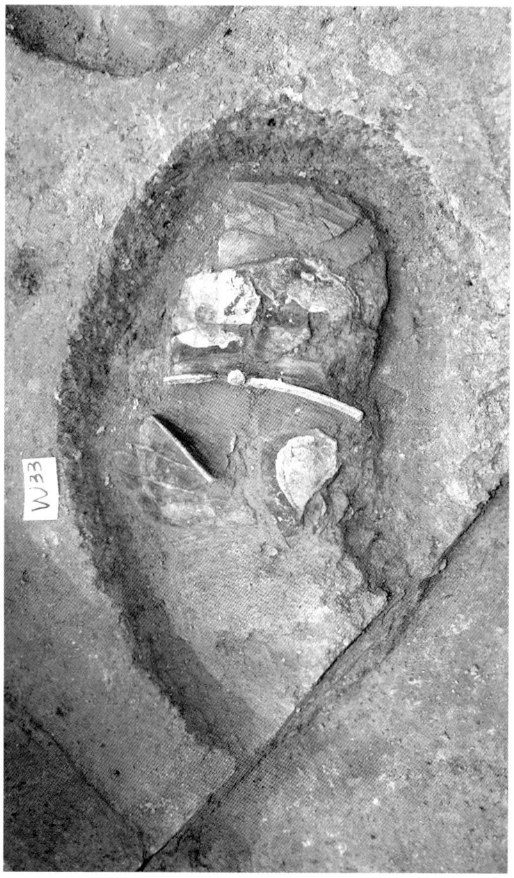

4. W33 (东北—西南)

A类瓮棺葬

2. W40（西北—东南）

4. W48（东南—西北）

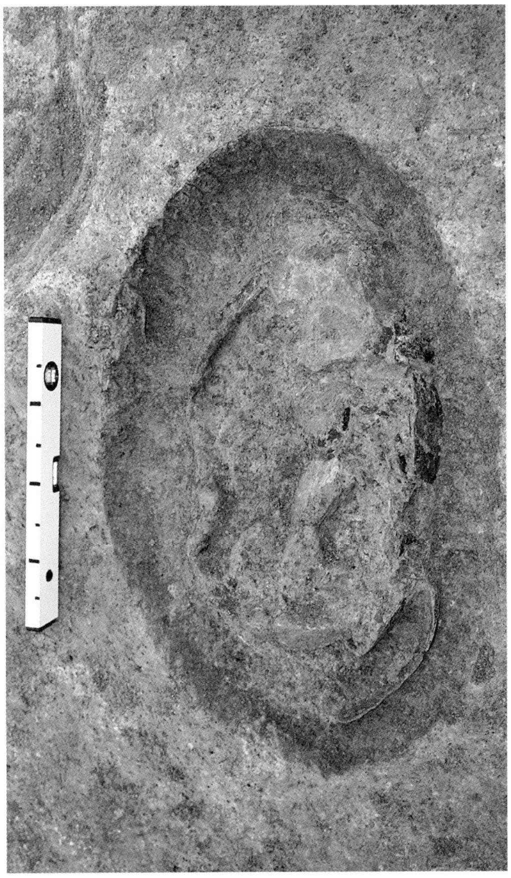

1. W27（东南—西北）

3. W43（东南—西北）

A类瓮棺葬

图版一六

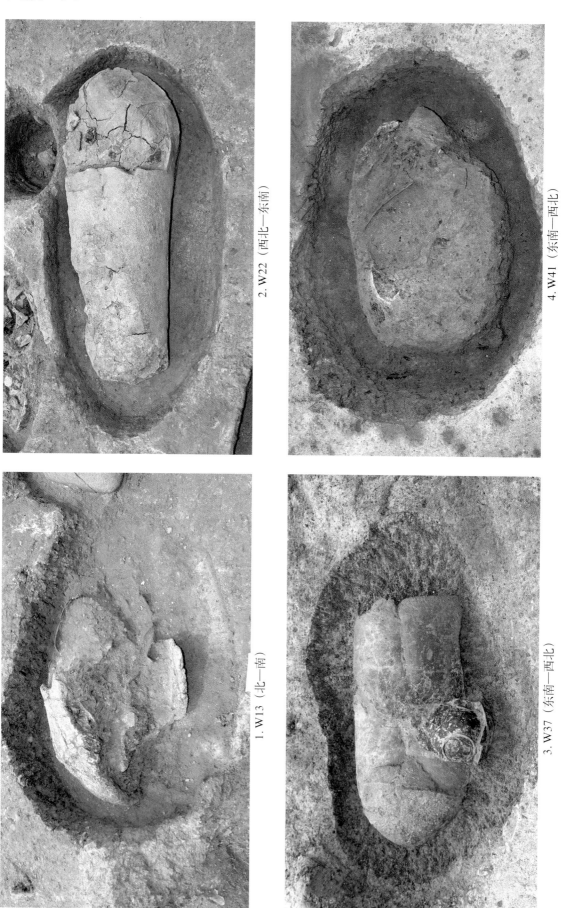

1. W13 (北—南)

2. W22 (西北—东南)

3. W37 (东南—西北)

4. W41 (东南—西北)

A类、B类瓮棺葬

2. W2（北—南）

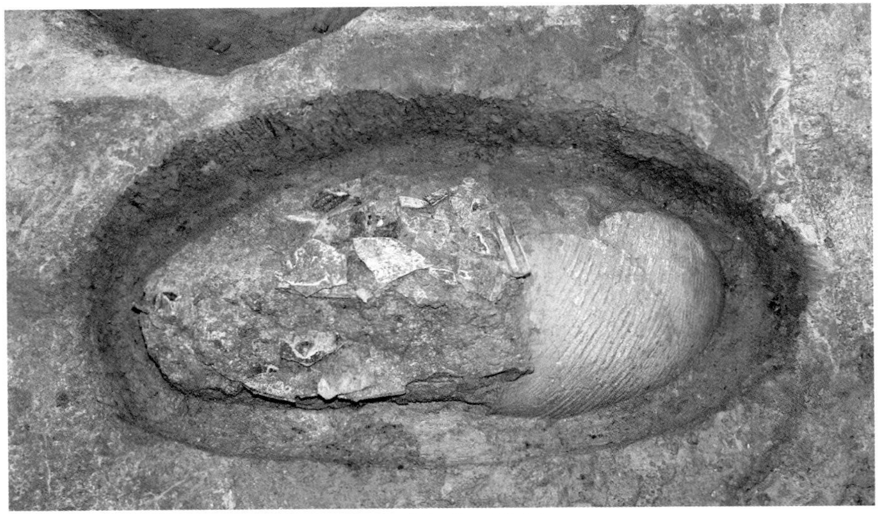

4. W42（东南—西北）

1. W1（东南—西北）

3. W5（东—西）

B类、C类瓮棺葬

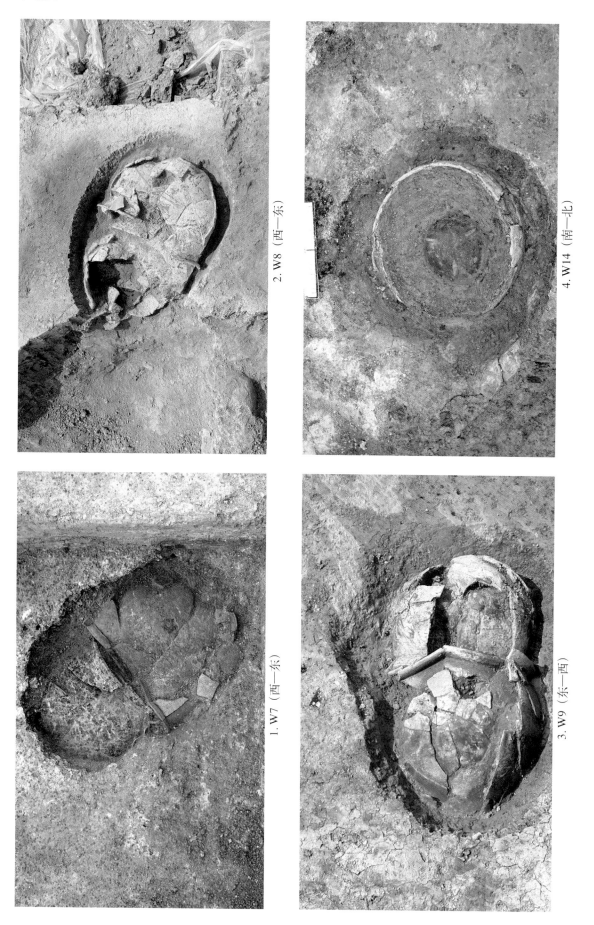

1. W7（西—东）

2. W8（西—东）

3. W9（东—西）

4. W14（南—北）

C类瓮棺葬

2. W23（东南—西北）

4. W44（东南—西北）

1. W15（东南—西北）

3. W29（东南—西北）

C类瓮棺葬

C类瓮棺葬W44、W45（东北—西南）

1. Aa型 I 式（W6：2）

2. Aa型 I 式（W19：1）

3. Aa型 I 式（W36：2）

4. Aa型 II 式（W20：1）

5. Aa型 II 式（W34：2）

6. Ab型 II 式（W14：2）

7. B型 III 式（W45：1）

8. B型 III 式（W45：1）

A型、B型陶罐形鼎

1. B型Ⅰ式（灰土层3：2）

2. B型Ⅲ式（WST5604④：5）

3. B型Ⅲ式（H26：6）

4. C型Ⅰ式（M5：4）

5. C型Ⅰ式（M9：1）

B型、C型陶罐形鼎

1. Ⅰ式 (H26：11)

2. Ⅰ式 (W9：1)

3. Ⅰ式 (WST5502④：3)

4. Ⅱ式 (H18：7)

5. Ⅱ式 (H18：47)

6. Ⅲ式 (H13②：12)

C型陶罐形鼎

1.Aa型盆形鼎（W39：1）

2.Ab型Ⅱ式盆形鼎（W14：1）

3.C型Ⅲ式罐形鼎（H13②：11）

4.C型Ⅲ式罐形鼎（H17③：48）

5.D型罐形鼎（WST5402②：4）

6.D型罐形鼎（WST5605③：1）

陶盆形鼎、陶罐形鼎

1.Ab型Ⅰ式（M2：2）

2.B型Ⅰ式（WST5502④：1）

3.Ca型（M6：1）

4.Cb型Ⅱ式（H24：7）

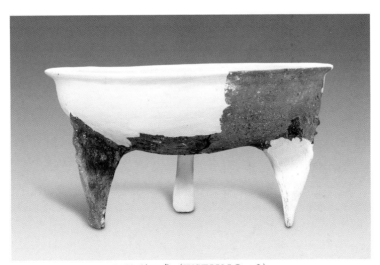

5.Cb型Ⅱ式（WST5505④：2）

陶盆形鼎

1. Aa型 （H14：18）

2. Aa型 （H14：18）

3. Ab型 （H17③：94）

4. Ab型 （H17③：94）

5. B型Ⅰ式 （H26：9）

6. B型Ⅰ式 （H26：9）

A型、B型陶甑

1.B型Ⅰ式（WST5503③：7）

2.B型Ⅱ式（H13②：4）

3.B型Ⅱ式（H13②：4）

4.C型Ⅱ式（H17①：28）

5.C型Ⅱ式（H7：22）

B型、C型陶甑

1. I式（W6：1）

2. I式（W8：4）

3. I式（W22：1）

4. I式（WST5504⑥：1）

5. II式（W13：2）

A型陶折沿罐

1.A型Ⅰ式（W41：2）

2.A型Ⅱ式（EST1885③：4）

3.A型Ⅱ式（W2：2）

4.A型Ⅱ式（W17：1）

5.Ba型（M6：2）

A型、B型陶折沿罐

1.Bb型Ⅰ式（WST5501③：83）

2.C型Ⅰ式（W15：1）

3.C型Ⅱ式（W1：1）

4.C型Ⅱ式（W2：1）

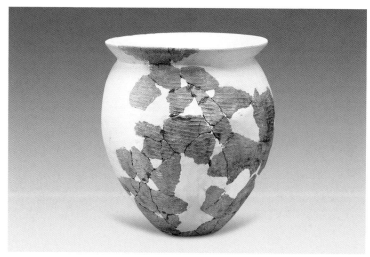

5.C型Ⅱ式（H14：12）

B型、C型陶折沿罐

1. I式（WST5501③：5）

2. I式（W15：2）

3. I式（H26：14）

4. Ⅲ式（WST5505④：18）

D型陶折沿罐

1. D型Ⅱ式（W7：1）

2. D型Ⅱ式（W7：2）

3. Ea型Ⅰ式（W46：3）

4. Ea型Ⅱ式（W8：1）

D型、E型陶折沿罐

1. Aa型Ⅰ式（WST5501③∶28）

2. Ab型（H13②∶26）

3. Ab型（H13②∶50）

4. B型Ⅲ式（M1∶2）

5. C型Ⅲ式（H13②∶51）

6. H26∶3

陶高领罐

1. Ba型Ⅱ式（WST5505④：6）

2. Ba型Ⅱ式（WST5505④：7）

3. Bb型（H17③：19）

4. C型（H13②：49）

B型、C型陶壶

1. B型（H13①：10）

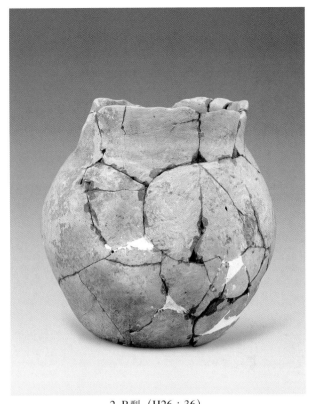

2. B型（H26：36）

3. Da型（H13②：20）

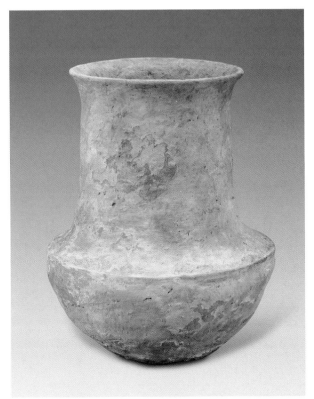

4. Db型（WST5604④：3）

B型、D型陶壶

1. Aa型Ⅲ式（H13②：6）

2. Ab型Ⅱ式（H22：1）

3. Ba型Ⅰ式（H14：9）

4. Ba型Ⅱ式（H13②：25）

5. Bb型Ⅱ式（H14：4）

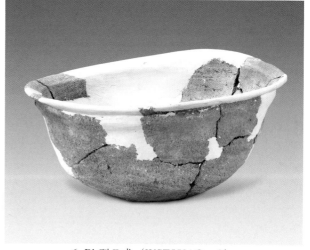

6. Bb型Ⅱ式（WST5501③：3）

A型、B型陶盆

1. Ca型Ⅰ式 (W37∶1)

2. Ca型Ⅱ式 (H13①∶28)

3. Ca型Ⅲ式 (H17③∶124)

4. Da型Ⅰ式 (H14∶13)

5. Da型Ⅱ式 (H17①∶25)

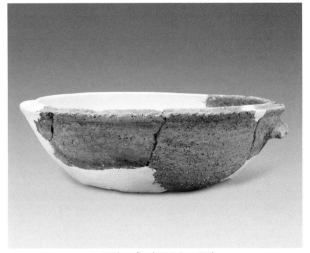

6. G型Ⅱ式 (H13①∶54)

C型、D型、G型陶盆

1. A型I式缸（H14：8）

2. B型I式缸（W46：1）

3. Db型盆（H17①：114）

4. Eb型盆（H24：4）

陶缸、陶盆

1. Aa型Ⅰ式瓮（W42：1）

2. B型Ⅱ式缸（F9：1）

3. Ea型Ⅰ式缸（EST2085⑥：1）

4. Ea型Ⅱ式缸（EST2086⑤A：1）

陶瓮、陶缸

1. I式（M11：1）

2. I式（WST5501⑤：5）

3. I式（M3：6）

4. I式（M5：5）

5. II式（H26：8）

6. II式（H26：15）

A型陶豆

1. A型Ⅱ式（M2：1）

2. Ba型Ⅰ式（WST5301②：3）

3. Bb型（M11：2）

4. C型Ⅰ式（H24：69）

5. C型Ⅰ式（EST2085③B：1）

6. C型Ⅱ式（H21：49）

A型、B型、C型陶豆

1. A型Ⅱ式（WST5405③：1）

2. B型Ⅲ式（H17③：23）

3. C型（H17①：84）

4. C型（H17③：24）

5. C型（H17③：65）

6. C型（H17③：21）

陶圈足盘

1. A型簋（H13①：27）

2. A型Ⅱ式碗（H26：10）

3. B型Ⅱ式碗（H15：86）

4. B型Ⅱ式碗（H26：18）

5. C型碗（WST5405③：55）

6. C型圈足盘（WST5505④：1）

陶簋、陶碗、陶圈足盘

1. A型Ⅱ式（WST5301①：1）

2. E型Ⅰ式（H26：1）

3. E型Ⅱ式（H13①：55）

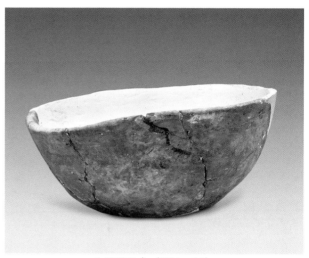

4. E型Ⅱ式（H14：16）

5. E型Ⅲ式（WST5501③：86）

6. E型Ⅲ式（WST5505④：32）

陶钵

1. Aa型Ⅱ式（H24：1）

2. Aa型Ⅱ式（H13②：2）

3. Aa型Ⅱ式（WST5604⑤：4）

4. Bb型Ⅱ式（H13②：18）

5. Bb型Ⅱ式（H13②：13）

6. Bb型Ⅲ式（H13①：7）

陶高圈足杯

1. Ba型高圈足杯（WST5606④：1）

2. Bb型Ⅲ式高圈足杯（H17③：10）

3. A型矮圈足杯（W8：5）

4. A型矮圈足杯（烧土遗迹1：6）

5. B型矮圈足杯（烧土遗迹1：5）

6. B型矮圈足杯（烧土遗迹1：4）

陶高圈足杯、陶矮圈足杯

1. 圜底杯（H26：5）

2. 圜底杯（H26：5）

3. D型平底杯（WST5403②：1）

陶圜底杯、陶平底杯

1. I式（H18：42）

2. I式（WST5401⑤：10）

3. III式（H13①：50）

4. IV式（H13①：51）

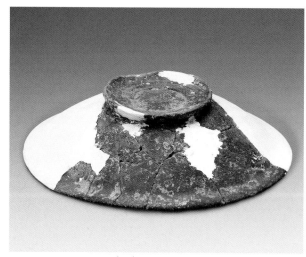

5. IV式（WST5401③：1）

6. IV式（H17③：26）

Aa型陶器盖

1. Ab型Ⅱ式（EST2085③：1）

2. Ab型Ⅱ式（H13②：33）

3. Ab型Ⅱ式（H17①：36）

4. Ab型Ⅲ式（H17②：34）

5. Ac型（WST5405③：5）

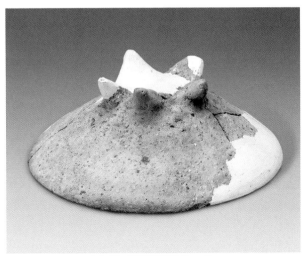

6. B型（WST5403②：6）

A型、B型陶器盖

1. C型（H14：14）

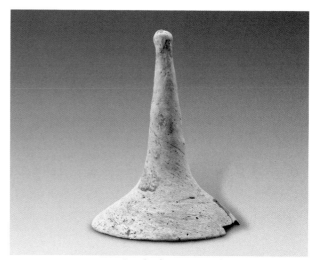

2. Da型Ⅱ式（H17①：15）

3. Da型Ⅱ式（H17③：26）

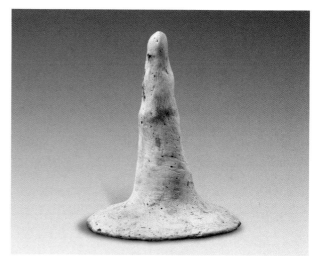

4. Da型Ⅱ式（H17③：32）

5. Ed型（H20：14）

C型、D型、E型陶器盖

1. Db型Ⅰ式（WST5604⑥：3）

2. Db型Ⅰ式（H26：12）

3. Db型Ⅱ式（H17③：39）

4. Eb型（H13①：4）

5. Eb型（H13②：21）

D型、E型陶器盖

1. Ea型（H17②：20）

2. Eb型（H13②：5）

3. Eb型（H13②：27）

4. Eb型（WST5302②：2）

5. Ec型（H26：7）

6. F型（WST5505②：24）

E型、F型陶器盖

1. I式（W48：1）

2. I式（W37：2）

3. I式（W46：2）

4. III式（M3：7）

Aa型陶臼

1. W47：1

2. W47：2

3. W49：1

4. W49：2

Aa型Ⅱ式陶白

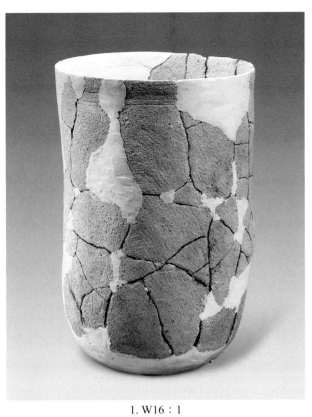

1. W16：1

2. W16：2

3. W21：1

4. W24：1

Aa型Ⅱ式陶臼

1. Ⅱ式（W40：2）

2. Ⅱ式（W36：1）

3. Ⅱ式（W40：1）

4. Ⅲ式（W27：1）

Aa型陶臼

1. Ab型（W13：1）

2. B型（W18：2）

3. B型（W20：2）

4. B型（W50：2）

Ab型、B型陶臼

1. B型（W25：2）

2. B型（W39：2）

3. Ca型 I 式（W11：1）

4. Ca型 I 式（W11：2）

B型、Ca型陶臼

1. I式（W12∶1）

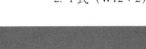

2. I式（W12∶2）

3. II式（W31∶1）

4. II式（W31∶2）

Ca型陶臼

1. W30:1

2. W32:2

3. W33:1

4. W42:2

Ca型Ⅱ式陶臼

1. Cb型Ⅰ式（M4：4）

2. Ca型Ⅱ式（H17②：53）

3. Ca型Ⅱ式（W30：2）

4. Ca型Ⅱ式（H17②：55）

5. D型（WST5604⑦：56）

C型、D型陶臼

1. A型 （WST5505③：10）

2. A型 （WST5505④：3）

3. B型 （EST1986③：1）

4. C型 （EST1885③：19）

陶器座

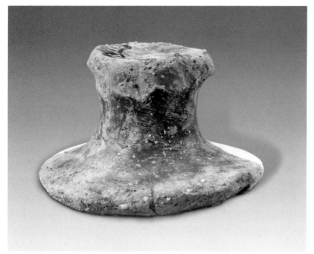

1. A型（WST5405②：4）

2. B型（WST5401①：2）

3. B型（WST5604⑦：32）

4. B型（H13②：70）

5. C型（WST5505②：1）

陶拍

1. Aa型（G2①：6）

2. Aa型（WST3106⑧：1）

3. Aa型（WST5501⑤：1）

4. Aa型（WST5604③：4）

5. Aa型（烧土遗迹1：9）

6. Ab型（烧土遗迹1：8）

A型陶纺轮

1. Ab型（H14：1）

2. Ba型（M5：3）

3. Ba型（H17③：3）

4. Bb型（WST5401⑤：1）

5. Bb型（W11：3）

6. Bc型（H13②：17）

A型、B型陶纺轮

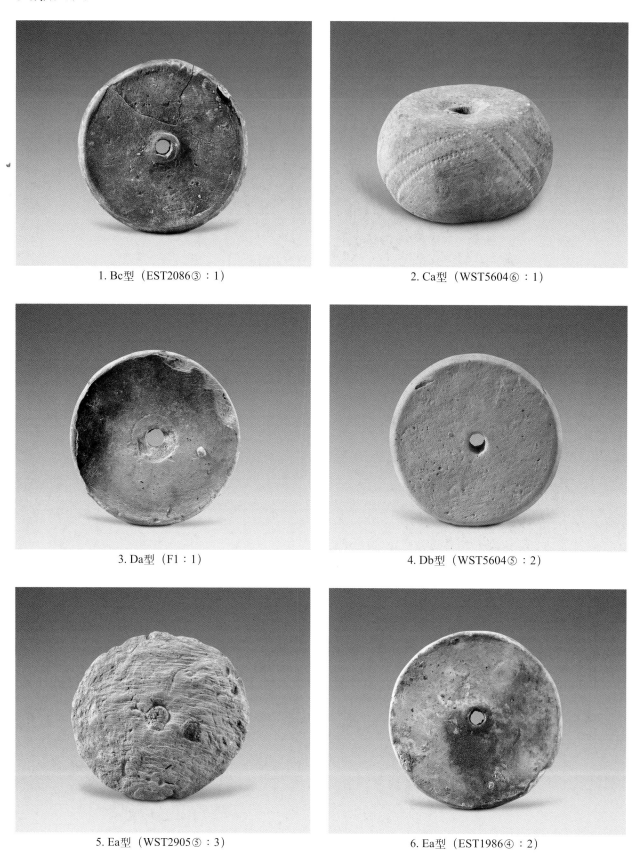

1. Bc型（EST2086③：1）

2. Ca型（WST5604⑥：1）

3. Da型（F1：1）

4. Db型（WST5604⑤：2）

5. Ea型（WST2905⑤：3）

6. Ea型（EST1986④：2）

B型、C型、D型、E型陶纺轮

1. Ea型（G1②：1）

2. Ea型（H13②：8）

3. Ea型（H17①：6）

4. Ea型（H17③：44）

5. Eb型（H14：2）

E型陶纺轮

1. 网坠（EST2086⑤A：2）

2. 网坠（WST5604⑤：3）

3. 陀螺（EST2286③：1）

4. 模（WST3506②：1）

5. 饼（WST5503③：42）

6. Da型拍（H17②：11）

陶网坠、陶陀螺、陶模、陶饼、陶拍

1. Aa型（WST5604⑤：1）

2. Aa型（WST5501⑤：2）

3. Aa型（WST3406④：2）

4. Ab型（烧土遗迹4：2）

5. Ab型（H24：5）

6. Ba型（EST2286⑤：1）

A型、B型陶球

1. Ba型（H25：1）

2. Bb型（G2：5）

3. Bb型（WST3506④：1）

4. Bb型（WST5402②：1）

5. Bb型（WST5402③：3）

6. Bb型（WST5505⑤：1）

B型陶球

1. WST5603② : 4

2. G1② : 3

3. TG1⑧ : 2

4. WST5603② : 3

A型石斧

1. A型（H15：2）

2. A型（WST5503③：1）

3. A型（WST5505③：8）

4. B型（叶采：1）

A型、B型石斧

1. A型铲（EST2286⑥：8）

2. B型铲（WST5603②：1）

3. B型斧（EST2286③：12）

4. B型斧（H17③：102）

石铲、石斧

1. A型锛（H18∶1）

2. A型锛（WST5605③∶27）

3. 锄（WST5301④∶1）

4. 镰（EST1885④∶1）

石锛、石锄、石镰

1. A型（WST5402②：2）

2. B型（H17③：20）

3. B型（EST2086⑧：1）

4. B型（EST2185⑤B：1）

石锛

1. 杵（EST1886④：2）

2. 杵（H24：6）

3. 砺石（WST5505③：5）

4. 研磨器（WST5505④：84）

石杵、砺石、石研磨器

1. 箭镞（H17③：128）

2. 箭镞（WST5505④：5）

3. 箭镞（TG1⑦：3）

4. 凿（TG1③A：1）

5. 凿（TG1⑧：1）（正面）

6. 凿（TG1⑧：1）（侧面）

石箭镞、石凿

1. 稻米

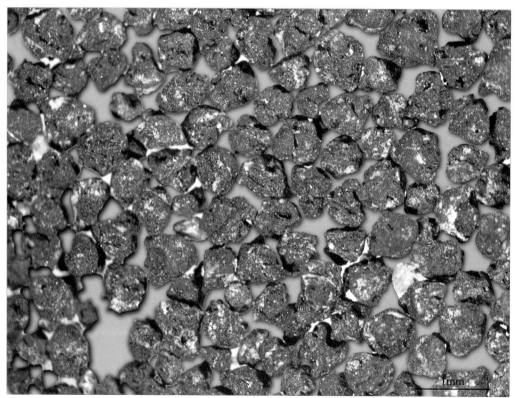

2. 稻谷基盘

浮选水稻遗存

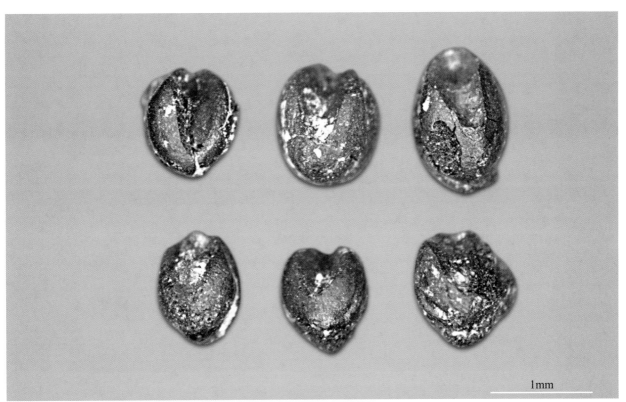

1mm

1. 粟

1mm

2. 粟

浮选粟遗存

1. 颠茄属

1mm

2. 飘拂草属

浮选杂草类遗存

1. 中国社会科学院考古研究所赵志军教授指导采样

2. 土样晾干

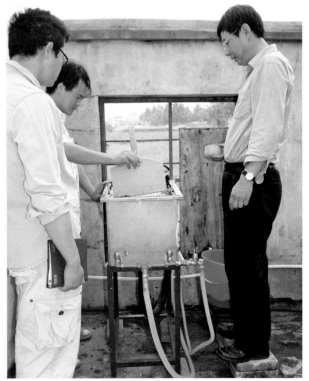

3. 中国社会科学院考古研究所赵志军教授指导浮选

浮选工作照

1. 北京大学环境学院莫多闻教授指导采样

2. TG1柱状采样剖面

3. 工作照

4. 探方采样剖面

采样工作照